현대기록학개론

Theodore R. 쉘렌버그 지음

이원영 옮김 | 김기석 감수

돌심 **진리탐구**

Theodore R. Schellenberg
Modern Archives : Principles and Techniques
The Society of American Archivists
527 S. Wells ST., Chicago, IL. 60607

*Modern Archives : Principles and Techniques*는
1956년에 시카고대학 출판부에서 인쇄되었고 1975년에 재인쇄되었습니다.
그 이후 쉘렌버그 가족은 그의 개인 서류와 함께 그 판권을
Kansas State Historical Society에 기증하였습니다.
이 Archival Classics Reprint edition은 위 학회와의 협약에 의하여
The Society of American Archivists가 출판하였습니다.
한국에서 이 책은 Kansas State Historical Society의 출판허락을 받아 도서출판
진리탐구에서 출판하였습니다.

ISBN 89-8485-034-9

이 책을 삼가 호주 아키비스트들에게
헌정함

현대기록학개론

Theodore R. Schellenberg

MODERN ARCHIVES:Principles and Techniques

머리글

H. L. White

(호주연방 National Librarian and Archival Authority)

호주와 같은 신생국에서 새로운 아카이브즈 관리프로그램(archival programmes)을 개발하는 책임을 진 사람들은 특히 현대기록(modern records)에 대해서 또는 현대기록에 의해 증가된 문제들에 주력하는 권위있는 저술이 부족함으로 인해 어려움을 겪어 왔다. 일차적으로 고문서(earlier records)에 관심이 있는 영어권 및 유럽대륙에서 출판된 탁월하고 권위있는 저술들은, 신생국가가 필요로 하는 현대기록의 규제에 관한 고려나 실험을 억제하는 경향이 있다. 그럼에도 불구하고, 사실상 보다 최근에 탄생한 국가들에서 새로운 영역이 개척되고 있다는 증거가 있다. 여기에 비추어 쉘렌버그 박사의 이 저술은 가장 환영할만하고 가장 시의적절한 것이다. 아카이브즈(archives)의 관리에 관한 전통적인 관점들을 소홀히 하지 않으면서 세계의 어느 곳에 있는 어떤 아키비스트들도 직면하는 새로운 문제들에 대해 특별한 관심을 기울이고 있다.

이 책이 특히 아카이브즈 관리의 이론과 관행(archival theory and practice)에 있어서 최근에 가장 두드러진 발달상을 보이는 미국 국립기록보존소(National Archives)의 지도력하에서 이미 많은 문제들에 대한 해답을 찾아낸 미국의 이론과 관행의 수준 그 자체를 확실히 능가하였다는 것은 대단히 적절한 평가이다. 이 책이 미국과 다른 국가들 간의 지적인 교류를 목적으로 한 풀브라이트 프로그램(Fulbright programme)하에서 이루어진 호주 방문의 직접적인 산물이라는 것도 마찬가지로 적절한 평가이다. 바라건대 이 책의 효력과 영향력이 아카이브즈 관리체계(archival systems)가 잘 확립된 국가들을 넘어서서 급격한 정치적, 사회적 발전이 모든 행정의 분야와 지적인 과정의 조직화에서의 새로운 관념과 기술을 요구하는 국가들로 확대되기를 기대한다. 아카이브즈는 확립된 국가에서 탁월한 업적을 증거하기 위해 보존되었던 것처럼, 신생국가들에 의해서 내셔널리즘(nationalism)을 조장하기 위한 과거로서 보존되어 왔다. 예를 들면, 호주에서 1942년 연방정부가 기록보존체계를 설립하게 되었던 것은 비상사태가 기록 그 자체를 보관하는데 위협이 되었을 뿐만 아니라, 세계대전에의 개입이라는 국가적인 운동에 대한 자각 때문이었다. 우리가 문명에 대한 희망을 완전히 포기하지 않는 한에서 우리는 미래에 있어서의 아카이브즈의 보존에 영향을 줄 것이다. 진정으로 기록관리 전문가(archivist)가 자신들의 행정적인 관계와 그들의 공적인 관계에서 직면하는 특수한 문제들 가운데 하나는 바로 이러한 불확실성의 문제이다. 바로 이러한 의미에서 아카이브즈의 보존에 대한 정부와 대중의 태도는 미래에 대한 우리의 신념을 측정하는 척도의 하나이다.

쉘렌버그 박사의 이 저술이 끼치는 영향은 이 책이 아카이브즈 관리의 이론과 관행에서 일어나는 문제에 주목하고 있기 때문에 보다 광범위할 것이다. 그 문제는 종종 정부에 의한 새로운 규제를 포함한 경제와 사회조직에 있어서의 보편적인 성장으로부터, 그리고 의사소통을 하기 위한 개념의 수단으로부터 생겨나며, 그 문제는 기록보존 작업과 실제의 세계 사이에 있는 새롭고 밀접한 관계를 반영한다. 기록보존기관은 낡고 잊혀진 기록들의 묘지가 아니다. 아카이브즈의 본질적인 특성은 그것이 단지 업적을 기록한 것이라는 점에만 있는 것이 아니라 그 업적이 성취된 과정을 기록하는 것이라는 점에 있다. 그러므로 정부적인 조직의 차원에서, 그리고 비공식적인 조직의 차원에서 우리들의 집합적인 삶의 조직이 점차 복합적으로 되어가는 것과 마찬가지로, 아카이브즈는 관리자에게는 전례로서, 연구자와 역사가에게는 기록으로서 대단히 중요한 지위에 있다. 더우기 정부의 중요한 기업과 비공식적인 중요한 기업을 담당하는 사람들은 훌륭한 기록관리로부터 생겨나는 효율성과 경제성을 알게 될 것이고, 훌륭한 기록관리와 아카이브즈 관리의 밀접한 관련성을 알게 될 것이다. 그래서 이 책은 실습중인 기록관리 전문가와 마찬가지로 정부의 공무원과 기업의 관리자에게 흥미를 일으킬 것이고 유익한 정보를 줄 것이다.

쉘렌버그 박사는 이 저술이 호주에서 그가 행한 작업의 부산물이라고 지적하였다. 이 책이 집필되는 데 실마리를 어느 정도 제공한 우리들은 그의 이곳 방문으로 이루어진 국경을 넘는 영향력을 이렇게 대단한 방법으로 증보한 데 대해서, 그리고 우리들로 하여금 간접적으로나마 기록학계에 대한 그의 공헌과 관련이 있도록 허락한 데 대해서 그에게 감사의 말을 적는다.

캔버라, 1956년 1월 18일

저자 서문

T. R. Schellengerg

나는 1954년에 풀브라이트에서 지원하는 강연자로서 호주를 방문하였다. 나에게 제공된 프로그램을 통해 나는 공기록(public records)의 관리상의 여러 가지 문제점에 관해 토론하라는 요청을 받았다. 토론을 위한 특정한 주제들을 배정받았기 때문에, 나는 거친 초고를 상세히 풀이하고 때로는 완성된 문장을 작성하여, 그 주제들에 대한 나의 견해를 조직화해야 했다. 그 이후, 촉박했던 방문기간 동안에 할 수 있었던 것 보다 좀더 체계적으로 내 견해를 재기술하기 위해 이 책을 쓰기 시작하였다.

제1장은 기록관리기관(archival institutions)에 관한 기술로서, 캔버라, 호발트, 퍼스, 아델라이드, 그리고 시드니에 있는 로터리 클럽(Rotary Club)과 멜버른에 있는 의회클럽(Constitutional Club), 브리스베인에 있는 외교사연구소(Institute of International Affairs)에서 발표한 견해를 구체화한 것이다.

제3장은 타스매니아주의 사서들에게 행한 "사서들에 의한 아카이브즈 관리의 문제"라는 연설문의 수정본이다. 제5장은 다시 아델라이드, 멜버른, 시드니, 그리고 브리스베인의 공공행정에 관한 왕립연구소(Royal Institutes of Public Administration)에서 행한 연설문을 포함한다. 캔버라의 연방정부의 고위행정관리들에게 행한 공기록에 대한 학문적인 접근에 관한 나의 토론은 마지막 장에 새롭게 추가되었다. 그러나 이 책의 주요부분은 캔버라, 멜버른, 시드니에서 개최된 세미나에서 이루어진 토론에서 생겨난 것이다. 이것은 그 세미나에서 고찰했던 주제들을 재검토해 보면 명확하게 알 수 있다.

"아카이브즈와 다른 형태의 사실을 기록한(documentary) 자료들과 의 관계"

"등록소 및 기록관리 관행의 발달"
　"현대 등록소와 현용기록관리(records management)"
　"아카이브즈의 선별의 기준과 잠재적인 연구효용성의 기준"
　"처리기술(disposal techniques)"
　"정리의 원칙 및 기술(techniques)의 발달과 적용"
　"기술적인(descriptive) 검색도구와 다른 검색도구"
　"참고서비스와 공공관계"

　나의 처음 계획은 강의와 세미나에서 기술한 거친 초고를 다소 미완성의 형태로 원본 그대로 재출간하는 것이었다. 그러나 집으로 돌아온 이후 재검토를 하는 과정에서, 나는 현대공기록 관리의 많은 국면들이 다루어지지 않았다는 것을 알게 되었다. 그래서 그러한 기록을 관리하는 기본적인 원칙과 기술에 관해 보다 다듬어지고 보다 깊이 고찰된 기술을 하기 위해서는 내가 썼던 것에 많은 것을 첨가해야 한다고 결론을 내렸다. 따라서 이 책은 나의 호주 강연의 재출간이라기 보다는 좀 더 발전된 것이다.

　아카이브즈 관리의 원칙과 기술(archival principles and techniques)은 공기록이 정부에 의해서 현용(current use)되는 동안 관리되는 방식과 관련하여 모든 국가들에게서 발전되어 왔다. 미국정부에서의 방식은 다른 국가들의 정부의 방식과 기본적으로 다르다. 미국에서 공기록은 여러 가지의 새로운 파일링체계에 따라 보존된다; 관행적으로 모든 다른 국가들에서의 공기록들은 등록체계에 따라 보존된다. 그래서 이 책은 어느 정도 대조적인 연구이다. 즉, 미국에서의 새로운 파일링체계와 관련하여 발전된 원칙 및 기술과, 등록소와 관련하여 발전된 원칙 및 기술과의 대조이다.

　내가 희망하는 바는 내가 이 책을 쓰는 데 내가 도움을 받았던 것과 마찬가지로, 이 책이 사람들로 하여금 보다 나은 관점에서 아카이브즈 관리의 문제를 접근하는데 도움이 되도록 하는 것이다. 그리고 기록보존기관에서 현용을 위한 공기록을 관리하는 데 수반되는 관행을 이해하는 데, 기록보존기관과 도서관의 원칙 및 기술의 관계를 이해하는 데, 기록보존기관들 상호간의 다양한 활동들의 관계를 이해하는 데, 그리고 유럽과 미국의 기록보존기관의 원칙과 기술의 관계를 이해하는 데 도움이 되기를 희망한다.

유럽과 미국에서 이루어지는 원칙과 기술을 대조하는데 있어서 나의 단한가지 목적은 그 원리와 목적의 본질적인 성질을 명확히 하는 것이다. 나는 현대공기록관리의 미국적인 방법들이 다른 나라의 그것들 보다 반드시 더 좋은 것이라고 믿지 않는다; 그것들은 방법이 다를 뿐이다. 방법의 차이는 아카이브즈의 원칙과 기술에 관한 일반적인 이해를 촉진한다는 순수히 전문적인 이유 때문에 이해되어야 한다.

이 책에서 언급되는 모든 기술(statements)의 책임은 오직 나에게 있다. 표현된 관점의 많은 부분들이 미국 연방정부에 근무하는 동안 내가 썼던 공식적인 출판물에서 기원되었다고 할지라도 — 내가 종사하고 참여하였던 어떤 연방기구의 공식적인 견해가 아니라 — 그것들은 여기에 나의 사적인 견해의 표현으로 나타나 있다. 그것들에 대해 어떤 공식적인 허가도 이루어지지 않았다.

나의 관점들은, 후에 영국 공기록관의 부관장이 된 힐러리 젠킨슨경(Sir Hilary Jenkinson, Deputy Keeper of Records in the Public Record Office)이 상술한 원칙에 관한 지식을 가지고 나를 예리한 초점으로 이끌어 준 호주 아키비스트들로부터 부분적으로 연원하였다. 또한 기록보존기관과 원칙의 발달에 관한 기본적인 정보는 최근 출판된 『기록학』(Archivkunde, Leibzig, 1953)이라는 제목으로 W. 리쉬(Wolfgang Leesch)가 수집하고 편집한 A. 브레네케(Adolf Brenneke)의 강의와 논문에서 얻었다. 호주의 주정부와 연방정부의 등록사들은 그들의 등록관행에 관해서 대단한 인내심을 가지고 나에게 설명해 주었다.

호주에서의 강연은 이 책의 저술을 위한 자극을 제공하였다. 워싱턴 D.C에서의 나의 최근의 행정적 직무의 압력 하에서는 그렇게 어려운 주제를 저술하는 일을 감당하지 못하였을 것이다. 그러므로 이 책은 원천적으로 호주방문을 가능하게 해 준 그분들 덕분으로 출간된 것이다; 연방정부사서이며 강연을 배정하는데 크게 기여한 H. L. 화이트(H. L. White)씨, 그리고 미국의 아키비스트이며 내가 아키비스트를 지망하도록 촉진한 웨인 C. 그로버(Wayne C. Grover)박사; 그리고 호주에서 미국교육재단의 직원이며 특별히 그 강연을 위해 재정적인 배정을 한 행정관 제프리 G. 로시터(Geoffrey G. Rossiter)씨의 덕분이다. 기록보존소의 책임관인 이언 맥클린(Ian Maclean)씨는 강의를 위한 논제를 제시하였고, 세미나에서 토론은 아카이브즈의 성질과 등록체계의 성질에 관한 나의 견해를 발전시키는데 도움이 되었다. 로버트 H. 바머(Robert H. Bahmer)박사와 루이스 J. 달터2세(Lewis J. Darter, Jr.)는 미국연방정부에서 처리를 위한 기록의 일정표에 수반되는 절차들을 개발하는데 도움을 주었다. 나는 평가의 중요한 문제에 관한 견해를 발전시키는데 그들에게 크게 의존하였다. 돌아왔을 때. 그로버 박사는 해외에 있는 동안 내가 시작했던 수고를 완성하도록 격려하였다. 이 책을 집필하는 동안 특별히 전체 원고를 인내심 있게 읽고 명확성과 정확성의 관점에서 대단히 많은 가치있는 수정을 하도록 제안한 G. 필립 바우어(G. Philip Bauer)박사에게 특별히 신세를 졌다. 나는 또한 참고 문헌을 검토해 준 레스터 W. 스미스(Lester W. Smith)씨와, 타자와 원고를 교정해 준 루신다 F. 드숑(Lucinda F. Deshong)양에게 감사한다.

워싱턴, D.C.

한국어판 서문에 붙여

김 기 석
(서울대학교대학기록관장, 기록관리학 협동과정 교수)

기록문화전통의 부흥에 시금석이 될 필독서가 번역되어 앞으로 기록학
후진 양성에 큰 획을 그을 수 있게 된 것을 기뻐하며 이 책의 서문을 쓰고
자 한다. 지난 수년 간 필자를 포함하여 기록학에 관심 있는 여러 선배와
동학이 합심하여 한국국가기록연구원과 그 부설 교육원을 설립하였고 여
러 대학에 기록관리학 석사학위과정(협동과정 포함)을 설치하고, 기록관리
관련 법령과 시행령이 체계적이고 현실성 있게 제정되고 시행되는데 많은
노력을 기울여 왔다. 최근에는 여러 대학에 기록관이 설치되었고 지방 행
정기구나 공공단체, 시민단체와 기업에서까지 기록관을 창설하는 움직임
을 보이고 있다. 이와 같은 주목할 만한 성과는 애오라지 우리 조상의 아름
다운 기록문화전통을 오늘에 되살려 보겠다는 작은, 그러나 중요한 결단에
서 비롯된 것이다.

기록문화부흥에서 으뜸이 되는 핵심 과제는 기록학의 학문체계 확립이
다. 우리 기록학 발달의 자양분이 될 현대 서양기록학의 古典이 마침내 번
역되어 독자들에 가까이 가게 되었다. 작금 기록관련 법령 제정에서 나타
난 여러 가지 혼선에서 드러난대로, 법령 통과만으로 문화부흥에 이르기에
는 역부족이다. 이를테면, 현행 법령에서처럼 중앙정부의 특정 기록보존기
관의 권한은 크게 강화되었으나, 다른 몇 가지 중요 영역에서는 오히려 퇴
행을 보이기도 한다. 예컨대, 법상식에 부합되지 않는 부칙들이 오히려 입
법정신을 훼손할 위험성을 내포하고 있다는 것이다. 앞으로 뒤따를 법령개
정 작업을 위해서도 필수적인 과제는 기록학에 대한 깊은 이해이다.

T. R. 쉘렌버그의 『현대기록학개론』은 한국기록학의 개척에 일조할 책
으로 믿어 의심치 않는다. 거의 반세기 전에 첫 출간된 이 책이 현대기록학

과 세계 각 국의 기록관리체제의 형성에 끼친 영향에 관해서는 재론의 여지가 없을 것이다. 특히 이 책이 현대기록학의 고전으로 평가되는 이유는 다음 두가지이다. 첫째, 현대국가에서 방대한 양으로 생산되는 현대기록 및 현대아카이브즈의 관리와 보존에 대한 학문으로서의 현대기록학의 학문적 정체성을 확립하였다는 점이다. 둘째, 이와 아울러 기록학의 영역을 기록의 '鑑識, 獲得, 收集, 保存, 整理 및 記述을 포함하여, 參考書誌 업무와 열람행정 및 공개정책' 전반을 포괄하는 체계적이고 과학적인 지식의 영역으로 자리매김하였다는 점이다. 이후에 발전된 여러 서양기록학 이론과 모델이 모두 이 책에서 제시한 현대기록학에서의 원칙과 기술에 대한 기본적인 시각과 문제의식에 연원을 두고 있다고 해도 과언이 아니다.

다만 이 책을 활용하면서 염두에 두어야 할 것은 다음과 같은 두가지 점이다. 하나는 이 책에서도 언급하고 있는 바와 같이 현대기록학의 기원은 서구의 기록문화를 토대로 한 기록관리 慣行에서 비롯되었다는 점이다. 현대기록학을 선도한 미국의 기록학 또한 서구적인 문화유산이 이식된 후 자국의 사정에 따라 뒤늦게 발달된 것이었다. 쉘렌버그의 노작은 학문의 기반이 없는 상태에서는 외국의 그것을 비판적으로 살펴 주체적으로 수용하는 것이 어떤 것인지를 잘 보여 준다. 따라서 기록문화전통은 세계 수준이지만 기록과학의 토양이 취약한 우리에게는 그가 개척한 미국의 기록학적 경험으로부터 배울 것이 많다. 서구의 기록관리 관행이 신세계인 미국에서 착근되는 과정을 타산지석으로 삼아 우리나라 특유의 기록학을 발전시킬 수 있을 것이기 때문이다. 다른 하나는 이 책의 저술 당시와 비교할 때 지금은 정보과학과 컴퓨터와 같은 전산공학의 발달로 기록관리의 대상과 규모가 확산되고 방법도 대단히 다양화되었다는 점이다. 예를 들면, 첨단 멀티미디어의 발달로 기록관리 전문가는 기록생산자에게 생산될 자료의 유지와 관리 및 전산처리에 대한 전문적 조언을 제공하는 단계로까지 발달되었다. 특히 전자문서로 대변되는 정보화 시대의 도래로 기록이 디지털 형태로 생산 또는 보존되고 멀티미디어로 바뀌고 있다. 이렇게 볼 때 새로이 발전되고 있는 이 영역에서 한국의 기록학도 국제적 경쟁력을 가질 수 있다. 한국의 전통적인 사고(史庫)의 정신을 정보화 시대 정신과 접합시켜 독자적인 기록관리 관행을 수립하고 그것을 바탕으로 한 기록학의 발달이 앞으로 남은 과제이다.

요컨대, 우리나라에서 기록문화의 르네상스를 맞이하기 위해서는 다음 세가지 과제를 풀어야 한다. 먼저 근·현대사 시기를 거치면서 상당 부분 손상된 우리의 기록문화전통을 새롭게 부흥시키는 일이다. 다음, 서양문화 전통에서 발달된 현대기록학의 이론과 실천을 주체적으로 수용하여 우리에게 적합한 이론과 관행을 정착시키는 것이다. 덧붙여 최근 급속하게 발달하는 정보통신공학(ICT)을 광범위하게 활용하여 디지털 기록문화부흥의 기초를 다지는 일이다. 쉘렌버그 저술의 번역 작업은 둘째 과제인 현대 서양기록학의 주체적 수용이란 과제를 풀어본 첫 과실이다. 현재 우리나라에는 기록학이라는 이름에 값하는 학문이 정착 내지는 토착화되지 않았고 이제 겨우 시작 단계에 있다. 이러한 상황에서 제일의 과제는 고전의 번역이다.

평소 필자는 외국의 책을 번역하지도 않았고 다른 이의 번역서에 서문을 써 본 적은 더더구나 없다. 그러나 두가지 이유에서 종래의 버릇을 버리고 서문을 쓴다. 하나는 이 책이 현실에 뿌리 박은 기록학의 정수를 적확하게 보여 주고 있는 대단히 매력적인 저서라는 점이다. 이것은 특히 필자가 지난 10여년 동안 미국을 위시한 주요 국가의 國立史庫(National Archives)를 찾아다니며 기록이전사업을 벌이면서 느낀 기록관리의 관행과 실태에 대한 감동과 맞물려 있는 것이기도 하다. 미국 국립기록보존소의 방선주 박사의 인도를 받아 비슷한 일을 한 현대사 연구자들은 아마도 이 감동의 깊이와 파장을 잘 짐작할 수 있을 것이다. 쉘렌버그의 『현대기록학개론』은 그의 또 다른 저서(*Management of Modern Archives*, SAA: Chicago, 1975)와 함께 그러한 감동(실은 嫉視의 마음)을 불러 일으킨 기록관리의 이론과 관행을 그대로 설명해 주는 이론서로서, 또다른 학문적 경지를 맛볼 수 있게 하는 책이다. 두번째로 필자는 여러 가지 상업적 유혹을 뿌리치고 몇 해에 걸쳐 번역 작업을 한 이박사의 노고가 너무 귀중하여 서문을 쓰기로 하였다. 이박사와의 인연은 1997년 한국정신문화연구원 부설 한국현대사연구소에서 필자가 연구부장으로 파견되어 근무하면서 시작되었다. 당시 우리는 국내

제일의 현대사사고를 만들어 보기 위해 밤낮없이 일하였다. 그 후에는 새로 창설된 서울대학교대학기록관리실(현재는 서울대학교대학기록관)을 정착시키기 위해 함께 일하기도 하였고, 1999년 한국국가기록관리학교육원이 설립되어 초대 원장으로 일하게 되었을 때는 이박사는 교학부 연구원으로 기록관리전문가 양성 사업에 동역을 하였다. 그의 전공은 원래 정치학이다. 그런데 수년여 기록관리 실무와 전문가 양성에 종사하면서, 그리고 현재는 필자의 권유로 현재 국회기록보존소의 기록관리 전문가로 근무하면서, 스스로 기록학자로 거듭나기 위해서, 그리고 궁극적으로 한국기록학의 확립에 헌신하기 위해서 학문적 정진을 게을리 하지 않고 있다. 改宗 사유가 그러한 즉, 기록학자로서의 이박사의 첫째 작업인 고전 번역에 서문의 형태로나마 참여하여 그간의 존경을 표시하는 것이 예의라고 생각한다. 이 책의 번역은 기록학자로서 이박사가 걸을 고난에 찬 구도자의 길에서 본 첫 표시판이다. 이후 우리나라 기록학 발전에 선도적 역할을 수행할 것을 기대한다. 또한 이 책을 읽은 후학과 뜻을 같이 하여, 필자가 못 이룬 숙제인, 우리나라 기록문화전통의 화려한 부활의 전위대로서 정진할 것을 굳게 믿으며 서투른 번역서 서문 쓰기를 마치고자 한다.

2002년 새봄
관악의 산자락에서

T. R. Schellenberg, *Modern Archives: Principles and Techniques,* The Society of American Achivists, 1998.
T. R. 쉘렌버그, 『현대기록학개론』, 미국기록관리전문가협회, 1998.

목 차

제I부 서장

제Ⅱ부 현용기록관리(Record Management)

제III부 아카이브즈 관리(Archival Management)

일러두기

1. 주요 전문용어들 가운데 학계에서 합의되어 통용되고 있지 않은 용어는 잠정적으로 원어 그대로 사용하였고, 필요한 경우 괄호 안에 역자주(*표시)를 첨가하였다.
2. 위의 용어 가운데 한국어로 번역하는데 무리가 없다고 판단된 용어는 번역하여 표기하였다.
3. 인명, 공공기관명, 단체명 등의 고유명사는 괄호안에 영문표기를 첨가하였다.

제 I 부
서 장

　당신의 그 높은 지위로 전국의 각 지방, 그리고 모든 지방에 걸쳐 공공기관을 배치할 것을 명하시오. 그 공공 기관에서 행정관은 기록을 보관하도록 하시오. 그 기록에 대한 관리자를 두어 기록이 남용되거나 훼손되지 않도록 하고, 그것을 필요로 하는 사람들이 있다면 그들이 신속하게 찾아볼 수 있도록 하시오. 그리고 기록 가운데에서 아카이브즈를 남기도록 하고, 아카이브즈가 각 도시에서 하찮게 취급되어온 것을 바로잡도록 하시오.

유스티니아누스(Justinian) 황제 ●●

●●B. 보니파치오, 『아카이브즈』(Baldassare Bonifacio, *De Archivis*, 1632, reproduced by Lester K. Born, *The American Archivist*, Ⅳ, N0. 4, Oct., 1941, p. 237).

제1장
기록보존기관의 중요성

만약 길거리를 지나는 평범한 사람에게 정부는 왜 기록보존기관(archival institutions)을 설치하는지 그 이유를 묻는다면 그는 아마도 "아카이브즈(archives, 고문서, 영구보존기록, 역사기록, 기록사료, *이하 아카이브즈)는 무엇이며 또 기록보존기관은 무엇인가?"라고 반문할 것이다. 그 다음에 만약 그에게 기록보존기관의 목적이 무엇인지 설명한다면 그는 그 모든 것들이 정부에 의한 낭비의 또 다른 사례의 하나일 뿐이라는 말로 그 문제를 간단히 넘어가려 할 것이다. 그리고 아카이브즈 자체에 대해서는 "왜 그 폐물들을 태워버리지 않는가?"하고 궁금해하는 것이 전부일 것이다.

아카이브즈 관리업무(archival work)에 대한 대중들의 이러한 태도가 모든 국가에서 공통됨에도 불구하고 기록보존기관들이 모두 공적인 자금으로 설립되었다는 점은 주목할 만하다. 따라서 그것의 설립에는 대중적인 요구 외에 다른 이유가 있었던 것이 틀림없다.

국립기록보존소(National Archives)의 설립

국립기록보존소는 대략 고대 그리스 문명에 그 기원을 두고 있다. 기원전 5세기에서 4세기경 아테네인들은 그들의 중요 문서들(documents)을 아테네 공공광장내의 재판소 옆, 메트론(Mētrōon)이라 불리는 신들의 어머니의 사원(temple of the mother of gods)안에 보존하였다. 그 사원에는 조약, 법률, 인민회의의 의사록(minutes)과 다른 국가의 문서들이 보관되었다. 이 문서들 가운데는 소크라테스(Socrates)가 자신의 변호를 위해 쓴 진술서와 아에스킬러스(Aeschylus), 소포클레스(Sophocles), 에우리피데스(Euripides)가 쓴 초기 희곡의 수고본들(手稿本, manuscripts)과 올림픽 경기의 승리자 일람표(list)가 있었다. 이 저술들은 초기시기부터 대략 기원 후 3세기까지의 사이에 파피루스 기록부(rolls)의 형태로 보존되고 전승되었다. 현재는 그것들이 기록보존기관에 남아 있지는 않지만 초기에는 그러한 기관에 보존되어 있었다.

비록 고대문명의 쇠퇴기에서 중세에 걸친 아카이브즈 관리의 발전이 근대 초기의 기록보존기관의 성격에 어느 정도 영향을 끼쳤다고 하더라도, 현대의 기록보존기관을 고찰하는 것만으로도 나의 현재의 연구 목적으로는 충분하다; 그리고 독일, 이탈리아, 스페인 등의 국가의 보존기관의 발전이 매우 중요함에도 불구하고 프랑스, 영국과 미국의 기록보존기관은 국가적인 기록자원의 보존의 중요성을 가장 잘 예시할 것이다.

프랑스

한 사회가 붕괴될 때 아카이브즈가 어떻게 취급되었는가를 관찰함으로써 기존 사회에 대한 아카이브즈의 기본적인 중요성을 가장 잘 알 수 있다. 프랑스 혁명기 간동안 봉건시대이래 점차 발전해 왔던 여러 기관들이 파괴되었다. 이들 중 가장 먼저 국가기관이 붕괴되었으나 정부기관을 비롯한 종교, 경제 기관들도 그 뿌리가 뽑혔다. 재산권과 특권은 청산되었고, 증오스런 구제도(ancient regime)의 모든 흔적을 몰아내려는 시도가 이루어졌다. 이 대변혁기에 사회의 기록(records)에는 무슨 일이 있었는가? 1789년, 혁명 초기의 열기 속에서 국민회의(National Assembly)는 법령(acts)을 소장하고 전시할 목적으로 기록보존기관을 설립하였다. 1년 후 1790년 9월 21일의 포고(decree of September 12, 1790)에 의해 이 기록보존기관은 파리의 국립기록보존소(*Archives Nationales*)가 되었다. 이것은 국가에 의해 설립된 최초의 국립기록보존소였다. 그 안에 새로운 프랑스의 쟁취를 상징하고 영광을 보여주는 기록을 보존할 목적이었다.

과거의 기록들은 어떻게 되었는가? 구제도에서의 풍성한 보물과 같은 기록들 -12세기부터 기록된 『고문서의 보고(寶庫)』(*Trésor des chartes*)에 있는 왕실회의(royal council)의 기록, 또는 13세기에 그 기원을 둔 가장 오랜 중앙정부적인 기관인 왕실법정(*curia régis*)의 기록 -은 보존되어야 했는가? 보다 급진적인 혁명주의자들은 그 기록들이 구질서의 권리와 특권을 담고 있기 때문에 파기되어야 한다고 주장하였다. 그러나 비교적 보수주의자들은 이 보물들은 현재는 공공의 재산(public property)이기 때문에 보존해야 한다고 주장하였다; 왜냐하면 대중들은 봉건적 권리, 재산 관계의 청산과 관련된 그들 자신의 이익을 보호할 공식적인 기록(official records)을 찾아볼 기회를 가져야 했기 때문이다.

1794년 6월 25일의 법령에 의해 국가적 규모의 공기록관(public archives administration)이 설치되었다. 이 법령에 의해 국립기록보존소는 여러 기록들; 그 때까지 자체의 수장고(depots)를 관리해 온 파리에 있는 각종 중앙정부기관들의 기록과; 각 지방(provinces), 꼬뮌(communes, 최소행정구), 교회, 병원, 대학 및 귀족들의 기록; 그리고 혁명기간에 소멸되거나 폐지된 각 지방정부(local government)의 기록이 수장된 지역기록보존소(district archival depots)에 대한 관할권을 부여받았다. 이 법령은 또한 아카이브즈에 대한 일종의 "권리장전"(bill of rights)이 된 공기록(public records)에 대한 접근(열람)의 권리(right of access)를 선언하였다. 국가적 규모의 기록청은 1796년 10월 26일의 법률에 의해 더욱 강화되었는데, 이 법률에 의해 국립기록보존소는 이전에 지역기록보존소에 보존되었던 기록을 이관받은 도(道, départéments)의 주요 도시에 설치된 기록보존기관에 대한 관할권을 획득했다.

프랑스 혁명기간을 통해 기록이 구사회의 유지와 새로운 사회의 확립에 토대가 된다는 사실이 인식되었다. 구사회의 기록은, 비의도적이었겠지만, 일차적으로 문화적인 용도를 위해 보존되었다. 새로운 사회의 기록은 대중의 권리(public rights)를 보호하기 위해 보존되었다. 사회에 대한 기록의 중요성에 대한 인식은 프랑스 혁명의 중요한 수확물 가운데 하나였다. 이러한 인식은 아카이브즈 관리분야에 있어서 세가지 중요한 성과를 가져왔다. 그것은: (1) 독립적이고 국가적인 아카이브즈 관리가 이루어지게 되었다 (2) 아카이브즈에 대한 대중의 접근의 원칙(principle of public access)이 선언되었다. 그리고 (3) 과거의 가치있는 문서의 보호에 대한 국가의 책임이 인식되었다는 것이다.

영국

대략 50년 후인 1838년 8월 14일에 영국에서는 공기록관(Public Record Office)이라고 하는 중앙기록보존기관(central archival institution)이 설립되었다. 이것은 프랑스 혁명주의자들이 국립기록보존소를 설립한 것과는 전혀 다른 이유에서 설립되었다. 새로 획득한 특권에 대한 증거의 보존이 설립 이유의 하나는 아니었다. 이와는 반대로, 수세기를 통해 점차로 획득되어 온 영국국민의 기본권과 특권은 등록부(registers, 등록대장)에 구현되어 있었기 때문이었다. 13세기 이후 중요한 문서의 내용은 그것이 요약된 형태이거나 아니면 완전한 형태이거나 간에 양피지 기록부(rolls)에 들어 있었다. 이 기재사항(entries, 기입)은 법적인 효력이 있었기 때문에 원본(originals)을 참조할 필요가 없었다.

영국 공기록관의 설립 목적은 실제적인(practical)인 것이며 동시에 문화적인 것이었다. 실제적인 이유는 공기록이 발견된 상태(conditions)와 관련이 있었다. 비록 기록부의 양이 전체적으로 상당하기는 했지만 정부가 그것들을 보존하기 위해 중앙기록보존기관을 설립할 만큼 충분히 많지는 않았다. 그런데 기록부에 부속된 파일들(files, 철)은 다른 문제였다. 그것들은 법적인 증거로서의 가치가 부족했기 때문에 무시되었을 뿐 아니라; 대법관청(Chancery), 재무성(Exchequer), 법원의 옛 기구가 보다 복잡한 행정기관이 됨에 따라 대단히 증가하였다.

찰스 II 세의 치하에 W. 프라인(William Prynne)은 기록보존소장(Keeper of the Records)으로서 "오랫동안 백탑(White Tower)에 있는 카이저(Ceasar) 교회의 어두운 구석에서 부식되고 부패된 고물, 먼지, 오물 아래의 어지러운 무질서 속에 방치된" 아카이브즈를 정리하려고 노력하였다. 이러한 목적으로 그는 "오물을 제거하고 깨끗하게 하기 위해" 군인들과 여자들을 고용했지만 "그들은 곧 이러한 지루한 작업에 질려서 그 기록들을 처음 발견된 상태에 거의 그대로 방치하였다."고 말하였다.[1] 찰스 I 세때의 어떤 문서들은 그로부터 1세기후에 고대학자(ancient clerk)의 지휘하에 몇몇 고서들이 옛 왕궁(Whitehall)의 문 근처 방에서 발굴될 때에야 비로소 발견되기도 했다.

큰 손실을 가져 온 목화도서관(Cotton Library)의 화재의 결과 1732년에 한 보고서가 작성되었다. 그 보고서에서 H. 젠킨슨경(Sir Hilary Jenkinson)은 "목화도서관의 화재는 방대한 양의 공기록이 존재한다고 막연히 알려진 보존소들(Repositories)이 화재로 인한 손실뿐 아니라 다른 형태의 사고로 인해서도 손실을 입을 수 있다는 가능성을 잘 일깨웠을 수 있다"[2]고 말하였다. 1800년까지 기록들은 50개소 이상,

---

1) W. J. 톰슨, 『역사저술사』(Thompson, James Westfall, *A History of Historical Writing*, New York), 1942, p. 40.

2) 영국, 공기록관, 『공기록에 대한 편람』, 서론, 제 I 부(Public Record Office, *Guide to the Public*

런던에 널리 분포되어 있던 보존소에서 발견되었다. 이러한 상황은 "공기록의 상태를 조사하기 위해 임명된 선발위원회(Select Committee)"에 의한 본격적인 조사로 이어졌다. 이 조사의 결과로 1800년에 기록위원회(Record Commission)가 최초로 임명된 이후 1834년까지 6개의 위원회가 임명되었다. 그러나 정부의 사업은 알려진 대로 너무 더디게 진행되었기 때문에 마지막 기록위원회의 작업을 조사하기 위해 하원에서 하나의 위원회를 임명하였다. 1836년에 이 위원회는 어떤 보존소에 있는 모든 공기록이 "대단히 습기찬 상태에 있고; 어떤 것들은 돌벽에 붙어서 떨어지지 않는 상태에 있고; 해충이 거의 다 먹어버려서 파편이 되어버린 것들이 수없이 있으며 대다수는 부패의 마지막 단계에 있다. 부식과 습기로 많은 공기록이 손으로 만질 수조차 없을 정도로 파손되기 쉽게 되어버렸다; 다른 것들, 특히 두루말이 형태를 이루고 있는 기록은 펼칠 수가 없을 정도로 너무 굳어 있다"고 보고하였다.3) 이 조사에 의해 1838년의 공기록법령(Public Record Act)이 제정되었다.

공기록관을 설립하기 위한 문화적인 운동은 역사가들이 시작하였다. 17세기이래 지속적으로 그들은 기록의 가치에 대한 대중의 인식을 개선하고자 했지만 그들의 노력은 대중과 정부의 즉각적인 반응을 불러오지 못했다. 1848년말에 하원의 선발위원회는 "이 나라의 역사적 문서들의 유일한 완전성(integrity)을 인식하고, 그 범위와 가치를 아는 대중은 소수에 지나지 않는다. 우리의 공기록은, 기록의 대상이 되는 행위를 한 공무원들, 진행과정이 등록된 여러 부처들(departments), 그리고 기록이 가장 신빙성있고 어쩌면 유일한 권리증서를 제공한 재산소유자들에게 조차도 관심을 불러일으키지 않는다"고 보고하였다.4)

공기록관은 그것을 창설한 법령에 의해 독립된 하나의 부처를 구성하였다. 프랑스의 경우와 같이 하나의 성(ministry)에 부속되지 않았다. 그것은 지방이나 민간에서 나온 기록을 제외하고 중앙정부의 기록과만 관계가 있었다.

Records, Introductory, Part I: London), 1949, p. 9.

3) 영국, 하원, 『기록위원회의 관리와 업무 및 영국의 기록상태에 대한 조사를 위해 임명된 선발위원회 보고서』(『의사서류』, 14권(1836), 제1부) (*Report from the Select Committee apointed to inquire into the Management and Affairs of the Record Commission, and present State of the Records of the United Kingdom)(Sessional Papers*, Vol. XIV (1836), Part I: London), 1836, p. xiv.

4) "공기록의 위험하고 소홀한 상태에 관하여," 『웨스트민스터誌』(On the Perilous State and Neglect of the Public Records, *Westminster Review*, Nos. LXXXV and C: Luxford), 1949, pp. 4~5에서 재인쇄.

미국

　영국에 공기록관이 설립되고 약 백년후에 미국정부는 국립기록보존소(National Archives)를 설립하였는데 이것은 1934년 6월 19일의 법령(Act of June 19, 1934)에 의한 것이었다. 19세기 내내 정부로 하여금 공기록을 좀더 주의깊게 관리하도록 유도하려는 노력이 반복해서 이루어져 왔다.[5] 1810년대 초반 의회의 한 위원회는 공공서류들이 "대단히 무질서하고 방치된 상태에 있으며 이것은 국가에게 있어서 불안전하고 불명예스러운 상황"이라고 인식했다. 1814년, 1833년, 1877년 및 여러 다른 시기에 일어난 화재로 인해 귀중한 기록들이 사라져버렸다. 1877년에 화재가 일어나자 대통령은 공기록의 보존상황을 조사하는 위원회를 임명하였다. 이 위원회의 보고의 결과로 R. B. 헤이스(Rutherford B. Hayes) 대통령은 그의 1878년 및 1879년의 연두교서에서 국립기록보존소의 설립을 권고했다. 그는 이 교서의 첫머리에서 "정부의 기록은 그것의 금전적인 가치와 역사적 중요성 모두에 있어서 국가가 가장 귀중하게 간직해야 할 것 중에 하나이다"라고 말하였다. 이 연설 이후 몇십 년동안 이러한 기록을 위해 좀 더 나은 보존시설을 제공하려는 시도가 의회 차원에서 여러 차례 이루어졌다. 그들은 "기록청(hall of records)으로서 ... 저렴한 건물"의 설립을 목표로 했다. 한편, 1884년에 조직된 미국역사학회(American Historical Association)가 국립기록보존소의 설립을 추진하기 시작했다. 이 학회는 1899년 공공아카이브즈위원회(Public Archives Commission)를 설립하고 1900년부터 1912년까지 주아카이브즈(State archives)의 여러 가지 총목록(inventories)을 출판하였고, 미국역사와 관계가 있는 유럽의 아카이브즈와 연방아카이브즈에 대한 편람(guides)의 출판을 지원하였고, 1909년부터 현재까지 연차회합을 개최하여 왔다. 1908년에 있었던 대통령 및 의회와의 토론에서, 이 학회는 "미국역사의 연구를 위한" 기록보존소의 설립의 중요성을 강조하였다. 1910년에 이 학회는 의회에 대하여 "정부의 기록이 집중되고 적절하게 보호되고 보존되는" 국가적인 기록보존소(a national archive depository)의 건립을 청원하였다. 의회가 1913년 이 건립계획의 추진을 인가하였지만 1933년에서야 비로소 건립이 시작되었다.

---

5) 미국, 국립기록보존소, 『연차보고서』(*Annual Report*: Washington), 1935, pp. 1~5.

기록보존소 설립의 이유

간단히 말해서 프랑스와 영국과 미국이 기록보존기관을 설립한 이유는 무엇인가?

직접적이고 가장 강력한 이유는 정부업무의 효율성의 개선이라는 실제적인 필요성(practical need)이었다. 프랑스 혁명동안 파리 전역의 기록보존소들은 혁명이전의 중앙의 여러 성들(ministries)의 기록으로 가득 찼고 프랑스 내륙의 각 지방에 있는 아카이브즈 수장고들은 넘쳐났다. 영국에서는 5세기에 걸친 정부의 시정(operations)에 의해 런던에 산재해 있던 많은 기록보존소들에 기록이 가득 찼다. 예를 들면, 젠킨슨에 의하면 재무성의 기록은 "측정하기도 어려울 만큼 많은 손실과 혼란이 야기되면서" 때에 따라 그리고 되풀이하여 이곳 저곳으로 이동되었다.[6] 미국에서는 연방정부의 한 세기 반에 걸친 시정의 시기에 공기록은 그것들이 더 이상 현재의 업무에 필요가 없어졌을 때 다락이나 지하실 또는 그 외의 다른 외딴 곳으로 밀려났다. 시간이 경과함에 따라 자연적으로 너무 많이 생겨난 기록에 대해 정부는 어떤 조치를 취해야만 했다. 그러한 기록이 정부부서에 차고 넘칠 때, 그것들은 사무의 수행을 방해하고 중요한 사무공간을 차지하고, 그 기록과 더불어 이루어졌어야 했던 어떤 일을 날마다 상기시키는데 제공되었다.

두번째 이유는 문화적인 것이었다. 공공아카이브즈는 도서나 수고본 및 박물관 보물과 마찬가지로 많은 종류의 문화적인 자원 가운데 하나이다. 이것들은 공원이나 기념물, 또는 건물만큼이나 중요한 자원이다. 정부에 의해 만들어졌기 때문에 그것들은 특히 정부의 자원이다. 민간기관에 의해 관리되는 다른 문화적 자원들과는 대조적으로 아카이브즈는 정부 이외의 기관에 의해서는 관리될 수 없다. 그렇게 때문에 가치 있는 공기록들에 대한 관리는 공적인 의무이다. 이러한 사실은 프랑스에서 처음으로 인식되었다. 혁명기간동안 국민회의의 기록은 신질서를 확립하기 위해 보존되었지만 공적인 재산으로 간주되었던 구제도의 기록은 주로 문화적인 목적을 위해 보존되었다. 이러한 문화적인 서류들(또는 역사, 과학 및 예술에 속하는 헌장 및 기념물)은 보존을 위해 프랑스 국립기록보존소에 별도로 치워졌다. 영국과 미국에서는 역사가들이 공기록의 중요성을 처음으로 인식하였고 그들의 주장은 양국에 국립기록보존소의 설립에 대부분 관철되었다. 역사가들

---

6) 영국, 공기록관, *ibid.,* p. 8.

은 그러한 기록이 그것 자체로 정부의 기원과 기능을 반영할 뿐만 아니라 한 국가의 발전도 반영한다고 보았다. 미국에서는 역사가들이 국립기록보존소의 설립운동의 선두에 있었는데 그들의 견해는 유명한 미국의 역사가인 故 C. M. 앤드류스(1863~1943)의 다음과 같은 말 속에 잘 표현되었다:

  한 국가와 국민의 진정한 역사는 일화나 표면적인 사건 속에 놓여 있는 것이 아니라 그것의 구조적이고 사회적인 조직의 본질적 양상 속에 있다는 것을 더 많이 인식할수록 아카이브즈는 더 많이 평가될 것이고 더 잘 보존될 것이다. 수집되고, 관리되고 연구자들이 접근할 수 있는 공기록들이 체계적으로 연구되고 또 그 내용물의 중요성이 확인되어야만이 사람들은 비로소 그들이 그들 자신의 역사의 주인이라고 생각할 수 있다 . . . . "한 국가가 그들의 과거의 유물을 어느 정도 보존하는가 하는 보호의 정도는 그들이 어느 정도의 문명의 수준에 도달하였는가에 대한 진정한 척도가 될 수 있다"라는 말은 대단히 적절하다. 그러한 기념물중에 가치나 중요성에서 첫번째로 꼽히는 것은 국가와 지방의 공공아카이브즈이다.[7]

  세번째 이유는 개인의 이해관계였다. 프랑스 혁명주의자들은 부분적으로 이러한 이유에서 국립기록보존소를 설립하였다. 그들은 구사회의 붕괴와 신사회의 건설에 관여하였기 때문에 다양한 사회적, 경제적 및 정치적인 관계를 결정하는 데 있어서 공기록들의 중요성을 의식하였다. 그들은 그러한 기록이 봉건적 권리와 특권을 수호하는 데 기초가 된다는 것을 깨닫고, 그러한 권리 및 특권과 관계되는 모든 기록(*titres feodaux*, 봉건시대 작위증서)의 처리를 위해 분류를 담당할 특별기관(*Agence temporaire des titres*, 작위증서 임시사무소)을 설립하였다. 그들은 또한 이러한 기록이 새로이 획득된 권리와 특권을 확립하는 데 기초가 된다는 것을 깨닫고, 몰수된 재산에 대한 국가의 권리를 뒷받침하는데 유용한 모든 서류에 표시를 하였다. 공기록은 국민에 대한 정부의 관계를 명확히 정의한다. 그것들은 모든 영구적인 시민권과 특권에 대한 궁극적인 증거이며; 국민과 정부와의 관계에서 생겨났거나 그 관계와 연관된 모든 일시적인 재산상의, 재정상의 권리에 대한 직접적인 증거이다.

  네번째는 공식적인 이유였다. 기록은 오래된 것까지도 정부의 업무를 위해서

---

7) C. M. 앤드류스, "아카이브즈," 미국역사학회, 『연차보고서』, I권(Andrews, Charles M., "Archives", American Historical Association, *Annual Report*, I), 1913, pp. 264~265.

필요했다. 기록은 정부의 기원과 성장을 반영하며 정부의 모든 활동에 있어서 주요한 정보자원이다. 그것들은 정부업무가 수행되는 기본적인 행정적 수단을 이룬다. 기록은 정부를 수호하기 위해 보존되어야 하는 재정적, 법률적 계약의 증거를 포함한다. 그것들은 정부가 정부의 활동에 대해 지속성과 일관성을 부여하기 위해, 정책결정을 하기 위해, 사회적, 경제적, 조직적 그리고 절차상의 여러 문제들을 처리하기 위해 필요로 하는 공식적인 경험들의 위대한 축적을 나타낸다. 간단히 말해서 기록은 정부구조가 구축되는 기반이다.

제2장
아카이브즈의 성질(nature)

새로운 전문직에 종사하는 사람들은 고도로 전문화된 의미를 가진 용어를 개발하고 싶은 강한 충동을 느낀다. 더욱이 그 전문직에 학술적인 또는 과학적인 내용이 다소 결여되어 있다면 전문화된 의미를 지닌 용어뿐만 아니라, 그 뜻이 너무나 모호하여 심오한 환상을 불러일으킬 용어를 개발하고 싶은 더 큰 충동을 느낀다.

아카이브즈 관리전문직(archival profession)은 비교적 새로운 것이기는 하지만 학술적인 그리고 과학적인 내용이 결여되어 있지는 않다; 그리고 일반적인 관습과는 반대로 전문화된 용어의 개발을 회피하려고 해왔다. 그러나 바로 그 공통된 용어의 사용에 있어서 기록관리 전문가(archivists, 기록관리 전문요원, 아키비스트, *이하 아키비스트)는 그들이 전문서적을 집필할 때 종종 모호함에 부딪치게 된다. 그래서 나는 이 책에서 사용한 용어들을 그것들이 등장할 때마다 정의했다.

이 장에서 나는 기록(records)과 아카이브즈(archives)라는 용어의 정의를 길게 논의하려고 하는데, 그것은 이 용어들을 특별히 주목할 필요가 있기 때문일 뿐만 아니라 기록과 아카이브즈의 주요 특징(characteristics)에 대한 분석이 우리의 연구에 본질이기 때문이다.

아카이브즈의 정의

그리스어에 그 기원을 두는 "아카이브즈"라는 단어는 옥스포드 영어 사전에서는 (1) "공기록들이나 역사상 중요한 문서들(historic documents)이 보존되어 있는 장소, 그리고 (2) 그 때문에 보존된 역사에 관한 기록(historical record)이나 문서"라고 정의되어 왔다. 이러한 정의는 이것이 가지는 두가지의 의미 때문에 약간 곤란한 점이 있다. 평상시의 대화에서, 특히 전문적인 문헌에서는 어떤 기관과 그 기관이 취급하는 내용물은 명확히 구분되어야만 한다. 기관과 기관이 취급하는 내용물에 대해서 각기 다른 용어를 사용하는 것만이 구별을 확실히 해줄 수 있다. 독일인들은 자료를 지칭하기 위해 "아키발리엔"(Archivalien, 문서, 기록)이라는 용어를 사용하지만 이 단어의 영어형의 등가물인 "아키발리아"(archivalia)는 일반적으로 그다지 받아들여지지 않는다. 이 책에서는 이 차이를 명확히 구분하기 위해서, "기록보존기관"(archival institution)이라는 단어는 기관(institution)을 의미하기 위해 사용될 것이고, "아카이브즈"라는 단어는 기록보존기관과 관련된 자료들을 언급하는 데 사용될 것이다. 더욱이 사전적인 정의는 우리가 이제 분석하려는 아카이브즈의 본질적인 성질을 명확히 해주지 못한다. 아카이브즈의 성질을 분석하는데 있어 여러 국가의 아키비스트들이 쓴 아카이브즈 관리 편람(archival manuals)에서 나타나는 정의를 주의깊게 관찰하는 것이 유용할 것이다.

아카이브즈 관리학(archival sciences, *기록학)에 대한 편람의 세계적인 공헌이라는 관점에서 볼 때, 아카이브즈 관리(archives administration)에 관한 가장 중요한 편람은 아마도 네덜란드의 아키비스트인 S. 뮬러(S. Muller, 1848~1922), J. A. 페이트(J. A. Feith, 1858~1913)와 R. 프루인(R. Fruin, 1857~1935)의 3인이 공저한 편람일 것이다. 이 편람은 『아카이브즈의 정리와 기술에 관한 편람』(*Handleiding voor het Ordenen en Beschrijven van Archieven*)이라는 제목으로 1898년에 네덜란드 아키비스트협회의 후원으로 출판되었다. 영역본은 미국의 아키비스트인 A. H. 레비트(Arther H. Leavitt)에 의해 『아카이브즈의 정리와 기술에 관한 편람』(*Manual for the Arrangement and Description of Archives*)이라는 제목으로 1940년 뉴욕에서 출판되었다. 이 번역본에서는 네덜란드어의 "archief"를 "행정기관이나 그 기관의 공무원들의 보호하에 남겨두고자 의도된 문서에 한해서, 그 행정기관이나 공무원에 의해서 공식적으로 인수(received)되거나 생산된, 집필된 문서, 도면과 인쇄물의 전체"라고 정의하였다.[1] 레비트가 "아카이브즈 콜렉션(archival collection)"으로 번역한 "archief"라는 말은 실제로는 등록부서(registry office)에서 관리된 특정한 행정조직체의 기록을 의미한다.

1937년 H. 젠킨슨경에 의해서 『아카이브 관리에 관한 편람』(*A Manual of Archive*

---

[1] 뮬러, 페이트, 프루인(A. H. 레비트 역), 『아카이브즈의 정리와 기술에 관한 편람』(Muller, Feith and Fruin(trans. Leavitt, Arthur H), *Manual for the Arrangement and Description of Archives*: New York), 1940, p. 13.

Administration)이라는 제목으로 출판된 영어편람(초판은 1922년 옥스포드에서 출판)에는 아카이브즈를 "그들이 한 부분을 차지하는 행정상의 또는 집행상의 조치 (transaction)(그것이 공적이든 사적이든 간에)의 과정에서 작성되거나 사용된 . . . ; 그리고 그 이후, 그 조치에 대한 책임자(들)과 그들의 합법적인 후임자(들)에 의해 그들 자신의 정보로 쓰기 위해 그들의 보호하에 보존된"[2] 문서라고 정의하였다.

이탈리아의 아키비스트인 E. 카사노바(Eugenio Casanova, 1875~1946)는 1928년 에 시에나에서 출판된 자신의 『기록학』(*Archivistica*)라는 제목의 편람에서 아카이브 즈를 "어떤 기관이나 개인의 활동과정에서 만들어지고, 그러한 기관이나 개인에 의해서 정치적, 법적, 문화적인 목적의 수행을 위해 보존된 문서들의 질서있는 집 적물"[3]이라고 정의하였다.

W. 리쉬(Wolfgang Leesch)는 다년간 프러시아 국립왕실기록보존소의 장이었던 독일의 아키비스트 A. 브레네케(Adolf Brenneke, 1875~1946)의 강연을 『기록학』 (*Archivkunde*, 1953년 라이프치히시에서 간행)이라는 제목으로 된 편람의 형태로 출판하였는데, 여기에서 그는 아카이브즈를 "과거의 연원과 증거로서 특정한 장 소에 영구적으로 보존하려고 의도된 자연인이나 법적인 조직의 법적인 활동 또는 업무활동에서 발생한 모든 서류와 문서"[4]라고 정의하였다.

아카이브즈 정의의 요소

몇몇 다른 국가의 아키비스트들이 내린 여러 가지 정의에서 강조되어 온 여러 요소들을 분석해 보면, 그 요소들은 유형의 요인들 및 무형의 요인들 모두와 관련 이 있다는 것을 알게 될 것이다. 유형의 요인들과 관계가 있는 요소들 - 아카이브 즈의 형태(form)와 그것들의 연원(source), 그것들의 보존장소에 관한 - 은 아카이브 즈의 특성(quality)에 대해 본질적인 것은 아니다. 왜냐하면 아키비스트들은 그들의

---

2) H. 젠킨슨, 『아카이브 관리에 관한 편람』(Jenkinson, Hilary, *A Manual of Archive Adminstration*, 2nd ed: London), 1937, p. 11.

3) E. 카사노바, 『기록학』(Casanova, Eugenio, *Archivistica*: Siena), 1928, p. 19.

4) W. 리쉬(편), 『A. 브레네케, 기록학: 유럽의 아카이브즈의 이론과 역사』(Leesch, Wolfgang(ed.), *Adolf Brenneke, Archivkunde: ein Beitragzur Theorie und Geschichte des europäischen Archivwessens*: Leipzig), 1953, p. 97.

정의에서 아카이브즈 자료들은 다양한 형태를 가질 수 있고 다양한 연원에서 생겨날 수 있고 또 다양한 장소에 보존될 수 있다고 지적하기 때문이다. 무형의 요인과 관계가 있는 요소들이 본질적인 것들이다. 나의 의견으로는 그러한 요소는 오직 두가지이다. 젠킨슨이 본질적인 것이라고 믿었던 세번째의 요소도 고려될 것이다.

본질적인 요소의 첫번째는 자료가 생산되거나 집적된 이유와 관련이 있다. 아카이브즈가 되기 위해서는 어떤 목적을 성취하기 위해 자료가 생산되고 집적되어야만 한다. 정부기관의 경우, 이 목적은 공식적인 업무(business)의 달성이다. 네덜란드의 아키비스트들은 아카이브즈가 "공식적으로 인수되거나 생산된" 것을; 젠킨슨은 "행정적인 또는 집행상의 조치의 과정"에서의 그것들의 생산을; 카사노바는 "정치적, 법적 또는 문화적인 목적"을 달성하기 위한 그것들의 생성을; 브레네케는 "법적인 활동 또는 업무활동"의 결과로서 발생하였다는 것을 강조하였다. 그러므로 문서가 어떻게 해서 생겨나게 되었는가 하는 것이 중요하다. 만약 그것이 목적지향적이며 조직적인 활동의 과정에서 생산되었고, 또 업무활동이 어떤 명백한 행정적, 법적, 경제적인 목적, 또는 다른 사회적인 목적을 달성하는 과정에서 만들어졌다면 그 문서는 잠재적인 아카이브즈의 성질을 가지고 있다.

본질적인 요소의 두번째는 자료가 보존된 가치와 관련이 있다. 아카이브즈가 되기 위해서 자료는 업무활동이 이루어지고 집적되는 이유와는 또 다른 이유로 보존되어야 한다. 이러한 이유에는 공식적인 이유와 문화적인 이유 두가지가 될 수 있다. 젠킨슨은 아카이브즈에 대한 그의 다양한 정의에서, 업무활동을 만들어낸 사람들에 의해 "그 자신들을 위한 정보로서" 또는 "그 자신들의 참고를 위해서" 보존된 것을 강조하였다. 문서가 어떻게 하여 아카이브즈가 되는가에 관한 그의 계속되는 논의에 주목하는 것은 흥미롭다. 젠킨슨은 일차적으로 과거의 아카이브즈에 관심을 가지고 있기는 하지만, 그가 "현용이 끝난 기록이 보존될만하다고 암묵적으로 판정되어 보존을 위해 명확히 챙겨졌을 때"[5] 그 기록은 아카이브즈가 된다고 한 주장은 현대기록(modern records)에 관여하는 아키비스트의 관점을 보여준다. 현대아카이브즈(mordern archives)는 그것들을 생산한 사람들 이외의 사람들의 이용을 위해 보존된다는 것과, 그러한 이용을 위해 아카이브즈의 가치

---

5) H. 젠킨슨, *ibid.*, pp. 8~9.

에 대한 의식적인 결정이 있어야 한다는 것은 자명하다. 이런 점에서 독일의 아키비스트인 브레네케는 아카이브즈는 "과거의 연원과 증거로서" 명백하게 연구용으로 보존된다고 기술하였다. 이러한 견해는 미국 아키비스트에 의해서도 견지된다. 분명히 대부분의 기록이 보존되는 1차적이거나 우선적인 이유는 그것이 만들어지고 집적된 목적을 달성하는 것이다. 정부에 있어서의 이 목적은, 우리가 아는 바와 같이 그 업무를 달성하는 것이다. 이 목적을 위해 보존된 기록이 반드시 아카이브즈가 되는 것은 아니다. 그것들이 아카이브즈가 되기 위해서는 다른 한 가지 보존 이유가 더 있어야 하고, 그리고 그 이유는 문화적인 것이다. 그것들은 그것들을 만든 사람들뿐만 아니라 그 이외의 사람들에게 이용되기 위해 보존된다.

젠킨슨이 아카이브즈의 본질적 특성이라고 믿었던 세번째 요소는 보호(custody, 관리, 관할)의 문제와 관련이 있다. 그는 문서가 "손상되지 않고 보호되었다는 사실"이 확실하거나 최소한 그것의 "합리적인 추정"이 가능한 경우에 한해서만 아카이브즈가 된다고 기술하였다. 그에 의하면 이 "합리적인 추정"은 "아카이브즈인 문서와 아카이브즈가 아닌 문서 사이의 차이점"6)이다. 또는 그가 『아카이브 관리에 관한 편람』에서 언급한 것처럼 "아카이브즈의 특성은 책임있는 보호자하에서의 오점 없는 계통(line)임을 증명할 수 있는 가능성에 달려 있다."7) 보호자정신(custodianship)에 대한 의견에서 젠킨슨은, 문서는 기원하는 부서에 남아 있도록 해야 한다는 것만을 주장했던 네덜란드의 아키비스트들과 다소 다르다. 이것은 사실상 네덜란드 아키비스트들의 견해는 공식적인 보호를 받지 않는 아카이브즈만이 아카이브즈의 온전한 자격이 있는 것으로 인정한다는 것을 의미한다. 책임 있는 보호자정신에 대한 그의 원칙을 정립하는 과정에서 젠킨슨은 아마도 그 원칙을 어떻게 하면 대법관청, 재무성 및 법원의 오래된 기록을 근거로 하여 확립할 수 있을지를 생각했을 것이다. 현대정부의 상황하에서 생산된 기록을 취급하는데 있어서 "책임있는 보호자하에서의 오점 없는 계통" 또는 "손상되지 않은 보호의 증거"는 아카이브즈의 특성에 대한 진단이 될 수 없다. 현대기록은 그 양이 방대하고 복합적으로 생산되며 그 전개가 종종 무계획적으로 이루어진다. 그것들이 생산되는 방법은, 개별적인 문서들을 관리하기 위한 시도, 즉, "손상되지 않은 보

---

6) 영국, 공기록관, *ibid.*, p. 2.
7) H. 젠킨슨, *ibid.*, p. 11.

호"의 "오점 없는 계통"을 추구하는 어떤 시도도 무효로 만든다. 어떤 종류의 기록보존 시스템이 사용되든 간에 이것은 사실이다. 따라서 만약 현대기록이 기록보존기관에 제공된다면, 그것들은 다른 본질적인 조건들을 만족시키는 한에서, 기록보존기관에 제공하는 부서에서 실제로 생산된 기록이라는 "합리적인 추정"에 근거하여 아카이브즈로서 인정될 것이다.

물론 현대의 아키비스트들은 정부부서로부터 인수한 기록의 특성에 관심을 갖는다. 그들은 보존된 "기록의 완전성"(integrity of records)을 유지하기를 열망한다. 이렇게 함으로써 그는 (1) 제공한 기관의 기록 또한 그 기관의 기록으로 보존해야 한다 (2) 그 기록은 가능한 한 그것의 공식적인 업무의 과정에서 그 기관에서 주어진 정리방식에 의해 보존되어야 한다 (3) 그 기록은 손상되거나 변경되거나 부분적으로 허가없이 파기되어서는 안되며 온전한 형태로 보존되어야 한다. 그 자료들의 증거로서의 가치는 그 자료들이 정부부서에서 관리된 방식과, 그것들이 기록보존기관에 도달한 방식에 달려 있고; 개별적인 문서들이 정부부서 내부에서 관리된 방식에 달려있는 것은 아니다.

현대아카이브즈의 정의

우리가 살펴 본 여러 나라의 아키비스트들은 "아카이브즈"라는 용어를 각 각 다르게 정의하였다. 그들은 자신들이 취급하는 자료에 적용할 수 있는 방식으로 정의하였다. 그래서 네덜란드 아키비스트들은 "archief" 또는 등록소(registry)의 내용물을 아카이브즈라고 명명하였고, 한 편람에서 성문화된 아카이브즈의 정리와 기술에 관한 법칙을 개발했다. 영국의 아키비스트인 젠킨슨은 이와 유사하게 아카이브즈를 그가 1차적으로 관심을 가졌던 오래된 공기록(ancient public records)과 일치하는 것으로 정의하였고, 그러한 기록에 특별히 적용하는 관리에 관한 원칙을 개발하였다. 이런 점에서 볼 때, 누구도 변경할 수 없고 다른 모든 것에 우선하여 인정되어야 하는 아카이브즈라는 용어의 최종적이고 궁극적인 정의는 없다는 것이 명백하다. 정의란 각 국에서 그 국가의 특수한 필요를 충족하기 위해 수정될 수 있다. 채택된 정의는 아키비스트들 자신들이 종사하는 정부에 의해 생산된 자료들을 효과적으로 다룰 수 있는 기초를 제공해야 한다. 그 효과를 저하시킬 정의는 허용되어서는 안된다. 중세기 자료에 대한 고찰에서 나온 정의는 현대기록을 주로 다루는 아키비스트들의 필요에는 맞지 않을 것이고 그 반대 역시 마찬가지이다.

나는 현대아키비스트들이 그들 자신의 필요성에 보다 적합한 방식으로 아카이브즈를 재정의할 명확한 필요성이 있다고 생각한다. 각종의 공적인 (또는 사적인) 기관들에 의해 만들어진 공식적인 기록들 더미에서 영구보존을 위한 아카이브즈를 선별해야 하는 것이 현대아키비스트들의 주요한 과제이기 때문에 선별의 요소는 아카이브즈의 정의에서 절대적인 것일 수 있다. 나의 "기록(records)"에 대한 정의는 다음과 같다:

"그것의 물리적 형태나 특징과는 상관없이, 공적이거나 사적인 기관에 의해 법적인 의무의 수행과정에서 또는 그 본래의 업무에 따른 조치와 관련해서 작성되거나 인수되고, 기능, 정책, 결정, 절차, 시행(operations), 또는 다른 활동에 대한 증거로서나 그 안에 포함된 자료의 정보적 가치 때문에, 그 기관이나 그것의 합법적인 후임자에 의해 보존되거나 또는 보존되도록 한 모든 도서들, 서류들, 지도들, 사진들이나 기타 사실에 대한, 사실을 기록한 자료들(documentary materials)"이다.

이것은 1943년 7월 7일 개정된 미국정부의 기록처리법령(Records Disposal Act, Title 44, U.S. Code, 366–80조)에서 내려진 정의를 극히 일부분 수정한 것이다. 또한 기관이라는 용어는 교회, 기업(business houses), 협회 및 조합, 그리고 민간의·가족에 대해서도 적용될 수 있다는 것도 기억해야 한다.

"아카이브즈"라는 용어는 이제 다음과 같이 정의될 수 있다:

"참고와 연구목적으로 영구보존의 가치가 있다고 판단되고, 기록보존기관에 위탁(deposit)되거나 위탁을 위해 선별된 모든 공적이거나 사적인 기관의 기록들"이다.

또 아카이브즈의 본질적 특성은 기록이 생산된 이유나 기록이 보존되어야 하는 이유와 관련이 있다. 이제 우리는 아카이브즈가 되기 위해서는 기록은 특수한 목적을 성취하기 위해 생산되거나 집적되어야 하고 그 생산되거나 집적된 목적 이외의 목적을 위한 가치를 가져야 한다는 사실을 받아들인다. 이런 점에서 공공아카이브즈는 다음과 같은 두가지 종류의 가치를 갖는다. 그것은: 기원하는 기관에 대한 1차적 가치와, 다른 기관들 및 비정부적인 이용자들에 대한 2차적 가치이다.

제3장
기록보존기관과 도서관과의 관계

이 3장에서 나는 아카이브즈 관리전문직(archival professions)과 도서관 전문직(library professions) 사이의 관계를 논의하려고 한다. 나는 아카이브즈 관리전문직과 도서관 전문직에서 각각 취급하는 자료(materials)의 차이와 그것들을 취급하는 방법(methods)상의 차이를 지적하여 이것을 살피고자 한다. 나의 목적은 편파적인 것이 아니다. 그 차이를 강조하여 아카이브즈 관리전문직의 본질적인 성질을 명확히 하려는 하나의 목적만이 있을 뿐이다.

소장물의 차이

도서관과 기록보존기관에서 다루는 자료의 차이는: (1) 자료가 생겨나게 된 방식과 (2) 자료가 그 기관들의 관리하에 들어가는 방식이라는 두가지 요인과 관련이 있다.

그 두가지 요인 가운데 첫번째를 간략히 살펴보자. 앞 장에서 나는 아카이브즈의 본질적인 특징의 하나로서 그것들이 반드시 어떤 정부기관이나 기타 조직의 기능적 활동과 직접적인 연관을 가지고 생산되고 집적되었다는 것과; 그리고 그것들의 중요성(significance)의 많은 부분이 기관과의, 그리고 기관 상호간의 유기적 관계에 달려 있다는 것을 강조하였다. 그것들의 문화적 가치는 부수적인 것이다. 반면에 도서관의 자료는 문화적 목적을 우선으로 생산되었다. 그리고 이러한 이유 때문에 그것들은 대개는 독립된 단위기록(items, 문건, 건)을 구성하고 그것의 중요성은 다른 단위기록과의 관계로부터 완전히 독립적이다.

기록보존기관과 도서관의 자료에서의 이러한 차이는 그것들의 물리적 형태(form)와는 상관없이 일반적인 것이다. 인쇄된 자료는 보통 사서들의 권한하에 있으나 어떤 환경하에서는 그것은 아카이브즈의 성격을 갖거나 아카이브즈의 성격을 획득할 수 있다. 이것은 신문이 공식적인 활동의 결과로 정부에 의해 인수되었을 때, 또는 한면만 인쇄된 큰 인쇄물(broadsides), 소책자(pamphlets)나 회람(circulars)이 정부의 문서에 첨부되었을 경우이다. 정부문서 자체가 인쇄물의 형태로 나타났을 경우에도 역시 이 경우에 해당한다.

사서와 아키비스트는 시청각자료(audio-visual materials)와 도면자료(cartographic materials)에 대해서 거의 비슷한 정도로 관련된다. 예를 들면, 특정한 기능을 수행하는 과정에서 정부가 제작하거나 인수한 영화 필름은 아카이브즈로 여겨질 수 있다. 이것은 전쟁 중의 전투장면을 담은 필름과 같이 정부가 실제의 사건을 기록하기 위해, 여론에 영향을 주기 위해, 또는 민간인이나 군 인력을 훈련시키기 위해 제작하는 경우이다. 그러한 필름의 영사용 프린트(projection prints)는 도서의 복사본과 비슷하고 기록보존기관보다는 일반적으로 도서관에 의해서 교육적이거나 오락적인 목적을 위해 이용될 수 있도록 만들어져야 한다. 이와는 반대로 다른 필름의 제작을 위해 1차적으로 사용되는 음화필름(陰畵필름, negative film)과 원판 양화필름(原板陽畵필름, master positive film)은 도서관보다는 기록보존기관에서 제작될 수 있다.

도서관의 수고본 소장물은 그 형태, 저자(authorship, 출처) 또는 가치에 기초하여서는 아카이브즈와 구분될 수 없다. 그것들은 기관의 것이든 사적인 것이든 간에 유사한 연원으로부터 생겨날 수 있었고; 연구를 위해서 똑같이 가치가 있을 수 있다. 이러한 사실은 시드니 시의 미첼(Mitchell)도서관 사서인 P. M. 존스(Phyllis Mander Jones)가 강조하여 왔다. 즉, 그에 의하면, "연구자들은", 아카이브즈와는 대조적으로 "사적인 서류속에서 자신의 주제와 보다 개인적인 접촉을 찾아낸다. 왜냐하면 사적인 서류에는 자연스러운 인간의 편견과 감정이 보다 잘 반영되는 경향이 있기 때문에, 그리고 사적이거나 반(半)공공적인 일에 관한 기록에는 다채로운 통계자료(data)에 관해 좀 더 농축된 근거가 드러날 수 있기 때문이다."[1]라고 기술하였다. 그러나 수고본이 생겨난 방식에 기초하여서는 차이가 생겨날 수 있다. 미국의 역사가인 C. H. 앤드류스(Chares M. Andrews)에 의하면 아카이브즈는

---

[1] P. M. 존스, "아키비스트와 협회," 『호주도서관지』, I권, 4호(Jones, Phyllis Mander, "Achivists and the Association," *The Australian Library Journal*, I, No. 4, April), 1952, p. 79.

"그것이 오직 시사성과 연대상의 중요성이 고려되어 우연히 수집되고 정리된 서류 및 양피지 문서들의 더미가 아니라는 점에서 역사에 관한 수고본(historical manuscripts)과 다르다".[2] 아카이브즈가 어떤 정규적인 기능적 활동에서 생겨나는 것과는 대조적으로, 역사에 관한 수고본은 대개는 사상이나 감정의 자연발생적 표현의 산물이다. 그래서 그것들은 보통 우연히 생겨나고 체계적인 방식으로 생겨나지 않는다.

한편 역사에 관한 수고본으로 분류되었을 수 있는 문자로 된 기록(textual records, 원문기록)이 교회나 기업 또는 개인의 조직적인 활동의 결과로서 만들어졌다면 그것들은 아카이브즈라고 언급될 수 있다; 그래서 "교회 아카이브즈", "기업 아카이브즈", "개인 아카이브즈"라는 명칭으로 언급된다. 더욱이 역사에 관한 수고본이 조직적 활동의 도큐멘테이션(documentation, 출처·사건이나 활동의 증거를 제공하기 위한 문서의 작성이나 입수, *이하 도큐멘테이션)의 한 부분이 될 경우－예를 들면 연서(戀書)가 이혼소송절차에서 증거로 채택되는 경우와 같이－또한 언제나 아카이브즈로서 인정될 수 있다.

이제 자료들이 기록보존기관과 도서관의 관리하에 들어가는 방식을 생각해 보자. 도서관은 수집기관(collecting agencies)인 반면 기록보존기관은 인수기관(receiving agencies)이다. 정부의 것이든 민간의 것이든 간에 기록보존기관은 그 기관이 종사하는 조직체에 의해 생산된 자료를 보존하려는 목적으로 설립되었다. 대체로 기록보존기관은 구입이나 기증에 의해 취득한 자료(acquiring materials)에 큰 비중을 가지고 의존하지 않는다. 그 기관은 보통 그 기관이 종사하는 정부, 기관, 또는 개인이라는 단 하나의 연원을 갖는다. 정부의 기록보존기관은 다른 정부에 의해서 생산된 것이 아닌, 그 기관이 종사하는 정부에 의해 생산된 자료만을 인수해야 한다. 오직 한 부처나 한 성에만 종사하도록 되어 있는 기록보존기관은 그 특정한 부처나 성의 자료만을 인수해야 한다. 정부의 오직 한 수준에만 종사하도록 되어 있는 것은 정부의 그 수준에서 생산된 자료만을 인수해야 한다. 그래서 연방정부의 기록보존기관은 주정부의 기록을 받아들여서는 안되고, 마찬가지로 주정부의 기록보존기관은 연방정부의 기록을 받아들여서도 안된다.

---

2) C. M. 앤드류스, "아카이브즈," 미국역사학회, 『연차보고서』, I권(Andrews, Charles M., "Archives," American Historical Association, *Annual Report*, I), 1913, p. 262.

기록보존기관이 자료들을 수집(collect)하지 않는다는 것은 강조되어야 한다. 힐러리 젠킨슨경은 이 점을 대단히 명확히 지적하였다.

> 아카이브즈는 수집되지 않는다; 중요한 사실이 확립되기만을 바란다면, 나는 "수집"(Collection)이라는 단어가 아키비스트의 어휘에서 사라질 수 있기를 바란다. 아카이브즈란, 누군가가 그것이 장래의 연구자들에게 유용할 것이고, 문제점을 증명하고 이론을 설명할 것이라는 생각으로 그것을 모으는 그러한 곳에 있지 않고 그러한 것이 되어서도 안된다. 그것들은 자연적 과정에 의해서 모여졌고 그것들의 최종적인 정리에 도달했다: 당신이 말하는 바와 같이 거의 나무나 동물과 같은 유기체처럼; 성장한다. 그것들은 따라서 그것들의 중요성에 대해서 본질적인 구조와 마디(articulation), 그리고 부분들간의 자연적인 관계를 갖는다. 하나의 아카이브즈군에서 떨어져 나온 하나의 문서가 우리에게 말해 주는 그 모든 것은 기껏해야 멸종된 정체불명의 동물의 해골에서 분리된 하나의 뼈가 우리에게 말해주는 것 이상으로 그 자체를 표현해 주지 않는다. 아카이브즈의 특성(quality)은 이것의 자연적 형태 및 관계가 유지되는 한에서만 손상되지 않고 살아 남는다.[3]

반면에 사서는 자료를 특정한 조직으로부터 이끌어내지 않는다; 그들은 세계 어디로부터도 자료를 얻을 수 있다. 예를 들면, 만약 그가 "농업"과 같은 특정한 주제에 관한 자료로 수서(acquisition, 구입도서, 납본)를 한정한다면 그 제한은 스스로 부과한 것이다; 그리고 그러한 경우에조차도 "농업"에 관한 자료는 그가 얻을 수 있는 어떠한 연원으로부터도 취득할 수 있다.

사서는 종종 아카이브즈의 관리자이다. 사실상, 많은 기록보존기관들은 도서관의 수고과(manuscript divisions)에서 기원하였다. 예를 들면, 미국 의회도서관은 국립기록보존소가 설치되기 이전에 연방정부의 아카이브즈를 수집하였다; 그리고 비록 그 도서관이 국립기록보존소의 전신(前身)은 아니지만 그 수고과장이었던 故 J. F. 제임슨(J. Franklin James) 박사는 기록보존기관 설립에 대한 열렬한 주창자였다.[4] 미국에 있어서 많은 주기록보존소는 실제로 주도서관의 수고실에서부터

---

3) H. 젠킨슨, 『영국의 아키비스트: 새로운 직업』(Jenkinson, Hilary, *The English Archivist: A New Profession*, London), 1948, p. 4: 1947년 10월 14일 런던, University College의 새로운 아카이브즈 관리과정을 위한 개회식 강연.

4) F. 쉘리, "국립기록보존소에 대한 J. F. 제임슨의 관심: 1908~1934," 『미국의 아키비스트』, XII권, 2호(Shelley, Fred, "The Interest of J. Franklin Jameson in the National Archives: 1908~1934," *The American Archivist*, XII, No. 2, April), 1949, pp. 99~130.

생겨났다. 한 주에서, 독립된 기록보존기관의 설치를 위한 자금의 이용이 가능하지 않다면 그 주의 아카이브즈의 관리는 도서관 자료의 관리와 잘 결합될 수 있다. 도서관 내에서 아카이브즈의 관리는 사적인 서류 및 역사에 관한 수고본의 관리와 잘 결합될 수 있다. 그러한 결합은 자료들의 다양한 형태에 대한 구분, 그 자료들 각각에 적용할 수 있는 방법론, 그리고 아카이브즈 관리계획(archival program)에 대한 관리상의 요구가 충분히 이해되는 한에서만 이루어질 수 있다.

도서관이 종종 공공아카이브즈를 수집하는데 이러한 관행에는 반대해야 한다. 기록을 보호할 어떤 기록보존기관도 존재하지 않을 때 도서관이 아카이브즈를 보존함으로써 학술적으로 유용한 서비스를 제공하여 온 것은 확실하지만, 정부가 도서관과 기록보존기관 모두를 설립한 이후에는 이 두기관은 공기록을 취득하는 데 있어서 서로 경쟁해서는 안된다. 그러한 환경 하에서는 도서관은 공기록을 결코 수집해서는 안된다. 또한 아카이브즈 단위기록은 관계된 기록에 속하기 때문에 도서관은 정부로부터 부적절하게 양도된 아카이브즈 단위기록을 보존해서도 안된다. 이 두 종류의 기관은 서로의 영역을 침해하지 않고도 그들 고유의 영역에 있어서 충분한 업무가 있다. 왜냐하면 많은 기록을 생산하는 것은 "많은 도서들을 생산하는" 것과 같이, 말하자면 "끝이 없기" 때문이다.

자료에 대한 방법의 차이

방법의 차이에 관해 논함에 있어서, 나는 우선 사서와 아키비스트가 똑같이 적절하게 관리할 수 있는 전문화된 자료에 적용하는 기술(techniques)에 관해 고찰하려고 한다. 이 자료는, 상기하는 바와 같이, 다른 것들과 구분되고 다른 것들과의 관계에서 독립적인 중요성을 갖는 개별적인 단위기록들로 이루어진다는 공통된 특징을 갖는다. 그 자료들은 별개의 단위기록들로 구성되기 때문에 그것들을 정리하고 기술하는 데는 대체로 독립된 단위기록들의 처리와 관련이 있는 도서관 전문직의 기술(technique)들이 준수될 수 있다. 물론 이러한 특수한 자료들은, 수고본, 영화나 스틸 사진(still picture, 광고용으로 영화의 한 장면을 찍은 것)의 콜렉션(collections, 인위적인 수집물군, 집서, *이하 콜렉션)과 같이, 콜렉션으로 분류될 수 있다. 예를 들면, 수고본은 개인, 가족, 기관이나 조직체와 관련하여 콜렉션으로 분류될 수 있다. 그러한 콜렉션들은 아카이브즈군(archival group)과 특성이 유사한 것으로 여겨질 수 있으나, 그것들은 아카이브즈가 지닌, 활동이나 목적과의 관련에서 연유하는 결합성(cohesiveness)을 결여한다. 그 콜렉션을 정리하고 기술하는 방법은 아카이브즈군에 관해 채택된 것과 다소 유사하다. 그러한 점에서 사서와 아키비스트는 그것들의 취급하는 기술(technique)의 개발에 똑같이 공헌할 수 있다.

나는 이제 아키비스트나 사서에 의해 서로 배타적으로 관리되어야 할 자료에 적용되는 기술(technique)을 고찰하려고 한다. 이것은 그 자료들 사이의 근본적인 차이점을 보여주기 위해서이다. 정부기관의 아키비스트의 경우, 이 자료들은 그가 종사하는 정부에 의해 생산된 문자로 된 기록들이다. 사서의 경우에 있어서는 그것은 각종의 출판물이다. 기술(technique)에 있어서 첫번째 차이점은 평가(appraisal) 및 선별(selection)과 관련이 있다. 정부나 민간단체에 의해 생산된 자료를 평가함에 있어서 아키비스트는 단편적인 기초로 그 작업에 접근하지 않는다. 그는 편지, 보고서나 기타의 문서들과 같은 각 각의 개별적인 단위기록들을 채택하지 않고, 그리고 개별적인 단위기록이 가치를 가지고 있다고 말하지 않는다. 그는 다른 단위기록들과 관련하여, 즉, 그 문서의 생산을 가져온 활동의 전체적인 도큐멘테이션과 관련하여 그 단위기록의 가치를 평가한다. 그러므로 그는 보통 보존을 위한 기록들을 단일의 단위기록으로서가 아닌 전체로서(in the aggregate) 선별하고; 그리고 주제보다는 기능 및 조직과 관련하여 그것들을 선별한다. 그는 유기체가 어떻게 기능했는가에 관한 증거를 보존하기 위해 노력한다. 정부기관의 경우 아키비스트는 기관의 기원, 조직적 발전, 계획, 기관이 수행한 정책 및 절차, 그리고 사례적인 형태로 시행한 세부사항을 반영할 문서들을 보존하기를 원한다. 그럼에도 불구하고 그는 경제적, 사회학적 본질에 대한 연구에 대단히 유용할 수 있는 정보적인 내용이 포함된 기록을 보존할 임무를 갖는다. 그의 판단은 최종적이며 돌이킬 수 없다. 일단 기록이 파기되었다면 그것들은 다시 복구될 수 없다; 왜냐하면 종종 그것들은 유일한 1부만 존재하기 때문이다. 따라서 가치판단을 행할 때 아키비스트는 그가 취급하는 기관의 조직 및 기능에 대한 분석을 특별히 신중히 해야 하고, 가능성이 예상되는 연구의 필요와 관심사에 대해 광범위한 지식을 가져야 한다.

이것과 대조적으로, 사서는 그의 기관이 단일한 단위기록으로 취득한 자료들을 평가한다. 그는 문헌 과학적인 지식, 관련된 주제에 대한 서지학적인 지식, 연구장서(research library)의 경우에는 직접적인 연구의 필요성과 계발에 대한 지식을 바탕으로 평가한다. 그러나 그의 결정은 돌이킬 수 없는 것은 아니다. 또 1부만이 존재하는 도서의 경우를 제외하고, 특정한 단위기록은 보통 다른 많은 연원들로부터 획득될 수 있다. 만약 그것이 어떤 도서관에는 보존되지 않았다고 해도 다른 도서관에서는 발견될 수 있다. 따라서 그의 판단은 단지 편의의 문제이지 보존이냐 전면적인 상실이냐의 문제는 아니다.

도서관 전문직과 아카이브즈 관리전문직의 방법에 있어서 두번째의 차이는 정리(arrangement, 배열)와 관련이 있다. "분류"(classification)라는 용어는 두 전문분야에서 모두 사용되지만 두 전문분야에서 그 의미는 전혀 다르다. 아카이브즈에 적용되는 경우에는 아카이브즈의 출처(provenance)에 따른, 그리고 그것들을 생산한 기관의 조직 및 기능과 관련하여 기록보존기관 내에서 이루어지는 정리를 의미한다. 도서관의 자료들에 적용되는 경우 그것은 단일한 단위기록을 미리 정해진 논리적인 분류틀(predetermined logical scheme)에 따라 분류하여 서가에서의 그 상대적인 위치를 보여주기 위해 그 단위기록에 기호(symbols)를 부여하는 것을 의미한다. 아키비스트는 미리 정해진 주제분류틀(schemes of subject classification)에 따라 그 자료들을 정리할 수 없다. 유럽에서는 주제분류틀이 차례로 시도되었지만 그 어느 것도 잘 되어가지 않았다. 그러한 분류틀은 모두 단위기록에서 그 전후문맥(context, 연관관계)을 제거함으로써 단위기록의 증거적인 가치를 많은 부분 파괴한 재앙과 같은 결과를 초래하였다. 그리하여 기록이 그것의 기원(origins)에 따라 분류되는 출처의 원칙(principle of provenance)이 발달되었다. 아키비스트는 기록의 원래의 생성환경에 의해 지시된 분류를 설정해야 한다. 보통 하나의 군(group)이나 시리즈(series)인 각 각의 아카이브즈 단위(archival unit)의 배열(placement)은, 특정 조직에서 생산된 다른 모든 단위들과 관련하여서만이 결정될 수 있다. 이러한 종류의 정리는 앞서 지적한 바와 같이 조직 및 기능에 대한 지식 − 대단히 고통스럽게 얻어지는, 종종 정부기관의 행정적인 역사에 대해 오랜 시간에 걸친 연구를 한 이후에야 획득될 수 있는 지식 − 을 필요로 한다.

사서는 개별적인 단위기록들로 이루어진 자료를 정리하는 데 있어서 많은 분류체계(systems of classification) 가운데 하나를 채택할 수 있다. 분류체계의 주요 목적은 비슷한 자료를 한 데 모으는 것이지만, 어떤 한 곳으로 분류되지 않는다고 할지라도 특정단위기록의 중요성이 반드시 상실되는 것은 아니다. 중요하게 관련이 되어 있는 모든 주제들은 보통 안내목록(catalog)에서 주제기입(subject entries)을 통해 명시될 수 있다. 사서는 분류된 단위기록의 내용과 중요성에 대해서 뿐 아니라 분류에 사용된 특정한 분류틀에 대한 정확한 지식을 가져야 한다.

아카이브즈 관리전문직과 도서관 전문직의 방법상의 세번째 차이점은 기술(description)과 관련이 있다. 이 두 전문직에서 사용되는 "목록작성"(cataloging)이라는 용어도 또한 두 전문직에서 대단히 다른 의미를 갖는다. 도서관의 목록작성(여기서 나는 "주제"목록작성과 구분되는, 사서가 말하는 "기술적인"(descriptive) 목록작성을 말하는 것이다)은 항상 개별적인 단위기록 그 자체와 관련된다. 개별적인 단위기록은 보통 저자와 책제목에 의해 식별할 수 있는 도서이다. 개별적인 단위기록은 정기간행물, 신문, 연차목록, 그리고 특수한 문제들이 드러난 단체들의 회보와 같은 연속간행물이 포함될 수 있고, 이것들이 실제로 목록작성을 위해 단일한 실체로 취급되는 것이 사실이다. 그러나 대체로 도서관에 있어 기술적인 목록작성은 개별적이고 독립된 단위기록과 관련이 있다.

반면에 기록보존기관에서 자료들은 기껏해야 군이나 시리즈와 같은, 단위기록들의 집합체인 단위(units)에 의해 목록화(cataloged)된다. 아카이브즈에 있어서 하나의 군이나 시리즈는 도서와 등가물이다. 아키비스트는 자료들을 식별하는 데 있어서 첫번째로 자료를 취급하기에 적절한 단위를 결정해야 한다. 만약 그 단위에 출처의 개념을 적용하고자 한다면, 아카이브즈 단위를 생산한 정부 부처의 조직적인 주요과(major division)와, 하위의(minor) 또는 특정한 하위부서(subdivision)에 의한 출처를 식별할 것이다. 출처에 관한 이러한 사실은 대부분의 출판된 자료만큼 손쉽게 접근할 수는 없지만, 앞에서 지적한 바와 같이 종종 행정의 역사에 시간을 투자하여 연구함으로써 확립되어야 한다. 만약 표제(title)의 개념이 아카이브즈 단위에 적용된다면 그것은 (1) 표제가 포괄하는 기록의 종류 및 생산일자에 대한 분석에서 연유하여 고안된 표제에 의해서거나, 또는 (2) 단위내의 기록들과 관련이 있는 주제(활동이나 논제(topics))에 의해서여야 한다.

앞에서 이루어진 분석으로 볼 때 아카이브즈 관리전문직과 도서관 전문직의 사이에 있는 기본적인 방법상의 차이점은 이 두종류의 작업에서 취급하는 자료들의 성질(nature)로부터 생겨나는 것이 분명하다. 사서는 대체로 각각 그 자체로서 의미를 가지고 있는, 독립적이고 개별적인 단위에 관여한다; 아카이브즈는 대부분이 적어도 서로간의 관계로부터 그 중요성이 연유하는 집합체나 좀 더 작은 단위들을 다룬다. 이 두가지의 전문직은 때때로 방법의 어떤 것을 말하는 경우에 같은 용어(terminology)를 사용하지만 그 방법은 사실상 근본적으로 다르다. 그리고 용어조차도 달라지고 있다. 그래서 사서에 의해 인수된 자료는 납본(acquisitions), 지정구입물(denoting purchases), 기증서(gifts)와 교환서(exchanges)라고 부르지만, 아키비스트가 이관(transfer)이나 위탁(deposit)에 의해 인수한 자료는 취득원부 기입기록(accessions)이라고 부른다; 사서는 그의 자료를 선별하는데, 아키비스트는 그의 자료를 평가한다; 사서는 그의 자료를 제정된 분류틀에 따라 분류하는데, 아키비스트는 그 자료를 유기적인 구조 및 기능과 관련하여 정리한다; 사서는 그 자료를 목록화(catalog)하는데, 아키비스트는 그의 자료를 편람, 총목록(inventories)과 일람표에 기술(describe)한다.

물론 이 두 전문직의 기본적인 차이점을 강조하는 것은 그것들이 서로 크게 공헌해야 하는 영역을 무시하기 위한 것은 아니다. 소장물이라는 관점에서 볼 때 아키비스트와 사서는 그 소장물을 가능한 한 효과적이고 경제적으로 이용할 수 있게 하는 공통의 목적을 공유한다. 이러한 목적을 위해서 이 양자는, 적어도 일반적인 의미에서, 상대방이 조사자를 위해 어떤 정보를 제공할 수 있는가를 알아야 한다. 어떤 종류의 정보는 미간행된 아카이브즈 속에서만 발견될 수 있다는 것을 사서가 알아야 하는 것과 마찬가지로, 아키비스트는 어떤 종류의 정보가 출판된 참고저서의 큰 보고로부터 얻어질 수 있는가를 알아야 한다. 더욱이 이 두 전문직에서 취급되는 자료들은 종종 서로 상대방과 협력하여 사용되어야 한다. 아키비스트 자신은 그가 취급하는 기록군의 출처나 기원을 확실히 알기 위해서 종종 도서관의 자원들을 사용해야 한다. 그는 출판된 정부문서의 주요 시리즈와 그 시리즈에 관한 편람들, 정부행정사에 관해 출판된 저작물들, 그리고 아카이브즈 및 현용기록관리(archival and record management) 분야의 주요 전문문헌들이 들어 있는 전문적인 장서(specialized library)를 그의 업무장비의 부분으로서 가져야 한다. 이와 유사하게, 인쇄물의 연원과 아카이브즈의 연원은 종종 상호 보완적이기 때문에 학자들은 그의 연구를 수행하는데 있어서 아카이브즈 자료와 도서관 자료를 동시에 사용해야 한다. 따라서 그는 국가 및 그 정부의 발전에 관하여, 표준적인 역사적, 전기적인 저작물, 그리고 법적, 문헌적, 서지학적 저작물과 같은 아카이브즈와 함께 그가 사용할 만한 모든 주요한 출판물이 소장된 전문적인 장서를 기꺼이 열람해야 한다.

방법론의 개발에서도 또한 아키비스트와 사서는 상호 도움이 될 수 있다. 위에서 지적한 바와 같이, 어떤 종류의 전문적인 자료들의 물리적인 기술(description)에 관한 문제에 있어서, 이 두 전문직은 자유롭게 서로의 기술(techniques)을 차용할 수 있고 또는 서로의 필요성에 그것을 적용할 수 있다. 예를 들면 도서관의 목록작성(cataloging) 및 색인작성(indexing)에 관한 기술(techniques)은, 어느 정도 수정하여 도면, 도표, 영화필름, 스틸 사진과 녹취물과 같은 개별적인 단위기록으로 이루어진 특수한 종류의 자료들에 적용될 수 있다. 그러한 기술(techniques)은 또한 문서, 파일단위, 더시어(dossiers, 일괄서류, *이하 더시어), 낱권(volums)과 같은 문자로 된 개별적인 단위기록에 적용될 수 있다. 소규모의 기록보존기관에서 그러한 기술(techniques)은 종종 개인이나 장소에 관한 문자로 된 단위기록에 관한 정보를 제공하기 위해 사용되는 한편, 대규모의 기록보존기관에서 그 기술(techniques)은, 어느 정도 제한된 범위 내에서, 특정한 조사요구에 대한 대응으로 문자로 된 개별적인 단위기록의 일람표를 작성하는데 사용된다. 기관조직이나 법인체의 출판물에 대한 기재입의 설정과 관련하여 사서가 해야 하는 연구는 아키비스트가 행정사에 관하여 행하는 연구와 어느 정도 유사하다. 또 주제표목리스트(subject heading lists)를 개발하고 표준화하는 사서의 작업은, 아키비스트가 주제에 의해 조직되는 검색도구(finding aids)를 입안하는데, 또는 편람, 총목록, 특수 일람표(special list)와 같은 아카이브즈 검색도구에 대한 주제색인을 작성하는데 사용될 용어(terms)를 선별하는데 가치가 있을 것이다.

훈련(training)의 문제에 있어서 아키비스트와 사서는 함께 일할 수도 있다. 그러나 도서관의 훈련은 개별적인 단위기록의 취급에 중점을 두기 때문에 기록관리 전문직에 대해 그 자체에 고유한 위험을 내포한다. 아카이브즈와 수고본이 모두 도서관 훈련을 받은 아키비스트의 관리하에 놓인다면 이것은 특별히 심각한 것이 된다. 그러한 훈련은, 반드시 그러할 필요가 없다고 하더라도, 아카이브즈 관리작업에서 개별적인 단위기록에 대한 편견으로 이끌 수 있다. 그러한 단위기록을 수집하는 도서관적인 접근법이 공기록에 대한 평가에 적용되는 경우에는 특히 위험하다. 왜냐하면 그러한 접근법하에서는 아키비스트가 개별적인 조각을 골라내기에 분주한 동안 그의 손에서 어떤 활동에 관한 기본적인 도큐멘테이션이 누락되는 것이 가능할 것이기 때문이다. 그것의 결과로 초래되는 폐해는 기록의 보존에 있어서 그가 가진 능력을 통해 성취하는 그 어떤 장점도 말살할 수 있다. 도서관의 분류의 기술(technique)도 아카이브즈에 적용할 때 언제나 바람직하지 않은 결과를 초래하기 때문에 아카이브즈 관리전문직에서 사용되어서는 안된다. 특히 기록보존기관에서 아카이브즈와 역사에 관한 수고본을 모두 관리한다면 그것들은 항상 구분하여 보존되어야 한다. 역사에 관한 수고본과 아카이브즈를 뒤섞는 것은 아카이브즈 관리전문직에서 허용되어서는 안되는 과실이다. 그러나 사서가 이 두 전문직의 방법상의 기본적인 차이를 인식하는 경우에는, 사서학교의 교과과정의 일부로서 아카이브즈의 원칙과 기술(technique)에 관한 과정을 과감하게 설치할 수 있다. 무엇보다 이러한 원칙과 체계가 (항상 그렇지는 않다고 하더라도) 현용기록의 관리에 적용될 수 있기 때문에 아키비스트는 분류의 원칙과 기술에 관한 일반적인 지식을 가져야 한다.

제4장
현용기록관리와 아카이브즈 관리의 관련성

앞으로 이루어질 아카이브즈 관리전문직의 원칙(principles)과 기술(techniques)에 대한 나의 고찰은 공기록에 대해서만 언급할 것이고, 그러한 공기록에 관한 두가 지의 주요 의문점과 관련하여 언급할 것이다. 즉, (1) 공기록은 그것들을 만들어낸 정부 부서에서는 어떻게 다루어져야 하는가, 그리고 (2) 기록보존기관에서는 어떻 게 다루어져야 하는가 하는 것이다. 나는 이들 의문점에 관해 몇 개의 장에서 집중 적으로 다룰 것이다.

시작에 앞서, 아카이브즈 관리전문직의 원칙과 기술에 대한 분석에 주력한 이 책에서 현용기록(current records)의 관리의 문제를 논의하는 이유를 설명해 보자. 공기록은 아키비스트에게 있어서 제분소의 곡물과도 같다. 이 곡물의 특성(quality) 은 기록이 생산된 방식과 현용(current use)되는동안 관리된 방식, 그리고 기록이 처리되는 방식에 의해서 결정된다. 어떤 사안에 관한 도큐멘테이션의 적절성은 - 그것이 정부의 정책이거나 아니면 계획이거나, 또는 이러한 정책이나 계획의 목 적인 사회적인 문제이거나 아니면 경제적 문제이거나 간에 - 기록이 어떻게 만들 어지는가, 그리고 현용을 위해 어떻게 보존되는가; 그리고 이용이 종료된 이후 그 것들에 대해 어떠한 처리가 이루어지는가에 달려 있다. 물론 가치에 대한 아키비 스트의 판단은 어떤 특정한 사안에 관한 도큐멘테이션이 얼마나 완전하게 보존되 는가에 따라 이루어지지만, 기록이 현용을 위해 어떻게 보존되는가 하는 것은 기 록의 가치가 얼마나 정확하게 평가될 수 있는가를 결정한다. 그것은 또한 가치 있는 기록이 기록보존기관에서의 보존을 위해 분리가 얼마나 손쉽게 이루어질 수 있는가를 결정한다. 연구목적을 위한 기록의 유용성도 또한 그것이 처음에 어떻 게 정리되었는가에 달려 있다.

더욱이 아카이브즈 보존의 방법(methods)은 많은 부분이 현용기록관리의 관행(practices)과 관련하여 전개된다. 이 점에서 공기록의 정리, 기술(describing), 평가(appraising)와 참고서비스(servicing)에 있어서의 아키비스트의 모든 문제들은, 정부부서에서 그 기록이 다루어지는 방식으로부터 생겨났다는 것은 아마도 충분히 주목할만하다. 각 국의 아키비스트들에 의해 발전되어 온 원칙과 관행은 모두 그들이 공기록을 인수하는 조건과 특별히 관련된다. 이러한 조건은 국가마다 다르기 때문에 아카이브즈 관리전문직의 원칙과 관행도 또한 다르다; 그리고 그러한 원칙과 관행을 기술하는 어느 특정국가의 문헌은 현재 그 공기록이 관리되는 조건이 충분히 이해되지 않는다면, 다른 국가의 아키비스트들에게는 종종 이해할 수 없는 것이 된다. 예를 들면, 관행적으로 아카이브즈의 정리를 지배하는 원칙에 관한 모든 진술은, 공기록들이 각 정부에서 정리되는 특정한 방식과 관련하여 아키비스트들에 의해서 전개되어 왔다. 네덜란드인은 "archief"나 등록소의 생산물과 관련하여 "출처의 원칙"(herkomstgeginsel) 및 출처의 원칙에서 기원한 추론의 원칙을 전개하였다. 이와 유사하게 프러시아인들의 "등록소원칙"(Registraturprinzip)은 프러시아의 등록소에서 기록이 정리된 방식 때문에 공식화되었다. 앞 장에서 어느 정도 살펴보았던 영국의 보호의 원칙조차도, 최소한 부분적으로는 옛 영국의 부서에서 만들어진 등록부나 기록부가 원본문서와 관련된 방식에 기초하였다.

현대기록에 대하여 파일룸(file room)의 방법 및 기술(techniques)에 관한 연구는 중세적인 기록에 대한 고문서학 연구와 같은 위치를 차지한다. 이 연구는 아카이브즈 자료들에 대한 양질의 관리와 높은 수준에서 아카이브즈 관리가 유지되기 위해서 결정적으로 중요하다.

관리관행과 아카이브즈 관리의 관련성

아키비스트는 공기록의 현용을 위한 보존방식에 관심을 갖기 때문에 그들은 관리, 특히 기록관(record officer)과 밀접한 관계에 놓이게 된다. 여기에서의 "기록관"이라는 용어는 현용을 위해 기록의 관리를 관장하는 정부의 공무원을 지칭하기 위해 사용된다. 그는 등기관(registrar), 즉, 등록소의 업무를 담당하는 인물이 될 수도 있고; 또는 미국적인 의미로는 기록관, 즉, 한 정부조직내에서 기록에 관한 작업을 담당하는 인물이다.

아키비스트는 첫째, 기록을 만들어낸 정부기관에서 기록에 부여된 정리를 수용해야 하기 때문에 현재의 관리관행에 관심을 갖는다. 이 정리는 그가 선호하는 것이 아닐 수 있다; 왜냐하면 기록관은 현용을 위해 기록을 보존하는데 있어서 기록을 정부의 현재의 필요에 제공되도록 한다는 하나의 1차적인 목적을 갖기 때문이다. 기록관이 채택하는 모든 기술과 방법은 이 하나의 목적을 수행하기 위해 고안되었다. 기록관은 기록을 정리하는 데 있어서 기록이 그의 기관에서 사용될 방식에 유의하여 분류한다. 이 분류는 때로는 조직적 구조도, 기능도 반영하지 않을 수 있다. 연구의 필요성에 부응하기 위해 주제에 의해 기록을 분류하게 되는 일은 거의 없을 것이다. 그러나 아키비스트는 현용에 있는 동안 기록에 부여된 정리가 그 자신의 필요에 잘 맞지 않을 수 있는 것이더라도 허용한다; 왜냐하면 그가 자신의 기관에서 이러한 정리방식을 유지해야 하는 것은 그가 종사하는 전문직의 기본적인 원칙의 하나이기 때문이다.

둘째, 아키비스트는 기록을 만들어낸 정부기관에 의해서 기록이 정리된 방식과 관련하여 기록을 기술하기 때문에 현재의 관리관행에 관심을 갖는다. 그는 먼저 그의 검색도구에서 기록을 주제가 아닌 조직 및 기능과 관련하여 기술할 것이다; 그리고 이 검색도구들은 보통 현용을 위해 기록이 조직된 방식을 반영한다.

셋째, 아키비스트는 기록을 만들어낸 정부기관에 의해 규정된 조건(terms)에 따라서 기록을 이용할 수 있게 만든다. 그는 기록이 가능한 한 자유롭게 이용될 수 있게 되기를 원하고 따라서 공공의 이익에 반드시 필요하지 않은 접근(열람)에 대한 제한을 제거함으로써 학자와 공무원 사이에서 중재인으로서의 역할을 한다.

따라서 아키비스트의 목표는 정부공무원의 직접적인 필요성과 사적인 시민들의 궁극적인 필요성에 모두 효과적으로 제공될 관리관행을 촉진하기 위한 것이어야 한다. 아키비스트는 결과적으로 기록관리의 방법이나 관행의 개발에 참여할 수 있게 될 것이다. 그가 기록관리의 방법이나 관행의 개발에 어느 정도 참여할 수 있는가는, 그가 다루고 있는 기록의 양과 복잡성, 그 기록이 얼마나 오래되었는가에 달려 있을 것이고, 다른 한편으로는 훌륭한 기록관리 관행의 촉진에 관심이 있는 정부에 있어서의 지도부(staff)의 지도력의 유효성에 달려 있을 것이다.

처리관행과 아카이브즈 관리의 관련성

앞의 장에서 공공아카이브즈는 두종류의 가치를 가진다고 한 것을 상기할 것이다: 생산기관에 대한 1차적 가치와, 다른 정부기관들과 비정부적 이용자들에 대한 2차적 가치이다. 이러한 가치를 평가하는 데 있어서 기록관과 아키비스트의 역할에 관해 몇 가지 견해가 언급될 수 있을 것이다.

첫번째 견해는 기록관이나 여타 정부기관 공무원(agency officials)이 기록의 1차적 가치 판단에 주요 책임이 있다는 것이다. 정부기관의 공무원은 기록의 현용 - 행정적, 법률적, 그리고 회계상의 - 을 위해 기록을 보존하고, 따라서 그러한 이용과 관련하여서만 기록의 가치를 판단하는 경향이 있다. 이것은 대단히 적절하다. 그들은 정부에 대한 기록의 가치가 종료되거나 거의 종료될 때까지 기록을 보존해야 한다. 그리고 그 가치가 종료되었을 때 그들은 기록이 발밑에 걸려서 현재의 사무의 수행을 방해하지 않도록 기록을 처리해야 한다. 기록보존기관을 이용하는 것이 가능하다면, 기관 공무원은 법률에 의해 그들에게 특별히 책임이 부여되지 않는 한, 기록을 2차적 용도를 위해 그들 기관 내에서 보존해서는 안된다.

두번째 견해는 기록관은 기록의 2차적 가치를 판단하는데 있어서 아키비스트와 협력해야 한다는 것이다. 이것은 한 기관의 조직적이고 기능적인 발전의 증거로서 보존된 기록에 대해서나, 그 안에 내포된 사회적, 경제적, 기타의 정보 때문에 보존된 기록에 대해서 모두 사실이다.

기록관은 기관이 어떻게 하여 생겨났고, 어떻게 조직되었고, 어떻게 발전되었고, 어떻게 그 활동을 수행하였고, 그 활동의 결과는 무엇이었는가에 관해 기록이 포함한 증거 때문에 보존되어야 하는 기록의 평가를 위해 유용한 정보를 제공할 수 있다. 기록관은 자신의 직무를 수행하는 과정에서, 보통 그의 조직 및 기능의 증거를 가장 압축되고 유용한 형태로 담고 있는 특정한 기록을 식별하는데 대단히 유용한, 그의 기관 및 기관의 기록에 대한 지식이 계발된다. 그러나 그의 관심은 그의 공식적인 직무 때문에 보통 기록의 1차적 가치에 초점이 두어져 있다. 그러므로 그는 기관의 기능에 대한 도큐멘테이션을 보존하는데 아키비스트의 도움을 필요로 할 것이다. 아키비스트는 그 기관의 행정에 유리하거나 아니면 불리하거나 간에 증거의 보존에 대해서 이해당사자가 아니다. 그는 이해당사자의 편파성으로 판단하지 않을 것이다; 그는 오직 모든 중요한 증거를 보존하는 데에만 관심이 있다.

기록관은 또한 사회적, 경제적, 그리고 그와 유사한 문제에 관한 정보를 내포한 기록의 평가에 유용한 정보도 제공할 수 있다. 사회복지와 조정활동 과정에서 현대정부가 생산한 방대한 양의 기록은 정부의 주요계획과 정책을 실현하는데 도움이 될 수 있는 여러 종류의 분석을 위해 매우 유용한 정보를 내포한다. 그러나 평범한 기록관이나 그와 함께 작업하는 정부기관의 공무원은 보통 그러한 기록에 대한 최종적인 평가를 하는 지위에 있지 않다. 기록관은 그가 어떤 주제사안 분야에서 특별히 훈련을 받지 않는 한 그의 기록에 있어서의 연구가치를 인식하지 못하는 경향이 있다. 더욱이 그가 그의 기록에 있어서의 연구가치를 확인하는 책임을 특별히 배당받지 않았다면, 그는 스스로 연구가치에 관심을 갖지 않지 않는 경향이 있다. 이 점은 또한 국립기록보존소의 임원이었던 O. W. 홈즈(Oliver Wendell Holmes)에 의해서 강력히 표명된 바가 있는데 그는 다음과 같이 썼다:

> 나는 . . . 대부분의 기록관이 교육과 경험에 의해서 이러한 보편적인 가치판단을 하기 위한 능력을 갖추지 않았다고 생각한다. 그들 스스로가 연구방법을 다루는 과정이나 대표적인 연구분야의 윤곽을 그려주는 과정을 수강하지 않는 한, 그들이 연구의 관심사와 연구의 경향을 어느 정도까지 견지하지 않는 한, 그리고 그들 스스로 연구에 대한 약간의 경험을 갖지 않는 한, 그들이 장래의 학자들로 하여금 기록이 가지고 있는 잠재적 가치에 대한 상상력을 갖게 할 것을 기대할 수는 없다 . . . . 무엇보다 그들은 학구적인 생활을 하지 않거나 그러한 생활 속에 있지 않다. 그들은 아마도 "행동"(action)하는 사람들일 것이고 압력을 받고 있다. 그들의 접근법은 행정적인 가치를 고려하는 데에는 좋을 수 있지만 보편적인 연구가치에 대해서는 부적절한 실용적인 것이다[1].

일반적으로 기록관들, 그리고 다른 정부기관 공무원들은 2차적 가치에 대해 그들의 기록을 평가하는데 있어서 실질적으로 공헌을 할 수 있고, 또 그러한 평가에 관심을 가져야 한다. 왜냐하면 넓은 의미에서 그들은 조직적, 절차적, 정책적인 사안, 사회적, 경제적 문제를 다루는 정부의 경험을 반영하는 모든 기록이 보존될

---

1) O. W. 홈즈, "아카이브즈 관리실장에 대한 비망록"(Holmes, Oliver Wendell, "Memorandum to Director of Archival Management," October 1), 1954(수고본, 국립기록보존소).

필요가 있다고 인식하고 있기 때문이다. 그래서 그들은 그러한 기록을 보존하기 위해 설치된 기록보존기관을 불필요한 문화적 사치로서가 아니라, 정부구조에서의 불가결한 부분으로 간주하게 될 것이다. 현용을 위해 기록을 다루는 동안 그들은 영구적인 가치를 가진 기록의 보존을 그들의 활동의 중요한 측면으로 간주할 것이다. 정부기관은 그것의 정상적인 기능의 하나로서 현재의 시행상의 유용성 이외의 유용성를 가진 어떤 종류의 기록들을 보존해야 한다.

세번째 견해는 아키비스트는 기록이 어떤 기관의 조직적이거나 기능적인 발전의 증거로서 보존되거나 아니면 사회적, 경제적, 기타의 정보 때문에 보존되거나 간에 그것의 2차적 가치를 판단할 최종적인 책임을 겨야 한다는 것이다. 아키비스트는 항상 훈련받은 역사가이고, 따라서 정부와 국가의 발전에 관한 역사적 연구에 가치가 있는 증거를 포함하는 기록을 보존할 것이다. 그는 또한 기록의 보존에 대한 확실한 필요성을 확인할 수 있는 한에서, 경제적, 사회적, 그리고 공공행정과 같은 기타의 사회과학에 관한 연구를 위해 유용한 정보를 포함한 기록을 보존할 것이다. 그는 그의 공식적인 직무를 수행하는 과정에서 연구의 필요성과 관심사를 잘 알게 되기 때문에 연구에 유용한 기록에 친숙하다. 그가 종사하는 전문직의 방법론에 대한 훈련을 통해서 그는 기록의 가치를 판단하는데 있어 채택되어야 할 적절한 접근법들을 알고 있다. 더욱이 그는 다양한 주제사안분야에서 연구를 위해 유용한 기록을 보관하는 데 있어서 관리와 학자의 중재인으로서 역할을 하는 위치에 있다. 그가 만약 역사적 연구를 위해서 어떤 기록이 가진 가치에 관해 의문을 갖는다면 그는 그의 동료 전문가의 도움을 손쉽게 얻을 수 있다.

공기록의 파기에 대한 기록보존상의 규제의 정도는 국가마다 다르다. 등록체계를 사용하는 여러 국가들에서의 어떤 차이점이 있는지를 예시하기 위해 영국과 독일의 관행이 채택될 수 있다. 영국정부의 각 부처에서 파일은 항상 특정사안에 관한 가치 있는 단위기록과 무가치한 단위기록이 섞여 있는 문서들의 집합으로 이루어진다. 파일은 종종 그 안의 개별적인 단위기록에 대한 조사가 아니면 평가될 수 없다. 그러한 특정한 사안에 관한 본질적인 도큐멘테이션을 보존할 것이라는 확신을 어느 정도 가지고 파일에 대한 식별이 이루어진다고 할지라도, 조직, 기능, 활동이나 주제에 관한 처리를 위해서는 식별될 수 없다. 따라서 영국의 공기록관의 아키비스트는 파일에 대한 자세한 검토를 등록소의 서기나 집행관에게 대부분 위임한다. 등록체계가 또한 사용되는 독일에서는 이와는 대조적으로 기관의 설립과 구조, 내부적인 행정과 인사에 관한 특정한 파일을 기능의 집행에 관한 파일과 분리하는 방식으로 파일을 분류한다; 특정한 기능에 관해서는, 일반적이고 정책적인 자료들을 포함하는 파일과, 개별적인 사안(cases)에 대한 정책의 적용에 관한 파일을 분리하는 방식으로 파일을 분류한다. 이런 이유 때문에 독일 아키비스트들은 파일의 가치를 행정적인 기원과 기능적인 관계에 기초하여 판단하는 평가의 원칙을 공식화하였고, 그것들을 평가하는 기능을 자신들이 맡았다.

국립기록보존소를 창설하게 한 1934년 6월 19일의 법령에서 의회는 미국 아키비스트들로 하여금 연방기관에 의해서 처리가 보고된 기록을 평가하는 책임을 지도록 하였다. 그 법령에 의해 의회는 처리를 인가하는 권한을 의회자체가 보유하였다. 왜냐하면 이것은 반세기이상 의회가 애써서 지켜온 특권이었기 때문이다. 그러나 의회는 아키비스트들로 하여금 연방기록의 처리를 권고하는 책임을 지도록 하였다. 의회는 아키비스트가 다른 연방기관으로부터 거리를 둔 위치에서, 기관이 만들어낸 모든 기록에 중대한 관심을 가지고, 신중하고 공평하게, 그리고 유능하게 그 평가를 행할 독립적인 결정자라고 간주하였다. 기록의 처리에 대한 국립기록청(National Archives and Records Service)의 현재의 역할은 개정된 기록처리법령 및 1950년의 연방기록법령(Federal Records Act, Title 41, U.S. Code, 부칙 281~90조)에 규정되어 있다. 이들 사안에서의 국립기록청의 권한은 국립기록보존소와 국립기록청이 한 부서를 이루는 일반업무청(General Services Administration)에 의해 공포된 규정, 즉 Title 3, "연방기록"(Federal Records)에 의해 보완되었다.

기록의 평가에서의 미연방정부의 경험을 평가하는 데 있어서 미국 아키비스트협회의 전임회장인 P. C. 브룩스(Philip C. Brooks) 박사는 다음과 같이 썼다:

처리를 위한 것이든 또는 이관을 위한 것이든 간에 기록평가에 있어서 국립기록보존소의 가장 중요한 공헌은 연구의 관점에서 판단을 했다는 점이다. 현재의 직무에 분주한 행정관들은 후년의 역사가, 정치학자, 경제학자, 사회학자, 통계학자, 계보학자, 그리고 연구에 종사하는 다양한 유형의 기타의 이용자들이 어떤 범위까지 기록을 요구할지 알 수 있다고 추측할 이유는 없다. 이에 반해서 국립기록보존소는 정부와 국민 모두에게 기록을 이용할 수 있도록 한다는 명백한 목적을 가지고, 구하는 정보와 기록의 종류를 알 수 있는 경험을 가진 일군의 사람들을 축적하고 있다. 그 전문요원은 대부분 숙련된 역사학자로 구성되고, 그들은 일상적인 업무의 한 부분으로서 기록의 유용성에 대한 연구를 할 것이다. 나아가 그 조직은 기록을 평가하는 전문요원이 또한 그들에게 배당된 특정한 기록군에 대한 참고서비스에도 경험을 갖도록 하고 있다[2].

　이제 요약하면 아키비스트는 정부기관이 파기를 제의한 모든 기록을 자세히 검토할 권한을 부여받아야 한다. 그들은 기록의 1차적 용도가 종료된 후 생길 수 있는 2차적 용도를 위해 기록을 평가하는 책임을 배당받아야 한다. 그들은 공무원나 학자들에게서 얻을 수 있는 모든 전문적인 지원을 사용하여 국민과 정부에 대한 궁극적인 유용성에 의거하여 기록의 가치에 대한 판단을 행해야 한다.
　아키비스트는 재검토를 체계적으로 수행하기 위해서 그가 다루는 기관의 기록의 처리를 위한 포괄적인 프로그램의 개발에 참여해야 한다. 그들은 기록의 내용과 가치에 관한 정보를 얻기 위한 조사를 촉진시켜야 하고 아마도 때때로 참여해야 한다. 그들은 기록의 처리에 영향을 미치는 정부의 모든 활동에 관심을 가져야 한다. 그러나 그러한 활동에 실제로 참여하는 범위는 그들이 관련된 정부의 성격과 비현용기록(non current records)을 다루기 위해 만들어진 규정의 성격에 달려 있다.

---

2) P. C. 브룩스, "계획된 기록회수를 위한 아카이브즈 관리절차," 『미국의 아키비스트』, XI, 4호 (Brooks, Philip C., "Archival Procedures for Planned Records Retirement," *The American Archivist*, XI, No. 4, October), 1948, p. 314.

제Ⅱ부
현용기록관리(record management)

행정의 불안정성은 대중의 습성에 침투해서: 그들의 일반적인 취향에도 잘 부합하는 것처럼 보이며 이제는 그 누구도 이전 시대에 벌어진 일들에 대해 좀처럼 관심을 갖지 않는다. 어떤 방법상의 체계도 추구되지 않는다. 쉬운 일이었을텐데도 불구하고 어떤 문서들도 함께 모으지 않는다. 문서가 존재하는 곳에서 어떤 보관도 이루어지지 않는다 . . . .

알렉시스 드 토끄빌 ●●

●●●알렉시스 드 토끄빌, 『미국의 민주주의』, Ⅰ권(Alexis de Tocqueville, *Democrcy in America*, Ⅰ, Henry Reeve(trans.), The Colonial Press), 1900, pp. 213~214.

제5장에서 나는 현용기록관리의 성공조건이 되는 3대 요소에 관해 개괄적으로 논의하려고 한다. 이들 요소는 (1) 현대기록의 특징 (2) 현용기록 관리업무(record management work) 그 자체에 포함된 활동들, 그리고 (3) 이 작업을 수행하는 조직의 종류가 그것이다.

현대기록의 성질

공기록은 지난 1세기 반사이에 양적으로 엄청나게 증가해 왔다. 그 양적인 증가는 18세기의 중엽이래의 인구의 증가와 거의 맞먹는다. 만약 이 인구증가를 역사의 초기부터 도표로 그려본다면, 수세기동안은 거의 인지할 수 없을 정도로 상승하는, 수평에 가까운 선으로 표시되다가, 지난 1세기 반사이에 예리하게 상승하는 선으로 표시될 것이다. 이러한 인구증가에는 인류의 생존에 필요한 물질의 놀랄만한 생산을 가능하게 한 기술(technique)의 발전이 부분적으로 영향을 미쳤다. 인구증가에 의해, 이번에는 정부활동의 확장이 필요하게 되었다. 그리고 이러한 확장은 기록의 생산에 영향을 미쳤다. 현대의 기술적 방법들이 기록의 생산에 적용되면서 기록의 증가는 지난 수십년간 산술적이 아닌 기하학적인 증가율을 나타내어 왔다.

비록 타자기나 다른 복제기계와 같은 현대적인 기록작성도구의 사용이 기록의 막대한 증가를 가능하게 하기는 했지만, 그러한 대량생산의 원인은 현대적인 정부의 성격(character)에 고유한 것이라는 점이 강조되어야 한다. 사람들은 기록을 생산하는 기계가 있다는 이유에 의해서만 기록을 생산하지는 않는다. 기록은 주로 업무수행의 부산물로서 생산되며, 기록의 생산비율은 보통 활동의 확장에 의해 증가된다. 이러한 사실은, 다른 어떤 현대적 정부나 어쩌면 다른 모든 현대적 정부를 결합한 것 보다 확실히 더 많은 기록을 생산하여 온 미국 연방정부의 경험에 의해서 예시될 수 있다. 미국정부의 활동의 확장은, 특히 비상시 동안, 기록의 놀라운 증가를 가져왔다. 미국의 건국과 남북전쟁(1861) 사이에는 약10만 입방 피트; 남북전쟁과 제1차 세계대전의 사이에는 약150만 입방 피트; 그리고 제1차 세계대전과 경제적 불황기의 사이에는 약350만 입방 피트의 기록이 만들어졌다. 정부가 경제적 불황과 제2차 세계대전의 준비에 전념하였던 1930년대의 10년 동안에는 1000만 입방 피트가 증가되었다. 제2차 세계대전동안 기록은 연간 200만 입방 피트의 비율로 생산되기에 이르렀고, 그 이후 그 비율은 초과되어 왔다.

한 국가에서 생산된 공기록의 수량은 또한 그 국가의 정부기관이 그들의 업무에서 기록을 사용하는 방식에 의해서도 결정된다. 이 점은 미국과 다른 국가들의 기록현황을 비교함으로써 예시될 수 있다. 유럽의 등록부서(registry office)에 해당되는 미국의 파일룸(file room)은 미국의 거의 모든 정부기관에서 찾아볼 수 있다; 그러나 파일룸은 유럽의 등록부서만큼 기록에 대한 엄격한 규제를 좀처럼 이행하지 못한다; 그리고 종종 파일룸은 정부의 하위부서에 상당한 양의 파일이 설정되는 것을 저지할 수 없다. 최근에는 한 기관의 여러 부서에서 여러 단계의 진보적인 조치(transaction)를 채택함에 따라, 각 부서들이 보통 독립된 기록을 개설하고 관리한다. 이러한 관행은 아마도 1954년에 연방정부가 여러 정부기관들에서 약 2,300만 입방 피트의 기록을 가지고 있었다는 사실의 대부분을 설명해 줄 것이다. 부처기록위원회(Committee on Departmental Records)[1]의 보고서에 의하면, 같은 해 영국에서는 길이로 60만 피트 정도의 보존가치가 있는 자료만이 영국의 부처에서 발견되었다. 기록 수량상의 이러한 차이는 이 두 정부사이의 규모의 차이를 훨씬 초과한다.

기록은 양적으로 증가됨에 따라 동시에 더욱 복잡하게 된다. 미국에서의 연방 기록의 복잡성은 대부분 그것을 만들어낸 정부의 복잡성(complexity)에서 기인한다. 행정부는 대통령실을 정점으로 하고, 많은 현장부서(field offices)들을 저변으로

---

1) 영국, 부처기록위원회, 『보고서』(Committee on Departmental Records, *Report*, London), 1954, p. 64. 그 위원회는 정부부처의 기록의 보존에 대한 정비를 재검토하기 위해, 재무상과 기록보관관(공소원 판사)에 의해서 1952년 6월 18일에 임명되었다. 1954년 7월에 재무상이 의회에 제출한 보고서는 위원회 의장인 그리그경(Sir Grigg, James)의 이름으로부터 "그리그 보고서"라고 알려지게 되었다.

하는 피라미드형의 구조로 이루어져 있다. 이러한 구조는 조직과 기능에 있어서 보다 복잡해졌는데 이는 미국적인 정부형태에 고유한 어떤 특징; 즉, 입법부가 행정부의 기능을 면밀히 관찰하는 견제와 균형의 체계; 정부의 조직이 계획과 정책상 주기적인 변동에 대해 적어도 어느 정도는 민감한 양당제도 때문이다. 일반적으로, 정부활동이 확장될수록 보다 더 전문화되고; 정부활동이 전문화될수록 그것에 관한 기록은 보다 복잡하게 된다.

그러나 현대적 공기록의 복잡성은 그것이 보존되는 방식에도 부분적으로 원인이 있다. 왜냐하면 대부분 그것들은 우연한 방식으로 보존되기 때문이다. 예를 들면, 미국에서는 연방기록은 여러 가지 체계에 따라 정리되고 때로는 어떤 체계 없이 단순히 집적된다. 초기 미국의 파일링체계(filing system)는 매우 단순하고 당시 유럽에서 사용되던 등록체계(registry system)와 다소 비슷하였다. 그러나 단순한 알파벳순체계(alphabetical system), 숫자식체계(numerical system)는 점차적으로 보다 복잡한 체계들, 즉, 듀이-십진법체계(Dewey-decimal system), 주제-숫자식체계(subjec-numeric system), 이중숫식자체계(duplex-numeric system), 기타 등으로 대체되었다. 각 기관이나 각 부서는 그들이 선호하는 체계를 채택하였기 때문에 각 기관과 기관 사이, 또는 기관 내부에서의 부서와 부서사이에 체계상의 어떠한 통일성도 없었다. 서로 다른 체계가 적용되는 방식상의 어떠한 통일성도 없었다.

현용기록 관리활동의 성질

공기록을 관리하는 목적은 기록이 그 기록을 생산한 목적을 위해 가능하면 저렴하고 효과적으로 제공되도록 하기 위한 것이고, 공기록이 그 목적에 제공된 이후에 그것들을 적절하게 처리하도록 하기 위한 것이다. 기록은 그것이 필요할 때 즉시, 법석을 떨거나 성가시게 하지 않고 찾을 수 있다면, 그것들이 현재의 업무에 필요로 하는 동안 공간과 관리에 최소한의 부담으로 보존된다면, 그리고 연구나 다른 목적을 위한 지속적인 가치가 없는 기록이 더 이상 보존되지 않는다면, 기록은 효율적으로 관리된다. 효율적인 기록관리의 목적은 그것이 만들어진 시점으로부터 기록보존기관에 양도되거나 처리될 때까지 기록의 취급에 대해 주의를 기울일 때에만 달성될 수 있다.

따라서 기록관리는 대부분의 기록의 전생애(life span)와 관계가 있다. 기록관리는 기록의 생산을 제한하고자 노력하며, 이러한 이유 때문에 기록관리 분야에서도 인류유전학 분야에서와 같이 "산아제한"을 옹호하는 현상이 나타난다. 기록관리는 어떤 기록의 현용에 대해 부분적인 규제를 행사한다. 그리고 기록관리는 기록이 소각로의 "지옥"으로 인도되어야 할지, 아니면 기록관리기관의 "천국"으로 인도되어야 할 것인지, 또는 먼저 잠시동안 기록센터(record center)의 "연옥"이나 "지옥과 천당 사이의 중간지대"(limbo)에서 보유되어야 할 것인지에 관한 결정을 도와준다.

기록관리의 가장 중요한 측면은 정부의 시정을 수행하기 위한 기록의 사용과 관련이 있다. 정부 내에서 그 어떤 사안도 기록할 사안이 되지 않는 사안은 거의 없다. 주요한 계획에 관여하는 고위 관료들이나, 일상적인 조치를 담당하는 하급의 서기 모두 업무상 기록을 필요로 한다. 이 둘에게 필요한 기록의 종류는 다를 수 있으나, 기록은 행정적 단계의 하급자에게 만큼이나 상급자에게도 중요하다. 상급자에게 기록은 집행결정에 대한 최초의 계기와 배경 정보를 모두 제공한다. 고려해야 할 모든 사안에 대해서 문서들은 여러 가지 연원들(sources)로부터 여러 가지 종류(types)로 모아진다. 즉, 통신(correspondence, 왕복서신), 비망록(memoranda, 각서)과 같이 사안(matter)이 최초로 언급된 것들; 통계표와 분석서, 시행과 성취보고서, 구두보고 등과 같이 결정을 위해 필요한 정보를 포함하는 것들; 회람, 비망록, 그리고 그밖에 행정적 규제 수단으로 제공되는 절차상, 정책상의 지령(directives); 정부의 진행과정에 일관성을 부여하는 선례로서 작용하는 과거활동에 관한 선별된 기록등이다. 대부분의 정부의 작업이 실제로 이루어지는 시정의 단계 – 특정한 개인이나 단체, 또는 주제와 관련된 조치가 실제로 이루어지는 단계 – 에서, 기록은 상급기관으로부터는 뒤따라야 할 정책과 절차를, 그리고 하위기관으로부터는 성과와 수행에 관한 보고를 전달하기 위해 필요하며, 조치에 포함된 특정 당사자에 대한 정부의 처리에 관한 모든 국면을 기록하기 위해 필요하다.

기록관리의 가장 어려운 과업은 가장 가치 있는 기록과 관련이 있다. 중요하거나 가치가 있는 기록일수록 그것들을 관리하는 것은 더욱 어렵다.

대체로, 가장 가치 있는 기록은 그 기관의 기원, 조직적이고 기능적인 발전, 그리고 기관의 주요계획에 관한 기록들이다. 그것은 정부기능들의 집행(execution)보다는 그것의 방침(direction)과 관련이 있다. 그것은 종종 중요하지 않은 문제에 관한 기록만큼도 완전하지 않다. 중요한 문제일수록 그것에 대한 도큐멘테이션이 완전히 이루어진 것을 찾기 어렵다는 것은 기이한 현상이다. 현대적 기술(technology)이 여러 가지 방식으로 기록의 작성과 보존을 지원하는 한편, 또한 언젠가 정부의 행위(action)에 관한 기록의 일부가 되었을 많은 문서의 생산을 불필요한 것으로 만들었다. 정책과 계획의 발전에 영향을 끼치는 것은 대부분 형식적인 기록 속에서 개진되지 않는다. 중요한 사항은 회의에서 구두로 다루어지거나, 호주의 속령수상(Ministry of Territories)인 P. 해슬럭(Paul Hasluck)이 "역사의 대도(大盜)"[2]라고 언급한 도구, 즉, 전화에 의해 다루어질 수 있다.

중요기록을 현용을 위해 분류하는 것은 어려운 일이다. 정책기록은 그것이 처음 만들어졌을 때처럼 항상 식별될 수는 없다. 정책은 특정한 조치와 관련하여 생겨나고, 따라서 이에 따른 기록은 그것이 최초에 관련된 조치와 더이상 관계가 없는 다른 기록 사이에 정리될 수 있다. 정책과 절차상의 문제에 관한 기록 – 자세히 열거된 사안과 구별되는 일반적인 것에 관한 기록 – 을 인식할 수 있는 파일단위로 모으거나 조직하는 것, 그리고 그들의 의미가 파악되는 방식대로 식별해 내는 것은 어렵다. 반면, 일상적인 시행의 기록은 쉽게 분류된다.

중요기록은 그것의 현용이 종료된 이후 회수하기 어렵다. 정책과 절차에 관한 중요한 기록은 그것들을 만들어낸 조치와의 관련이 완료되자마자 쓸모없게 되거나 비현용되지는 않는다. 기록이 설정해 놓은 정책과 절차는 종종 계속 효력을 발휘한다. 그리고 그 정책과 절차가 변경된 경우에도 그것에 관한 기록은 변경에 대해서 설명하거나 의미를 부여하는데 도움이 된다. 그러한 기록은 그래서 그것의 행정적인 유효기간을 설정하기 어렵기 때문에 회수하기 어렵다. 반면에, 정책과 절차의 집행만을 입증하는 기록은 그 특정한 사안에 대한 모든 가능한 활동이 끝났을 때 비현용이 된다. 일상적인 활동의 종결은 보통 분명하고 명확하다. 더욱이 중요기록은, 그것들을 덮고 있을지 모르는 하찮은 것들의 더미로부터 많은 부분이 먼저 분리되어야 하기 때문에, 기록보존기관에서 보존하기 위해 함께 모으

---

2) P. 해슬럭, "현대 부서기록에 관한 연구상의 문제들," 『역사연구: 호주와 뉴질랜드』, V권, 17호(Hasluck, Paul, "Problems of Research on Contemporary Official Records," *Historical Studies: Australia and New Zealand*, V, No. 17, November), 1951, p. 5.

기가 어렵다. 그리고 이러한 분리는 일반적으로 기록이 현재의 시행으로부터 그 중요성을 상실하여 정체성이 모호하게 된 이후에 이루어져야 한다.

현용기록 관리조직의 성질

공기록의 효율적 관리는 정부의 주된 관심사며, 동시에 정부의 효율성은 종종 정부가 기록을 얼마나 효율적으로 관리하는가에 의해 측정될 수 있다. 기록관리에서 이루어지는 모든 개선이 기관의 기능에 영향을 끼치기 때문에 공무원들은 행정상의 수뇌부조차도 기록관리에 이해관계를 가지고 있다.

기록관리 활동은 전문적인 능력과 경험의 배경을 필요로 하는 고도로 전문화된 분야이다. 그러므로 모든 거대하고 복잡한 정부에 있어서 전문요원(special staff)은, 정부의 모든 기관의 기록 문제를 다루는데 있어 그 지도력을 제공하는데 배타적으로 관여하기 위해, 정부의 행정적인 위계질서 어딘가에 있어야 한다. 정부구조 속에서의 그러한 전문요원의 배치(placement), 전문요원의 규모와 그 활동의 성격은 그 전문요원이 종사하는 정부의 규모, 복잡성과 조직에 의해 결정된다. 전문요원은 가능한 한 언제나 주무 기관, 즉, 특정한 문제에 관해 정부의 다른 모든 기관에 대한 관할권을 갖는 기관에 소속되어야 한다. 특정한 문제란 보통 예산, 인사 및 보급품 조달이나 장소 제공과 같은 시설관계 시행을 말한다. 그러므로 기록관리 전문요원은 정부전체의 예산문제를 주관하는 부서, 정부 전체의 인사문제를 주관하는 부서, 정부 전체의 시설관계 문제를 주관하는 부서에 각각 소속되어야 한다. 그들은 다른 계열기관과 동격인 어떤 계열기관에 소속되어서는 안된다. 즉, 한 부처나 성에 속한 관리들은 다른 부처나 다른 성의 공문원에게 그들의 기록을 어떻게 보존해야 한다고 말할 지위에 있어서는 안된다. 미국 연방정부에 있어 국립기록청은 건물, 보급품, 기록과 중요군수품의 조달에 관해 정부전체에 책임을 진 주무기관인 "일반업무청"의 일부이다. 호주 연방정부에 있어서는 인사문제에 관해 정부범위의 관할권을 가진 공무국(Public Service Board)은 기록관리 계획에도 또한 관여한다. 이와 유사한 배열(arrangement)이 뉴질랜드에도 존재한다.

중앙의 기록관리 요원의 권한의 범위는 계열기관의 기록관련 작업에 대해 단순한 조사에서부터 완벽한 규제에 이르기까지 전체적으로 걸쳐 있다. 이 권한의 범위는 부분적으로는 미국의 기록관리에 관한 법정규정에 예시된다. 1934년 6월 19일의 기본법령에서는 그 기본법령에 기초해 설립된 국립기록보존소로 하여금 "조사를 위한 충분한 권한"과 모든 연방기관들의 기록을 청구할 제한된 권한을 부여하였다. 그 기본법을 대신한 1950년의 연방기록법령은 청구권에 관해서는 언급하지 않았는데, 그것은 이 두 법령이 제정되는 사이에 청구의 대상이 된 분류된 기록은 이미 국립기록보존소의 건물에 이관되었기 때문이었다. 그 대신 새로운 법령은 연방기관들내에서의 기록관리에 초점을 두었다. 이 법령은 기관의 장들로 하여금 "현재의 업무수행에 있어서 기록의 생산, 관리와 이용에 효과적인 규제"를 확립하는 주된 책임을 지게 하였다. 이 법령은 기록관리에 관련된 중앙주무기관의 장에게 (1) 국립기록보존소법령에 명시된 조사의 권한 (2) 기관사이의 기록이관을 규제할 권한 (3) "기록관리를 개선하고, 보존하는 것이 적절하다고 인정되는 기록의 관리와 안전의 확보, 또 일시적 가치를 가진 기록의 분리 및 처리를 용이하게 하기 위해 고안된 표준, 절차와 기술"을 공식화할 권한과, (4) "지속적 가치를 가진 기록의 선별적인 보유를 위해 표준을 설정하고, 연방기관이 관리하는 기록에 그러한 기준을 적용하는 것을 지원할" 권한, 그리고 (5) "연방기관의 기록에 대해, 연방기관들의 기록이 미국 국립기록보존소에 보존되거나 법령에 의해 허가된 어떤 다른 방식에 따라 처리될 때까지, 그 기록의 소장, 처리 및 참고서비스를 위해 기록센터를 설립하고 유지, 운영할" 권한을 부여하였다. 현용기록관리에 있어서는 중앙에서 개발된 표준과 절차 및 기술(techniques)을 채택하는 것이 강요되지는 않았으나, 연방기관에 대해 그것들을 통합적으로 적용하는데 협조하도록 요청하였다.

기록의 생산과 보존을 규제하는 분야에 있어서, 중앙의 기록관리 요원의 역할은 대체로 분석적이고 장려하는 입장이어야 한다. 중앙의 요원은 여러 정부기관에서 준수되는 기록의 생산과 보존의 방법 및 기술에 관한 정보를 획득할 수 있기 때문에, 정부전체를 위해서 그러한 정보의 보존소가 될 수 있다. 그 요원은 어떤 방법과 기술이 가장 효과적인가, 어떤 것이 일반적으로 적용될 수 있고, 어떤 것이 특수한 상황하에서만 적용될 수 있는가를 결정하기 위해 정보를 분석할 수 있다. 그 요원은 효과적인 기술과 방법에 관한 사례연구를 할 수 있다. 여기에는 (1) 서식(forms), 보고서, 서식서신(form letters), 명령 등의 규제에 관한 연구 (2) 축소사진

술(microphotography)과 다른 기계기술의 응용에 관한 연구 (3) 호주연방공무국이
『기록절차』(*Records Procedures*)에 관해 간행한 것이나 뉴질랜드의 공무위원회(Public
Service Commission)가 『기록』(*Records*)에 관해 간행한 것과 같은 훈련편람(training
mauals)의 간행을 위한 준비로서의 분류체계에 관한 연구 (4) 파일룸과 등록부서의
관리에 관한 연구가 포함된다. 중앙의 요원은 기술적인(technical) 지식과 기록작업
에 관련된 인사의 효율성을 개선하기 위한 훈련계획도 수행할 수 있다.

기록의 처리를 규제하는데 있어서, 중앙의 기록관리 요원의 기능은 분석적이고
장려하는 입장만큼이나 강제적일 수 있다. 중앙의 요원에게는 다음과 같은 권한
이 부여되어야 한다. (1) 기관들에게 기록에 대한 처리계획(disposition plans)을 추진
하고 그 계획을 기록보존기관 당국이 검토할 수 있게 제출하도록 요구하는 권한
(2) 기관들에게 그들의 기록의 처리에 관해 보고할 것을 요구하고, 기록의 이용을
위해 필요한 공간과 시설에 관한 모든 요청사항들을 제출할 것을 요구하는 권한
(3) 기록이 필요한 어떤 기관이라도 그 기록을 사용할 수 있도록 공동관리한다는
차원에서, 정부내의 사진장비와 다른 복제기구의 사용을 규제하는 권한을 부여받
아야 한다. 중앙의 요원은 기관들에게 제한된 기간동안 보존되어야 하는 준현용
(semicurrent), 비현용의 기록을 보존하기 위한 보존시설을 제공해야 한다. 그러한
시설은 영국의 공기록관의 "중간" 저장소의 경우와 같은 공동점유를 기초로 한
기관들이나, 미국의 "연옥"적인 저장소의 경우와 같은 단독점유를 기초로 하는
기관들에게 있어서 모두 통용될 수 있다. 시설이 공동사용되는 경우에는 거기에
서 기록을 조사분석(processing)하고 참고서비스하는 작업은 그 기록을 생산한 기관
의 요원에 의해 이루어진다. 시설이 중앙의 기록관리 요원에 의해서만 관리된다
면, 그 요원은 기록의 모든 조사분석과 참고서비스 활동을 담당한다. 더 나아가서,
중앙기관의 요원은 기관들에 대해 기록의 조사, 기술(description), 분석과 관련된
활동을 포함하는 처리계획을 개발하는 방법과, 처리일정표(disposal schedules) 및 처
리목록을 입안하는 방법에 관해 조언을 할 수도 있다. 그 요원은 모든 정부기관들
의 공통 관심사인 부서관리 기록(housekeeping records)과 다른 부수적인 기록(facilitative
records)의 처리에 관해 일반처리일정표(general schedules)를 입안할 수 있다.

그러나 기록관리 계획을 개발하는 주요작업은 분산화된 기초위에서 이루어져
야 한다. 각 각의 정부기관은 그 기관의 기록 문제에 배타적으로 관여하는 요원을

두어야 한다. 요원의 규모는 그 기관의 규모 및 복잡성과 관련되어야 한다. 그 요원은 그 기관의 기록생산과 관리에 대한 규제를 작업의 주요한 책임으로 담당해야 한다. 그 요원은 중앙의 요원에 의해 개발되었을 수도 있는 우수한 기록관리의 방법과 기술을 그들의 필요에 따라 적합하게 담당기관에 적용해야 한다. 예를 들면, 그는 어떤 파일링체계가 사용되어야 하고, 그러한 파일링체계 하에서 어떻게 기록이 분류되어야 하는가를 결정해야 한다. 기관의 요원은 효율성과 경제성을 촉진할 방법과 기술을 만들어낼 수 있는 가장 좋은 위치에 있다.

분산된 기관의 요원도 기록의 처리에 대한 규제를 작업의 주요한 책임으로 담당해야 한다. 그 요원은 기록이 현재의 목적을 달성한 이후 어떻게 되어야 할 것인지, 즉, 기록을 마이크로필름으로 촬영(microfilming, 축소사용필름사진찍기)해야 하는지, 기록센터나 기록보존기관에 이관해야 하는지, 아니면 파기할 것인지를 결정해야 한다. 그는 이러한 목적에 필요한 기록의 조사, 분석, 기술하는 업무를 행하면서 처리계획서, 처리일정표와 처리목록을 계발해야 한다.

앞서 지적한 바와 같이, 기록관리 요원의 목적은 가능한 한 가장 효과적이고 경제적인 방식으로, 기록을 정부공무원들의 필요에 제공되도록 하고 그러한 목적을 달성한 후 기록을 처리하도록 하는 것이다. 그 요원은 정부행정의 방법과 관련된 것 가운데 가장 불가분의 것이 되어온 단어인 "경제성"과 "능률"의 증진이라는 두가지의 목적을 명심해야 한다. 기록관리 계획의 효과는 통계적인 용어로 1차적으로 판단되어서는 안된다. 기록관리 계획의 효과는 단순히 한 곳으로부터 다른 곳으로 - 정부의 부서로부터 기록센터나 소각로, 제지공장(paper mill)으로 - 이동된 기록의 양에만 반영되지 않는다. 그것은 기록이 어떻게 분류되고 어떤 것이 처리되어야 하는가를 결정하기 위해 분석된 방법에도 아마도 가장 충실히 반영될 것이다. 기록관리 계획의 효능은 그 요원의 열성과 능력에 달려 있다. 그 요원이 성실하고 유능할수록 기록은 현용을 위해 보다 효과적으로 분류되고 파일될 것이다; 그리고 기록이 잘 분류될수록 기록이 현재의 필요성을 만족시킨 후 보다 손쉽게 처리될 수 있을 것이다. 요원이 우수할수록 기록에 행해지는 처리에 대한 판단은 보다 적절해질 것이다. 적절한 판단이 이루어지는 정도는 기록을 분석하는 전문적인 능력과 철저함에 달려 있다.

제6장
공기록 생산의 규제

　공기록은 세계 대부분의 정부, 그리고 특히 미국 연방정부에 의해 너무나 방대한 양으로 생산된다는 것은 의심할 여지가 없다. 기록의 생산은 (1) 정부기관의 기능의 간소화 (2) 정부기관의 업무과정(work process)의 간소화 (3) 정부기관의 기록절차의 간소화를 통해 감량될 수 있다. 기록의 생산은, 상부에서의 조직과 계획에 관한 결정으로부터, 하부에서의 일상적인 시행으로 널리 행해지는 절차에 이르는 모든 영역에 걸쳐서 행사되는 영향력들에 의해 좌우된다. 따라서 기록의 생산은 첫째, 기관의 계획을 공식화하고 집행할 책임이 있는 수뇌급 관료와 관련된다; 둘째, 부서관리의 광범위한 분야에서 전문가인 공무원과 관련된다; 셋째, 보다 협소하게는 전문화된 기록관(record officers)과 관련된다. 이들 세그룹의 공무원은 시행의 간소화를 위해 함께 작업해야 한다. 기록관리 및 부서관리 분야의 전문가는 그들의 활동이 행정부의 수뇌급과 긴밀한 협조관계를 이루는 단일 팀의 한 부분을 이루어야 한다.

정부기능의 간소화

　먼저 정부기능의 간소화에 대해 고찰해 보자. 불필요한 기록이 만들어지고 보존되는 기본적인 원인은 현대정부의 규모와 활동의 범위, 활동이 이루어지는 방식에서 기인된다는 것이 명백하다. 그러나 정부계획의 광범성과 복잡성은 우리들의 직접적인 관심사는 아니다; 왜냐하면 정부계획의 광범성과 복잡성은 정부 그 자체가 관여해야 할 사회적, 경제적, 그리고 기타 문제의 성질에 의해 결정되기 때문이다. 정부계획의 범위는 단지 그것을 실행하기 위한 대행자에 지나지 않은 공무원들에 의해 규제될 수 없다. 그러나 이 계획이 실행되는 방식은 또 다른 문제이다. 정부기관의 기능은 보통 간소화될 수 있다. 따라서 이것이 공기록의 양을 줄이는 문제에 관한 우리의 첫번째 공격점이다.

정부의 기구는 시간이 지남에 따라 지나치게 복잡하게 되는 경향이 있다. 비상 시에는 말할 것도 없고 활동의 확대가 완만하게 이루어지는 평상시에도 복잡성은 보통 증대된다. 그렇기 때문에 때로는 정부기구를 주의 깊게 관찰하고, 그 구조와 기능을 다시 간소화할 필요가 있다. 그러한 관찰의 사례는, 최근에 정부의 행정 지부들의 재조직에 관한 "후버위원회"(Hoover Commission)가 연방기관들의 조직과 기능에 대해 포괄적인 연구를 실시했던 미국에서 찾아볼 수 있다. 이 위원회의 권고는 정부의 시행에 있어서 실질적인 개선과 경제성을 가져왔다. 예를 들면, 회계분야에 있어서 입법부의 한 기관인 일반회계국(General Accounting Office)이 행정부 기관들의 재정적 업무를 회계감사하는 상황하에서는 "고비용의 체계"가 존재한다는 것을 발견했다. 이 체계하에서 수백만의 지출영수증과 증거서류들이 개별적인 조사를 위해 중앙의 한 지점으로 송부되어야 했다[1]. 이 위원회는 그러한 서류들을 워싱턴 D.C로 송부할 필요성을 없앤 현장(on-site) 회계감사 프로그램 (audit program)을 제안하였다. 이 계획의 결과, 정부전체를 통해 재정과 회계의 방법이 간소화되고 표준화되었으며, 그러한 사항에 관한 기록은 양적으로 크게 감소하였다.

업무과정의 간소화

두번째로 작업과정의 간소화에 관해 고찰하자. 작업과정은 보통 필요이상으로 훨씬 더 복잡하다. 정부기관에 대해 특정한 책임이 할당되었을 때, 처음에는 그것이 어떻게 수행되어야 하는지에 대해 주의를 기울이지 않는다. 그 사이에 잘못된 작업방법이 개발되기 쉽다. 그렇다면 문제는 절차의 개선과 방법의 간소화를 위해 특정한 행정적 시행에 포함된 단계들을 분석하는 것이다. 각 단계는 특정한 시정의 달성에 긍정적으로 기여해야 한다; 그리고 행정적인 연속선상에 있는 각

---

1) 미국, 정부행정지국조직위원회(1953~55), 특별전문위원회 보고서, 『재정, 예산 및 회계활동』 (Commision on Organization of the Executive Branch of the Government, 1953~55, Task Force Report, *Fiscal, Budgeting, and Accounting Activities,* Washington), 1949, p. 99.

단계는 분석되어야 한다. 그러한 분석은 보통 공공행정 분야의 전문가에 의해 행해진다. 절차와 방법을 분석하는데 있어서 관리전문가(management specialists)는 종종 행해진 여러 단계를 보여주는 작업순서도(flow charts)를 사용한다. 그러한 도표는 그 시행이 어떻게 수행되고 있는지, 그리고 어떻게 변경될 수 있는지를 시각적으로 보여줄 수 있다. 예상되는 변경도 또한 작업순서도에 그림으로 나타낼 수 있다. 업무방법들을 분석함으로써 전문가들은 절차를 간소화할 수 있고 또는 전문용어를 사용한다면 "절차를 능률화(streamline)" 할 수 있다. 그들의 작업이 성공적이라면 이는 기록의 생산을 자동적으로 감소시킨다; 왜냐하면 기록은 행정적인 활동의 부산물일 뿐이며; 기록의 생산은 생산 자체가 목적이 아니기 때문이다.

특정한 활동을 수행하는 데 있어서의 방법의 간소화에 대한 탁월한 사례로 호주의 경험이 언급될 수 있다. 그것은 부동산에 대한 토지소유권을 설정하는 중요한 문제에 관한 것이다. 호주에서는 원래 오래된 영국의 양도증명서법이 준수되었다. 토지의 소유권은 칙허증서로 시작되었고, 각 각의 토지소유권 계승양도는 증서로 나타냈다. 토지소유권의 오랜 계승은 연속해서 쌓이는 양도증서 서류들에 의해서 입증되었다. R. R. 토렌스경(Sir R. R. Torrens, 1814~84)의 노력에 힘입어 이 복잡한 체계는 간단한 토지소유권 등록(land title registration)체계로 대체되었다. 그 새로운 체계는 1857년에 남호주 의회에 의해 제정된 부동산법령(Real Property Act) 속에 구현되었다. 이 법령 하에서 토지에 대한 소유권은 소유권 증명서로 나타내어지며, 이것을 무효로 할 수 없음을 정부가 보증하였다. 토지소유권 증명서는 칙허증서와, 연속된 소유권 양도취득에서 유래한 소유권 증서에 근거하여 등록되었다. 그 위에 소유권의 그 이후의 모든 변동이 기록되었고, 이러한 변경은 소유권이 유래된 문서를 찾을 필요성이 없이 이루어졌다. 그러한 토렌스의 체계하에서, 소유권은 단일 조사에 의해 명확해지고, 단일문서에 등록되었고, 그 후의 모든 소유권의 변동은 같은 문서 위에 간단히, 실비로 기록되었다. 기록의 작성 및 보존에 있어서 이 체계의 효과는 대단하였다. 이 체계는 호주 대부분의 주, 뉴질랜드, 캐나다, 영연방제도의 일부, 유럽대륙의 여러 국가, 미국의 일부 주에 의해 채택되었다.

기록절차의 간소화

세번째로 기록절차의 간소화를 고찰하자. 기록절차의 두가지 유형은 생산된 기록의 양과 특별한 관계가 있다. 첫번째의 유형은 반복적이거나 일상적인 행위 (action)를 수행하기 위한 목적으로 한 기록의 생산과 관련이 있다; 두번째 유형은 기록의 배포 및 파일링(filing, 편철)과 관련이 있다.

일상적이거나 반복적인 활동에 관한 기록은 보통 표준화된 성격(standardized character)을 띤다. 미국의 연방정부와 같이 대규모인 정부에서는 대부분의 기록은 그러한 성질을 띠는 경향이 있다. 여기에는 보고서, 명령, 서신 및 부서관리 활동, 통계일정, 도표 등에서 사용된 많은 서식, 개인이나 법인체와 관련하여 사용된 서식용지와 다양한 종류의 문서가 포함될 수 있다; 그러나 그 모든 것은 형식과 내용에서 모두 대폭적인 표준화가 이루어졌다. 그것의 수량 때문에 그러한 기록의 규제는 기록관리의 중요한 일면이 된다. 그것이 규제되지 않는다면 그것은 세포와 같이 증식해서 정부의 체내에서 암처럼 성장하게 된다.

표준화된 기록을 규제하기 위해 고안된 프로그램에서는, 작업과정을 간소화하기 위해 고안된 프로그램에서 고안된 것과 같은 단계를 밟아야 한다. 기록관리 전문가는 부서관리 전문가가 횡단한 것과 같은 땅을 건너가야 할 것이다. 이 두 분야의 전문가들은 동일한 작업과정을 검토할 수 있다. 즉, 부서관리 전문가는 일이 어떻게 행해지고 있는가를 알기 위해서, 기록관리 전문가는 행해진 일과 연관하여 **기록이 어떻게 사용되었는가**를 알기 위해서이다. 이들은 모두 어떤 일을 행하는데 부수적으로 따라오는 서류작업(paper work)을 관찰할 수 있고, 양자는 모두 작업의 간소화라는 같은 목적을 가질 수 있다: 한편은 아마 작업과정의 기계적 작동에 더 관심을 가지고, 다른 한편은 작업과정의 본질에 보다 관심을 가질 것이다.

미국에서 서류작업의 표준화와 간소화를 위해 공식적인 계획의 막을 연 것은 기업회사(business firms)가 최초였다. 서식과 문구에 관한 초기의 연구는 1930년에 햄머밀 제지회사(Hammermill Paper Company)에 의해 이루어졌고, 햄머밀 제지회사는 18년동안 많은 회사들의 사무관행을 분석하기 위해 뉴욕시의 기업훈련회사 (Business Training Corporation of New York City)와 계약하였다. L. 버틀러(Ladson Butler)와 O. R. 존슨(O. R. Johnson)에 의해 쓰여진 이 연구는 『사무서식을 통한 관리규제』(Mamagement Control through Business Forms)라는 표제로 출판되었다. 거기에서 저자들은, 서식을 규제(controlling forms)하는 데 대한 이유들을 이제껏 언급되어

온 것만큼이나 효과적으로 기술하였다. 그들은 서식이 "모든 사무의 대부분을 차지"하는, 일상적인 사무에 대한 규제를 표준화하는 수단의 하나이고; "일상적인 작업을 행하는 최선의 방법이 개발되었을 때" 그것은 "신중하게 고안된 서식, 편람, 표준실무교재라는 수단을 통해 표준화되어야 한다"고 지적하였다. 저자들은 나아가 "대부분의 일상적인 작업은 서식을 둘러싸고 움직인다"라고 지적하였다. 그들은 계속해서: "서식에 대한 연구는 어떠한 단계나 시행이 제외될 수 있는가, 순서상 어떤 변경이 필요한가, 기록이나 기타의 서기가 시행하는 것이 보다 철저한 서식의 고안을 통해 어떻게 최소화될 수 있는가를 구체적으로 보여준다"[2]고 썼다.

미국의 연방정부에 있어 서식을 규제하는 문제는 제2차 세계대전까지는 그다지 체계적인 주목을 끌지 않았다. 상품과 자원의 생산, 물가, 수송, 소비를 규제하기 위한 정부의 전시계획에는 국가내의 모든 국민이 포함되었다. 따라서 그 계획은 전시상황 하에서 신속히 수행되어야 하는 많은 일상적인 조치들을 만들어 냈다. 이 상황에서, 많은 정부의 고용인들로부터 동시에 주목을 끄는 기록은 놀랄만한 수로 복제되고, 일반적으로 서식으로 단순화되었다. 서식의 규제에 관한 다수의 편람들이 많은 정부기관에서 간행되었다. 그 최초의 것은 전시생산청(War Production Board)에 의해 1943년에 만들어졌다. 다음해에 물가관리국(Office of price Administration), 군무부대(Army Service Forces), 그리고 테네시유역당국(Tennessee Valley Authority)에 의해 편람이 간행되었다. 전후기간에 그러한 편람들 가운데 가장 우수한 것은 1947년 『서식규제를 통한 절차의 간소화』(Simplifying Procedure through Forms Control)라는 표제로 예산국(Bureau of the Budget)에서 만들어진 것이었다.

서식을 규제하기 위해서는 특정한 정부 시행에서의 각 서식의 용도와 문맥에 관한 정보가 필요하다. 이 정보는 첫째, 서식이 실제로 필요한지 아닌지를 결정하기 위해서 사용되어야 하고; 둘째, 만약 필요하다면 그 서식의 내용, 형식, 범위, 배포, 최종적 처리는 어떠해야 하는가를 결정하는데 사용되어야 한다. 특정한 시행에 부수적으로 생겨나는 서류작업에 대한 주의 깊은 분석을 통해, 서식의 개정 – 한 시행에 사용되는 모든 서식을 제거하고, 통합하고, 간소화하고 그리고 일반적으로는 맞물려 잇기(dovetail) 하기 위해 – 이 가능할 것이다.

---

2) L. 버틀러, O. R. 존슨, 『사무서식을 통한 관리규제』(Butler, Ladson and Jonson, O. R., *Management Control through Business Forms*: New York and London), 1930, p. 30, p. 160.

서식규제의 특수한 일면은 서식서신(form letters)에 관한 것이다. 국립기록청은 최근 『서식서신』(Form Letters)이라고 부르는 표제의 기록관리안내서(handbook)를 간행하였다. 이 안내서는 서식서신의 관리를 위한 계획을 수행하는 많은 정부기관들의 경험을 담고 있다. 그것은 서식서신을 만들고 고안하는 데 있어서 따라야할 표준과 규제되어야 할 방법을 제시하였다. 통신관리 계획을 경제적이고 능률적으로 이행할 수 있는 방법이 국내세입국의 기록관리지국(Records Administration Branch of the Internal Revenue Service), 국립기록청의 기록관리과(Records Management Division)에 의해 최근 수행된 기획 속에서 명쾌하게 제시되었다. 이 기획은 매릴랜드주, 볼티모어의 미국국내세입국 지역국장실의 징수과(Collection Division of the Office of the District Director of the United States Internal Revenue Service in Baltimore, Maryland)에서 통신의 관리를 개선하기 위해 고안되었다. 이 징수과는 조세신고서의 접수, 세금의 징수와 예입, 납세액의 결정 및 부과 등과 관계가 있다. 이 작업 과정에서 징수과는 대단히 많은 우편물을 취급한다. 이 우편물의 관리의 개선을 위해 고안된 기획의 결과로서 서신의 발송, 작성, 타자가 대단히 간소화되었다.

표준화된 기록의 특수한 유형의 하나는 당국의 간행물(authoritative issuances)이다. 그러한 간행물은 지도부의 정책 및 절차와 여러 계열부서(line offices)와의 의사소통을 위해 제공된다. 정책은 여러 종류의 조치에 뒤따라야 할 활동의 과정을 지시하는 지도원칙이다. 절차는 정책을 이행하는 데 뒤따라야 자세한 단계와 방법에 관한 상세한 지침(instructions)을 제공한다. 정책과 절차는 중요도가 다른 사안과 관련이 있을 수 있다. 비망록, 회보(bulletins)와 통보(notices)는 보통 일시적인 성질을 가진 사안과 관련이 있다; 회람은 반영구적인 성질의 사안과 관련이 있다; 명령(orders), 규칙(rules), 규정(regulations)은 영구적인 성질의 사안과 관련이 있다. 정책과 절차를 구현하는 지령(directives)은 그 중요도에 따라, 또는 그것과 관련이 있는 기능의 종류, 즉, 부수적(facilitative)인가 또는 본질적(substantive)인가에 따라 여러 시리즈(series)로 간행될 수 있다. 그것들은 또한 여러 가지 형태로 간행될 수도 있다. 일시적이거나 반영구적인 성질의 지령은 보통 낱장들로 된 시리즈로 간행되어야 하고; 영구적인 성질의 지령은 편람(manuals)이나 안내서(handbook)의 형태로 간행될 수 있다.

기록의 양에 영향을 주는 기록절차의 두번째 유형은 배포(distribution) 및 파일링과 관련이 있다. 기록보존체계는 생산된 기록의 양과 대단히 중요한 관계를 갖는다. 이것은 등록체계에 속해 있는 기록의 상황과 미국의 파일링체계에 속해 있는 기록의 상황을 비교함으로써 예시될 수 있다. 등록체계에서는 하나의 새로운 주제가 정부부서의 주목을 받을 때마다 새로운 파일이 거기에 개설된다. 이 파일의 이동은 부서에서 부서로 파일이 이동될 때마다 규제된다. 주제와 관련을 가지고 생겨난 추가적인 문서는 단 하나의 복사본만이 그 파일에 추가된다. 전체체계는 문서의 생산과 이동을 규제하게 되고, 파일주제에 의한 통합을 가져온다. 반면에 미국의 파일링체계 하에서는 문서의 복사본들이 보통 사안과 관련된 각 부서를 위해서 만들어진다. 비상시, 사안이 대단히 많은 부서와 관련될 수 있을 때, 행동을 빠르게 하기 위해 문서는 놀랄 정도로 많이 복사될 수 있다. 따라서 복사는 문서의 이동과 배포에 대한 규제를 대신하는 대체물이 된다. 문서에 대한 규제의 정도가 크면 클수록 문서는 아마도 적게 생산될 것이다. 미국 정부기관에서는 등록체계에서와 같은 강력한 규제가 실시될 수 없기 때문에, 특정 문서의 수많은 복사본이 생산되어서 문서들 사이에 파일된 채로 낭비된다는 것은 명백하다.

기록관리 전문가는 문서의 복사본(copies)을 요청하는 여러 관리들의 요구를 자세히 검토해야 한다. 이러한 재조사를 통해 그는 기록의 복사본이 어디에서 실제로 필요한가, 그리고 그 복사본들이 어디에 파일되어야 하는가를 확실히 하여야 한다. 복사본이 어디에 배포되어야 하고, 파일되어야 하는지를 확인하는데 있어서 그는, 넓은 의미로 파일의 분산의 문제를 포함한 분류의 문제에 봉착하게 될 것이다. 만약 파일이 부적절하게 분산되었거나 파일 내에 개별적인 문서들이 부적절하게 분류되어 있다면, 불필요한 기록이 생산될 것이다. 기록관리 전문가는 특히 핵심적인 문서의 기록복사본, 즉, 사안의 공식적인 기록으로 제공되는 복사본이 적절하게 배포되고 파일되었는지에 주의해야 한다. 비상기관에서는 특정한 연속간행물 집류들(sets)을 기록집류(record set)로 지정하는 것이 대단히 중요하다. 여기에는 절차적인, 정책적인, 조직적인 그리고 추록적인 문서의 집류들이 포함될 수 있다. 그러한 문서는 종종 여러 부서에 걸쳐 자유롭게 배포되는 수많은 복사본으로 재생산된다. 기록관이 기록집류를 개발하기 위한 지시를 내리지 않는다면, 그러한 문서들은 체계적으로는 집적되지도 보관되지도 않을 것이다.

기록의 생산을 규제하기 위한 여러 가지 수단의 효능을 평가하는 데 있어서,

수단을 적절한 시점에 배치하는 것이 중요하다. 서류작업 관리는 대체로, 기계적 작용과 관련되고, 정부시행의 본질과 관련되지 않는다. 서류작업의 간소화에 의해 많은 일들이 달성될 수 있지만, 정부시행에 있어서의 많은 개선은 서류작업의 간소화만큼이나 작업과정의 간소화에 의해서 이루어질 수 있다. 더욱이 서류작업에 대한 관리를 개선하기 위해 제시된 요법은 종종 부적당하고, 기록의 작성과 보존을 위한 "표준과 규제의 채택"이나 "검증된 방법과 관행의 이용"에 대해 모호하고 불분명한 참고 이상이 되지 않는다. 서류작업의 문제점은, 가짜의사의 만병통치약과 같이, 기록의 이용자를 괴롭히는 모든 어려움을 극복하기 위해 무분별하게 처방된 꾸며낸 빈 말에 의해서 해결될 수 없다. 비효율적인 서류작업은 종종 부적절한 관리의 한 증후이다. 그러한 질병은 서류작업에 대한 관리의 개선만으로는 치료될 수 없다. 그 질병은 더 깊은 곳에 있다. 많은 기록문제에 대한 치료법은 작업과정과, 보다 일반적으로는 정부의 조직 및 기능을 개선하는 데에 있다.

제7장
분류원칙(classification principles)

정부기관은 현용을 위한 기록관리에 있어서 기록을 필요로 할 때 신속하게 찾을 수 있도록 보존하는 데 주로 관심을 갖는다. 그러므로 현용기록을 관리하는데 있어서 근본적인 문제는 기록을 질서있게, 접근하기 쉬운 방식으로 배치하는 것이다. 이것을 수행하기 위해 필요한 두가지로서: (1) 기록은 적절하게 분류되어야 하고 (2) 기록은 적절하게 파일되어야 한다.

분류는 현용기록을 효율적으로 관리하는데 기반이 된다. 기록의 규제를 위해 고안된 계획이 실제로 효과를 나타내기 위해서는 분류가 잘 되어야 한다. 왜냐하면 적절하게 분류된 기록은 현재의 시행상의 필요에 잘 제공될 것이기 때문이다. 이러한 필요에 제공되기 위해서 기록은 정부기관의 특정한 행정적 단위 내에서의 그것의 이용과 관련하여 정리되어야 한다. 기록은 그것들의 이용과 관련하여 모든 사안들 – 중요한 정책사안에서부터 일상적인 시행사안에 이르기까지 – 로 분류될 것이다. 따라서 기록은 넓은 의미로는 기능을 반영할 것이고, 좁은 의미로는 한 기관의 활동의 부분들을 구성하는 특정한 개별적인 조치들을 반영할 것이다.

만약 기록이 조직과 기능을 반영하여 분류된다면, 그것은 조직 및 기능과 관련하여 처리될 수 있다. 공기록을 평가하는 데 있어서 첫번째로 고려되어야 할 것은, 기록이 조직과 기능에 관해 가지고 있는 증거이다. 기록보존기관의 공무원과 기관 공무원은 모두 조직과 기능을 사실적으로 기록한(documenting) 기록의 증거적 가치(evidential value)를 고려한다. 만약 기록이 조직을 반영하여 분류된다면 어떤 행정단위가 소멸될 때 기록은 적절하게 처리되기 위해 이동될 수 있다. 그리고 만약 기록이 기능에 의해 한층 더 분류되고, 만약 부수적인 것으로부터 본질적인 것이, 시행상의 것으로부터 정책적인 것이, 일반적으로 중요하지 않은 것으로부터 중요한 것이 분리된다면, 그 때 분류의 방법은 기록이 현재업무의 목적에 제공된 이후 선별적으로 보존되거나 파기되는데 기반을 제공한다.

이제까지는 공기록의 분류의 기초를 이루는 원칙에는 비교적 관심을 기울여오지 않았다. 공기록에 적용될 때의 분류는, 기록을 현용을 위해 이용가능하도록 고안된 계획에 따라 그것들을 정리하는 것을 의미한다. 물론 정리의 계획이나 체계는 다양하다; 그러나 논의의 목적을 위해서 정리방식은 두부문으로 분류될 수 있다; 즉 등록체계와 파일링체계이다. 여기에는 물리적 정리와, 기록의 단위를 식별하기 위한, 그리고 상호관계를 보여주기 위한 기호가 부여된다. 분류의 원칙은 기록을 정리하는 문제의 근본을 파헤친다. 분류의 원칙은 기록을 작은 단위로 분류하는 데에, 그리고 작은 단위를 모아서 큰 단위로 분류하는 데에 적용된다.

분류의 요소

공기록을 분류할 때 고려해야 할 세가지의 주요 요소가 있다. 기록과 관련이 있는 행위(action), 기록을 생산한 기관의 조직적 구조(organizational structure), 그리고 기록의 주제사안(subject matter)이다.

이들 요소들 가운데 나는 먼저 행위의 요소를 살펴보고자 한다. 대부분의 공기록은 행위의 부산물이고, 공기록은 자연적으로 행위와 관련이 있는 군들(groups)로 분류된다. 행위는 기능(functions), 활동(activities)과 조치(transaction)라는 말로 논의될 수 있다. 여기에서 "기능"이란, 한 기관이 그것의 광범위한 설립목적을 수행하기 위해 맡은 모든 직무들을 포괄하기 위해 사용된다. 대개 이 기능은 그 기관을 설립한 법률이나 지령에 의해서 정의된다. 명확히 하기 위해 국립기록보존소의 기능을 인용해 보자. 국립기록보존소의 기능은 (1) 처리 (2) 보존과 정리 (3) 기술과 출판 (4) 참고서비스에 관한 것들로 기술될 수 있다. 어떤 기관의 각 기능은 많은 "활동"으로 세분될 수 있고, 활동이라는 용어는 여기에서는 특정한 기능의 수행 시에 이루어진 행위의 한 부문(class)이라는 의미로 사용되었다. 예를 들면, 국립기록보존소의 전문요원은 미국정부기록에 대한 적절한 처리를 수행하는 기능을 유념하면서 이관활동(accessioning activities, 취득원부 기입활동)과 처리활동을 수행한다. 또는 기록의 참고서비스를 수행하는데 있어서, 전문요원은 검색활동(searching activities)과 대출활동(lending activities)을 담당한다. 반대로 활동들은 많은 특정한 조치들로 세분될 수 있다. 예를 들면, 국립기록보존소에서, 이관활동은 특정한 정부기관들로부터 온 특정한 기록의 조직(bodies of records)의 이관에 관한 많은 개별적인 조치들을 포함한다. 대출활동은 특정한 기관에 대해 특정한 기록의 대여를 위한 많은 개별적인 조치들을 포함한다.

정부기관은 그것의 설립 목적인 기본적인 기능을 수행하기 위해서, 본질적이고 부수적인 것으로 특징지어질 수 있는 두가지 유형의 주요활동에 착수해야 한다. 본질적 활동(substantive activities)은 다른 모든 기관과 구별되는 그 기관의 기술적(technical)이고 전문적인 작업에 관한 것들이다. 부수적 활동(facilitative activites)은 모든 기관에 공통된 부서관리활동(housekeeping activities)과 같은 그 기관의 내부관리에 관한 것들이다. 후자는 단지 기관의 기본적인 기능의 수행에 따르는 부수적인 것일 뿐이다.

본질적이든 부수적이든 간에 어떤 특정한 유형의 활동을 실행하는데 있어서 주요한 두가지 유형의 조치, 즉, 정책적인 조치(policy transactions)와 시행상의 조치(operational transactions)가 생겨난다. 정책적인 조치는 단일부류의 모든 조치들에 수반되어야 할 행위의 과정을 결정한다. 정책적 조치는 한 기관의 전체의 조치를 다루거나, 또는 한 기관의 부분적인 조치에만 한정될 수도 있다. 그것은 본질적인 활동뿐 아니라 부수적인 활동에도 적용할 수 있다. 시행상의 조치는 정책결정의 선상에서 채택된 특정한 개별적인 조치이다. "시행상의" 조치와 "정책적인" 조치의 구분은 명확하지 않은데, 그 이유는 보통 정부공무원의 주목을 끈 어떤 특정한 사안에 대해 정책의 결정이 처음으로 실행되기 때문이다.

정부의 조치를 분석해보면 그 조치의 대부분은 개인과 관련이 있다는 것을 알 수 있을 것이다. 왜냐하면 현대의 정부는 공공복지, 조정 및 군사적 직무에 있어서 개별적인 시민들의 삶과 놀랄만큼 관계가 있기 때문이다. 그 외에 많은 조치들은 정부의 행정적 단위들, 사조직이나 기관과 같은 법인체(corporate bodies)와 관련이 있다. 또한 장소나 지리적 구역들 - 읍, 시, 주, 군 등등 - 과 관련이 있는 조치도 상당히 많다. 지리적 구역은 법인체에 의해 대표될 수 있다. 개인, 법인체나 장소와 관련이 없는 조치는 정부와 관련이 있는 논제, 즉, 사실, 사건, 사상(ideas) 등과 관련이 있을 것이다.

기능을 활동으로, 활동을 조치로 세분하는 것은 아래와 같이 도표로 예시될 수 있다:

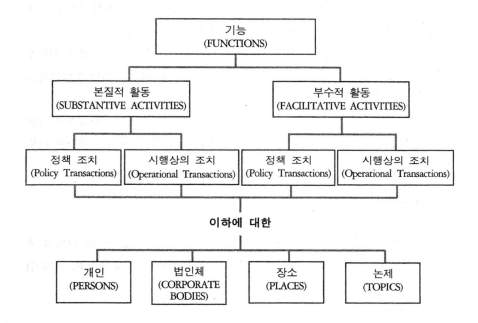

기록분류에 있어서 고려되어야 할 두번째 요소는 기록을 만든 기관의 조직이다; 왜냐하면 기록은 조직의 구조를 반영하여 분류될 수 있고 또 보통 그렇기 때문이다. 어떤 기관에 주어진 조직은 보통 그 기관이 수행하려고 계획한 목적이나 기능에 의해 결정된다. 따라서 조직은 흔히 기능과 일치한다.

기관의 조직적 구조는 지도부와 계열부서들로 세분된다. 지도부는 대개 광범위한 정책적인 사안들과 관련이 되는데, 즉, 그 작업을 가장 효과적으로 달성하기 위해서 기관이 어떻게 조직될 수 있는지, 그 작업은 어떻게 계획되어야 하는지, 그리고 행위의 어떤 주요계열이 뒤따라야 하는지 등과 같은 사안들이다. 지도부에서는 기관을 관장하는 조직적, 정책적, 그리고 절차적인 결정이 이루어진다. 큰 정부기관에서는 작업의 기획이나 절차의 조직에 독점적으로 관여하기 위한 특별부서들이 설치될 수 있다. 기관내의 법적, 회계상, 인사상, 그리고 다른 내부적인 행정상의 사안들과 관계가 있는, 한마디로 말하면, 그 기관의 부수적인 활동과 관계가 있는 많은 부서들은 대개는 최고 지도부에 속해 있다. 지도부 아래에는 실질적인 작업을 담당하는 계열부서들이 있다. 큰 정부기관에서 행정단계의 최고부서는 감독 및 관리와 관계가 있고 행정단계의 하위부서는 세부적이고 흔히 일상적인 시행과 관계가 있는 위계적인 유형으로 조직된다.

조직의 위계적인 유형은 미국의 국립기록보존소가 속해 있는 일반업무청의 조직표로 예시된다. 미국 연방정부의 대부분의 기관들이 어떻게 조직되어 있는가를 보여주기 위해서 다음 페이지에 복사된다:

공기록 분류에서·고려되어야 할 세번째 요소는 주제사안이다. 이 요소에 관한 논의는 다음에, 주제사안이 분류작업에서 실제로 고려되는 방식과 관련하여 다루어질 때까지 미루기로 한다.

분류관행

이제 기능과 조직, 그리고 주제사안이라는 요소가 공기록의 분류와 어떻게 관련되는가에 관하여 살펴보자. 논의의 목적을 위해 분류방법을 기능적 분류, 조직(적) 분류, 주제에 위한 분류로 언급하기로 한다.

기능적 분류

공기록이 기능에 따라 어떻게 분류될 수 있는가를 고찰함에 있어서, 기록에 대해 통상적으로 이루어지는 최소한의 분류에서부터 최대한의 분류까지 살펴 보도록 하자. 파일단위라고 할 수 있는 최소한의 분류는, 이미 지적한 바와 같이, 통상적으로 미국에서는 폴더(folder)로, 호주에서는 파일(file)로 대표된다.

대체로, 위에서 부여한 의미로 사용되는 모든 조치들에 대해 별개의 파일단위가 설정되어야 한다. 조치가 한 개인이나 법인체, 또는 장소와 관련이 있을 때, 그것에 관한 기록은 매우 손쉽게 한 데 모을 수 있다; 그리고 정부의 대부분의 업무는 한가지 실체와 관련되기 때문에, 대부분의 공기록의 분류는 대단히 간단한 문제이다.

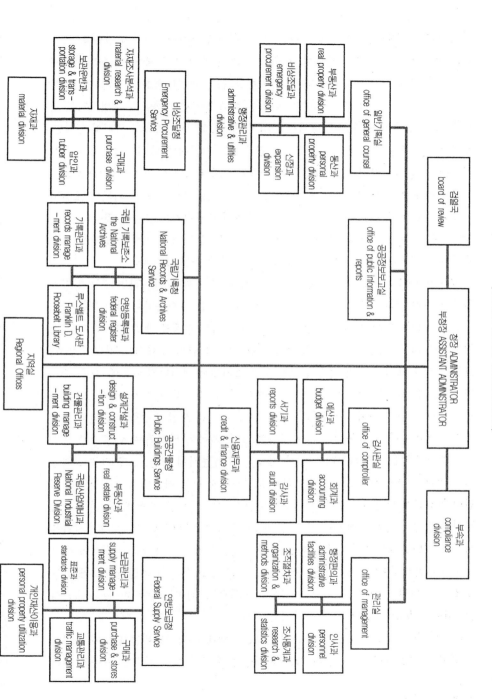

일반업무청
(General Service Administration)

그러나 조치에 의한 기록의 분류는, 그 조치가 많은 수의 개인과 법인체, 장소와 관련이 있을 때, 또는 기록이 논제(topics)와 관련이 있을 때에는 좀더 어렵게 된다. 여기에서 법인체의 종류나 논제의 종류 등은 파일단위를 설정하는 기반이 된다. 법인체나 논제에 관한 기록은, 단일한 실체에 관한 기록보다 구별하기도 어렵고 한 데 모으기도 어렵다. 그래서 조치가 개인들의 부문(class)과 관련이 있다면, 개인보다는 부문이 기록을 파일단위로 분류하는 기반이 된다. 또한 조치가 어떤 정책이나 사건과 같이 많은 개인들과 관련된 논제와 관련이 있다면, 개인보다는 논제가 분류의 기반이 된다. 예를 들면, 노동쟁의에 관한 기록은 거기에 포함된 개인과 관련해서라기 보다는 사건, 즉, 노동쟁의와 관련하여 분류될 것이다. 또는 많은 사람들에게 영향을 준 정책에 관한 기록은 그 정책에 의해서 영향을 받는 개인들과 관련해서라기보다는 정책과 관련하여 분류될 것이다.

정책에 관한 파일단위를 설정하는 것은 특히 더 어렵다. 왜냐하면 정부 행정관들은 알려진 것과는 달리 보통 상아탑 속에서 정책을 계획하지는 않기 때문이다; 그들은 자신들 앞에 놓여진 특정한 조치의 관점에서 정책을 개발한다. 대체로 정책을 반영하는 기록은 특정한 조치에 관한 기록과 함께 분류되는 경향이 있다. 보통 정책과 계획은 몇몇 다른 연원을 갖는 조치에서 생겨나기 때문에, 모든 중요한 문서들을 한 데 묶는 것은 어려운 일이다. 따라서 중요한 절차, 계획, 조직, 정책 사안에 관한 기록이 중요성이 거의 없는 주로 다른 사안에 관한 파일단위 속에 종종 묻혀버린다. 중요한 기록과 중요하지 않은 기록이 뒤섞이는 것은 정부 행정관이 현재작업을 수행하는데 있어서 기록을 덜 유용하게 만들고, 그 다음 단계에서 조직과 기능에 관한 도큐멘테이션을 보존하고자 하는 아키비스트의 작업을 대단히 복잡하게 만든다. 그러므로 가능하다면 언제나 중요한 정책, 의견, 결정 등과 관련이 있는 기록에 대해서는 별도의 파일단위를 설정해야 한다. 즉, 정책사안은 시행사안으로부터; 일반사안은 특정한 사안으로부터; 중요사안은 일상적인 사안으로부터 분리되어야 한다. 만약 이렇게 될 수 없다면, 특정한 파일단위 내에 있는 중요한 기록의 존재는 하나 또는 다른 방법으로 적어두어야 한다. 선례색인(precedent indexes)은 이러한 목적에 유용하다.

파일단위는 보다 큰 단위로 분류될 수 있다. 대체로 파일단위는 활동과 관련하여 분류되어야 한다. 한 기관의 주요한 기능을 수행하는 데 필요한 활동의 여러 부문들은 파일단위가 분류될 수 있는 주제표목을 설정하는 데 기초를 제공한다. 부수적인 활동에 관한 기록은 다른 주제표목하에 분류되어야 한다. 이것은 인사, 회계, 공급, 운송, 통신, 그리고 이와 유사한 사안에 관한 것일 수 있다.

활동에 의해 분류된 기록은 기능에 의해 한층 더 분류될 수 있다. 기능적 분류는 기관의 기록분류를 위해 통상적으로 설정되어야 할 가장 큰 부문이다. 워싱턴 D.C의 아메리칸 대학(American University)에서 아카이브즈 관리를 강의하는 E. 포스너(Ernst Posner) 박사는 독일의 등록체계에 대해 다음과 같은 견해를 제시하였다.

> "18세기이래, 한 기관이나 그 기관의 주요과와 일치하는 등록소는, 그 등록소가 종사하는 행정적 단위의 주요기능에 따라서 그 소장물을 정리해야 한다는 데 대해서 공통된 동의가 존재해 왔다. 기관의 조직, 기관의 과에 대한 기능의 배당, 그리고 기록의 주요군은 일치해야 한다. 하나의 등록소나 등록소 전체의 조화는 기관의 여러 활동과 함께 그 기관을 반영하고, 기관의 여러 업무에 대한 지속적인 개념(image)이 된다."[1]

따라서 공기록을 위한 분류틀의 개발에 있어서, 기록을 부문들과 하위부문들(subclasses)로 연속적으로 분류하는 데 있어 앞에서 정의된 의미로서의 기능이 고려되어야 한다. 가장 광범위하고 1차적인 부문은 한 기관의 주요기능에 기초하여 설정되어야 하고, 2차적 부문은 활동에 기초하여 설정되어야 하고, 가장 상세한 부문은 개인, 법인체, 장소, 논제에 관한 조치와 관련하여 설정된 개별적인 파일단위(individual file units) 및 파일단위의 집합물을 포함해야 한다. 필요하다면, 2차적 부문과 개별적인 파일단위 사이에 분야(area)나 개인들의 부문과 관련하여 파일단위를 분류한 3차적 부문이 있을 수 있다.

조직(적) 분류

조직적인 구조는 기록의 주요분류를 위한 기초를 제공한다. 조직적 분류는 (1) 분류틀 그 자체나 (2) 기록의 물리적 분산(decentralization)에 반영될 수 있다.

만약 조직적인 구조가 분류틀에 반영될 수 있다면, 1차적 부문은 보통, 기관의

---

1) E. 포스너, "독일 행정에서의 기록의 역할," 국립기록보존소, 『직원정보회람』, 11호(Posner, Ernst, "The role of Records in German Administration", *Staff Information Circular*, No. 11: Washington, July), 1941, p. 5.

주요 조직적 요소를 나타낸다. 조직적인 부문으로 분류하는 방식은 조직이 안정되고 기능적, 행정적 과정이 명확히 규정된 정부에서만이 가능하고 권고할만하다.

그러나 기록이 조직적으로 분류되는 주요방식은, 그 자체가 분류의 주요행위인 분산에 의한 것이다. 독일과 영국에서 등록소는 조직적 계열에 따라 분산되고, 보통 부처나 성의 각 과에는 독자적인 등록소가 존재한다. 미국의 연방정부에서 기록은 거의 극단적일 정도로 분산되어 왔다. 이러한 분산의 과정은 위의 일반업무청의 조직도로 예시될 수 있다. 행정의 4가지 주요 계열부서들은, 상기되는 바와 같이, 비상조달청, 공공건물청, 연방보급청과 국립기록청이다. 이들 각 각의 계열부서들은 그 자체의 기록을 관리하고, 그들의 기능은 대단히 다르기 때문에 그러한 관리는 대단히 적절하다. 한편 국립기록청은, 각 각 대단히 다른 활동을 수행하면서 그 자체의 기록을 관리하는 4개의 과로 나뉘어져 있다. 그 과들 가운데 하나인 국립기록보존소와 함께, 많은 기록이 기록지국(records branches)의 부서에 분산된다.

기록은 각 과마다 조직적인 기초와 기능적인 기초에 입각하여 시리즈(series)로도 분류될 수 있다. 시리즈는 어떤 특정한 활동에 대해 함께 모여진 문서들의 군, 폴더나 더시어라고 정의될 수 있다. 그것은 방법론적 분류체계에 따라서, 또는 문서의 형태나 기원에 따라서 정리될 수 있다; 또는 그것은 특정한 행정적 필요에 부응하기 위해 비공식적으로 집적될 수도 있다.

등록체계를 채택한 국가에 있어서 보통 정부기록의 주요부분을 이루는 통신은, 정부활동이 복잡하게 됨에 따라 여러 기록군이나 시리즈로 나뉘어진다. 개인이나 법인체, 장소에 관한 파일이 매우 커지면, 그 파일은 등록된 파일에서 빠져서 그 파일이 가장 많이 사용된 부서에 보관될 수 있다. 따라서 사안철(case file)의 시리즈는 주어진 주제에 관한 모든 서류들이 한 곳에 배치되어 시작에서부터 종결에 이르기까지 조치의 전과정을 보여주도록 전개된다. 예를 들면, 영국에서는 참고기록, 보험기록, 승객명단, 업무현안에 관한 기록과 같은 이른바 "특례"서류("particular instance" papers)는 독자적인 시리즈로 식별될 수 있다. 비교적 작은 정부에서조차도 기록은 외부의 등록소에서 보존될 수 있는데, 그 이유는 등록소에서 취급하는 다른 기록과 분리해서 보존하는 것이 바람직한 기록의 비밀의 성질 때문에, 또는 특별한 종류의 기록을 특정한 부서에서 종종 필요로 한다는 단지 운용상의 효율성 때문이다.

미국 연방정부에 있어서 주요 통신파일로부터 분리된 대부분의 기록시리즈는, 활동이나 조치의 특수한 부문과 관련이 있다. 따라서 현대의 정부가 만든 기록의 대부분을 이루는 회계, 인사, 조달이나 기타의 부수적 활동에 관한 대부분의 기록 은 별도로 관리된다. 고도로 전문화된 본질적 활동에 관한 기록, 그리고 연구 및 계획 활동에 관한 계열부서의 기록도 또한 그러하다. 실제로 대부분의 부서는 그 부서의 주요한 통신 이외에 여러 종류의 별도의 시리즈들을 가지고 있다. 만약 그 부서가 많은 개인, 법인체나 장소에 대해 동일한 종류의 조치를 수행한다면, 그것들은 아마 사안철이나 더시어시리즈로 전개될 것이다.

주제에 의한 분류

대체로 공기록은 조직적인 그리고 기능적인 기원과 관련하여 분류되어야 하는 반면, 어떤 종류의 기록에 대해서는 이러한 규칙의 예외로 인정되어야 한다. 이것 은 기록이 명확한 정부행위로부터 생겨나지 않았거나 명확한 정부행위를 수반하 지 않는 경우이다. 그러한 기록에는 참고파일과 정보파일이 포함된다. 현대정부에 있어서 그러한 파일은 대단히 많다. 그 파일들은 정부의 활동이 특정한 주제와 관련하여 고도로 전문화될 때마다, 또는 미국의 파일링관행 하에서와 같이 행정 관이 참고의 목적 이외에는 아무런 목적에 제공되지 않을 기록함을 바로 가까이 나 외부의 부서에 둘 것을 주장할 때마다 생겨난다.

그러한 기록의 분류에 있어서 주제표목은 주제사안에 대한 분석으로부터 나와 야 한다. 만약 기록이 전문적인 연구영역, 예를 들면 "농업화학"과 같은 것과 관 련이 있다면 주제표목이나 논제는 그 전문적인 영역의 논리적인 하위분류와 일 치해야 한다. J. 페티(Julia Pettee)는 그의 저술인 『주제표목』(Subject Headings)에서 다음과 같이 지적하였다. "어떤 논제도 그것 자체가 하나의 실체는 아니다 . . . . 그것은 더 큰 전체중의 하나의 필수적인 구성요소와 밀접하게 관련되고 또 그 전체를 구성한다"[2]. 인간의 지식의 한 분야를 이루는 논제들에 대한 순수한 논리 적인 분석으로부터 만들어진 파일표목은 도서관의 자료들이 분류되는 표목과는

---

2) J. 페티, 『주제표목: 도서에 대한 알파벳순 - 주제접근법의 역사와 이론』(Pettee, Julia, *Subject Headings: The History and Theory of the Alphabetical Subject Approach to Books*: New York), 1946, p. 57.

비교된다.

공기록에 적용되는 주제분류 체계에 관해 전문적으로 연구하고 그러한 체계들에 관한 편람을 만든 워싱턴 D.C의 M. P. 클라우센(Martin P. Claussen) 박사는 그가 "현대의 지식에 대해 고도로 유용하고 융통성 있는 분류법"을 백가지가 이상 발견하였다고 쓰고 있다. 그는 주제분류 체계는 "특정한 현용 파일룸에 있어서 실제적으로 큰 가치를 가질 수 있는 여러 유형의 산업의 종류, 상품과 원료의 종류, 특정구역과 지방, 조직의 학명명명자 및 유기적 조직의 부분들 등에 관한 기록을 조직하는 데 있어서, 그러나 오직 이 도구의 일부나 위에서 제시한 지식의 분야들과 일치하는 특정한 기능에 부합되는 경우에 한해서" 기록을 조직화하는 데 "탁월한 도구"라고 말한다.[3]

공기록에 대한 분류틀을 개발하는데 있어서, 기록이 기능과 조직에 따라 보다 효율적으로 정리될 수 있는 곳에, 넓은 범위의 일반적인 주제표목의 틀을 적용하는 실수가 종종 일어난다. 1873년 미국인 사서 M. 듀이(Melvil Dewey, 1851~1931)에 의해서 도서분류를 위해 고안된 듀이 십진법체계가 공기록의 분류에 적용되었을 때가 아마도 그 경우일 것이다. 듀이의 체계는 인간의 지식을 10개의 주요부문으로 분류하여 그 주요부문을 10개의 하위부문으로 나누고 그 하위부문을 다시 10개의 하위부문으로 나누었다. 이 체계는 일반적인 주제에 관한 공기록에 효과적으로 적용하기에는 너무나 정교하고, 고도로 전문화된 자료들에 적용하기에는 충분히 정확하지가 않다. 대부분의 공기록은 조직적인 그리고 기능적인 기원에 따라 분류되어야 한다. 주제분류가 필요한 공기록은 완전히 **연역적**(a $priori$)인 원칙으로 구축된 틀 안에 들어가도록 강제해서는 안되고, **귀납적**(a $posteriori$)인 기초 위에 실용적으로 설정된 부문들로 분류되어야 한다. 이러한 부문들은 경험이 그 부문들의 필요성을 실증함에 따라 단계적으로 설정되어야 한다.

---

3) M. P. 클라우센, 이 장의 원고에 관한 논평(Claussen, Martin P., Comments on manuscript of this chapter, December 15), 1954(수고본, 저자 소유).

분류원칙

이제 공기록의 분류에 관한 몇 가지 일반적인 견해를 밝힐 수 있다. 이해를 위하여:

첫째, 공기록은 예외적인 경우에 한해서 주제사안 분야에 대한 분석에서 유래된 주제와 관련하여 분류되어야 한다. 이러한 예외적 경우는 조사자료, 참고자료, 그리고 이와 비슷한 자료와 관련이 있다.

둘째, 공기록은 조직과 관련하여 분류될 수 있다. 그것들은 기관의 여러 부서에서 물리적으로 관리될 수 있다. 즉, 분산될 수 있다. 그리고 지적한 바와 같이, 분산은 그것 자체가 주요 분류행위이다. 또는 기록이 중앙의 지점에서 물리적으로 관리된다면, 각 부서들이 분류틀에 따라 독자적인 분류를 할 수 있도록 하는 규정이 만들어질 수 있다. 기록은 그것을 집적하는 부서들이 대단히 명확하고 독자적인 활동을 수행하는 한에서만 물리적으로 분산되어야 한다. 종종 작은 기관이나 큰 기관의 지도부서에서와 같이 활동들이 밀접하게 상호연관된다면, 활동에 관한 기록은 분산되어서는 안된다. 그리고 어떤 경우이든 분산된 기록에 대한 집중적인 규제가 유지되어야 한다. 영국에서 부처간연구단(Interdepartmental Study Group)은 1945년 10월의 『등록소』(Registry)에 관한 보고서에서 표준적인 정책으로서 집중도 분산도 권고하지 않았다. 그러나 "동류의 기록군이 있는 한에서, 부처는 그 자체의 등록소를 가져야 하고", "체계와 방법에 대해서는 통일된 중앙규제에 따라야 한다"[4]고 진술하였다. 분류틀에 있어서, 조직적인 부문들로 분류하는 것은 대개는 바람직하지 않다; 왜냐하면 현대정부 기관의 조직구조는 기관의 기록분류에 대한 안전한 기초를 제공할 수 없을 만큼 유동적이기 때문이다. 더욱이 분류틀 내에서의 기록의 주요분류는 조직적 단위에 따른 기능에 대해 손쉽게 해결의 실마리가 될 수 있다.

셋째, 대체로 공기록은 기능과 관련하여 분류되어야 한다. 기록은 기능의 결과이다; 그것들은 기능과 관련하여 이용된다; 따라서 기록은 기능에 따라서 분류되어야 한다. 기능, 활동 및 조치의 분석에 기초하여 분류틀을 개발하는데 있어서 다음의 요점이 준수되어야 한다:

---

4) 영국, 재정성, 조직 및 방법과, 『등록소: 부처간 연구단의 보고서』(Treasury, Organization and Methods Division, *Registries: Report of Interdepartment Study Group*: London, October), 1945, p. 5.

요점 1. 분류는 본질적으로 연역법이 아닌 귀납법을 기초로 하여 설정되어야 한다. 기록이 기능의 수행에서 만들어지는 것과 같이, 부문은 경험이 그 필요성을 실증하면서 설정되어야 한다. 부문은 언젠가는 생산될 기록의 주제내용에 대한 추론에 기초하여 임의적으로 설정되어서는 안된다. 어떤 활동이 시작될 때 기록은 많은 주요한 대등한 부문으로 분류될 수 있다. 활동의 확장에 따라 부문은 많은 하위부문으로 분류되어야 할 것이다. 기관의 기록의 분류를 위해 얼마나 많은 부문이 설정되어야 하는가는 기관의 복잡성과 규모가 결정할 것이다. 하위분류의 범위를 실제적으로 알아보기 위해서는 다음과 같은 질문이 있을 수 있다: 기록을 찾기 위해서 2차적 부문 이상의 하위분류가 필요한가? 만약 그렇다면, 3차적 부문 이상의 하위분류가 필요한가? 등이다. 분류의 목적은 기록을 필요로 할 때 기록의 위치를 밝히는 데 편리하게 하기 위한 것이다. 합리적으로 작은 단위로 한정해서 검색하는 데 필요한 것 그 이상으로 하위분류를 진행해서는 안된다. 기록은 과도하게 분류되어서는 안된다. 분류틀을 개발하는데 있어서 일반적인 경향은 덜 분류하는 것보다 과도하게 분류하는 것이다.

요점 2. 분류체계에 있어서 연속적인 하위분류의 단계에는 일관성이 있어야 한다는 것은 중요하다. 따라서 만약 처음의 분류가 기능에 의한 것이라면 그 단계의 모든 표목들은 기능(별)이어야 한다; 만약 2차적 분류가 활동에 의한 것이라면 그 단계의 모든 표목들은 활동(별)이어야 한다. 모든 표목과 파일표제(titles)는 주의 깊게 선정되어야 한다. 표목과 파일표제는 그것들과 관련이 있는 기능이나 활동, 또는 조치를 반영해야 한다. "일반적인" 또는 "잡다한"과 같은 표목은 지양해야 한다; 왜냐하면 그러한 표목은 보통 파일링의 과실, 수많은 과실을 덮어버리기 때문이다. 만약 표목이 상호 배타적이지 않거나, 또는 표목의 의미가 확실하게 명확하지 않다면, 거기에 어떤 기록이 포함되어야 하고 어떤 것이 포함되지 않아야 하는지를 설명하는 파일링 지침(instruction)이 간행되어야 한다.

요점 3. 부수적 활동에 대한 표목은 본질적 활동과 구별하여 별도의 표목을 설정하는 것이 바람직하다.

요점 4. 정책, 절차, 계획 등에 관한 중요한 기록에 대해서는 별도의 표목을 설정하고, 시행 기록의 표목에 대해서 보다 훨씬 상세한 표목으로 세분하는 것이 바람직하다. 만약 그렇게 하지 않으면 그러한 기록에는 종이표시를 하거나 달리 표시하는 절차가 제정되어야 한다.

　요점 5. 표목이 기관의 현재의 기능을 반영한다는 의미에서 현재의 분류틀을 유지하는 것이 바람직하다. 분류틀은 현재의 필요성에 맞추어 주기적으로 조정되어야 한다.

제8장
등록체계(registry systems)

  기록이 처음 만들어진 역사시대 초기이래 인간은 기록관리에 어려움을 겪어왔다. 고대인 가운데 메소포타미아인은 아마도 다른 어떤 인간집단 보다도 더 많은 기록을 남겼을 것이다. 그들은 지치지 않는 문자 작성자였고, 그들이 썼던 것들을 소멸되지 않는 재료 위에 써서 보존하였다. 그들이 설형문자를 쓴 점토판은 화로에 구워져서 작은 기와로 변환되었는데 이것은 호주에서 사용되는 현대적인 지붕 잇는 기와와 다소 비슷하다. 이 점토판에는 개인적인 서신, 매매상의 계약, 종교적인 의식서, 수학 및 과학의 논문, 소설 등 뿐 아니라; 많은 공식적인 통신, 법률, 규정과 같은 공기록도 들어 있다. 수 천 매의 이 점토판은 고고학적인 발굴에 의해 발견되었는데, 그것은 어떤 인지할만한 질서로 발견되지는 않았다. 점토판은 아마도 지붕 잇는 많은 벽돌처럼 선반 위에 쌓아 올려져서 보존되었을 것이고, 그 내용에 대한 색인은, 더미가 불필요하게 뒤섞이는 것을 피하기 위해 점토판의 가장자리에 새겨 넣어졌다.

  기록을 질서있게 보존하는 체계로 가장 최초일 것이라고 알려진 것은 아마 등록체계일 것이다. 이 체계는 행정장관들이 매일 그들에게 넘어오는 사안들에 대해서, 코멘따리(*commentarii*, 주석, 기록)라고 불리는 사적인 주기사항(notes, 注記事項)을 보존하기 시작한 고대 로마에 그 기원을 두고 있다. 이러한 기록은 곧 법정소송에 관한 회의록, 소송 당사자가 제출한 증거 및 여타 기록을 포함하는 모든 수신(inward) 및 발신(outward) 문서에 대한 기입이 연대순으로 이루어진 일간 법정일지 또는 코멘따리 듀르니(*commentarii diurni*, 일지)로 발전되었다. 그 기입된 내용이 합법적인 증거로 채택될 수 있었던 이들 일간 법정일지는 로마공화국의 말기까지 공식적인 지위를 부여받았고, 공공기록보존소의 소장물의 일부가 되었다. 뒤

이은 제정하에서, 정부의 여러 부처들은 법정일지와 유사한 등록부(register)를 보존하였다. 예를 들면 황제의 공식적인 법령은 코멘따리 프린시피스(*commentarii principis*, 황제의 주석, 칙서집)에 등록되었다.

발신문서의 등록부를 보존하는 로마의 관행은 지성사적인 의미에서, 중세시기 동안 고대와 근대와의 간격을 연결하는 교량이 된 교회의 관행에 크게 영향을 미쳤다. 불안정했던 당시에 교회는 유일하게 안정된 기관이었기 때문에 중세의 왕과 기사는 문서를 포함한 귀중품을 교회에 위탁하였다. 교회는 필경사를 찾아볼 수 있는 유일한 기관이었기 때문에 결과적으로 왕과 기사는 서신작성을 교회에 의존하였고, 이것을 수행함에 있어서 교회는 고대 로마인의 관행에로 되돌아갔다. 교회는 수신서신을 하나의 분리된 시리즈로서 원본형태로 보존하고, 발신서신의 복사본은 별책으로 만들었다.

근대적 왕국 건설이후 정부활동의 확대와 함께, 특히 14세기후반에 들어서 종이가 일반적으로 사용되면서 기록의 양적인 증가가 두드러지게 나타났다. 일반적으로 모든 왕실에서 서기의 사안, 재정적인 사안, 그리고 법적인 사안과 관련이 있었던 확장된 활동을 다루기 위해서 새로운 부서가 만들어졌다. 서기부나 대법관청은 사실을 기록하는(documentary) 업무를 다루기 위해, 즉, 왕정이 필요로 하는 문서를 인수하고 생산하기 위해 설치되었다. 이것으로부터 등록부서가 생겨났다.

초기의 등록체계하에서 부서의 기록은 두개의 간단한 시리즈로 보존되었다: 하나는 발신서류 시리즈이고 다른 하나는 수신서류 시리즈였다. 등록체계라는 명칭은 그것의 본질적인 특징을 이루었던 등록부로부터 유래하였다. 등록부에서 기록은 집적된 순서에 따른 문서들로 이루어진다. 문서는 연속적으로 번호를 부여받았다. 이들 번호는 두 시리즈 내에서 문서가 관리되는 색인표(Key)였다. 그 번호는 저술가에게 참고수단을 제공하며, 문서의 주제는 개인과 주제에 대한 색인참조(index references)에 있어 번호를 매기는 실마리가 되었다. 번호는 문서가 각 시리즈에 파일된 순서를 표시하였다.

보다 발전된 등록체계하에서 부서의 기록은 수신문서와 발신문서가 모두 모인 파일단위로 이루어진 한 시리즈 내에 보존되었다. 파일단위는 등록부에 문서가 집적된 번호순으로 기록되었다; 그리고 문서의 저자명과 주제명에 대한 색인이 작성되어 파일단위의 번호를 매기는 실마리가 되었다.

등록체계는 사실을 기록한 자료들을 정리하기 위해 가장 먼저 고안된 것 중 하나고 그것을 위해 사용된 장비(equipment)는 처음부터 가장 적절하였으며 수세기를 걸쳐 그러한 자료들을 보관하는데 가장 손쉽게 이용할 수 있었다. 이 장비는 선반이다. 선반의 사용은 등록체계의 시행에 본질적인 것은 아니었으나 이것은 실제로 등록체계를 가진 대부분의 국가에서 사용된다. 등록된 문서나 파일은 분명히 파일함에 둘 수 있으나, 어떤 특별한 잇점은 없다.

등록체계의 발달

독일

공기록의 관리와 이용에 책임이 있는 정부의 행정적 단위인 등록소는, 유럽대륙에서 영국과 다르게 발달하였다. 그 발달의 기본적인 차이는 정부구조에서의 등록소의 상대적인 지위에서 비롯되었다. 유럽에서는 서신의 작성이나 복사와 같은 서기의 기능은 기록의 참고서비스 업무와 분리되었다. 따라서 "등록소"라고 알려진 특별한 부서는 현용기록의 보존과 참고서비스에 그 자체가 독점적으로 관여하도록 점차 발전되었다. 현재 독일의 등록소는 하나의 과별 기초(a divisional basis)에 입각해서 분산된다. 미국 연방정부에서의 행정적 부처와 동격인 성(minstry)의 각 과(division)마다 하나의 등록소가 있다. 등록소는 중앙의 서기부서(clerical office, 총무과)로부터 과별 우편물(divisional mail)을 인수한다. 등록소는 이것을 등록하고 색인하고, 모든 관련된 부속서류와 함께 적절한 담당자에게 회람하고, 그것이 되돌아 온 이후에는 설정된 분류틀에 따라 분류한다. 이 업무를 수행하는 데 있어서 등록소는 다음 항목을 관리한다. (1) 개별적인 문서의 기입이 연속적인 번호순으로 기입된 원부(ledgers) 및 카드파일로 이루어진 등록부 (2) 개인과 주제에 대한 색인 (3) 기록이 주제표목에 따라 물리적으로 정리되는 것을 지시하는 분류틀 (4) 분류틀에 따라 보존된 현용파일(actual files)을 보여주는 총목록(inventories)을 관리한다.

각 파일은 공식적인 사무의 특정사안에 관한 모든 문서를 포함하는 하나의 바인더(binder)로 이루어진다. 문서들은 이전에는 꿰맸으나 현재에는 기계적 방법(mechenical means)에 의해서 바인더로 묶는다. 만약 하나의 주어진 사안에 관한 문서가 대단히 많다면 문서의 보존을 위해서 여러 개의 바인더가 사용될 수 있다. 정리기호(call marks)로 식별되는 바인더는 이전에는 정리용 선반에 수평적으로 보존되었다; 현재에는 파일함에 보존된다.

E. 포스너 박사는 미국의 아키비스트에게 독일의 등록체계에 관해서 설명하였다. 그에 따르면 대법관청과 기록보존기관 사이의 매개자인 등록소는 독일에서 300년이상 존재하여 왔고 그 동안 불필요하게 된 공기록의 정리에 관계하면서 기록의 분류를 위한 여러 가지 체계를 발전시켜 왔다. 그가 주장하는 바에 의하면, 초기의 체계는 "초합리화, 과도하게 정밀한 하위분류"를 지향하는 경향을 보였다; 그러나 이러한 복잡한 방식은 점차 간단한 논리적 분류틀로 대체되었다[1]. 아카이브즈의 이론과 과학에 대한 등록소의 공헌은 브레네케 리쉬(Brenneke Leesch)에 의해 『기록학』(Archivkunde)이라는 저서에서 자세히 논의되었다. 이 책은 두 장에 걸쳐 16, 17세기에 발전된 분류의 실제적 – 귀납적 원리와 18세기의 합리적 – 연역적 원리에 관한 논쟁을 다루었다.

현재 독일의 아카이브즈 관리이론에 의하면, 공기록은 물리적인 조직체, 또는 법인체의 명칭에 의해, 지리적이거나 행정적인 단위들(지방countries, 주province, 지구district, 읍town 등)의 명칭에 의해, 주제사안에 의해, 날짜에 의해 부문 내에서 정리된다. 하나의 서류군을 분류하는데 있어, 보통 두가지 또는 그 이상의 방법이 결합된다.

현재 독일의 분류틀에 있어서, 일반적으로 듀이 십진분류체계의 적용인 네자리수 체계(four – digit system)가 사용된다. 그러한 틀에 있어서, 보통 주요활동 분야나 주요행정적 단위를 나타내는 주제의 주요분류 또는 1차적인 분류는 보통 첫번째 자리수로 표시된다; 주요주제의 부문이나 하위부문을 나타내는 제2, 제3의 분류는, 두번째 자리수, 세번째 자리수로 표시된다; 그리고 보통 개별적인 논제와 관련하여 묶여진 개별적인 파일단위는 네번째 자리수로 표시된다. 개별적인 논제에 의해 10번째 분류 이상은 네자리수 체계에 속하는 것이 허용되지 않고, 그래서 숫자의 다음에 소수점을 사용하는 것은 일반적으로 알려져 있지 않다. 독일의 우편업무에서 사용된 네자리수 체계의 한 사례는 다음과 같다:

---

1) E. 포스너, *ibid.*, p. 6.

2 – 우편업무와 시행
　22 – 내부적인 우편규정
　　220 – 외국 우편관청과의 협약
　　　2200 – 제1파일단위, 보통 논제에 의해 식별됨
　　　2201 – 제2파일단위
　　　2203 – 제3파일단위

비교적 작은 정부조직에서는 이와 유사한 세자리수 체계를 사용할 수 있다. 보다 복잡한 조직에서는 다섯자리수까지의 분류가 필요할 수 있다. 통일된 분류틀은 과의 모든 지국(branch)에 대해서도 설정되었고, 그래서 과의 각 지역(district)과 현장부서에서는, 그것들의 중앙부서에서와 마찬가지로 동일한 사안에 관한 기록은 동일한 방식으로 분류된다.

기관의 기능과 집행에 관한 기록으로부터 기관의 설립과 조직, 내부행정, 그리고 인사에 관한 기록을 분리하기 위한 규정이 분류틀에서 만들어진다. 더 나아가 기능에 관한 기록의 분류에서, 한편으로 일반적이고 정책적인 자료와, 다른 한편으로 개별적인 경우에 대한 정책의 적용에 관한 자료 사이에 분리가 이루어진다.

영국

영국에서는 원래 국왕전속의 목사에게 왕의 서신을 작성하는 직무가 위임되었다. 후에 이 직무는 왕실의 모든 사무를 취급하는 대법관에 의해 수행되었다. 1199년 대법관은 등록업무, 즉, 그가 보낸 좀 더 중요한 서신의 양피지 기록부의 복사본을 보존하는 업무를 시작하였다. 처음에는 중요한 서신만을 복사하였으나 점차 덜 중요한 서신도 요약 형태로 복사되었다. 또한 점차 접수서신(recieved)도 복사본이 만들어졌고, 그래서 기록부에의 기입이나 등록부는 시간이 흐름에 따라 수신(inward), 발신(outward), 그리고 내부(internal)문서로 분리되었다. 기록부는 고대 로마의 등록부(*commentarii*)가 그러했던 것과 같이, 원본수신문서와 같은 증거적 가치를 가진 것으로 간주되었다; 따라서 기록부는 대부분의 조치에 관한 원본을 대신하여 사용되게 되었다. 그러므로 기록부에 등록된 원본은 부속적 기록으로 무시되었다. 기록부와 관련될 수 없었던 문서는 "고잡록"(古雜錄, Ancient Miscellanea)이라고 불렸다.

V. H. 갤브레이스(V. H. Galbraith)는 그의 『공기록 이용에 대한 입문서』(*Introduction to the Use of Records*, Oxford, 1934)에서 대법관청, 재정성, 법원에서 만들어진 여러 시리즈의 기록부에 관해 어느 정도 상세하게 논의하였다. 한개의 시리즈로 시작된 대법관청의 기록부는 후에 세가지의 주요시리즈로 분리되었다. 첫번째는 칙허장 기록부 시리즈, 또는 종교적인 단체, 읍과 기업에 대한 특권의 인정에 관한 시리즈이고; 두번째는 특허 기록부 시리즈, 또는 국쇄압인 하에 영주에게 보낸 서신 시리즈이고; 세번째는 비공개 기록부 시리즈, 또는 국쇄압인 하에 대중의 열람을 목적으로 하지 않고 특정한 목적을 위해 특정인에게 보내진 서신시리즈이다. 대법원 기록부의 이러한 주요분류는, 토지교부 대가로 왕에게 바치는 상납금의 계산서를 포함하는 상납금사본 시리즈, 금전의 납부를 공인하여 재무성에 발급하는 보증서를 포함하는 『해방사본』(*Liberate rolls*)과 같은 다른 시리즈들이 생겨났음에도 불구하고 수세기 동안 지속되었다. 왕실에 기원을 둔 재정관계의 부서인 재정성의 주요한 기록부 시리즈는 국고연보기록부, 수령증기록부, 각서기록부이다. 재정성의 기록에서 가장 유명한 것은 토지대장 기록부이다. 왕실에서 기원한 사법적 부서를 대표하는 재판소의 주요 기록부 시리즈는 왕실법정 기록부(*Curia regis* rolls)와 소송기록부(Plea rolls)이다.

　　따라서 영국의 등록체계에서는 기록부가 등록부를 구성했고, 기록부는 그것과 관련된 사무가 처리되는 정부단위 내에서 관리되었다. 등록부의 형태가 대륙의 등록부와는 달랐을 뿐만 아니라; 등록소의 성격도 대륙의 등록소와 달랐다. 영국의 등록소는, 독일에서와 같은 비현용파일의 관리가 할당된 독립적인 부서가 아니었다. 따라서 영국에서는 비현용의 기록의 분류에 관한 이론을 발전시킬 기회가 거의 없었다. 왜냐하면 비현용기록은 제1장에서 지적한 바와 같이 외딴 구석에 치워져 있었기 때문이다. 영국정부의 오래된 부서들이 현재의 부처별 조직으로 바뀌는 19세기에, 현대적인 등록체계가 도입되었다. 그것은 대륙적인 등록체계의 특징을 어느 정도는 가지고 있었지만 수세기동안의 경험을 통해 대륙에서 발달되어 왔던 것과 같은 분류원칙이 다른 참고없이 적용되었다.

　　현재 영국의 등록소는 일반적으로 독일과 같이 과별 기초에 입각해서 분산되어 있다. 등록소는 보통 한 부처 내에서 중앙의 서기부서로부터 수신우편물을 인수하고, 공기록의 등록, 분류, 색인, 소장에 대해 책임을 진다. 기록을 분류하는데 있어 등록소는 서류를 보통 두개의 군; 사안철과 주제파일(subject file)로 구분한다. "파일"이라는 말은 영국과 호주에서는 미국에서와는 대단히 다른 의미를 가지고 있다. "파일"은 보통 함께 묶여져 폴더나 커버 쉬트 사이에 들어가는 많은 서류들로 이루어진다. 그것은 한 등록소에서 이루어지는 최소한의 물리적인 분류이다. 분류는 보통 개인, 조직이나 장소, 또는 논제, 사상, 사건, 개념 등과 같은 보다 추상적인 의미에서의 주제를 참조하여 만들어진다. 영국에서 주제에 관한 서류는 "1주제, 1파일"의 법칙에 기초하여 파일로 분류된다; 조직이나 개인 등에 관한 서류는 "1인 1파일"이나 "1조직 1파일" 등에 기초하여 파일로 분류된다.

파일은 독일의 등록체계에서만큼 주의 깊게 정의되어 온 부문으로 분류되지 않는다. 어떤 등록소에서는 파일은 결코 주제별로 분류되지 않고, 단순히 그 파일이 만들어진 번호순으로 관리된다. 그러한 경우 파일은 표제(title), 즉, 파일의 주제 속의 "키"워드에 의해서만 색인된다. 그러나 대부분의 등록소에서 분류틀은 주요표목(main headings)과 주요표목의 하위분류(subdivisions)하에 파일이 분류되는 방식에 따라 발전되어 왔다. 표목은 보통 파일의 주제사안 분석으로부터 설정된다. 파일은 그것이 등록소로 반환된 이후가 아니라, 독일에서와 같이 생산되면서 분류된다. 분류방식을 예시하기 위해 외무성(The Foreign Office)의 지역분과에서 통신에 대해 채택된 체계가 제공될 것이다:

111 제1 또는
135   제2의
148   주제군들
  1481 148군의 제1파일
  1482 148군의 제2파일
  1483 148군의 제3파일
       1481/37 식별기호로서의 37번이 할당된 국가에 관한 148군의 제1파일
       1482/37 37번이 할당된 국가에 관한 148군의 제2파일

호주

호주의 등록소는 호주에서의 식민상의 기록에 대해 영국 식민성이 제정한 기록

보존체계의 한 부산물이다. 식민행정에 있어서 식민상은 특별히 중요한 위치를 차지하였다. 실제적으로 모든 업무의 사안들이 식민상의 주목을 받게 되었기 때문에 그들은 중요한 행정적 담당관이었을 뿐만 아니라; 실제적으로 모든 기록이 그의 손을 거쳤기 때문에 그들은 등록관이기도 하였다. 식민상의 이용을 위해 규정된 등록체계하에서, 수신통신은 분리되어 파일되었고, 발신서신의 복사본은 서신장부 속에 보존되었다. 다른 통신자로부터의 송수신 통신과 구별하기 위해 식민지담당 국무상과의 송수신 긴급서신을 위한 별도의 시리즈가 종종 설정되었다. 각 수신서신이나 긴급서신은 수신순서에 따라 등록부에 등록되었는데 등록부는 문서의 번호, 송신일자와 수신일자, 주제사안, 그리고 취해진 활동을 보여주었다. 서신이나 긴급서신은, 관련된 부서가 취급하는 주요주제에 의한 알파벳순의 항목(sections)으로 분류된 색인장부(index book)에도 기록되었다.

연방정부와 주정부 모두에서 일반적으로 사용된 현재의 등록체계에 속한 수신문서와 발신문서는 영국에서와 똑같이 파일로 모여진다. 호주의 "파일"은 특정한 개인이나 특정한 조직 등과 관련이 있을 때 거의 더시어의 등가물이다; 왜냐하면 더시어는 P. 푸르니에(P. F. Fournier)에 의해 정의된 바와 같이 "동질화되어야 하는 하나의 사안에 관한 피스들(pieces, 낱장들)의 집합물"이기 때문이다; 즉, "같은 주제에 관한 문서 이외에는 다른 어떤 것도 포함하지 않아야 하는 집합물"; "수많은 피스들로 이루어질 수도 있고 한 피스만으로도 이루어질 수 있는 집합물이다."[2] 이것은 특정한 조직체에 관한 파일보다 그 범위가 넓은 주제와 관련이 있는 파일, 즉, 많은 사람들과 관련된 정책, 조직, 절차 및 논제에 관한 파일의 경우에는 해당되지 않는다.

파일을 설정함에 있어, 일반적으로 영국식의 "1주제 1파일"의 원칙이 준수된다. 하나의 서류가 등록소에 입수될 때, 그것이 새로운 주제나 조치와 관련이 있다면 새로운 파일의 첫번째 문서로 배치된다; 반대로 그것이 이전에 취급한 사안과 관련이 있다면 간단히 압인되고 적당한 파일에 첨가되어 페이지번호(파일내의 문서번호)가 기입된다. 독일의 등록체계의 경우, 모든 기록이 이미 설정된 논제부문으로 분류되지만, 호주의 서류는 그것이 만들어지기 전에 설정된 분류에 반드시 맞

---

2) P. F. 푸르니에, 『역사자료편집과 고문서의 분류 및 목록을 위한 실무지침』(Fournier P. F., *Conseils pratiques pour le classement et l'inventaire des archives et l'edition des documents historiques écrits*: Paris), 1924, pp. 2~3.

추거나 맞추어서 분류될 필요는 없다.

파일 그 자체는 매우 간단하거나 매우 복잡한 체계하에 정리된다. 한자리수 체계로 알려진 가장 간단한 방식은 각 개별파일이 만들어짐과 동시에 하나의 번호를 부여한 후 그 번호순으로 놓는 체계이다. 연속번호는 대개 매년 초에 다시 개시되고 파일번호의 앞에 연도를 덧붙여서, 예를 들면 54/2356으로 표시한다. 다양한 검색도구들(finding aids)은 이러한 간단한 양식으로 정리되는 파일을 검색하는 데 도움을 주기 위해 필요하다. 검색도구는 영국에서는 사안철이라고 부르는 모든 파일을 식별하는 인명색인과; 모든 주제파일을 식별하는 주제색인; 그리고 정책자료를 포함하는 사안철과 특정주제를 식별하는 선례색인으로 이루어진다.

호주 연방공무국이 그 『기록절차』(Records Procedures)에 관한 훈련안내서에서 제창한 한자리수 체계는 호주의 등록소에서 점차 선호되고 있다. 이 공무국에 의하면, 파일단위의 숫자상의 규제가 처음부터 필수적이기는 하지만, 그 기능과 활동이 가변적인 전체 조직의 파일의 정확한 주제관계는 개별적인 파일 그 자체의 엄격한 형식적인 분류만으로는 적절히 이루어질 수 없고; 어떤 경우에도, 특정한 조치에 관한 최초의 문서를 기초로 하여 파일을 끊임없이 분류하는 것은 불가능하다고 주장하였다. 한자리수 체계는, 주제분류를 주제색인으로 이동시킨다. 이 색인은, 파일 그 자체의 숫자로 나타낸 분류에 영향을 주지 않으면서 변경될 수 있는 당국의 색인표목의 목록에 의해 규제된다. 각 파일에 대해 추가되거나 수정된 주제참조는 파일 자체의 숫자로 나타낸 분류에 영향을 주지 않고 만들어질 수 있다. 또 각 파일을 위해 추가되거나 수정된 주제참조는 파일번호의 변경이나 많은 문서의 복사없이 파일의 내용이 축적됨에 따라 만들어질 수 있다. 색인표목 일람표 (list of indexable headings)에서, 주제는 파일 분류틀에서와 같이 많은 부문들로 세분된다. 연방노동병역청(Commonwealth Department of Labour and National Service)의 중앙부서에서 만들어진 색인표목 일람표의 일부가 여기에 복사된다:

제 1 표 목	제2·제2의 2표목	지 시 사 항
도 제 제 도	1. 협의회	"산업과 무역"도 보시오.
	2. 증거의 필사본	
조 정	1. 협 정	"무역과 직업"도 보시오
	2. 판정과 결정	

01 연방공무국
3. 기 본 임 금   "생계비"도 보시오
4. 위반과 기소
5. 판   결
6. 임금과 임금의 한계

　파일을 등록할 때 취해진 여러 단계를 추적함으로써 그러한 색인일람표가 어떻게 사용되었는지를 알 수 있다. 호주연방공무국이 권고한 절차하에서, 새로운 사안이나 조치에 관한 서신이나 서류가 인수될 때, 새로운 파일이 개설된다. 서신은 처음에 분류관에게 넘겨진다. 그는 그 서신이 등록된 이후에, 색인표목 일람표를 기초로 하여 그 파일이 어떤 주제표목에 속하여 색인되어야 하는가를 결정하고 그에 따라 서류에 기호를 표시한다. 다음에 그 서신은 서기에게 넘겨진다. 그 서기는 그 서신을 폴더안에 넣는데, 그 폴더의 앞표지에는 파일번호, 즉, 다음의 연속되는 번호와 파일주제를 기록한다. 다음에 그 서기는 각 카드마다 번호순으로 약 10개의 파일표제를 기록한 카드로 이루어진 파일 등록부에 서신을 등록하는데, 이 카드에는 부서 전체에서의 연속적인 이동이 기록된다. 그 파일은 등록카드에 등록된 이후 색인서기에게로 넘겨진다. 색인서기는 색인표목 일람표와 같은 질서로 정리된 색인에 따라 적절한 카드에 파일표제를 기입한다. 관련된 다른 주제카드와 교차참조(cross - references)가 (특별한 색깔의 잉크로) 이루어진다. 또 다른 서기는 파일에 관련된 인명을 색인한다. 다음에 그 파일은 적당한 부서나 직원에게 위탁된다. 그 부서나 직원은 그 파일에 관한 업무를 끝냈을 때 그 표지 쉬트에 쓰여진대로 그 파일을 등록소에 반환하거나 다른 부서나 다른 직원에게로 이관을 지시한다. 그 이동은 보통 등록소를 통한다. 등록소에서는 새로운 서류가 추가되고 발신서신이 긴급하게 보내지며 만약 필요하다면 주제색인 기입에 대한 변경이 이루어진다. 파일이 등록소로 최종적으로 반환된 이후, 파일은 파일분석가에게 넘겨진다. 그는 선례색인에 필요한 기입을 하고, 요청된 바에 따라 주제색인을 조정하고, 취해져야 할 최종적인 처리행위를 지시한다. 처리행위를 지시하는데 있어, 그는 아카이브즈 관리당국이 동의한 색인표목 일람표에 기초하여 처리일정을 협의한다.
　복합숫자식체계 또는 세자리 숫자체계라고 불리는 보다 복잡한 분류체계하의

개별적인 파일은 둘이나 그 이상의 부문으로 분류될 수 있다; 그러나 이들 각 부문에 들어 있는 그 파일들은 그것이 만들어진 숫자상의 연속으로 놓여진다. 많은 등록소에서, 새로운 파일과 마찬가지로 새로운 주제군이 필요에 의해 설정되고, 그 결과 제1, 제2 주제분류가 흔히 대단히 많아진다. 연방해군성과 같은 비교적 큰 부처에서는 많은 주제표목들이 부처내의 여러 지부의 기능과 일치하는 주요 군들로 조직되어 왔다.

파일들이 분류되는 여러 부문들은 보통 숫자로 지시된다. 그 방법은 연방우편성의 분류체계의 일부를 여기에 복사함으로써 예시될 수 있다:

232 소포 교환소, 주요주제임
   232/2 아덴, 소포교환소에 속한 제2의 주제임
   232/4 캐나다, 소포교환소에 속한 다른 제2의 주제임(이 경우 모든 제2의
              주제는 국가나 지리적 영역들과 관련이 있음)
       232/2/1 제1파일, 아덴, 소표교환소에 속함
       232/2/2 제2파일, 아덴, 소포교환소에 속함

물론 복합숫자식체계의 많은 변형들이 있다. 문자기호는 숫자기호 대신에 제1주제분류를 표시하기 위해 사용될 수 있다. 또는 때로는 듀이 십진법의 변형인 분류틀이 파일을 여러 주제부류(categories)로 세분하기 위해 사용될 수 있다. 그것이 사용된 것은 다음에 예시된다:

300 재정, 주요주제임
   300/20/ 금융, 재정에 속한 제2주제임
       300/20/1 제1파일, 재정, 금융에 속함
       300/20/2 제2파일, 재정, 금융에 속함

복합숫자식체계에서 등록절차는, 새로운 파일이 주제분류요강에 따라 정리된 주제카드나 소책자에 등록되는 것만 제외하고는, 한자리 숫자체계하에서 기술된 절차와 유사하다. 인명색인과 자세한 주제색인도 또한 종종 이러한 체계를 위해서 관리된다.

등록체계의 특징

등록체계에서 살펴보아야 할 몇 가지 특징이 있다. 이 특징의 대부분은 파일단위의 물리적 조직과 소장방법에서 비롯된다.

파일단위는 도서의 어떠한 특징을 갖는다. 파일단위는 일반적으로 "1주제 1파일"의 법칙에 따라 특정한 주제에 관한 모든 문서를 포함한다. 공식적인 활동의 과정에서 한 주제가 생겨나면 그 주제에 관한 모든 문서들이 수집되고 그것이 생산된 시간순으로 폴더나 표지 쉬트로 묶여진다. 파일단위 내에서 개별적인 문서에는 종종 번호가 부여된다.

호주의 파일단위는 다음과 같이 기술된다:

> "각 부처의 파일은 그것 자체가 부서 활동의 단편적인 역사이다. 파일은, 외견상 파일 표지에 파일의 표제와 참조가 표기된 마닐라 폴더 안에 안전하게 보관된 많은 서류이다. 서류는 그 파일과 관련이 있는 조치가 한 단계씩 실행됨에 따라 추가된다. 파일은 대단히 얇거나 또는 몇 인치의 두께일 수도 있다. 그것은 깔끔하고, 순서대로 잘 보존된 것일 수도 있고, 부주의하게 수집되고 다루어지는 대강의 뭉치일 수도 있다"[3].

파일단위는 그것이 현용에 있는 동안에는 도서와 같이 취급된다. 파일단위 내의 문서는 보통 유일본(unique copy)으로 존재한다. 등록체계하에서의 참고본은 미국식의 파일링체계에서만큼 만들어지지는 않는다. 파일단위는 실행 담당자(action desk)에게 옮겨가고, 파일단위의 이동은 그것이 부서에서 부서에로 이동될 때 종종 규제된다. 등록소로 반환되기까지, 파일단위가 사용되는동안 파일단위 내의 모든 문서는 함께 보존된다.

파일단위도 도서처럼 등록소에서 선반 위에 놓여진다. 그것은 보통 번호순이나 분류된 질서에 따라 수직 또는 수평으로 보존된다.

파일단위의 분류는 파일에 관한 공식적인 행위가 취해지기 이전이나 그 이후에 이루어질 수 있다; 즉, 파일단위는 사전분류나 사후분류될 수 있다. 사전에 분류될 때, 파일단위는 그것이 만들어짐과 동시에 분류틀에 따라 각 부문으로 배정된다.

---

3) P. 해슬릭, *ibid.*, p. 2.

만약 파일단위가 호주 연방공무국에서 권고한 바와 같이, "색인표목 일람표"에 따라 색인된다면 그것은 또한 사전분류된다. 왜냐하면 색인카드는 어떤 파일단위가 어떤 특정주제와 관련이 있는지를 보여주기 때문이다. 그것이 사후 분류되는 경우, 그것은 공식적인 행위가 완료된 이후 각 부문으로 배정된다.

파일단위는 도서와 같이 대개는 나누어질 수 없는 단위이다. 각 단위는 개별적으로 어떤 특정사안의 도큐멘테이션을 포함한다. 단위는 그것이 특정한 부서에 의해서 생산되었거나 특정한 활동의 연속에서 생산되었거나 특정한 광범위한 주제와의 관계에서 생산되었을 때만이 총괄적으로 밀접성 또는 관련성을 갖는다. 파일단위의 중요성은 그것을 생산한 부서의 중요성, 즉, 출처의 중요성과; 그것을 생산하게 한 활동의 중요성이나 그것들과 관련이 있는 일반적인 주제의 중요성, 즉, 내용의 중요성에 의해 총체적으로 판단될 수 있다. 개별적인 파일단위의 중요성은 도서가 그렇듯이 때로는 그 표제에 의해 판단될 수 있다. 파일단위에 주어진 표제나 주제표목은 도서의 제목이 그렇듯이 종종 무의미한 것이거나 오해를 불러일으키기 때문에, 그러한 파일단위의 내용이 가지고 있는 시비곡직은 종종 파일단위 내의 개별적인 문서에 대한 조사에 의해 판단되어야 한다.

현용과 처리를 위해 등록소의 파일을 관리하는 문제는 분류상의 문제로, 즉, 개별 문서를 파일단위로 분류하고 파일단위를 활동 및 주제와 관련하여 분류하는 문제로 국한된다. 만약 파일단위 내에서 개별적인 단위기록이 적절하게 분류된다면, 파일단위는 도서관의 선반에 있는 도서들처럼 그것의 표제에 의해 개별적으로 평가될 수 있다. 만약 파일단위가 적절하게 분류된다면 그것은 도서관의 도서들처럼 그것이 조직된 분류틀에 따라 평가될 수 있다.

1954년 7월 12일~23일간 캔버라에서 호주 아키비스트에 의해 개최된 아카이브즈 관리세미나(Archives Management Seminar)의 연구결과에 의하면 아카이브즈 관리의 관점에서 본 등록체계의 이상적 특징은 다음과 같다.

(1) 이 체계는 각 부처의 기능 및 활동과 관련하여 계획되어야 한다.
(2) 이 체계는 가능한 한 각 부처의 조직을 반영해야 한다.
(3) 특정한 활동에 관한 기록군은, 만약 그 군의 크기와 특징에 의해 등록소 주요 기록임이 보증된다면, 등록소의 그 주요기록으로부터 분리되어야 한다.
(4) 가치의 다양한 표준(levels)은 "주제"요강(subject outline)에서 식별되어야 하고,

그 요강이 만족할만한 처리규정으로서의 지위를 확보하기 위해 입안될 때 아
키비스트는 자문을 구해야 한다.

(5) 전적으로 일시적인 가치만을 가진 문서는 첫번째의 사례로 등록되어서는 안
된다4).

---

4) 호주, 연방국립도서관, 아카이브즈과, 『검색의 중간요약 – 아카이브즈 관리 세미나』(등사판인
쇄본)(Commonwealth National Library, Archives Division, *Interim Summary of Findings –Archives
Management Seminar*, July 12th – 23rd, 1954, Mimeographed: Canberra), 1954, p. 1.

제9장
미국의 파일링체계(American filing systems)

현대 미국의 파일링체계는, 기록이 현용에 있는 동안 그 인수(receipt)와 이동이 기록되는 장부(books) 또는 카드(cards)로 된 등록부를 사용하지 않는다는 점에서 등록체계와 구별될 수 있다. 다른 점에서 이 두종류의 체계는 때로는 대단히 유사하다. 몇몇 현대 독일의 등록소에서는 기록을 정리하는데 등록체계의 일반적인 방식인 번호를 매겨 선반에 보관하는 방식 대신에, 듀이의 십진 분류틀을 적용하여, 등록된 파일을 최소 분류 부문하에 분류하고 파일함에 보관한다. 외견상 그러한 등록소의 파일은 미국의 파일룸의 파일과 거의 같이 보인다. 단 한가지 분명한 차이는 독일의 등록소는 파일의 인수와 이동을 통제하기 위해 등록부를 사용한다는 것이다; 그러나 이러한 점에서의 차이조차도 실제적인 것이기보다는 표면적인 것이다; 왜냐하면 미국의 파일룸은 아카이브즈에 대해 이러한 규제를 하기 위해서 비망록카드(tickler card, 수첩, 각서카드), 또는 이와 유사한 도구를 사용할 수 있기 때문이다. 반면에 미국 파일룸에서는 사안철과 같은 파일단위는, 등록된 파일이 보통 정리되는 것과 같이 종종 숫자로 나타내어 정리된다.

그러나 현대 미국의 파일링체계는 보통 기록의 물리적 정리방식에 의해서도 많은 등록체계와 구별된다. 미국의 기록은, 일정한 종류의 현대적인 파일링과 복제장비, 그리고 용품을 사용할 수 있는 곳에서만이 효과적으로 채택될 수 있는 다양한 체계하에서 정리된다. 등록체계하에서 파일단위는 보통 숫자상의 연속으로 정리된다; 현대적인 파일링체계하에서 파일단위는 그러한 숫자상으로 뿐만 아니라 개인, 장소, 주제에 의한 알파벳순이나, 주제분류틀에 따라 정리되기도 한다. 더욱이 대부분의 미국식의 파일링체계하에서 기록은 현용되는 동안 등록부의 사용에 의해서가 아니라 그것들이 정리된 방식에 의해 규제된다. 어떤 체계하에서

색인이 만들어져야 하든지 간에 편람이나 다른 도구가 파일 속에서의 기록의 위치를 표시하기 위해 사용된다는 점에서, 기록은 보통 자가색인(self‑indexing)적인 기초에 의해 정리된다. 더욱이 대부분의 미국적인 체계하에서 기록은 등록부의 사용에 의해 기록의 이동을 엄격하게 규제할 필요가 없을 정도까지 분산화된다. 그러한 분산화는 여러 가지 복제장치의 사용에 의해 가능해졌다.

이 장에서 나는 다음에 관해서 간단하게 분석하고자 한다. 첫째, 미국의 파일링 체계가 유럽의 등록체계로부터 어떻게 발전되었는가를 살펴보면서 그 기원을 분석하고; 둘째, 복제와 파일링장비, 그리고 용품의 발달과 같은 파일링체계의 발전에 특히 핵심적인 선행요건을 논하면서 현대 파일링체계의 발전을 분석하고; 셋째, 다양한 종류의 현대적 파일링체계에 관해 각 체계의 본질적인 특색을 분석해 보고자 한다.

파일링체계의 기원

초기 미국과 호주의 기록관행은 아마도 영국정부로부터의 지침에 그 시초를 두었을 것이며 아니면 적어도 영국정부가 택한 관행과 대단히 밀접하게 일치할 것이다. 미국 식민정부의 기록은 물론 등록체계에 의거하여 보존되었다. 따라서 1665년의 매사추세츠주의 법률은 여러 법원과 부서의 "기록부, 기록이나 등록부" [1]를 언급하고, 1740년의 메릴랜드의 주의회 하원의 결의안은 "이 주의 기록, 등록부, 공공등록소와 부서" [2]를 언급하였다.

미국 연방정부가 설치되었을 때 이 정부는 연방규약(Articles of Confederation) [3]에 의해서 구성된 대륙의회(Continental Congress)였던 이전의 정부의 "모든 도서, 기록

---

1) N. 대인, W. 프리스콧, J. 스토리(편), 『메사츄세츠만 거류지 및 지방의 헌장과 일반법』(Dane, Nathan, Prescott, William and, Story, Joseph (ed.), *The Charters and General Laws of the Colony and Province of Massachusetts Bay*: Boston), 1914, pp. 181~83.

2) 메릴랜드역사학회, 『메릴랜드 일반의회의 의사록과 법령, 메릴랜드 아카이브즈(1730~1740)』, XI권(Maryland Historical Society, *Proceedings and Acts of the General Assembly of Maryland, Archives of Maryland*, 1737~1740, Vol. XL: Baltimore), 1921, p. 547.

3) C. L. 록크, "대륙의회지: 그것의 역사(1789~1952)," 『국립기록보존소 취득물』, 51호(Lokke, Carl L., "The Continental Congress Papers: Their History 1789~1952," *National Archives Accessions*, No. 51, June), 1954, p. 1.

과 서류"를 취득하였다. 이들 "도서, 기록과 서류"는 수고본과 낱장 문서들로 이루어져 있었다. 수고본은 몇 가지 종류가 있었다: (1) 국내문제에 관한 발신문서의 복사본을 포함한 것 (2) 외국문제에 관한 발신문서의 복사본을 포함하는 것 (3) "재외 미국공사로부터 접수한 서신"과 같이 외국문제에 관한 수신문서의 복사본을 포함하는 것 (4) 대륙의회의 "미완성"의 회의록을 포함하는 것이 있었다. 연방규약, 독립선언문, 헌법 등과 같은 중요한 문서를 포함하였던 낱장의 서류들은 주로 의회의 의장에게 보내는 서신, 재외대표로부터의 긴급서신, 여러 주에서 온 공식적인 통신, 협의회의 보고서, 대의원의 신임장으로 이루어져 있었다. 대륙의회 부서의 기록체계는 그 당시 영국정부에 의해 채택된 것과 같은 것이었다. 주목할 것은, 의회의 서기관에 의해 보존된 기록 시리즈는 호주의 식민지의 식민상의 기록 시리즈와 현저한 유사성을 가지고 있다는 것이다.

1789년 4월 30일 워싱턴 대통령의 취임 이후 곧 대륙회의의 "도서, 기록과 서류"는 신설된 국무성, 육군성, 재정성에 양도되었다. 일반적으로 이들 부처는, 기존의 기록 시리즈에 단순히 기록을 첨가하면서 이전 정부의 아카이브즈 관리관행을 따랐다.

그들 부처가 채용하였던 초기의 파일링체계는, H. L. 쳇필드양(Helen L. Chatfield)에 의하면 "단순하고 원시적"이었으며 다음과 같은 유형을 다소 가지고 있었다[4]. 보통 세가지의 주요 기록 시리즈가 발전되었다. 그것은 (1) 수신서신 (2) 발신서신 (3) 잡다한 서류들이다. 수신서신은 보통 접수한 순서에 따라 번호가 부여되었고 접히고 대개는 묶음으로 모아졌다. 발신서신은 서신장부에 복사되었다. 이 두 시리즈를 위해 종종 등록부가 관리되었다. 이 두 시리즈는 처음에는 장부형태로, 후에는 카드에 색인되었다. 잡다한 서류들은 보통 다양한 시리즈로 파일되었는데, 이들 중 일부는 보통 내부적인 부서 행정 및 다른 특별한 활동과 관련이 있었다.

등록체계의 원시적 형태인 이러한 체계의 적용은 국무성의 기록을 관찰해 보면 가장 잘 알 수 있다. 국무성의 외교관계 통신은 주로 두가지 시리즈로 이루어져 있다: (1) 대륙의회 시대로부터 이어온 서신장부 속에 "기록된", 복사본의 형태와

---

4) H. L. 쳇필드, "기록체계의 발달," 『미국의 아키비스트』, XIII권, 3호(Chatfield, Helen L, "The development of Record Systems," *The American Archivist*, XIII, No. 3, July), 1950, p. 261.

원본의 형태로 모두 관리된 재외대표로부터 온 수신 긴급서신 (2) 1820년까지는 연대순의 시리즈로, 그 이후에는 몇 개의 국가별 시리즈로 서신장부 속에 복사된 재외대표에게 발신한 지침이다. 영사관 통신도 유사한 유형을 띠었다: (1) 긴급서신 (despatches)과 (2) 지침(instructions)이 그것이다. 대륙의회의 "미국서신"(American letters)의 연속인 "국내서신"(domestic letters)은 부처의 외부에서 온 서신에 대한 답신으로 이루어져 있었고 이는 서신장부에 복사되었다. "잡다한" 시리즈는 외부로부터 온 수신서신의 원본으로 이루어져 있었다. 이들 주요 통신시리즈는 부처 활동의 범위가 증가됨에 따라 추가적인 잡다한 시리즈가 첨가됨에도 불구하고 19세기에 걸쳐 사실상 중단되지 않고 유지되었다. C. L. 록크(Carl L. Lokke) 박사에 의하면 기록 시리즈의 관리에 있어서 "새 정부는 적어도 외무의 영역에서는 이전의 정부와 엄밀히 단절되지 않았다"고 하였다.[5]

원래 육군성의 기록은 국무성의 기록과 같은 방식으로 정리되었다. 수신서신은 독자적인 시리즈로 보존되었다. 그것은 접혀져서 대개 판사이의 다발(bundles, 묶음)로 관리되었다. 일찍이 1835년에는 군 규정에서 "각 서신은 3중으로 접혀져야 한다 . . . ."[6]라고 규정하였다. 발신서신은 "유서깊은 군 기관과 통신의 장애"[7]라고 언급된 서신장부에 복사되었다. 수신 및 발신서신을 위한 등록부가 관리되었다. 그러나 곧바로 육군성은 군의 주요 요소-군의 단위를 이루는 사람들, 그들의 생계를 위한 식량의 공급, 그들이 전쟁에서 사용하는 무기의 공급-에 관한 특수한 기록시리즈를 발전시켰다. 군대의 인사와 공급에 관련된 활동은 전쟁-1812년의 전쟁, 인디언과의 전쟁, 남북전쟁 등-과 함께 증가되었다. 그러므로 인원과 보급에 관한 많은 조치들이 일상적이고 반복적인 것이 되고, 그래서 그 조치들은 서식으로 기록될 수 있었다. 육군성 내부의 서식의 발달은, 확장된 활동의 다양한 국면을 다루기 위해서 특정한 서식이 어떻게 새로운 서식으로 분류되고 하위분류되는가를 확실한 방식으로 예시한다.

대륙의회의 "도서, 기록과 서류"를 이관한 원 행정부의 세번째 재정성은 특별

---

5) C. L. 록크, *ibid.,* p. 3.
6) 『미국군의 일반규정』(*General Regulations of the Army of the United States*: Washington), 1835, Article xli.
7) S. F. 리프마, "한 병사-아키비스트와 그의 기록: 에인스워드," 『미국의 아키비스트』, IV권, 3호(Riepma, Siert F., "A Soldier-Archivist and His Records: Major Feneral Fred C Ainsworth," *The American Archivist*, IV, No. 3, July), 1941, p. 182.

한 기록 시리즈: 의사록(journals)이나 원부(ledgers), 일기(waste-books)라는 명칭이 붙은 거대하고 다루기 힘든 시리즈와, 일상적인 기록 시리즈: 서신장부, 미장정된 서류, 등록부와 같은 시리즈를 가지고 있었다. 그 외의 다른 집행 부처들: 해군, 사법, 내무, 농업, 상무와 노동성의 기록보존관행은 전체범위에 걸쳐 있었다. 더 오래된 부처는 등록체계로 시작하였고, 더 새로운 부처는 그것이 설치되었던 시대에 유행하였던 파일링체계를 채택하였다.

현대 파일링체계의 발달

현대적인 파일링체계가 발달되기 이전, 기록의 생성과 관리를 위해서는 어떠한 물리적 전제조건이 있어야 했다. 복제와 파일링의 새로운 방법은 현대적인 파일링체계의 발달에 중요한 선행요건이었다. 그 이유는 다음과 같다: 첫째, 발신서류와 수신서류가 하나의 파일단위로 결합되기 이전에 발신서류의 복사본이 존재해야 한다. 그러므로 그것을 만들 장비가 존재해야 한다; 둘째, 파일단위를 숫자로 된 질서가 아닌 다른 체계로 정리하기 위한 체계가 제정되기 이전에, 새로운 자료가 혼합될 때 용이하게 단위가 분류되고 재분류될 수 있는 파일링장비가 존재해야 하고, 그러한 분류를 확실하게 할 파일링용품이 존재해야 한다.

먼저 복제의 방법과 파일링체계의 발달과의 관계를 고찰하자. 발신문서의 복사본을 만들기 위해 사용된 최초의 고안품(device)은 증기기관의 발명자인 J. 와트(James Watt, 1736~1819)에 의해 1780년 발명된 등사판 인쇄기였다. 당시에 그것은 점착성 잉크를 사용하여, 쓰여진 면을 얇은 종이의 젖은 면에 눌러서 수고본을 복사하는 대단히 실용적인 가치를 가진 고안품이었다. G. 워싱턴(George Washington)과 T. 제퍼슨(Thomas Jefferson)은 모두 이 고안품을 사용하였다. 워싱턴은, J. 폴 존스(John Paul Jones)에게 Bon Homme Richard를 조달한 네덜란드의 상인인 J. de Neufville과 그의 아들로부터 등사판 인쇄기를 선물로 받았다[8]. 이 기계는 연방정부에서는 1790년 4월 21일 "서신을 복사하기 위한 등사판 복사기와 기구(apparatus)를 위해" Monsieur le Prince가 20루블을 지급한 연방정부내의 국무성에서 처음 사

---

8) J. C. 피츠패트릭(편), 『조지 워싱턴의 저술』, 1부, 39권(Fitzpatrick, John C(ed.), *The Writings of George Washington*, I, 39 vols: Washington), 1912, p. 7.

용되었다. 남북전쟁 이전에, 육·해군성의 어떤 부서는 여러 종류의 문서의 안전한 복사본을 만들기 위해 그 기구를 사용하였고 그것의 대부분은 서신장부에도 옮겨 적었다. 잉크를 반영구적으로 지속시키게 하는 아닐린 염료의 발달과 함께 등사판 인쇄기는 많은 기관에서 채택되게 되었다. 남북전쟁 중에는 육군성에서, 약 10년 후에는 나머지 연방기관에서 일반적으로 사용되었다. 행정부 내의 업무방법에 관한 코크렐위원회(Cockrell committee)가 서신인쇄대장(letter press book)으로부터 서신대장(letter books)에로 서신을 복사하는 업무를 중단하라고 권고하였던 1887년까지 등사판 인쇄기는 친숙한 사무기계였다. 20세기 초에는 전기발동기가 등사판 인쇄기를 작동시키는데 사용되었다. 1912년, "경제 및 능률에 관한 태프트 위원회"(Taft Commission on Economy and Efficiency)가 복사업무를 위해 타자기(typewriters)의 사용을 촉구한 이후부터 그 인쇄기는 대부분의 연방기관에서 사용하지 않게 되었다.

1868년에 발명된 타자기는 1874년에 연방정부에서 처음 사용되었다. 같은 해 11월 13일, 육군성은 Sholes and Glydden 타자기를 125달러에 구입하였다. 타자기는 19세기 후반, 타자수가 그 기계를 작동시키는 동안 그가 만든 결과물을 볼 수 있도록 디자인이 개량되었을 때에 연방정부기관에서 일반적으로 사용되었다. 그러나 그것은 문서의 복사본을 만들기 위해서 직접적으로 사용되지는 않았다. 초기의 카본지는 끈적거리고 불안정하였다. 1905년에 브라질산의 카나우바 왁스(carnauba wax)가 이 카본잉크에 안정을 주기 위해 처음 사용되었을 때에야 비로소 내구력이 있는 카본지가 만들어졌다. 1910년 6월 25일 의회법에 의해 창설되고 W. H. 태프트(William Howard Taft) 대통령이 임명한 "경제 및 능률위원회"(Commission on Economy and Efficiency)는 1912년, "카본잉크 복사본이 발신통신 기록을 구성해야 하고 등사판 인쇄기는 폐지되어야 한다"고 권고하였다[9]. 결국 타자기와 카본지는 기록업무에 혁명을 일으켰다. 그것은 문서 복제를 위해 20세기에 발달된 일련의 사무기계 가운데 최초의 것이었다. 이들 가운데 가장 최초의 것은 등사판 및 젤라틴판과 같은 기계적인 고안품이었다. 뒤이어 복사사진기(photostat)로 가장 잘 알려진 사진장비가 나오게 되었고 이것들은 현재 전자적 고안품에 의해 보완되고 있다.

---

9) 미국, 경제성과 효율성에 관한 대통령위원회, 『결론의 비망록, 회람』, 21호(President's Commission on Economy and Efficiency, *Memorandum of Conclusions, Circular*, No. 21: Washington), 1912, p. 7.

다음으로 파일링체계의 발달과 관련하여 파일링장비의 중요성을 고찰하자. 파일링장비에 있어서 손쉬운 삽입과 확장은 결정적인 요소이다. 선반에는 손쉽고 여유 있게 삽입할 수 있지만 단지 끝부분에서만 확장 가능하다. 19세기 초에 정부의 서신과 다른 서류들은 서신대장 및 등록부와는 분리되어 일반적으로는 접히고 다발로 묶여서 선반에 두거나 또는 때로는 해군성에서와 같이 상자(chest) 속에 정리되었다. 1868년에 파일링관행에 중요한 관계가 있는 두가지 종류의 파일링장비가 발명되었다. 이 두가지는 모두 최소한의 노력으로 어떤 지점에서도 늘어나는 것을 가능케 하였다.

그러한 장치 중 하나는 E. W. 우드러프(Woodruff)가 발명한 파일홀더(file holder)로서 그것은 접혀진 문서를 연속 배열하여 정리할 수 있는 폭이 약 3.5인치, 높이 8인치의 나무상자로 되어 있었다. 연방정부의 수신통신의 대부분은 발명 후 40년 동안 우드러프의 파일홀더에 정리되었다.

파일링장비의 두번째 종류는 현대적인 형태의 수직파일로 이루어져 있다. 연방정부기관이 그것을 채택하기 전에 시장에 나온 최초의 그러한 장비는 1868년 앰버그(Amberg) 파일·색인회사에서 만들어진 것이었다[10]. 25년 후인 1893년에 뉴욕주의 버펄로의 한 자선단체의 서기였던 N. S. 로즈나우(Nathaniel S. Rosenau) 박사에 의해 수직파일이 고안되었다. 현대의 파일링 상자와 유사한 그의 장비는, 일건파일, 즉 그 단체의 방문계원이 자선기부금의 수령자와 관련하여 생산한 보고서와 서류를 넣기 위해 제작되었다. 기록을 편람과 폴더를 사용하여 조직하는 이러한 체계는, 1892년 M. 듀이가 사서들의 이익을 증진시키기 위해 설치한 조직인 도서국(Library Bureau)에 의해서 발달되었다. 로즈나우 박사의 파일상자는 1893년 시카고시의 만국박람회에서 전시되었고 특히 도서국이 후원함으로써 대중의 주목을 끌었다. 로즈나우의 수직파일과 유사한 다른 여러 형태의 파일링장비가 곧 시장에 나오게 되었다. 1912년까지 "태프트 경제능률위원회"는, 문서를 접는 것은 폐지되어야 하고, 문서는 수직파일에 똑바로 파일되어야 하며, "수신 및 발신통신에 대한 어떤 장부나 카드의 기록도, 절대적으로 중요한 것만을 제외하고는, 만들어져서는 안되고, 수신, 발신을 기록한 모든 장부 형태의 등록부는 폐지되어야 한

---

10) A. 채피, 『업무서류와 기록을 어떻게 파일할 것인가?』(Chaffee, Allen, *How to File Business Papers and Records?*: New York and London), 1938, p. 3.

다"고 권고하였다[11]. 이러한 결정적인 권고로 인해, 등록체계의 마지막 흔적이 연방정부로부터 사라졌고 새로운 파일링체계의 도입을 위한 길이 열렸다.

현대 파일링체계의 종류

현대적 체계는 여러 종류로 나뉜다: (1) 파일단위를 숫자상의 연속으로 배치하는 종류 (2) 파일단위를 개인, 주제나 장소와 관계없이 알파벳순으로 배치하는 종류 (3) 파일단위를 분류틀에 따라 논리적인 순서로 배치하는 종류이다. 이러한 세 가지의 종류를 결합한 것이 있다는 것도 지적해야 한다.

숫자식 체계(numerical system)

몇몇 정부부처에서 등록부의 사용은 대단히 일찍 폐지되었다. 그러나 파일단위를 나타내기 위해서 번호를 사용하는 것은 현대적 파일장치가 단위를 보다 합리적으로 분류할 수 있게 한 이후에도 계속되었다. 기록서기(record clerks)는 등록체계에서 번호를 취급하는데 익숙했기 때문에, 숫자방식이 더 이상 필요 없거나 바람직하지 않게 되었어도 파일단위에 번호를 부여하는 것은 자연스런 일이었다. 따라서 초기의 많은 통신 시리즈들은 숫자순으로 간단하게 정리되었다. 각 조치에 관한 수신 및 발신서신은 연속적으로 번호가 붙은 폴더에 배치되었고 그 내용물은 보통은 작성자별로, 때로는 주제별로 색인되었다.

단순한 숫자식 체계는 개인이나 법인체와 관련하여 식별될 수 있는 인명파일을 취급하는 데에는 특히 부적당하다. 그 체계는 폴더가 인명의 알파벳순으로 정리되었다면 필요하지 않을 알파벳순 색인을 새로 작성해야 한다. 그것은 특정한 통신기록을 다른 폴더에 파일링하게 하고, 따라서 보통 그 폴더의 내용물이 대단히 빈약하다. 그것은 기록을 과도하게 세분하고, 필요로 할 가능성이 있는 특정한 폴더를 찾기 어렵게 만듦으로써, 검색을 복잡하게 한다.

그러나 단순한 숫자식 체계는 사안철을 다루는데 있어 대단히 일찍이 그리고 매우 효과적으로 사용되었다. 이 사안철은 특정한 조치에 관한 모든 문서를 포함하는 파일단위라고 정의될 수 있다. 그러한 파일은 종종 정부의 법적, 규제적, 연

---

11) 미국, 경제성과 효율성에 관한 대통령위원회, *ibid.*

구관계 활동 속에서 전개된다. 사안철의 좋은 사례는 특정한 노동쟁의에 관한 것이다. 그러한 쟁의에는 둘 이상의 대립하는 당사자가 포함되며; 분쟁 중에 있는 여러 가지 사안들과 같은 많은 주제가 포함되며; 회의록, 회의일지(journals of proceedings), 규칙(rules), 규정(regulations)과 같은 여러 종류의 문서가 만들어질 수 있다. 일건파일은 보통, 많은 개인이나 법인체의 관심사인 다양한 주제를 포함하며, 많은 문서의 형태로 이루어진 조치와 관련된다. 그러므로 그것은 인명이나 주제와 관련하여서, 또는 문서의 종류에 의해서는 쉽게 정리될 수 없다. 사안철은 그 파일과 관련이 있는 조치가 시작된 연속적인 질서로 가장 쉽게 파일될 수 있다; 그리고 만약 그것이 파일될 때 번호가 부여된다면, 번호는 색인을 위한 색인표로서 역할을 할 것이다.

단순한 숫자식 체계는 연방정부의 초기에 몇년동안 대단히 조잡하게 주제파일에 적용되었다. 집적된 기록과 관련하여 여러 주제표목에 대해, 보통은 표목이 선택된 순서대로, 번호가 간단히 부여되었다. 그 체계는 다음과 같이 예시될 수 있다:

1. 교육	6. 조직
2. 통신	7. 재정
3. 회계	8. 출판
4. 인사	9. 보고서
5. 보급	10. 규정

이 단순한 숫자주제체계로부터 이중숫자식체계가 발전되었다. 기록은 주제 – 사안의 범위와 양의 측면에서 증가함에 따라, 여러 가지 주요주제표목이 관련된 하위표목하에서 하위 분류되었다. 이러한 하위표목에도 주요주제에 부여된 번호에 추가된 번호가 부여되었다. 이 체계는 다음과 같이 예시될 수 있다:

2	통　　　　신
2-1	우편물
2-1-1	우편요금

알파벳순 체계(alphabetical system)

연방정부에 도입된 최초의 현대적인 알파벳순 파일링체계는, 아마도 F. C. 에인스워드(Fred C. Ainsworth, 1852~1934)가 육군성에서 육군인사와 관련하여 개발한 여러 서식을 파일링 하는데 적용하였던 체계일 것이다. 그 체계는 다음과 같은 방식으로 도입되었다. 1879년 미국 의회는 남북전쟁의 재향군인에 대한 연금을 규정한 법률을 시행하였다. 이 법률 때문에 육군성은, 군의감과 군무국장실을 통해서 군무 및 병원 기록을 조사하여 많은 신청자의 요구를 확인해야 했다. 따라서 이들 기록이 보존된 방식은 매우 중요한 사안이 되었다.

에인스워드가 1886년 12월 군의총감실(SGO)의 기록연금부장이 되었을 때, 그는 연금증명 신청서가 그 부서에 쌓여 있는 것을 발견하였다. 수개월 후 그는 이 신청서의 취급에 대한 근본적인 개혁을 이룩하였다. 그는 "색인기록 카드"(index – record cards)에 개별적인 병사의 이름과 병력을 기록하는 하나의 기획을 시작하였다. 그는 이러한 정보를 카드나 표(slips)에 복사하는 업무를 다음과 같이 기술하였다. "이 표들은 연대순에 의해 알파벳순으로 분류되고 정리되었고, 그래서 수많은 병원에서 다른 시기와 다른 장소에서 치료를 받은 병사들의 병원기록을 힘들지 않고 실패 없이 용이하게 찾을 수 있게 되었다. 낡고 바랜 병원기록원본의 검색이 이제 이루어질 필요가 있다. 그리고 그것은 복사와 일반 색인이라는 두가지 목적에 동시에 제공된다"[12]

에인스워드의 병원기록에 관한 작업은, 한편으로, 상원의원 F. M. 코크렐(F. M. Cockrell)이 의장이었던 행정부의 업무방법에 관한 "의회위원회"의 주목을 끌었다. 1887년 위원회는 "육군의 의료기록에 적용되는 색인 – 기록카드체계의 작업에 관한 정밀한 조사를 하고, 그 범위를 확대해서 다른 기록의 복제와 보존에 그 체계를 확장할 수 있는 가능성에 대해서 신중하게 검토하였다."[13] 이 위원회의 권고의 결과로, "색인기록 카드"의 작성체계는 군무국의 군무기록에 적용되었다. 군무기록과 의료기록은 1889년에 통합되고, 에인스워드는 육군장관 사무국직속의 기록연금부의 장이 되었다. 결국 약 6,200만 부의 카드가 준비되었는데 이는 독립전쟁에서 남북전쟁까지의 미국 병사의 군무를 포괄하였다.

에인스워드의 "색인기록 카드" 체계는 문자 그대로 기록보존에 있어서의 "산업혁명"을 출발시켰다. 그 체계에 속한 개별적인 병사의 군복무에 관한 정보가 수많

---

12) 『전쟁사무국 보고서』 I권(Report of the Secretary of War, I), 1887, p. 672.
13) ibid., p. 641.

은 점호기록부, 회신, 대장, 그리고 모든 기술서류들로부터 카드에 요약되었다. 동일인에 관한 모든 카드는 모아져서 개인의 이름별로 종이 봉투에 넣어졌다. 그 봉투는 부대단위 내에서 병사들의 씨성 알파벳순으로, 부대는 다시 몇몇 주별로 정리되었다. 그 봉투는, 들어 있는 봉투와 그것이 관련된 부대단위를 나타내는 표지가 달린 우드러프 상자에 넣어졌다. 따라서 그 체계는 현대적인 파일링체계의 어떤 본질적인 특색을 구현하였다: 그것은 특정한 주제에 관한 모든 기록들을 모아서 별도의 파일단위로 만들고, 이 파일단위를 조직적 단위별로 정리하여, 그 정리된 순서를 명확하게 밝힌 용기속에 두는 것이었다.

알파벳순 정리체계는 도서국(Library Bureau)에 의해 수직파일(vertical files)로도 발전되었다. 19세기 후반 도서국은 2종류의 알파벳체계를 발전시켰는데 이 둘 모두에게 특허를 주었고 판매를 하였다. 그 중 어떤 체계에 속한 서류는, 특별히 수직파일용으로 고안된 편람 및 폴더와 함께 단순한 알파벳순으로 파일되었다; "자동화"(automatic) 체계라고 불린 또 다른 체계에 속한 서류는, 알파벳문자의 세분을 표시한 편람 및 폴더와 함께 파일되었다.

대단히 방대한 알파벳순 인명파일을 위해서, 파일단위가 엄격한 알파벳순에 의하지 않고 부호(code)에 의해 정리되는 선덱스(Sundex) 체계가 개발되었다. 부호는 이름에서의 자음의 소리를 기초로 하였다. 따라서 파일단위는 이름의 철자의 유사성과는 관계없이 발음의 유사성에 의해 분류되었다. 이 체계는 1880년, 1900년, 1920년의 인구조사의 일정표에서 4억인에 관한 4억매의 정보를 요약한 1억 매의 카드에 적용되었다. 연령이나 시민권의 증거로서 사용하기 위한 이러한 정보의 요약 작업은 1930년대 중반에 연방정부사업계획으로서 실업노동자에 의해 이루어졌다.

알파벳순 체계가 개인에 관한 기록의 정리에 처음 사용되기는 했지만, 이것은 또한 주제에 관한 기록에도 점차 적용되었다. 주제와 관련하여 기록을 정리하는 가장 간단한 방법은, 그 기록이 분류될 선별된 주제표목의 알파벳순으로 그 기록들을 파일하는 것이다. 그러한 정리의 한 사례는 1906~1939년간의 농무성 서기관실의 일반기록에서 발견된다. 통신, 비망록, 보고서와 기타의 수신 및 발신서류로 이루어진 그러한 기록들은 알파벳순으로 정리된 주제표목하에서 파일되었다. 처음의 몇몇 표목은 다음과 같다:

Abattoirs(도축장)

Accounts(회계)

Acetylene(아세틸린)

Acids(산류)

Acknowledgement(영수증)

Acorn(곡두류)

Acreage(에이커수), Adjustment Contact Payments(조정계약지불금)

Adding machines(계산기)

Addresses(주소)

이 체계는 농무성의 활동이 단순하고 범위상으로 제한된 기간동안에는 서기관의 필요를 적절히 만족시켰다. 농무성의 활동이 확대됨에 따라, 그에 관한 기록의 관리를 위해 새로운 주제표목이 추가되었다. 주제표목은 점차 "사과, 감자와 오렌지"의 혼합, —주제관계에 대한 표시없이 정리된, 대등하지 않은 표목들의 혼합이 되었다. 대체로 단순한 주제체계는 기록의 양이 적고 그 주제사안이 간단한 경우로 그 사용이 제한된다.

단순한 알파벳순 주제체계는 기록을 보다 잘 분류하기 위해 여러 가지 방식으로 수정될 수 있다. 첫번째 방법은 주제표목을 표준화하고, 그래서 관련되거나 유사한 주제에 대해 별도의 기입을 하지 않을 것이다. 두번째 방법은 관련된 주제를 한 곳에 모으기 위해서, 주요 주제표목을 하위분류하는 것이다. 따라서 주요주제표목은 많은 관련된 하위주제들로 세분될 수 있다. 하위주제들은 주요주제표목에 속해서 제2, 제3의 표목으로 표시될 수 있다. 예를 들면 주요 표목인 **통신**은 다음의 제2, 제3의 표목인

우편물

우편요금

통신

전기통신으로 세분될 수 있다.

하위주제표목과 주요주제표목의 관계는 숫자로 표시될 수 있다. 주제—숫자식으로 알려진 이 체계는, 1939년까지 농무성 서기관실에서 사용된 간단한 알파벳순

주제체계를 대신하였다. 알파벳순–숫자식으로 알려진 유사한 체계는 주요주제표목을 나타내기 위해 알파벳 문자를 사용하고 하위표목을 나타내기 위해 숫자를 사용한다. 주제–숫자체계는 다음과 같이 예시될 수 있다.

통　　　　　　　신

1　우편물

1–1　　우편요금

2　통　　신

3　전기통신

하위주제표목과 주요주제표목의 관계는 주제를 시사하는 알파벳 기호로 표시될 수도 있다. 암기체계(mnemonic system, 기억체계)로 알려진 이 체계는 다음과 같이 예시될 수 있다:

A	ADMINISTRATION(관리)
Abg	Administration of Building and Grounds(건물과 토지의 관리)
Ag	Administration, General(관리, 일반)
Agl	adminisrtation, general, legislative(관리, 일반, 입법)
Ap	Administration of Personnel(인사관리)

하위주제표목과 주요주제표목의 관계는 조직단위의 이름에서 유래된 기호로도 표시될 수 있다. 유기적 체계(organic system)로 알려진 이 체계는 다음과 같이 예시될 수 있다:

E	ELECTRICAL DIVISION(전기과)
ER	Resistance Measurements Section(저항측정계)
EI	Introduction and Capacitance Section(유도용량계)
EE	Electrical Instruments Section(전기기구계)
EM	Magnetic Measurements Section(자기측정계)

이 체계는 국립표준국(National Bureau of Standards)에서 성공적으로 사용되었다. 그것은 기관의 조직적 구조가 안정적이고 기능이 엄밀히 규정되어 있는 곳에서만 사용

할 수 있다.

분류법체계(classified system)

분류법체계는, 모든 기록을 그 체계하에 논리적인 순서로 정리하고자 한다는 점에서 숫자식체계, 알파벳순 체계와 다르다. 앞에서 보았듯이 파일단위는 보통 숫자식 체계하에서는 일련의 숫자적인 연속으로, 알파벳순 체계하에서는 일련의 알파벳 연속으로 간단히 분류된다. 이러한 체계하에서 주요주제표목하에 있는 파일단위간에 논리적인 관계가 이루어질 수 있다는 것은 사실이다. 그러나 이러한 논리성은 그 표목하에서 분류된 기록에 한정된다.

분류법체계는 미국인 사서 M. 듀이가 1873년에 발명한 도서정리를 위한 십진분류에 그 기원을 두고 있다. 듀이의 전제는 인간의 모든 지식과 그 지식에 관한 도서들은 다음과 같은 10부문으로 분류될 수 있다는 것이었다:

000	일반저작
100	철학
200	종교
300	사회학
400	신학
500	자연과학
600	실용예술
700	미술
800	문학
900	역사

듀이 십진체계는 도서국을 통해 널리 알려졌다. 이 체계는 1898년, 볼티모어 – 오하이오 철도회사(Baltimore and Ohio Railroad)에서 처음으로 기록에 적용되었다. 이 회사는 철도기록을 조직하기 위해 "철도분류파일"로 알려진 체계를 발전시켰고 1902년에 판권을 취득하였다.

듀이 십진분류체계는 1912년 이전 몇몇 정부기관의 기록에 응용되어 적용되었으나, 같은 해 2월 12일 "태프트 경제능률위원회"가 "결론의 비망록"(Memorandum of

Conclusion)을 간행하고 나서야 비로소 정부에서 널리 채택되었다. 이 위원회는 "발신통신의 복사본과 수신통신 모두 가능한 한 자가색인의 기초에 가깝게 파일되어야 하며, 그리고 거기에서는 번호가 본질로 간주되어 십진법이나 그와 유사한 체계하에서 번호의 논리적인 정리가 채택되어야 한다"고 권고하였다.[14]

듀이 십진체계는 팽창하는 정부에 있어서 공기록을 취급하는 데에는 적합하지 않다. 그것은 과도하게 엄격하다. 대부분의 경우에 그 분류는 너무 세밀하다. 그 기호는 너무 복잡하다. 그리고 철학적인 접근법은 정부부서의 실제적인 시행에 적합하지 않다.

기록자료에 대한 듀이 십진체계의 다양한 응용법이 개발되어 왔다. 통신에 적용한 한 사례는 다음과 같다:

400	MINING(채광)
410	MININGINEERING(채광학)
411	Working of Mines(광산의 업무)
411.1	metal mining(금속채광)
411.11	gold mining(금채광)
411.111	placer mining(사금채광)
411.111.1	ditches and flumes(도랑과 수로)

결론적으로, 나는 파일링체계에 관한 몇 가지 일반적 견해를 기술해야 할 것 같다. 그 중 첫번째는, 파일링체계는 기록이 정리되어야 하는 것과 관련하여 기계적 구조만을 제공한다는 것이다. 그것은 기호나 다른 것을 사용해서 파일단위가 분류되어야 하는 질서를 지시한다. 그러나 그 체계는, 특정한 서류나 파일이 가장 적절히 배치될 주제표목을 결정하는데 거의 도움이 되지 않는다. 이 분류방법은 많은 주관적인 판단을 포함하는 방법이다.

나의 두번째 견해는, 기록은 대부분의 어떤 파일링체계하에서도 효과적으로 정리가 될 수 있다는 것이다. 주의해야 할 예외는 있다. 그러나 일반적으로, 어떤 파일방식도, 그것이 무엇이든간에 적절히 적용된다면 만족스런 작업을 하게 할

---

14) 미국, 경제성과 효율성에 관한 대통령위원회, *ibid.*, p. 7.

수 있다. 파일링의 부적합은 종종 체계의 결함이라기보다는 사람의 결함의 탓으로 돌릴 수 있다.

나의 세번째 견해는, 두번째 견해에서 비롯한 것으로서, 만약 파일링체계가 성공적으로 작동되려면, 파일링체계는 설명되어야 하고, 그 용법에 관한 지침서가 간행되어야 한다는 것이다. 호주에서는 공무국이, 또 뉴질랜드에서는 공무위원회가 자국의 등록체계의 운용에 관한 명쾌한 지침서를 간행하였다. 미국에서는 파일링룸에 대한 지침을 위해 여러 기관에서 파일편람이 간행되어 왔다.

나의 네번째 견해는, 가장 적절한 파일링체계가 각 각의 기록의 종류에 적용되어야 하고, 그 종류에 대해 통일적으로 적용되어야 한다는 것이다. 호주와 뉴질랜드에서는, 정부기관에서 만들어진 모든 종류의 기록은 실제로 등록된 파일로 구체화된다. 특정한 종류의 기록을 위한 특수한 파일링체계는 거의 사용되지 않는다. 그러므로 호주의 공무국은, 앞장에서 기술한 소위 "단일숫자체계"(single - number system)를 공화국 정부의 모든 여러 기관이 채용할 것을 촉구하고 있다. 이 체계는 호주의 해군성에서처럼, 보다 큰 기관에서도 기능적인 기초에 입각하여 파일을 항목(sections)으로 세분하여 적용할 수 있다. 미국의 연방정부기관에서, 특수한 종류의 기록은 특수한 파일링체계에 따라 가장 효과적으로 파일될 수 있다. 기록관은 어떤 체계가 각 각의 기록의 종류에 적용되어야 하는가를 결정해야 하고, 선택된 체계가 어떤 것이든 해당 기록에 일관되게 적용된다는 것을 확실히 해야 한다. 기록체계를 선택하는데 있어서 다음의 요점을 염두에 두어야 한다:

요점 1. 체계는 간단해야 한다. 기록의 양이 적고 주제 - 사안 범위에 한정되어 있을 경우에는 언제나 주제 - 숫자체계보다는 간단한 주제체계가 우선되어야 한다. 보다 복잡한 파일링체계에서 사용되는 기호는, 두가지의 목적에 종사한다. 즉, 하나는, 특정한 문서가 어디에 파일되어 있는가, 또는 교차참조를 위해, 관계된 문서가 어디에 파일되어 있는가를 검색자에게 알려주는 것이다; 다른 하나는, 문서가 어디에 파일되어야 하는가를 분류자에게 알려주는 것이다. 기록의 양과 복잡성이 증가하는 만큼 기호는 그 중요성이 증가한다.

요점 2. 체계는 탄력적이어야 한다. 현대정부에서 계속적으로 변화하는 조직단위와 같은 불안정한 것에 대해 기호가 고정되어서는 안된다. 그러므로 암기체계는 현대의 기록에 대단히 제한적으로 적용된다.

요점 3. 체계는 확장될 수 있어야 한다. 그것은 새로운 활동의 결과로 생기는 기록을 관리하기 위해 새로운 주요표목이 삽입될 수 있어야 하고, 활동에 관한 기록이 점차 복잡해짐에 따라, 오래된 주요표목들은 복잡하게 된다. 주제 – 숫자식 체계와 이중숫자식체계는 모두 그러한 확장을 허용한다. 다른 한편 알파벳순 – 숫자식은 26 이상의 새로운 주요표목의 추가를 허용하지 않는다. 듀이 십진체계는 제1, 제2, 제3의 주제의 수를 10까지로 제한하지만, 소수점 이상의 수의 확장을 무제한으로 허용한다. 이 체계하에서 기록들은, 독일의 아키비스트 A. 브레네케가 지적한 것처럼, 10개로 구획된 프로크루스테스의(Procrustean) 침대에 들어가도록 임의적으로 강제된다.[15]

---

15) W. 리쉬(편), *ibid.*, p. 82.

제10장
처리관행(disposition practices)

이 책에서 사용되는 "처리"(disposition)라는 용어는, 기록의 최종적인 운명을 결정하는, 기록에 대해 부과된 모든 행위를 포함한다. 기록은 일시적인 보관을 위해 기록센터(records center)로 이관되거나, 영구보존을 위해 기록보존기관에로 이관될 수 있고, 축소사진술의 방법에 의한 부피의 감소, 또는 완전한 파기로 운명지어질 수 있다.

기록처리계획(disposition program)의 효율성은 그 결정의 정확성에 의해서만 판단되어야 한다. 그리고 결정의 정확성은 대체로 그 결정 이전에 기록이 어떻게 분석되었는가에 달려있다. 모든 경우에 있어서 근본문제는 가치(value)의 문제이다. 일시적인 보관을 위해 이관하는 경우, 가치는 장래의 행정적, 법률적, 재정적인 이용을 위한 것이다; 기록보존기관으로 이관하는 경우, 그 가치는 연구나 다른 지속적인 목적을 위한 것이다. 마이크로필름 촬영할 것이 제안된다면 그 비싼 비용은 기록이 그 비용을 담보할만한 1차적인 또는 2차적인 가치를 가지고 있을 때에만 정당화될 수 있다. 그리고, 기록의 파기를 위한 행위가 취해질 때마다 가치판단이 분명하게 이루어져야 한다.

처리계획에 있어서 주의깊은 분석작업을 대신할 만한 것은 없다. 가치에 대한 결정 작업을 기계적인 시행으로 축소시킬 기술(techniques)은 고안될 수 없다. 만들어진 모든 기록을 파기하는 작업, 문자 그대로 선반 위의 모든 것을 쓸어버리는 작업의 하나가 아니라면, 기록의 처리를 위한 값싸고 손쉬운 방법은 없다. 그러한 과감한 방법은 사회제도에서, 그리고 사회제도에 관한 기록에서 어떤 장점도 찾지 못하는 허무주의자에게나 호소력이 있을 것이다.

이 장에서 나는 (1) 처리의 문제를 결정하는 데 필요한 정보의 종류 (2) 처리의 목적으로 기록을 기술(description)하기 위해 입안되어야 하는 문서 (3) 처리를 달성하기 위해 취해질 수 있는 행위의 종류에 대해 논의해 보려고 한다.

기술(descriptions)의 종류

유념해야 할 것은 공기록은 두가지의 다른 문제와 관련하여 기술될 수 있다는 것이다. 하나는 그 본질적인 내용이고 다른 하나는 공기록의 구조 또는 물리적 성격—즉, 그 단위상의 형태(form)와 정리(arrangement)의 문제이다. 공기록은 다음과 관련하여 본질적으로 기술될 수 있다. (1) 공기록을 생산한 기관의 조직적 단위 (2) 공기록을 생산하게 한 기능, 활동, 조치(이 용어들은 앞장에서 정의하였다) (3) 공기록과 관련된 주제이다. 공기록은 다음과 관련하여 물리적으로 기술될 수 있다. (1) 공기록이 파일되는 분류틀(또는 그 구분) (2) 공기록이 분류되는 파일단위 (3) 그것이 이루고 있는 도큐멘터리의 종류이다. 기록의 기술은 다음과 같은 도표로 예시될 수 있다:

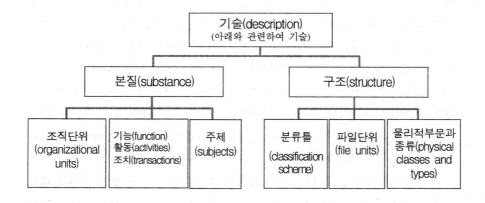

먼저 기술을 정리와 관련하여 살펴보자. 이상적인 등록체계하에서 파일부문(file classes)이나 파일단위는 앞장에서 지적한 바와 같이 기능, 활동이나 주제와 관련하여 설정된다. 기록이 적절하게 분류된다면, 기록은 그러한 부문이나 단위와 관련하여 대단히 정확하게 식별될 수 있다. 그러나 기록이 적절하게 분류되지 않는다면, 개별적인 파일단위는 보통 가치 있는 단위기록과 가치 없는 단위기록의 구분이 없는 집합들을 이룬다. 따라서 파기 또는 보유되어야 할 특정한 자료의 식별은 사실상 불가능하다. 마찬가지로 미국의 이상적인 파일링체계에서도, 분류틀이나 파일링틀은 파기될 자료와 보유될 자료에 대한 정확한 식별을 위한 기초를 제공해야 한다. 대부분의 미국의 파일링체계에 속한 폴더와 같은 작은 파일단위는 대개는 주제사안에 의한 기록의 주의깊은 구분을 기초로 설정된다; 그러나 파일단위는 종종 분류원칙과 상관없이 함께 분류된다. 따라서 분류틀의 구분에 의해 파기될 자료와 보유될 자료의 식별하는 것이 불가능하다. 기록의 처리를 위해서는 그것이 적절하게 분류되었을 때에만, 파일부문에 의해 식별되어야 한다.

　두번째로, 기술을 단위상의 형태나 도큐멘터리의 종류와 관련하여 살펴보자. 이러한 견해에서 볼 때, 기록은 크게 문자로 된 기록, 시청각기록, 도면기록으로 구분될 수 있다. 이들 큰 부문들은 여러 가지 하위의 종류들로 세분될 수 있다. 시청각자료에는 동영상, 사진, 녹음기록이 포함된다. 도면자료는 대개 지도와 그 관련 기록으로 간단히 이루어진다. 문자로 된 자료는 많은 물리적 종류들로 세분될 수 있는데, 그 각각은 대개, 신청, 계약 이행, 보급품 조달과 같은 공통적인 행위의 종류를 편리하게 하기 위해 만들어진다. 따라서 "신청서", "계약서", "조달서"이라는 물리적 형태가 만들어지게 된다. 다른 공통적인 물리적 종류들로 "통신", "급료지불명부", "질문서", "보고서"와 "일정표"가 있다. 만약 특정한 부서의 기록을 분석한다면, 그 기록은 하나 또는 그 이상의 물리적 종류들로 이루어진다는 것을 알 수 있을 것이다. 그러나 종류는 더욱 세분될 수 있다. 예를 들면, 통신은 수신 및 발신이나 그 합본으로, 또는 내용본위의 파일과 연대순의 파일로 구분될 수 있다. 서식은 번호와 표제에 의해서도 구분될 수 있다. 보고서는 그 성질(예를 들면 통계학적이거나 설명체의)에 의해서, 또는 빈도(일간, 월간, 연간)에 의해 식별될 수 있다.

　세번째로, 기술을 본질(substance)과 관련하여 살펴보자. 자세히 열거된 단위의 기록이나 조직적인 단위에 대한 기록일 때, 또는 자세히 열거된 기능이나 활동에 관한 기록일 때, 그것들의 기원에 따라 광범위한 일반적인 부문들로 본질적으로 기술될 수 있다. 기록은 특정한 조치나 주제에 관한 것일 때, 그것은 상세한 용어로 기술될 수 있다. 그리고 기록에 대한 기술은, 위에서 논의한 물리적인 분석의 요소와 본질적인 분석의 요소를 결합함으로써 보다 상세한 것이 될 수 있다. 예를 들면, 기록의 물리적인 종류의 하나인 "보고서"는 한 부서의 현금자산이라는 주제와 관련하여 만들어질 수 있을 것이다; 그 경우 "보고서"는 "현금자산에 관한 보고서"로 기술될 수 있을 것이다. 또는 "보고서"는 한 부서에 대한 보급품 조달활동에 관한 특정한 조치와 관련하여 만들어질 수 있을 것이다; 그리고 우리는 "수령보고서" 또는 "잉여금보고서"를 가질 수 있을 것이다. "현금자산에 관한 보고서"와 "수령보고서"는 그것과 관련이 있는 주제나 조치의 종류가 반복적으로 다루어지기 때문에 집합적으로 기술될 수 있다는 것을 유의해야 할 것이다. 반복적인 행동으로부터 생기는 그러한 종류의 기록은 "반복"(recurrent)이라는 종류로 표기될 수 있다; 그리고 그것들은 흔히 서식을 이룬다.

반복기록의 종류는 주로 다음과 관련하여 생산된다. (1) 부수적인 활동, 예를 들면 재산, 통신, 보급, 시설, 예산, 인사에 관한 활동 (2) 정부계획의 지시 및 관리와는 다른, 집행과 관련된 활동이다. 한 기관에서 생산된 반복기록의 수는, 규정된 정책과 절차에 따라 수행되는 기관의 기능의 정도에 달려 있다. 기관이 커질수록, 그 기록의 수는 더 많아지는 경향이 있다. 큰 기관에서는, 보다 상급수준의 행정기관에서조차도, 조치는 표준적인 시행의 절차에 따라 수행될 수 있는데, 이는 반복류의 생산을 초래한다. 그러한 기관의 시행상 가장 하급수준에서도, 개인이나 법인체의 부문들을 포함하는 조치는, 일정한 방식으로 수행하거나, 또는 조치에 관한 기록이 반복류로 분류되는 것을 허용하는 방식으로 수행될 수 있다.

처리문서

실제로 세계의 모든 국가에 있어서 공기록을 파기하기 위한 계획은 아키비스트에 의해 자세히 검토되기 때문에, 공기록을 취급하는 모든 공무원들과 아키비스트는 그러한 자세한 검토가 이루어지는 시점에서 만나게 된다. 공기록의 평가에 관해서, 그리고 그 평가의 결과로서 공기록에 대해 취해지는 행위에 관해서 기록관(records officials)과 아키비스트의 모두의 요구에 부응하기 위해 어떤 종류의 문서가 입안되어야 하는가.

처리문서는 여러 가지 목적에 제공될 수 있다. 그 목적은, 즉각적으로, 또는 어떤 특정한 시기에 처리되어야 하는 정부기관에서 집적된 기록의 조직(bodies of accumulated records)을 식별하는 것과 같은 간단한 것이 될 수 있다. 이 목적을 위해 만들어진 문서를 "처리목록"(disposal list)이라고 부른다. 또는 그 목적은, 자세히 열거된 주기에 의해서 향후 처리가 이루어져야 할 반복류의 기록을 식별하는 복잡한 것이 될 수도 있다. 이 목적을 위해 만들어진 문서를 "처리일정표"(disposal schedule)라고 부른다. 또는 그 목적은 기관의 모든 기록의 조직체를 식별하고, 그것들이 처리될 것인지 아니면 기록보존기관으로 이관될 것인지, 그 각 각에 대해 취해져야 할 처리를 지시하는 포괄적인 것이 될 수 있다. 이러한 방식으로 모든 기록을 포괄적으로 다루는 문서를 "처리계획서"(disposal plan)라고 한다.

처리계획서

처리계획서의 주요목적은 그것과 관련이 있는 기관의 기록이 어떻게 다루어져야 하는가에 관해서, 그 기관과 아카이브즈 관리공무원 사이에 이해를 위한 기초를 제공하는 것이다. 그것은 기록 파기에 관한 행위의 계획일뿐만 아니라; 오히려, 그 기록들 가운데 일부를 확실히 보존하기 위해 특별히 고안되었다. 따라서 처리계획서는 가치를 결여한 기록뿐만 아니라; 가치 있는 것과 없는 것 모두를 다루어야 한다. 그것은 정부기관 또는 기록보존기관 중 그 어느 한 곳의 요구에 주로 제공하려고 만들어지는 것이 아니고; 그 두 모두의 요구에 응해야 한다. 처리계획서의 목적은 처리의 내용과 형식을 지시한다. 즉, 처리계획서의 취급범위는 포괄적이어야 하고; 그 기술은 가치 있는 기록을 강조해야 한다; 그리고 처리계획서의 입안은 기록보존 공무원과 기관의 공무원이 공동으로 협력하는 사안이 되어야 한다.

처리계획서는 그 취급범위가 포괄적이기 때문에, 처리계획서와 관련이 있는 기관에서 생산된 도큐멘테이션에 대한 전반적인 관점을 제공해야 한다. 따라서 그 계획서는 기관의 도큐멘테이션을 평가하는데 필요한 기관의 기원, 발달, 조직적 구조와 계획에 관한 어떤 일반적인 배경정보를 포함해야 한다. 이 정보는 서론적인 항에 설명적인 형태로 가장 잘 제시될 수 있다. 나아가 처리계획서는, 주요계획이나 기능과 관련하여 행정의 여러 단계에서 생산된 특정한 기록군의 중요성을 제시함으로써, 기관의 도큐멘테이션을 전체적으로 분석해야 한다. 이러한 목적을 위해서 그 기록에 관한 정보는 기능적인 표목(headings)하에 조직되어야 한다. 그것은 기록의 다양한 관계를 나타내야 한다: 주어진 기능과 특정 기록과의 관계; 주어진 기능에 관한 본질적인 기록과 부수적인 기록과의 관계; 주어진 기능에 관한 정책적 기록과 시행상(operational)의 기록과의 관계; 주어진 기능에 관해 여러 행정적 수준에서 생산된 기록들 사이의 관계 등을 나타내야 한다.

처리계획서는 보존되어야 할 기록의 포괄적인 범위를 다루기 때문에, 기록의 가치를 명확히 하여 줄 방식으로 가치 있는 기록을 기술하여야 한다. 이것은 처리목록, 처리일정표에는 대부분 포함되지 않는 많은 본질적 기능과 관련된 기록이 대단히 자세히 기술되어야 한다는 것을 의미한다. 처리계획서는 처리계획서와 관련된 기능, 활동, 주제나 그 종류와 관련하여 기술되어야 한다. 가치 있는 기록에 관한 정보는 가치 없는 기록에 관한 것보다 더 완벽해야 한다. 기록의 처리형태는 일반적인 용어로만 기술되어야 한다. 가치있는 기록에 관한 정보는 일차적으로 파기되어야 할 기록과 보유되어야 할 기록의 관계를 보여주기 위해 처리계획서에 포함되어야 한다. 왜냐하면 어떤 것이 보유되어야 하는가를 알아야만 어떤 것이 파기되어야 하는지를 확실히 판단할 수 있기 때문이다. 만약 반복류의 기록의 어떤 표본이 정부의 가장 하급수준에서의 기관의 시행에 대한 증거로서 또는 다른 목적을 위해서 보존되어야 한다면, 그 처리계획서는 채택되어야 할 표본의 종류를 지시해야 한다.

처리계획서는 특정한 기관의 기록의 운명에 관한 협정규약을 구성하기 때문에, 그것은 기관의 공무원과 아카이브즈 관리공무원의 협력적 기반위에서 입안되어야 한다. 아키비스트가 일단 기록을 관리하게 되면 그 기록의 해석을 위해 기관과 그 기관의 도큐멘테이션에 대한 일반적인 배경정보가 필요하고; 그는 그 정보를 집적하거나 또는 그 집적을 지원해야 한다. 기록의 관계에 대한 상세한 분석은 기관의 기록관에 의해서 입안되어야 한다.

처리일정표

공기록의 처리에 관한 일정표를 입안하는 절차가 한동안 여러 국가에서 수행되어 왔다. 나는 이러한 절차가 등록체계를 사용한 국가인 영국에서와, 현대적 파일링체계를 사용한 국가인 미국에서 어떻게 발달되었는가를 검토하려고 한다.

영국에서는, 1877년의 공기록법령(Public Record Act of 1877)하에서 기록보존감독관(the Master of Rolls)은, 부처별 기록에 대해서 관련된 부처의 장이 승인하고 재정성이 승인한 규칙(rules)을 만들 권한을 부여받았다. 그것은 "공기록관에 보존되어 있거나 공기록관으로 이관될 수 있는, 그리고 공기록관에서 보존할만한 충분한 가치를 갖지 않은 문서를 파기 또는 다른 방식으로 처리하는 것에 관한" 규칙을 만들 권한이었다. 어떤 기록에 관한 것이든 처리의 권한이 행사되기 이전에, 기록보존감독관은, "처리가 제안된 문서를 입안하기 위한 일정을 잡도록 요청을 받는다. 그 일정에는 문서의 목록, 또는 유사한 성질이 있는 문서를 포함"하거나, "문서의 성격과 내용에 관한 일람표 – 하원으로 하여금 그러한 문서가 제시된 방식으로 처리되는 것이 편리하다고 판단할 수 있도록 산정된 – 가 포함된다". 일정의 입안에 있어서 법령(Act)이 규정한 바에 의하면, "같은 부문이나 같은 기술이 이루어질 몇몇 문서가 있을 경우, 각 각의 문서를 개별문서로 분리하여 자세히 열거하는 대신에, 관행적인 한에서 문서의 성질과 내용에 따라 분류하는 것으로 충분할 것이다"[1].

현재에도 효력이 있는 1882년 기록보존감독관에 의해 공식화된 규칙하에서, 정부부처는 기록에 대한 "파기일정표"(destruction schedules)의 초안을 작성하기 위해 기록에 "특별히 정통한" 저명한 직원을 임명하라는 요청을 받았다. 초안을 작성함에 있어서 그 직원은 "그 일정표에 법률적, 역사적, 계통학적, 고고학적인 이용이나 관심이 상당히 고려될 수 있는 문서나, 또는 다른 곳에서는 획득될 수 없는 중요한 정보가 포함되지 않도록 모든 주의를 기울이도록 요청받았다". 일정표와 그 일정표에서 언급된 기록에 대해서 공기록관의 직원이 조사한다. 그 직원은 처리에 관한 한 의사록을 보존하도록, 그리고 "심사할 모든 문서나 문서의 부문들을 회의록에 언급"[2]하도록 요청을 받는다.

미국 연방정부에서의 처리일정표를 입안하는 절차는 처리목록을 입안하는 관행에서부터 생겨났다. 처리목록을 작성하는 관행은 1899년 2월 16일의 의회법령 (Act of Congress of February 16, 1899, 25 Stat. 672)에 의해 제정되었다 그 법령은 "영구

---

1) 영국, 공기록에 관한 왕립위원회, 『1차보고서』, I, 제1부, "가치없는 기록의 처리에 관한 법령"을 포함한 추록 7(Royal Commission on Public Records, *First Report*, I, Part I, Appendix Containing "Act for the Disposal of Valueless Records" 7).
2) *ibid.*, 추록 37.

적 가치나 역사적 중요성을 갖지 않은" 기록은 부서의 장에 의해서, 파기를 관할하는 권리를 보유한 의회에 보고되어야 한다고 규정하였다. 1912년 3월 16일 행정명령 제1499호(Executive order No. 1499 of March 16, 1912)에 따라, "역사적으로 중요성이 있다고 간주될 수 있는 그러한 서류를 보존하는 지혜와 더불어 유익한 견해"를 얻기 위해서, 처리할 기록의 목록이 의회의 사서국(Librarian of Congress)에 제출되었다[3]. 국립기록보존소를 설립하게 한 1934년 6월 19일의 법령(Act of June 19, 1934, 48 Stat. 1122)에서 미국의 아키비스트는 매년 의회에 대해 "영구가치, 역사적 중요성을 갖지 않는 것으로 보이는 서류, 문서 등 . . . 의 일람표나 기술"을 제출하는 책임을 지게 되었다.

처리기록의 연차목록을 자세히 검토하는 일은 국립기록보존소의 직원에게는 대단히 시간이 걸리는 일이었다. 따라서 나는 1938년 7월 30일의 비망록에서 당시 나의 특별한 관심사였던 농무성의 기록에 대한 처리일정표가 입안되어야 한다고 제안했다. 이 제안은 보유되어야할 기록과 파기되어야 할 기록의 여러 종류를 자세히 열거한 산림국(Forest Service)의 연차목록의 제출에서 비롯되었다. 국립기록보존소가 설치되기 전에는 산림국은 이 목록을, 1907년 3월 4일 정부지출금법령(Appropriation Act of March 4, 1907, 34 Stat. 1281)에 의해 의회의 비준없이 농무성의 기록을 처리할 권한을 부여받은 농무성 장관에게 제출하였다. 처리일정표를 입안하는 절차는 1924년 5월 16일 예산국에서 창설한 부서업무간소화에 관한 부처간 평의회(Interdepartmental Board on Simplified Office Procedures)에 의해 일찍이 1925년에 모든 연방기관에게 권고되었다. 이 평의회는 기록의 파기에 관한 "확정적이고 통일적인 정책"을 권고하였다. 그 정책은 각 부처내의 위원회에 의해 "영구보존되어야할 서류와 후에, 즉, 1년, 3년, 5년, 등의 후에 파기될 문서의 부문"에 대한 분석을 기초로 하였다.[4] 처리일정표를 입안하는 절차는 1943년 3월 7일 기록처리법령(Records Disposal Act of July, 7, 1943, 57 Stst. 380~383)에서 모든 연방기관에 대해 규정되었다. 그러나 미국에서의 절차는 부서절차간소화에 관한 부처간 평의회의

---

3) H. P. 비어스, "1934년 이전 연방정부의 기록처리정책의 역사적 발전," 『미국의 아키비스트』, VII권, 3호.(Beers, Henry P., "Historical Development of the Records Disposal Policy of the Federal Government Prior to 1934," *The American Archivist*, VII, No. 3, July), 1944, p. 189.

4) *ibid.*, p. 194.

권고나 영국정부의 관행에 기원을 둔 것은 아니었다.

처리일정표는 반복기록류를 파기하기 위한 권한의 획득이라는 단 하나의 중요한 목적을 달성하기 위해 고안되어야 한다. 그러한 형태의 기록에 대해 필요한 분석은 조직과 기능에 관한 기본적인 도큐멘테이션에 필요한 분석과는 다르다. 그것은 기록관과 시행관(operating officials)으로 하여금 기록관리를 가장 발전시킬 수단에 주목하게 하는 데 초점이 놓여 있다. 그 수단은 (1) 행정적 과정 및 절차의 표준화와 간소화 (2) 현용을 위한 기록의 정확한 분류와 파일링이다. 두 수단은 일정표에 기입될 수 있는 반복기록류의 수를 증가시킬 것이다.

그러므로 처리일정표는 미래에 만들어질 기록, 즉, 현재 생산되고 있고 앞으로도 생산될 기록과 관련이 있어야 한다. 이것이 반복기록이다. 지적한 바와 같이 그것은 주로 (1) 부수적인 활동 (2) 표준정책과 절차에 따라 행해지는 정부업무의 낮은 수준에서의 본질적 조치와 관련하여 생산된다. 1938년 내가 처음으로 일정절차를 제안했을 때, 나는 "일정표는 유일한 기록에 관한 것이 아니라, 반복되고 일상적인 기록에 관한 것이어야 한다..."고 진술하였다[5]. 이 견해는 경험에 의해서 타당한 것으로 나타났다. 만약 비반복적인 기록이 일정표에 기록된다면, 그러한 기록이 파기될 때마다 일정표는 쓸모가 없게 된다. 미국 연방정부의 경험에 의하면, 일정표는 정부의 특정한 조직단위의 기록을 위해서 거듭해서 입안되어야 한다. 그 가장 중요한 이유는 그러한 일정표는 일시적인 것, 즉, 단 한 번 생기는 기록에 대한 색인표가 되기 때문이다. 기관의 조직과 기능이 계속해서 변화하기 때문에, 일정표는 기관의 조직과 기능에 관한 기본적인 도큐멘테이션에 관한 아카이브즈 관리의 관점을 얻을 수 있는 적절한 수단이 아니다.

처리일정표는 기록의 처리를 편리하게 할 방식으로 기록을 기술해야 한다. 일정표의 효과에 대한 평가는, 일정표에 의해 다루어진 기록이 규정된 보유기간이 종료될 때, 그 이동될 수 있는가, 그리고 처리될 수 있는가에 달려 있다.

미래에 집적될 기록을 제거하는 데에도 적용될 수 있는 계획서를 제공하기 위해서는, 처리일정표는 합리적으로 안정된 환경 및 조건과 관련하여 기록을 식별해야 한다. 조직적 구조는 유동적인 것이므로 장래의 처리를 위한 계획서의 설정

---

5) T. R. 쉘렌버그, 『아카이브즈 참고부실장에 대한 비망록』(Schellenberg, T. R., *Memorandum to Assistant Director of Archival Service*, July 30), 1938(수고본, 국립기록보존소).

에 적절한 기초를 제공하지 않는다. 그러한 계획서는 각 조직이 변화할 때마다 문제를 일으킨다. 왜냐하면 기록에 적용한 조직적 단위가 중단될 수도 있고, 다른 단위와 병합될 수도 있고, 또는 변경될 수도 있기 때문이다. 대체로 처리일정표는 조직적인 단위와 관련해서 보다는 주요기능과 관련하여 입안되어야 한다. 만약 이러한 방식으로 입안된다면, 여러 가지 기록은 기능적인 표목하에 각 각 단위기록화될 것이다.

더욱이 처리일정표가 작동된다는 것을 입증하기 위해서는, 처리일정표는 제거되어야 할 물리적 단위에 의하여 기록을 식별해야 한다. 문제의 기록이 반복류일 때에는, 그것을 일정표에 기술하는데 어려움이 거의 없다. 특정한 단위기록은 첫째, 먼저 "질문서"(questionnaires), "보고서"(reports), "일정표"(schedules)나 "통계표"(returns)와 같은 물리적 종류에 의해 식별되어야 한다; 그리고 둘째로, 서식에 의하여 – 비록 일반적으로 서식의 제목과 번호는 그 서식이 표준이거나 영구적인 종류일 경우에만 기록을 식별하는데 사용되기는 하지만 – 식별되어야 한다. 문제의 기록이 통신이나, 분류된 파일에 포함된 유사한 기록일 때에는, 그것을 일정표에 기술하는 것에 보다 어려움이 많다. 따라서 단위기록은 분류틀의 부문들을 참조해서 일반적인 용어로 식별되거나, 또는 파일단위를 참조해서 특정한 용어로 식별될 수 있다. 그러나 이러한 기초에 의한 식별은, 기록이 현용에 있을 때 적절하게 분류되었을 때에만 가능하다. 그것은 광범위한 표목들을 참조하여 기록의 부문을 목록화한 일정표를 적용하려고 했던 영국정부의 경험으로 예시될 수 있다. 그리그 보고서(*Grigg Report*)에 의하면, 이 표목들은 "이 문서들이 현재 관리되는 과정에서 생기는 방식과 거의 관련이 없다."[6] 부문이 회계문서나 통계보고서와 같이 특정한 종류의 문서들로 이루어져 있을 때, 공기록관의 직원은 그 문서 중에 몇 개의 표본을 조사함으로써 그 문서의 성질을 결정할 수 있다. 그러나 부문들이 광범위한 주제표목으로 식별된 기록으로 단순하게 이루어져 있을 때에는, 그 직원은 부문 내에 있는 개별적인 문서의 조사를 부처 자체에 위임한다. 그러면 부처는 파일이 전부 파기되어야 할 것이지, 아니면 파일내의 어떤 문서가 파기되어야 할 것인지를 결정하기 위해서 그 파일을 검토해야 한다. 그리그 보고서에 따르면 "이러한 정리의

---

6) 영국, 부처기록위원회, 『보고서』(Committee on Department Records, *Report*: London), 1952, p. 24.

결과는, 역사적인 기준(historical criterion)을 구사하는 주요 직책에 그 재검토 작업을 감당하기에 최소한의 자격요건을 가진 비교적 하위관리가 임명되는 것이다"[7].

처리일정표는 기록을 생산한 기관의 이익을 보호하기 위해 필요한 정도로 상세하게 기록을 기술해야 한다. 회계에 관한 기록은 이러한 이유로 정확하게 기술되어야 한다. 기록을 부적절하게 파기하는 것은 시행관으로 하여금 행정적인 낭패, 경제적 손실, 법적 책임에 휘말리게 할 수 있다. 그러므로 그러한 기록은, 예를 들면, "조달기능"과 같이 주요 부수적인 기능에 관한 기록과 같이 일반적인 용어로 기술되어서는 안된다. 그러한 기술은 너무나 광범위해서 그것들의 장래에 제거에 대해 안전한 기반을 제공하지 않는다. 기술이 활동에 의한 것이라면, 예를 들면, "조달기능"에 속한 "장비의 구입"과 같은 기술도 적당하지 않다. 회계기록은, 예를 들면, "구입에 대한 강제적 요청" 등과 같이 그것의 조치에 관한 기초 위에서 설정된 반복기록에 의하여 식별되어야 한다. 이 정도의 상세한 기술은 기관의 이익의 보호를 위해 필요한 것이며; 아키비스트의 평가에 정보상의 기초를 제공하기 위해 필요한 것은 아니다.

이러한 한계에도 불구하고, 처리일정표는 현용파일로부터 많은 불필요한 서류가 질서있게 이동되고 처리되는 위한 기초를 제공한다. 따라서 처리일정표는 관리(management)의 중요한 도구의 하나이다.

처리목록

처리목록은 손쉽게 입안된다. 처리목록은, 처리가 단 한번 일어난다는 의미에서 한 번의 처리행위를 위한 기초로 제공되기 때문에, 처리목록의 내용에는 처리목록이 기록에 관해서 정보를 가지고 있다는 것이 강조되어 나타나야 한다. 본질적인 기술은, 시행관과 기록관 모두에 의한 기록의 평가를 위해 필요하다. 대부분 그러한 기록은, 지적한 바와 같이, 오직 한번 자세히 검토될 종류인 정부프로그램의 행정 및 지시와 관련이 있을 것이다. 강조되어야 할 점은, 이 기록들이 아키비스트가 특히 관심을 갖는 기록이고, 그의 평가를 위해 모든 정보가 제공되어야 한다는 점이다. 그것의 물리적 식별에 관한 정보는 비교적 덜 중요한데 이것은

---

7) *ibid.*, p. 25.

주기적인 간격으로 미래의 처리를 위해 일정이 잡힌 기록의 경우와 같이, 그것들이 거듭해서 확인되어서는 안될 것이기 때문이다.

정보는 기관내의 각 조직단위가 과거에 집적한 기록을 바탕으로 주기적으로 입안되어야 한다. 기록은 다음과 관련한 분류별 또는 단위별로 기술되어야 한다. (1) 기록과 관련이 있는 기능, 활동, 또는 주제 (2) 기록이 이루고 있는 물리적 종류, 즉, 통신, 서식, 보고서 등 (3) 기록이 식별될 수 있는 물리적 특징과 관련된 분류별 또는 단위별로 기술되어야 한다.

처리행위

일단 기록의 처리에 관한 결정이 이루어지면 그것을 실행에 옮기기 위해 취해질 수 있는 행위는 매우 간단하다. 그러므로 여기에서는 행위를 채택하는데 뒤따를 상세한 절차는 다루지 않고, 선택할 수 있는 몇 가지 행위 가운데 어떤 하나를 선택하는 데 있어서 고려되어야 할 주요요소에 관해서만 한정해서 진술할 것이다.

파기(destruction)

선택할 수 있는 행위의 첫번째는 기록의 철저한 파기이다. 파기의 결정을 내리게 하는 대부분의 요소에 대해서는 이미 검토하였다. 그것을 간략히 재검토해야 할 것 같다:

파기의 결정은, 철저한 분석을 기초로 하여, 기록의 현용에 관심이 있는 시행관들과 기록의 2차적인 이용에 관심이 있는 아키비스트에 의한 적절한 검토를 바탕으로 정확하게 이루어져야 한다.

파기될 기록은 그것이 용기나 선반에서 제거될 때 정확히 식별되어야 한다. 처리계획서, 처리일정표, 그리고 처리목록에서의 파기될 기록의 정확한 식별은 파기될 때의 정확한 식별을 위한 핵심적인 선행과정이다.

기록은 처리문서 속에서의 정확한 식별을 위한 선행과정으로서 현재의 이용을 위해 정확히 분류되어야 한다. 기록은 그것들이 사용이 끝난 뒤, 파기를 위해 쉽게 이관될 수 있는 방법으로 분류되고 파일되어야 한다. 파일이 등록체계에 따라서 정리되었든지, 아니면 미국식의 파일링체계에 따라서 정리되었든지 간에, 파일의 추려내기(sifting)와 제거(weeding)는 비용이 많이 드는 문제이다. 실제로, 만약 검토되고 있는 기록의 대부분이 처리를 위해 분류될 수 없다면, 추려내기는 경제적 관점에서는 정당화되기 힘들다. 왜냐하면 처리를 위해 기록을 분류하는 것보다 불필요한 단위기록을 가치 있는 단위기록과 함께 보존하는 것이 값이 덜 들 수 있기 때문이다. 그래서 분류는 처리관행과 직접적인 관계가 있다. 기록은 그것의 처리라는 관점에서 사전분류될 필요는 없다. 예를 들면, 통신에 있어서 자세히 열거된 주기로 이동이나 처리를 허용하기 위해, 통신과는 별도의 부문이 설정될 필요는 없다. 처리문제를 결부시키지 않고, 현용을 위해 기록을 적절하게 분류하는 것은 대단히 어렵다. 처리를 위한 사전분류는, 분류에 이질적이고 복잡한 요인을 가져온다. 기록은 1차적으로는 그것의 현용을 편리하게 하기 위해 분류되어야 하고, 그것들의 이관과 처리를 편리하게 하기 위한 것은 2차적인 목적이다. 그러나 만약 기록이 기능과 관련하여 적절하게 분류된다면, 보통 그것은 기능과 관련하여 제거될 수 있다. 왜냐하면 기능과의 관계에서 기록의 중요성이 기인되기 때문이다.

파기에 대한 결정은 최종적이고 변경할 수 없는 것이어야 한다. 기록처리계획에서 가장 크고 가장 쉽게 입증되는 경제성은, 기록이 현용에 제공된 이후 2차적인 이용에 가치가 없다고 평가되었을 때 그것을 즉각적으로 파기함으로써 달성될 수 있다. 곧바로 파기되었어야 할 기록이 일시적으로 부서나 기록센터에 있을 때, 또는 원본형태로 파기되었어야 할 기록이 마이크로필름으로 남겨 질 때 불필요한 비용이 발생된다. 특수한 상황을 제외하고, 기록은, 그것이 가치가 없다고 판정할 필요성을 연기하기 위해서나, 또는 관찰에 의해서 그것이 쓸모가 없다는 자신의 의견을 실증하기 위해서, 일시적으로 보존되거나 마이크로필름화 되어서는 안 된다. 기록의 무가치함에 관한 옳은 의견은 대개, 기록에 대한 철저한 분석, 그리고 그것의 미래의 이용가능성에 대한 철저한 분석을 통해 이루어질 수 있다.

기록은 적절한 방식(manner)으로 파기되어야 한다. 파기에 수반되는 방법(methods)은 상대적으로 중요하지 않다. 보통 그것은 폐지로 매각된다. 그러나 그 경우, 그 기록은 그 기록의 내용을 파기하기 위해 물에 분해하거나 다른 방법으로 처리되어야 한다. 만약 매각에 관한 계약이 성립한다면, 그것을 기록이나 문서로서 다시 판매하는 것을 금지하는 조문이 계약에 포함되어야 한다. 침수나 다른 처치는 극비의 기록의 경우에는 항상 권고사항이다. 만약 기록이 매각되는 것이 이익이 되지 않거나, 기관이 정부나 개인의 이익에 불리한 정보의 유출을 방지하기 위해 필요하다고 여겨지면 소각에 의해 파기할 수 있다.

마이크로필름 촬영

기록에 대해 취할 수 있는 두번째 행위는 마이크로필름으로 촬영하는 것이다. 마이크로필름 촬영은 기록을 또 다른 매체나 형태로 보존하는 방법이다. 그것은 확대경이 없이는 읽을 수 없을 만큼 작은 사진복사본을 만드는 기술이다. 축소사진술로 촬영된 기록의 축소사진본을 판독할 때, 대개는 이 영상을 스크린 위에서 읽을 수 있을 정도로 확대하기 위해 마이크로필름 판독기(microfilm reader)가 사용된다. 기록을 마이크로필름으로 촬영하는 목적은 보통 두가지이다. 즉, (1) 기록의 부피를 축소하는 것 (2) 기록의 영구성을 확보하는 것이다. 기록을 마이크로필름으로 촬영하기 위한 결정은 다음의 원칙에 기초해야 한다:

마이크로필름으로 촬영될 기록은 그 촬영의 비용을 정당화할 만한 가치를 가져야 한다. 앞서 언급한 바와 같이 촬영가격은 비싸다. 기록을 원본형태로 보존하는 비용을 능가할 수밖에 없다.

마이크로필름으로 촬영될 기록은 촬영에 적합한 물리적 특질을 가져야 한다. 필름으로 촬영하는 목적의 하나는 부피를 줄이는 것이기 때문에, 촬영될 기록은 보통 방대한 시리즈여야 한다. 촬영된 문서는 한번에 하나씩만 판독할 수 있기 때문에 그 시리즈내의 다른 단위와의 관계로부터 유래된 것과는 다른 의미를 갖는, 하나의 완전한 단위가 되어야 한다. 대체로 두개의 문서가 동시에 영사될 수 없기 때문에 필름화된 문서는 비교하기가 힘들다.

마이크로필름으로 촬영될 기록은, 촬영하기에 적절한 정리를 가지고 있어야 한다. 촬영될 기록은 어떤 명확한 유형이나 체계 - 숫자식, 알파벳식, 연대순 - 이나 잘 다듬어진 분류체계에 따라 정리되어야 한다. 그렇게 정리된 문서는, 정리의 틀(scheme of arrangement)을 참조하여 쉽사리 찾아질 수 있다. 문서의 정리가 간단하지 않을 때, 그것들을 필름에서 찾아내기 위해 편집하고 색인을 붙여야 한다. 편집과 색인에 관한 탁월한 안내서는, 1946년 『기록의 마이크로필름촬영』(*Microfilming of Records*)이라는 표제로 미국의 육군성에서 간행되었다. 그 개정판은 1955년에 간행되었다.

기록은 적절한 방식으로 마이크로필름 촬영되어야 한다. 사진복사본은 앞으로 있을 참조에 필요할 지도 모를, 원본에 있는 모든 중요한 기록의 상세한 부분을 포착해야 한다. 기술적으로, 필름원료와 그 공정은, 사진복사본이 종이의 100퍼센트 랙 페이퍼(lag papers, 상질지)의 내구성을 가질 정도의 품질이어야 한다. 사진복사본은 모든 본질적인 측면에서 원기록에 대한 적당한 대용물이 되어야 한다.

축소사진술은, 정부의 활동의 확대와 현대적인 복제기의 이용의 결과로 기록의 양이 기하급수적으로 증가함에 따라 같은 비율로 기록의 부피를 축소시키는 하나의 수단을 제공하였다. 그것은 수명이 짧은 종이에 영구성이 가능하도록 만들었다. 잘 적용된다면, 축소사진술은 기관의 기록문제 해결에 크게 공헌할 수 있다. 그것은 현대적 기록관리에 적합한 현대적 기술이다.

기록센터로의 이관

세번째로 선택할 수 있는 처리행위는 일시적인 보존을 위해 기록을 기록센터로 이관하는 것이다. 기록센터는 적어도 세가지의 분명한 필요성에 부응한다. (1) 기록센터는, 정부에 정규적으로 집적되어 장기간 보존해야 하는 종류의 기록을 수용하는데 제공된다 (2) 이 센터는, 없어진 기관이나 종식된 활동에 대해 특별히 집적된 기록을 수용하는데 제공된다 (3) 이 센터는, 기록관리나 기록보존계획의 착수에 있어, 정규적인 기록과 특수한 기록, 가치 있는 기록과 가치 없는 기록 등, 과거에 집적된 모든 기록의 집중을 위한 장소로서 제공된다.

이러한 필요성 가운데 첫번째를 충족시킴에 있어서, 기록센터는 정부기관 보다 더 저렴한 보관소를 제공하고, 기록을 이용하는데 보다 접근가능하도록 만들고, 종종 기록의 분석과 최종적인 처리를 손쉽게 하는 조건을 만든다. 발밑에 걸려 업무를 방해하면서 비싼 사무공간에 오랫동안 보관되어 온 기록은 기록센터에로 이관될 수 있다. 그것들이 이관되면 파일링장비나 그것이 차지했던 공간을 다른 현용기록을 위해 쓸 수 있게 된다. 따라서 대체로 정부에게 기록센터는, 기록의 활용이 끝났을 때, 값비싼 장소로부터 값싼 장소에로 그러한 기록이 질서 있게 이동되도록 하나의 수단을 제공하고, 기록이 최종적으로 파기되거나 기록보존기관으로 이관되기까지 최후의 보관을 위한 하나의 수단을 제공한다.

두번째의 필요성을 충족시킴에 있어서, 기록센터는 기록과 관련이 있는 사안들이 더 이상 정부의 관심사가 아니기 때문에 값비싼 사무공간으로부터 이관되어야 하는 기록을 위한 보관공간을 제공한다. 그러한 기록 중에는 경제불황, 또는 전쟁시의 생산과 운송의 규제 등을 다루기 위해 설치된 기관들에 의해 생산된 기록; 혹은 의회의 명령이나 어떤 다른 방식에 의해 종결된 활동의 결과로 생산된 기록이 있다.

세번째의 필요성을 충족시킴에 있어서, 기록센터는 정부건물을 청소하는 하나의 수단이다. 잠시동안 정부 건물내의 셀 수 없이 많은 지하실, 다락방에 집적되어온 기록은 기록센터에로 이관될 수 있다. 정부건물의 청소가 행해지기 이전에 기록센터는, 이관되는 공간에서 행해지는 것보다 더 엄밀한 분석이 필요한 기록을 수용할 수 있어야 한다. 만약 기록센터가 그렇게 할 수 없다면, 정부의 가치 있는 기록은 과거세대의 집적된 부스러기들과 함께 사라져버릴 수 있다.

만약 기록센터가 경비절감과 정부업무의 능률개선의 목적을 달성하고자 한다면 몇 가지 사실이 고려되어야 한다.

기록센터는, 피할 수 있는 한, 쓸모 없는 기록의 보관을 위해 사용되어서는 안된다. 가치가 의심스러운 기록을 센터에 이송하는 것은, 기록센터가 기록관리나 기록보존계획의 첫단계로서 역할하는 정부의 경우와 같이, 기록에 관한 결정이 현재 이루어질 수 없는 경우에만 정당화된다. 처리일정표가 입안되는 동안, 또는 다른 시기에, 만약 관리들이 기록을 어떻게 해야 할지를 알지 못한다는 단순한 이유 때문에 기록을 기록센터에 위탁한다면, 기록센터는 쓸모 없는 자료들의 장기보존을 위한 쓰레기장이 되기 마련이다. 그렇게 되면 경제성이라는 목적에 어긋나게 된다. 실제로 영국의 부처기록위원회는 "'중간지대' 보존소 체계의 최대의 결점은 그 체계가 각 부처로 하여금 그들 기록의 자세한 검토를 미루게 한다는 데에 있다"[8]고 논평하였다. 기록센터는 정부 공무원이 그 순간에 그 운명을 결정할 수 없는 기록의 보존을 위해 일반적으로 사용되어서는 안된다.

기록센터는 어떤 종류의 기록을 보존하기 위해 우선적으로 사용되어야 한다. 이 종류는 기록과 관계가 있는 활동에 의해서, 그리고 기록의 유용성의 지속에

---

8) *ibid.*, p. 70.

의해 식별될 수 있다. 가장 적합한 종류는 모든 현대정부에서 생산되는, 회계, 규정, 조사, 소송, 인사 등의 행위에서 생기는 大기록 시리즈(large record series)이다. 영국에서는 그것을 "특례"서류라고 부른다; 그것은 보통, 개인과 기업에 관한 정보를 제공한다. 그것은 반복류의 기록 – 즉, 그 정보적 내용을 기초로 하여 평가될 수 있고, 보통은 명확하게 종료되는 특정행위와 관련이 있고, 처리계획서에 의해 사라지는 종류의 기록 – 이다. 그것은 비반복적인 종류의 기록 – 그것이 담고있는 조직적이고 기능적인 기원에 관한 증거에 기초하여 평가되는 기록, 정책적, 절차적, 계획적인 사안에 관한 기록, 명확하게 종료되지 않는 기록, 전후의 문맥이 제거된다면 평가가 어려워질 수밖에 없는 기록 – 과 구분되어야 한다. 만약 이들 大기록 시리즈가 정부기관의 장기적인 조치나 책무와 관련된다면, 그것들은 직접적인 현용이 종료된 이후에 기록센터로 적절하게 이동될 수 있다.

비반복적인 종류의 기록이 기록센터로 이관될 때마다, 그것들의 평가를 용이하게 하기 위해서 행정적인 출처와 기능적인 의미에 관한 정확하고 완전한 정보가 취득되어야 한다. 그러한 정보는 평가에 있어 대단히 도움이 되지만, 문자로 쓰여진 기술은, 기록을 만든 사람들에 의해 구두로 제공될 수 있는 정보에 대한 적절한 대체물이 좀처럼 될 수 없다. 그리고 이 구두로 된 정보는 조직과 기능에 관한 도큐멘테이션의 평가에서 특별히 중요하다.

일시적 보관을 위한 기록의 이관은, 기록의 가치에 관한 결정을 연기하는 수단이 될 수 있지만 그것은 결정을 대신해 주지 않는다. 왜냐하면 센터에 있는 가치없는 기록은 결국은 치워져야 할 것이기 때문이다. 아마도 가치에 관한 결정은, 기록이 그 생산자의 손에서 벗어났을 때, 보다 더 쉽게 이루어질 수 있을 것이다. 아마도 기록은, 사람과 마찬가지로, 멀리 있을 때에 그 매력을 잃는다. 기록이 공무원들에게 사용을 떠올리게 하면서 직접적으로 손에 있지 않으면 공무원은 향후의 이용을 위해 기록을 보존할 중요성을 크게 느끼지 않는다. 결국, 기록은 공무원이 당면 과제를 해결하기 위해 자신의 지적인 총명함에 의지하기보다는 취약한 순간에 기댈 수 있는 정신적인 버팀목이 될 수 있다. 행정관의 보수적 본능은, 특히 기록이 재정적, 법률적 문제, 즉, 기록에 관련된 문제를 다시 검토할 수 있을 때 그를 공기록에 매달리게 하는 경향이 있다.

공기록의 1차적 가치에 관한 결정은, 아마도 그 기록이 만들어진 부서로부터 떨어져 나온 후에 보다 쉽게 이루어질 수 있기는 하지만, 이것이 기록의 2차적 가치에 관한 판단이라고 말할 수는 없다. 공기록은 종종 그것들의 환경(배경), 즉 그것이 만들어지고 사용된 장소로부터 떨어져 나올 때 마치 단어가 전후 문맥에서 분리되었을 때 의미를 잃는 것과 같이 그것의 정체성과 의미를 상실한다. 이것은 아키비스트의 특별한 관심사인 조직과 기능에 관한 도큐멘테이션에 관한 기록의 경우에는 특히 그러하다. 후에 다시 다루겠지만 그러한 기록은 기관에서 작성된 도큐멘테이션 전체와 관련하여 평가되어야 한다. 그 기록이 그 기관에서 떨어져 나올 때, 그 기록의 조직이나 기능의 기원을 확인하는 것은 흔히 어렵다. 나는 어떤 사라진 연방기관의 기록을 평가하려고 시도할 때가 이러한 경우에 해당된다는 것을 알게 되었다.

기록은 기록센터에 적절한 방식으로 이관되어야 한다. 국립기록청은 최근, 기록을 보존소에로 어떻게 이관할 것인가를 기술한 『연방기록센터』(Federal Records Centers)라는 표제의 기록관리편람을 간행하였다. 그 편람의 내용은 여기서 되풀이할 필요는 없다.

기록보존기관에로의 이관

네번째로 선택할 수 있는 처리행위는 영구보유를 위해 기록을 기록보존기관에로 이관하는 것이다. 기록이 그렇게 이관되어야 할 것인지 아닌지를 결정하기 위해서 몇 가지 점이 고려될 것이다.

첫째, 기록의 가치이다. 기록은 그것의 영구적인 보유를 보증하는 2차적 가치를 명확하게 가져야 한다. 이것이 판정되어야 하는 기준은 이 책의 다음 장에서 논의될 것이다.

둘째, 기록물의 통용(currency)이다. 기록은 가치가 있어야 할 뿐만 아니라, 기록보존기관에로 이관할 만큼 비반복적이어야 한다. "통용"은 기록을 집적시킨 것과 관련된 정부기능의 수행에서의 기록의 사용과 관련이 있다. 그것은 다른 이용, 예를 들면 국민이나 다른 기관에 의한 기록의 이용으로부터 초래된 "활동"과 구별되어야 한다. 기록이 어디에 보존되어야 하는가를 결정하기 위해서는 그 성격과 이용 빈도, 성질과 가치, 그리고 이용에 영향을 주는 편의시설이 모두 고려되어야 한다. 기록센터는 그러한 서비스를 담당할 수는 있지만 원 부서에서 빈번하게 대여해 갈 것이 예상되는 기록을 기록보존기관에서는 받아들여서는 안 된다.

셋째, 기록의 물리적 상태이다. 기록보존기관에로 이관된 기록의 조직은 어떤 적절한 색인이 수반된 완전하고도 논리적인 단위가 되어야 한다; 기록은 잘 정리되어 있어야 하고, 가능하다면 기록 사이에 파일되어 있을 수 있는 가치 없는 단위 기록을 제거한 상태여야 한다.

넷째, 기록에 대한 열람의 조건이다. 이 주제는 이 책의 제Ⅲ부에서 자세하게 논의될 것이다. 여기에서는 기록보존기관은, 불합리하거나 공공의 이익에 반한다고 생각되어서 이용이 제한되는 주제의 기록은 취득원부에 기입(accession)해서는 안된다고 언급하는 것으로 충분할 것이다.

제Ⅲ부
아카이브즈 관리(Archival management)

    아키비스트, 그는 세월과 함께 곰팡이 낀 기록에 진실의 횃불을 밝히고, 고대의 명부에 쓰여진 황금빛 문자들과 같이, 점점 희미해져 가는 과거를 환히 조명하는 존재이다.

W. R. 와일드(Wilde) 부인 ●●

●●J. 길버트경의 『되찾은 기록의 사실들』(Sir John Gilbert, *Record Revelations Resumed*, London), 1864, p. 117에서 인용.

제11장
아카이브즈 관리의 본질적인 조건

이 책의 제Ⅲ부에서는 기록보존기관에서 공공아카이브즈가 어떻게 관리되어야 하는가 하는 일반적인 문제를 고찰할 것이다. 앞의 장에서 아카이브즈 관리의 본질적인 조건을 논의한 후, 이어진 장에서 공기록이 어떻게 평가되고, 정리되고, 보존되고, 기술되고, 출판되고 참고서비스에 제공되어야 하는가를 논의할 것이다.

본질적인 조건을 언급함에 있어서, 나는 다음 사항들을 유념한다 (1) 아카이브즈 관리분야에서 이루어지는 활동의 성질을 결정하는 현대아카이브즈의 성질 (nature) (2) 아카이브즈 관리활동 그 자체의 성질 (3) 아키비스트가 적절한 활동을 수행하고자 할 때 아키비스트에게 요구되는 권한의 성질, 그리고 (4) 아카이브즈 관리활동에 책임이 있는 기관의 성질이 그것이다.

현대아카이브즈의 성질

현대의 공공아카이브즈는, 그것들이 생겨나게 된 방식과 그것들의 직접적인 목적에 제공된 이후에 취급되는 방식 때문에 어떤 특징을 갖는다. 현대의 공공아카이브즈는 모든 현대적인 복제장비에 의해 생산되고, 그런 까닭에 도서, 서류, 지도, 사진과 같은 여러 가지 물리적인 형태를 띤다. 아카이브즈는 하나의 정부로부터 기원할 수 있다고 하더라도, 그것들은 많은 출처로부터 유래된다. 아키비스트는 그가 종사하는 정부의 전체적인 도큐멘테이션에 관심이 있고, 이 도큐멘테이션에는 정부의 여러 기관들과 정부의 여러 조직적인 단위로부터 온 기록이 포함될 수 있다.

현대아카이브즈는 종종 식별하기 어렵다. 현대아카이브즈는 도서와는 달리, 어떤 주제에 관심이 있는 개인이나 집단에 의해서 만들어지지 않는 반면에, 정부단위에서의 활동의 부산물이다. 그러므로 아카이브즈는 출처나 표제에 의해서는 쉽게 식별되지 않는다. 왜냐하면 아카이브즈를 생산하는 정부단위 및 아카이브즈와 관련된 정부의 활동은 종종 아카이브즈의 행정적, 기능적인 기원까지 오랜 시간에 걸친 깊은 연구에 의해서만 설정될 수 있기 때문이다. 이것은 아키비스트가 관심을 가진 기록이 보통 오래되고 거의 항상 비현용인 기록일 때에 특히 더 사실이다. 비교적 오래된 기록은 더 이상 필요로 하지 않기 때문에 정체가 종종 모호하게 되거나 상실되는 한편, 비교적 새로운 기록도 현용에 있을 때 서투르게 분류되거나 현재의 목적을 달성한 이후 부적절하게 취급되기 때문에 정체를 설정하기가 종종 어렵다.

현대아카이브즈는 종종 그 내용에 있어서 막연하다. 그것은 정부활동에서부터 유기적으로 생겨 난 자료들의 조직(a body of materials)이다. 현대아카이브즈는 유기적인 생장(organic growth) 때문에 일차적으로 주제사안에 기초하여 조직되지 않는다. 따라서 현대아카이브즈는 보통 표제나 조직에 의해서는 하나의 주제나 조사의 영역과 일치하지 않는다. 도서와는 달리, 아카이브즈의 주제사안은 표제에 반영되지 않고 페이지 매김이나 장별 구분에 의해 외견상 이루어지는 명확한 질서를 나타내지 않는다. 그것들은 목차표(table of contents) 및 색인과 같은 단순한 검색매체를 통해 연구의 목적에 사용되는 것을 허용하지 않는다.

현대아카이브즈는 여러 가지 방식으로 정리된다. 아키비스트가 취급하는 몇몇 아카이브즈 군들은 모든 종류의 체계: 숫자식, 알파벳순 체계로 정리될 수 있거나; 또는 물리적인 종류로 분류될 수 있다. 그 아카이브즈군은 어떤 주제나 활동과 관련하여 생겨난 인지할 수 있는 순서 없이 단순하게 집적될 수 있다. 기원하는 기관이 군내의 개별적인 문서에 대해 부여한 정리는, 각 각의 군들 사이에 적절한 관계를 설정해야 하는 아키비스트에 의해서 보통 보존된다. 이를 행함에 있어서 아키비스트는 사서가 하는 것과 같이 선입견을 가지고 보편적인 분류틀에 따라 작업을 진행시킬 수 없다; 그는 군을 만든 조직의 기능을 반영하도록 각 군의 조직과 기능적인 기원을 분석해야 하고 모든 군들은 한 데 모아야 한다.

현대아카이브즈는 그 성격에 있어서 유일하다. 그것들은 종종 여러 종류로 된 출판물과 같은 많은 양의 보급판으로 존재하지 않는다. 특정한 기록의 많은 복사본이 만들어질 수 있지만, 아키비스트는 보통 그러한 특정한 기록이 포함될지도

모를 유일한 파일에만 관심을 갖는다.

현대아카이브즈는 선별된 자료이다. 그것은 증거 및 정보로서의 가치 때문에 정부가 생산한 막대한 양의 기록으로부터 선별된다. 그것들은 특수한 기록에 대한 고려를 기초로 하여 선별되지 않고, 특정한 주제나 활동에 관한 전체적인 도큐멘테이션에 있어서의 그것의 중요성 때문에, 보다 넓게는 한 기관이나 한 정부, 또는 발전의 어떤 단계에 있는 한 사회에 대해서 조차도, 그것의 도큐멘테이션에 있어서의 중요성 때문에 선별된다.

현대아카이브즈는 많은 목적을 위해 가치 있는 기록이다. 상기되는 바와 같이, 앞의 어떤 장에서 공공아카이브즈는 "어떤 다른 자격이 인정된, 참고와 연구의 목적으로 보존할 가치가 있다고 판단된, 그리고 적절한 기관에 위탁되거나 위탁을 위해 선별된 공기록"으로 정의되었다. 현대아카이브즈는 많은 목적에 대해 가치가 있다. 미국 국립기록보존소의 한 위원회는 1952년에 연방 아키비스트의 직업표준(job standards for Federal archivists)을 초안하기 위해 임명되었는데, 현대아카이브즈가 이 용어의 두가지 의미에서 연구자료(source materials)로서 가치가 있다는 것을 발견하였다. 그 한가지는 미국립기록보존소의 소장물이 여러 가지 형태의 학습, 연구 및 조사를 위한 기초적 정보를 제공한다는 의미에서의 연구자료로서의 가치이다. 그 분야를 열거하면 다음과 같다.

공공행정: 이 분야에서는 각 정부기관의 조직과 기능에 관한 문서와 전체정부의 행정에 관련된 특수한 조직(Dokery, Keep, Taft, Hoover위원회와 같은)의 기록을 이용할 수 있다;

외교사: 이 분야에서는 외교, 영사특파, 훈령(instructions) 등 정부의 외교활동에 관한 기록, 경제상황에 관한 무역통계, 뉴스영화, 음향녹음, 뉴스속보 또는 여론과 관련된 신문 스크랩 등을 이용할 수 있다;

미국사: 이 분야에서는 여러 전쟁과 서부 개척 등의 대규모 국가 사업 및 특정한 역사적 사건이나 일화 등 정부가 관련된 모든 사안에 관해 많은 연원으로부터 온 기록을 이용할 수 있다;

경제사와 이론: 이 분야에서는 조정(regulatory)기관과 노동기관이 수집한 산업집중을 나타내는 자료; 노동쟁의, 취업, 운송수단, 그리고 노동사와 노동관계에 관한 기록; 수송발달을 보여주는 해운, 철도, 그리고 규정기록; 상법의 발달을 보여

주는 법원과 많은 준사법조직의 기록을 이용할 수 있다;

인구통계학: 이 분야에서는 탑승객명단, 인구조사표, 인종 및 민족집단 간의 문제와 역사를 기록한 이민청 및 귀화청(immigration and nationalization agencies)의 기록, 지역의 성쇠를 보여주는 농업청(agricultural agencies), 노동청(labor agencies), 수송청(transportation agencies), 상업조정청(business – regulatory agencies)의 기록 등을 이용할 수 있다;

전기(傳記)와 족보학: 이 분야에서는 인구조사, 토지청(Land Office), 군복무 및 군인연금에 관한 기록 등을 이용할 수 있다;

과학기술: 이 분야에서는 해운, 인구조사, 노동쟁의, 특허에 관한 기록 등을 이용할 수 있다;

자연과학: 이 분야에서는 많은 과학기관의 기록을 이용할 수 있다.

그 위원회는 다시 아카이브즈가 또 다른 의미에서 연구자료라고 진술하였다. 아카이브즈는 연방정부와 시민의 관계로부터 유래하거나 그러한 관계와 관련된 여러 가지의 권리, 특권, 의무, 면제 등의 사항을 확립하는데 사용될 수 있고; 정부관리와 기관의 활동을 규정하는데 사용될 수 있다. 그 위원회는 국립기록보존소의 소장물이 이러한 용어의 의미에서 연구자료로서 제공된 방식의 사례들을 인용하였다.

시민 - 정부의 관계: 권리의 증거를 제공한다. 즉, 토지에 대한 권리(토지양도기록), 연금에 관한 권리(복무기록), 시민권(귀화와 많은 부수적 기록), 합법적 영주권(인구조사기록); 규정된 종류의 고용에 대한 적임자임을 주장할 권리(해운기록), 손해배상이나 기타의 채무의 면제권(사고조사기록, 계약서)에 관한 증거 자료를 제공한다.

정부와의 관계에 의해서 영향을 받는 시민사이의 관계: 특허권을 결정하고(특허기록); 임금쟁의를 해결하고(노사관계 사항별 문서들, 생활비 조사들); 분쟁 중에 있는 매매계약을 해결하고(요금표와 요금조사, 가격규제와 이를 뒷받침해 주는 데이터들); 직업경험의 증거(복무기록)를 제공한다.

공식적인 활동: 일반회계국과 협의하기 위해(재정 및 예산기록); 민원에 답변하고(계약과 고용기록); 정책이나 행동의 선례를 찾아내고(회의록, 행정사록, 명령과 규제에 관한 서류); 고용적격 자격요건을 결정한다(투자와 복무기록).

위원회의 견해를 요약하면, "기록 또는 아카이브즈란, 모든 정부활동의 사실을 사실대로 기록하고, 광범위한 연구에 가치가 있고, 개인의 모든 시민적 권리와 개인들간의 형평성과 관련된 많은 사안에 대해서 근본적이고, 정부활동 그 자체를 규정하는데 중요하고, 유일하며, 정부기관들의 기능과 구조를 반영하는 문서들의 조직체로서 그 자신을 나타내는, 연구자료의 주요부류(principal category)로 고려된, 아키비스트가 작업하는 자료"라고 진술하였다.

아카이브즈 관리활동의 성질

아키비스트는 그의 자료에 대해 작업하는데 있어서, 그것을 보존하고 이용할 수 있도록 만든다는 두가지의 임무를 갖는다. 따라서 미국 국립기록보존소의 목적은 연방정부의 영구적으로 가치 있는 기록 속에 구현된 국가의 경험의 증거를 현세대와 미래세대가 사용할 수 있도록 제공하는 것이라고 공식적으로 정의해 왔다. 아키비스트는 자신의 작업을 수행하는데 있어서 많은 기능적인 활동을 수행한다. 이러한 활동은 명확하게 분리되거나 상호 배타적이지 않다; 그 활동은 기록보존기관에 보존된 연구자료를 보존하고 이용이 가능하도록 만드는 모든 작업의 부분들이다. 더욱이 그 활동은 여러 가지 방식으로 정의될 수 있다. 미국 국립기록보존소는 내부행정의 목적을 위해서, 다음과 같은 주요기능적인 표목에 속한 네 가지의 활동으로 분류하였다:

(1) **처리활동**(Disposition Activities) 처리나 국립기록보존소 건물로의 이관을 위해 제안된 기록의 평가, 이관된 기록의 재평가, 일시적인 가치를 가진 기록의 분리와 기록센터로의 이관, 가치가 없는 기록의 분리와 파기, 기록의 처리에 영향을 주는 기타 다른 행위들의 채택을 포함한다.

(2) **보존과 정리활동**(Preservation and Arrangement Activities) 기록을 포장하고 라벨을 붙이고 용기들을 서가에 있는 선반에 배치하는 활동; 계획서에 따라 기록의 재포장, 재라벨링, 재서가배열에 의한 기록의 재정리와 통합; 보수 및 복구가 필요한 기록의 선별을 위한 조사와 보존하기 위해 복제되어야 할 기록의 선별 등이 포함된다.

(3) **기술과 출판활동**(Description and publication Activities) 이관된 기록을 이용할

수 있게 만들기 위해 그것을 분석하고 기술하는 활동; 기술적인 총목록(descriptive inventories), 일람표(list), 목록(catalogs, 해설목록), 편람(guides)과 다른 검색도구(finding aids)를 입안하는 활동; 마이크로필름이나 기타 사실을 기록한 연구자료의 출판을 위해 기록을 선별하고 편집하는 활동을 포함한다.

(4) **참고서비스활동**(Reference Service Activities) 이관된 기록(accessioned records)으로부터의, 또는 이관된 기록에 관한 정보를 제공하는 활동; 그러한 기록을 찾아내고 다른 정부기관에 그것을 대출(lending)하는 활동; 그러한 기록을 참고실에서 이용할 수 있도록 하는 활동; 전시나 복제를 위해 기록을 선별하고 식별하는 활동; 이관된 기록의 복제를 인증하는 활동을 포함한다.

아키비스트의 모든 활동에서 실제로 근본적인 것은 기록을 분석하는 일이다. 이 분석은 아키비스트로 하여금 기록의 출처, 주제 내용과 상호관계에 관한 정보를 얻기 위한 기록의 조직적, 기능적 기원에 대한 연구로 이끌어 들인다. 이 정보는 기록의 평가, 정리, 기술, 출판, 대출에 이용된다. 분석 활동이 아키비스트의 작업의 본질이고; 분석적 활동에 기초하는 다른 활동들은 대부분 물리적인 성질의 것이다.

따라서 기록은 분석된 이후에만 평가될 수 있다. 다음 장에서 상세히 다루겠지만, 평가는 특정한 정부기관에 의해 생산된 모든 도큐멘테이션에 대한, 그리고 그것과 모든 다른 도큐멘테이션과의 관계에 대한 철저하고 포괄적인 분석을 기초로 해야 한다.

평가의 다음 단계인 이관(accessioning)은 가치가 있다고 판단된 기록을 기록보존기관의 물리적이고 법적인 관리하에 두는 것이다. 그 작업의 최초의 단계에서 아키비스트는 기록을 기록보존기관으로 양도하지 않으려는 정부기관의 강한 저항에 부딪칠 수 있다. 정부공무원들은 그들의 작업에 관한 모든 기록을 그의 손이 닿는 곳에, 적어도 직접적인 관리하에 두는데 익숙해 있다. 그들은 파일함을 그들의 사무실의 비품으로, 그 내용물을 개인 재산으로 간주할 수조차 있을 것이다. 그러한 상황에서 취득은 대단히 어렵고 아키비스트의 입장에서 대단한 요령과 인내심을 필요로 한다.

기록은 분석된 이후에야 비로소 정리될 수 있다. 다음 장에서 다루어지겠지만 기록을 정리할 때 그 출처에 관한 기본원칙이 준수된다. 아카이브즈는 이 원칙에 따라 정리되어야 하기 때문에 아카이브즈를 만든 조직과 기능은 아카이브즈에 의해서 명확하게 반영될 것이다. 즉, 행정적 단위는 행정적 단위에 의해, 하위단위는 하위단위에 의해, 그리고 기록시리즈는 기록시리즈에 의해서 반영될 것이다. 이러한 정리의 원칙은 기록에 대한 철저한 분석이 있은 후에야 가능하다. 정리는 아카이브즈에 대한 접근가능성에 영향을 끼칠뿐만 아니라; 아카이브즈의 증거적 가치에도 영향을 끼친다. 왜냐하면 아카이브즈는 역사적 증거로서, 그리고 조직과 기능의 증거로서 그것들의 완전성(integrity)을 보호할 방식으로 정리되어야 하기 때문이다. 개별적인 서류들이 그것들의 원래의 의미있는 물리적 문맥 속에서 관리되는 것은 항상 매우 중요하다.

철저한 분석은 또한 검색도구의 입안을 위한 본질적인 예비작업이다. 검색도구에는 여러 종류가 있으나 모두 기록에 대한 분석에서 얻어지는 정보를 구체적으로 표현한다. 편람, 기술적인 총목록, 일람표, 목록과 같은 검색도구는 아카이브즈의 출처와 관련하여 그것의 특성과 중요성을 보여준다; 주제편람(subject guides)과 참고정보지(reference information papers)와 같은 다른 검색도구를 그 주제사안과 관련하여 아카이브즈의 특성과 중요성을 보여준다.

아키비스트에 의해서 수행되는 모든 활동 중에서 대출활동이 가장 중요하다는 것은 의문의 여지가 없다. 대출활동이란 아카이브즈, 그것의 복제물 또는 아카이브즈에서 유래된 정보나 아카이브즈에 관한 정보를 정부와 대중에게 제공하는 활동을 의미한다. 대출활동은 아키비스트로 하여금 아카이브즈가 이용이 가능하도록 만들어지기 이전에, 다른 많은 아카이브즈로부터 선별되어야 하고 식별되어야 하고 집합되어야 하고 평가되어야 하는 특정한 아카이브즈에 대한 광범위한 탐색(search)에로 이끌어 갈 수 있다. 또는 대출활동은 아키비스트로 하여금 전문적인 논제에 관한 참고 보고서를 입안하기 위해서, 또는 아카이브즈의 위치, 해석, 유용성에 대한 조언과 지원을 제공하기 위해서 그 자신의 학술연구(research studies), 조사(surveys), 심사(investigations)로 이끌어 갈 수 있다.

아키비스트의 권한의 성질

아키비스트가 가진 권한은 그가 종사하는 정부에서 그에게 배당된 지위(position)와 책임에서 연유한다.

행정적 지위(administrative status)

아카이브즈 관리의 지위는 그 범위가 아키비스트에게 행동의 완전한 자유가 주어진 지위에서부터 어떤 다른 정부부서에 완전하게 종속된 지위에까지 걸쳐 있다. 특정한 아키비스트가 배치되어야 할 지위는 많은 요인들에 의해 좌우된다.

그 요인 중 하나는 그 국가에 있어서 아카이브즈 관리업무의 지위이다. 시작은 항상 어렵기 마련이지만 아카이브즈 관리분야에서 아키비스트들은 특히 어려움을 겪는다. 아키비스트가 그의 계획의 개시에 있어 직면하는 장애물은 때로는 거의 극복하기 어렵다. 그는 그것을 혼자서 제거할 수 없다. 공기록에 대한 보호가 공공의 의무라는 인식을 정부로부터 얻어내고, 기록의 가치에 대한 대중의 의식을 제고하는데 있어서 아키비스트는 개명된 행정관들, 학자들, 특히 역사가들과 관심있는 모든 사람들의 도움을 받아야 한다. 정부는 역사적인 성숙기, 즉, 정부의 발달에 관한 많은 기록이 거의 사라지고 났을 때가 되어서야 역설적으로 기록의 가치를 인식한다. 그리고 정부가 아카이브즈 관리업무에 권한과 편의를 부여한 이후에조차도 아키비스트의 과업은 여전히 어려운 상황에 있다. 정부기관과의 관계에 있어서 처음에는 관리들이 기록을 현재의 행정적 목적을 위해서만 유용하고 외부인과는 아무 관련이 없는 그들 부서의 전용재산으로 간주하는 보수적인 습관에 부딪치게 될 것이다.

정부위계상에서의 아키비스트의 지위는 그가 다루는 정부조직의 특성에 의해서도 좌우된다. 정부의 규모, 복잡성과 연대는 고려되어야 할 중요한 측면들이다. 예를 들면, 어떤 아키비스트가 정부조직의 여러 형태, 즉, 연방정부, 주정부, 행정부, 지방정부 가운데 한 기관의 기록을 취급한다고 해보자. 이 조직들은 오래된 것이거나 새로운 것일 수 있다: 그것들은 대부분의 유럽국가에서와 같이 수세기 동안 존재해 온 것이 있는가 하면, 어떤 것은 미국과 호주에서와 같이 생긴지 겨우 오직 수십년밖에 안 된 것도 있다.

오늘날의 국립기록보존기관은 그들의 작업을 관리하는데 있어서 대개 고도의 자율성을 향유한다. 상기되는 바와 같이, 프랑스, 영국, 미국의 국립기록보존소는 그 국가의 정부구조 내에서 각 각 다른 위치에 놓여 있었다. 프랑스의 국립기록보존소는 다른 성(ministry)에 속해 있었고 영국의 공기록관은 독립된 성의 지위를 부여받았다. 한편 미국의 국립기록보존소는 처음에 독립된 기관으로 만들어졌으나 이후에 다른 정부기관에 종속되었다.

독립된 지위를 향유하는 몇몇을 제외하고는; 대다수의 주 및 지방의 기록보존기관은 인적, 재정적 자원 때문에 다른 정부기관에 종속되어 있다. 우연하게 주 아카이브즈를 완전히 통제하게 된 미국의 주기록보존기관은 주정부내에서 다양한 지위를 가져왔다. 13개 주에서는 다른 정부기관에서 완전히 독립했고, 다른 8개 주에서는 주도서관에 종속되었고, 다른 15개 주에서는 주의 역사학회에, 다른 9개 주에서는 다른 정부기관에 종속되었다.

수행해야 할 기능의 성질에서 보면, 아카이브즈 관리에는 정부위계상 모든 정부단위를 독립적으로 다루는 것이 가능할 지위가 부여되어야 한다. 만약 그것이 성격상 성급이 아니라면 기록보존기관은 독립적인 기관이 되어야 하거나 정부부처를 독립적으로 다룰 수 있는 다른 조직적 단위에 종속되어야 한다. 미국의 국립기록보존소의 경우 이 조직단위는 부서관리 업무(물품 공급, 건물과 기록사안에 관한)를 모든 정부기관에 맡기고 있다. 이미 살펴보았듯이 미국의 많은 주기록보존기관은 독립적인 기관이다; 그러나 다른 정부 조직 - 모든 정부기관을 독립적으로 다루는 도서관이나 역사협회와 같이 - 에 종속되지 않는 것도 있다.

더욱이 아카이브즈 관리는 정부의 위계 속에서 정부의 다른 모든 기관을 효과적으로 다룰 수 있는 지위를 부여받아야 한다. 개인적인 고려는 차치하고, 아키비스트가 가진 권한의 효과는 그 정부 내에서의 그의 지위에 달려 있고, 그의 지위는 그가 수행해야 하는 작업의 성질에 달려 있다. 강조된 바와 같이, 아키비스트는 그가 종사하는 정부의 다른 모든 기관과 밀접한 관계에 놓인다. 아키비스트는 그의 작업에서 고도의 정책적 사안에 관한 문제 및 일상적인 조치에 관한 문제와 같은 온갖 종류의 문제에 분명히 직면하게 된다. 만약 아카이브즈 관리계획이 새로운 것이라면, 아키비스트는 정부구조에서 그의 기관의 배치, 기관의 법적인 권한, 정부전체에 영향을 끼치는 정책과 같은 보통 정부의 최고위 단계에서만 다루어지는 문제와 관계가 있을 수 있다. 또는 아키비스트는 기록의 성격과 가치를 확인하기 위한 조사의 수행, 기록에 대한 열람과 보존에 관한 정책 수립, 보존시설의 규정, 처리계획의 개발과 같은 새로운 아카이브즈 관리계획의 집행상의 여러 국면과 관계가 있을 수 있다. 만약 아키비스트가 직면한 문제의 대부분이 정부의 최고의 단계에서 다뤄져야 할 것이라면 그는 그 문제에 관해 정부관리와 효과적으로 협의할 수 있도록 충분히 고위에 배치되어야 한다. 그래서 아키비스트는 다른 정부 부처들과 대등성을 기초로 하여 협의해야 한다. 이것과 반대로 만약 그의 문제의 대부분이 시행상의 성질의 것이라면, 그는 위계상 낮은 지위에 놓일 수 있다. 한마디로 아키비스트는 그 문제에 관여하는 공무원들과 직접적으로 그리고 대등하게 협의할 수 있어야 한다.

만약 아카이브즈 관리가 도서관이나 역사학회 등과 같은 다른 기관에 속해 있다면, 그 효과를 확실하게 하기 위한 행정적인 배치가 필요하다. 아카이브즈 관리계획은 그러한 기관에서의 별개의 독자적인 계획이 되어야 한다. 언급된 바와 같이, 아카이브즈 관리계획은 아카이브즈 관리 전문분야의 방법론이 거의 종속된 것 같이 보이는 기관, 즉, 도서관 및 역사학회의 아카이브즈 관리계획과 서로 다르기 때문에 별개의 독자적인 계획이 필요하다. 다른 프로그램과 일차적으로 관련된 기관의 테이블로부터 떨어져 나올 것 같은 작은 예산으로는 아카이브즈 관리 전문분야가 살아남을 수 없기 때문에 독자적인 아카이브즈 관리계획은 또한 필요하다. 아카이브즈 관리계획을 위한 적절한 자금은 그 계획을 위해서만 확실하게 책정되어야 한다. 그 계획의 효과를 확보하기 위해서는 독립된 관리국(independent governing boards)이 설립되어야 한다. 아카이브즈 관리 전문분야를 적절히 대변해야 하는 독립된 관리국은 아카이브즈 관리계획에 부응하게 할 필요조건들과 자원들을 자세히 검토하기 위해 설립되어야 한다. 미국의 대부분의 주에서는 이러한 관리국은 역사학회에서 선출되거나 주지사가 임명한 공무원이나 교육자, 역사가로 구성된 무보수의, 비정치적인, 자체 영속적인(self-perpetuating) 조직이다.

책임

공기록에 대한 아키비스트의 책임은 법률로(in law) 신중하게 규정되어야 한다. 아키비스트가 취급하는 자료, 즉, 공기록은 처음부터 법적으로(legally) 정의되는 것이 특히 중요하다. "공기록"이라는 용어는 앞에서 살펴본 바와 같이 여러 정부의 필요성에 적합한 여러 방식으로 정의될 수 있다; 그러나 항상 정확하게 정의되어야 한다.

"공기록"에 관한 어떤 정의도 그러한 기록이 공공재산이라는 전제에 기반을 두어야 한다. 공기록은 국가를 집단적으로 구성하는 모든 시민의 재산이다. 미국에산이다. 미국에서 국립기록보존소를 설립한 법령은 다음과 같이 규정한다. "미합중국의 정부(입법부, 행정부, 사법부 그리고 기타)에 속한(방점은 저자가 표시) 모든 아카이브즈와 기록은 아키비스트의 책임과 감독하에 두어야 한다". 이 법률의 규정에 함축된 공공소유(public ownership)의 개념은 국립기록보존소법령(National Archives Act of 1950)을 대체한 그 유명한 1950년의 연방기록법령(Federal Records Act)의 수많은 규정조건(provisions)에서도 표명된다.

공공소유의 개념은 한 정부의 공식적인 활동 과정에서 만들어진 기록을 보유하고 보존하기 위한 정부의 권리를 설정하는데 중요하다. 그러나 공기록의 개인적 사용을 효과적으로 규제할 법률이나 명령을 공식화하는 것은 어려운 일이다. 미국은 공화국 초기시절부터 공기록의 처리가 내각의 공무원 및 대통령과 같은 정부고위직의 인사들의 자유재량의 사안이 되어 왔다. 그러한 공무원들은 그들이 그 부서를 비울 때, 전통에 따라서 그들의 기록을 반출할 수 있다. 대통령 서류를 반출한 선례는 G. 워싱턴(George Washington) 때에 확립되었다. 그는 제2기 정권담당 후 자신의 서류를 꾸려서 마운트 버넌(Mount Vernon)에 보냈다. 워싱턴은 그의 문서를 "내 손안에 있는 신성한 일종의 공공재산"으로 간주했다[1]. 그의 문서는 J. 스파크스(Jared Sparks, 1789~1866)에 의해 출판되기까지 약 30년간 마운트 버넌에 남이 있었다. 결국 이 문서는 당시 연방정부의 수고본 보존소였던 주정부의 한 기관이 구입하였고; 현재는 다른 많은 대통령의 서류와 함께 의회도서관에 있다.

대통령이 그의 집무실을 떠날 때 집무실기록을 반출(remove)하는 권리는 일반적으로 의문의 여지없이 허용되어 왔다. 이 권리는 보통 통신과 대통령의 직속 부서에서 만들어진 다른 서류까지만 적용된다. T. 제퍼슨에 의하면 그 권리는 "그것에 대한 개인적인 소유권을 주장할 수 없는, 공공 조직의 법령이 되었기 때문에 정부

---

1) J. C. 피츠패트릭, *ibid.*, XXV권, p. 288.

기록의 일부가 된 서류에까지는 적용되지 않는다."[2] 실제로 어떤 상황하에서도 집행기관의 공식적인 기록에 공백을 남길 어떤 서류도 가져가서는 안된다. 연방정부의 구조상 대통령실의 중요성이 증대되어 온 시점에서 볼 때, 이 부서의 기록의 특성은 해마다 점차 변화되어 왔다. 그것들은 여가 시간에 "기록을 조사, 정리하고, 가치가 적거나 가치가 없는 서류로부터 가치 있는 서류를 분리"[3]할 수 있었던 G. 워싱턴의 기록과 같은 그러한 대부분 개인적 성질을 띤, 상대적으로 적은 양의 기록이 아니다. 그것들은 현재 대단히 방대하며 그 성격상 대체로 비개인적이다. 1945년의 회합에서 미국역사학회는 다음과 같이 적절한 결의를 하였다.

> "미국대통령이 백악관에서 물러날 때 개인적 기록뿐만 아니라 상당한 양의 기록의 조직을 가져가는 것은 일반적인 관행이 되어왔다: 그리고
> 이제 연방정부는 모든 공식적인 파일에 대한 전문적인 보호와 참고서비스를 위해 훌륭한 시설을 갖추고 그것을 이용하는 것은 우리의 민주주의에서 학자와 정부관리들에 대해 그들의 기능을 지적으로 수행하기 위한 본질적인 요소가 되었다.
> 그러므로 이제: 미국역사학회는 우리의 최고의 행정관이 퇴직할 때 그 성격상 엄격하게 개인적인 통신만을 가지고 갈 수 있다는 것을 표명하고, 절실한 희망을 가지고 그 표명을 충분히 공개하기로 결의하였다"[4].

집무실을 떠나는 대통령은 그의 서류를, 국가에 헌납된, 국립기록보존소 체계의 일부로 관리되는 특수 도서관에 위탁하는 새로운 전통이 이제 발전되는 과정에 있다.

미국 연방정부의 내각제도는 고도로 개인적인 특성을 띠고 있었기 때문에 공공서류를 반출하는 전통은 내각관료에까지 확산되어 있었다. 관습적으로 그들 고용원들은 그들이 개인적이고 사적이라고 간주한 서류, 특히 정당의 일원으로서의 그들의 활동에 관한 서류는 가지고 가고, 정부의 사무와 관련되는 것으로 간주된 서류를 남긴다. 그러나 때로 그들의 명성과 업무에 대해 있을 수 있는 공격으로부터의 방어책으로서 그들이 생산했던 공식적인 서류의 복사본을 가져갈 수 있었다.

---

2) A. A. 립스컴(편), 『토머스 제퍼슨의 저술』, XII권, 20호(Lipscomb, Andrew A(ed.), *The Writings of Thomas Jefferson*, XII, 20 vols: Washington), 1903~04, p. 309.

3) J. C. 피츠패트릭, *ibid.*, XXXVI권, p. 381.

4) 미국역사학회, 『연차보고서』, I권(American Historical Association, *Annual Report*, I), 1945, p. 8.

이러한 이유로 하여, 일찍이 1800년에 국무장관이었던 T. 픽커링(Timothy Pickering)의 공식적인 통신의 복사본이 그의 후임인 J. 마셜(John Marshall)의 허가하에 만들어졌다[5]. 때로는 내각관료도 회상록이나 일기를 쓰기 위해 그들이 생산했던 공공서류의 복사본을 반출할 수 있다. 개인적인 기록을 관리하려는 공무원의 동기(incentive)가 파괴되어서는 안된다; 왜냐하면 일기와 회상록은, 종종 대단히 주관적이고 결함이 있으나, 형식적이고 분산된 공기록에 대해 색채와 일신상의 상세함을 첨가하는 중요한 보조물이기 때문이다.

부서를 떠날 때 공기록을 반출하는 전통은 내각 지위 이하의 공무원들까지는 확대되지 않는다. 그들은 관습적으로 사적인 서류와 때로는 공공문서의 복사본을 가지고 갔다. 그러나 공공업무의 조치와 관련되거나, 또는 법률의 이행에서 작성되거나 인수된 기록은 공공의 재산임이 분명하다. 정부의 어떤 공무원이나 고용인들도 정부문서를 소유할 법적인 또는 도덕적인 권리를 갖지 않는다. 정부의 어떤 공무원이나 고용인도 정부문서의 소유를 취득할 법적인 또는 도덕적인 권리를 갖지 않는다. 정부문서는 부서에 속하는 것이지 그 부서 사람에게 속하는 것이 아니다; 그것은 정부의 재산이지 개인의 재산이 아니다. 자발적으로 만들어지거나 보존되었을지라도, 그리고 그것이 복사본의 형태라고 할지라도, 그것들은 관련된 개인의 사적인 재산이 아니다. 정부는 그의 부서를 채운 공공문서의 모든 복사본에 대한 청구권을 갖는다; 물론 정부는 원하지 않는 복사본에 대해 기록보존기관이 어떠한 처리든지 간에 처리하도록 할 수 있다. 정부관리가 부서를 떠날 때, 그에게 개인적으로 이익이 될 비밀업무기록을 포함한 기록을 수집하기 위해 그가 그의 공공 부서를 이용하는 것에 대해서는 어떤 변명도 있을 수 없다.

그래서 공기록은 공공재산임이 법률로 명시되어야 한다. 그러한 기록의 소유권은 그것을 만든 정부가 독점적으로 보유해야 하고 영속적으로 보유해야 한다. 그러므로 공기록의 관리에 관한 어떤 법률도 만약 공기록이 부적절하게 양도되거나 정부로부터 반출된다면, 그것을 회수하기 위한 규정을 만들어야 한다. W. G. 를랜드(Waldo G. Leland) 박사가 적절하게 주장한 바에 의하면 " . . . 주(State)는, 문서가 어떻게 발견되든지 간에, 그것이 한 때는 주의 공공아카이브즈의 일부였다는 것

---

5) L. D. 화이트, 『연방주의자: 행정사에 관한 연구』(White, Leonard D., *The Federalists: A Study in Administrative History*: New York), 1948, p. 501.

을 증명할 수 있는 문서들이나, 또는 실제로 공공기록보존소에 소장될 수 없을지라도 적절하게 주의 공공아카이브즈의 일부가 되어야 하는 문서를 소송으로 회수할(replevin) 충분한 권한을 가져야 한다"6). 더욱이 R. G. 애덤즈(Randolph G. Adams) 박사는 다음과 같이 지적하였다. "관습법은 주나 연방정부가 아카이브즈와 같은 공공의 재산이 얼마나 오랫동안 사적인 시민의 손에 있었는가에 상관없이 그것을 회수하기 위해 소송하는 것을 허가한다. 그 근본적인 원칙은 *nullum tempus occurrit regi*(국왕의 권리는 시효를 초월한다)"이다. 바꾸어 말하면, 주권은 사적인 시민편에서 회수의 권리에 영향을 주는 어떤 제한법으로부터도 면제된다. 이러한 원칙은 공무원의 태만으로부터 국민을 보호해 주기 때문에 국가의 법률로서 인식된다"7).

나아가서 공기록법령은 아키비스트의 보호책임을 명확하게 규정해야 한다. 보호(custody, 관리, 관할)의 개념은 공공소유의 개념과 관련하여 설명될 수 있다. 공기록은 정부의 어떤 특정한 기관에 의해 보호될 수 있지만, 그러나 기록은 그 특정한 기관의 재산은 아니다. 공기록이 한 기관의 보호로부터 다른 기관의 보호로 이관될 때, 소유권의 이관은 없다. 왜냐하면 기록은 국가의 재산이었고 계속해서 국가의 재산이기 때문이다. 기관은 다른 기관을 대신해서 기록을 가지고 있다는 것만을 의미한다. 공기록이 보유되는 기간은 기록의 이관을 규정한 법규상의 규정조건에 의한다. 이 규정조건은 기록이 기록보존기관으로 물리적인 의미에서뿐만 아니라 법적인 의미에서의 이관될 수 있다는 것을 분명히 해야 한다. W. 를랜드 박사에 의하면, "일단 기록보존소로 이관된 기록은 법적으로 뿐만 아니라 물리적으로도 아키비스트의 보호로 넘어가야 한다"고 하였다. 기록을 더 이상 소유하지 않은 사람에게 아카이브즈의 법적인 보호를 허가하는 것은 귀찮은 마찰이 될 뿐이다"8).

따라서 아키비스트는 다음과 같은 점에서 물리적으로 그의 소유인 기록의 보호

---

6) W. G. 를랜드, "아카이브즈에 관한 근본적인 원칙," 미국역사학회, 『연차보고서』(Leland, Waldo G., "Some Fundamental Principles in Relation to Archives," American Historical Association, *Annual Report*), 1912, p. 266.

7) R. G. 애덤즈, "일시적인 아카이브즈 자료들의 성격과 범위," 『미국의 아키비스트』, II권, 3호 (Adams, Randolph G., "The Character and Extent of Fugitive Archival Materials," *The American Archivist*, II, No. 3, April), 1939, p. 95.

8) W. G. 를랜드, *ibid.*, p. 267.

권을 법적으로 가져야 한다: 첫째, 아키비스트는 기록을 만든 기관이 기록에 대하여 가졌던 똑같은 권리와 특권을 가져야 한다. 이러한 권리와 특권은 복사본을 복제하고 인증하는 문제와 같은 것에 관한 것이다. 둘째, 아키비스트는 기록을 만든 기관에 의해서 보통 행사되지 않은 기록에 대한 어떤 부가적 권리와 특권을 가져야 한다. 이러한 권리와 특권은 기록이 원래 만들어진 목적보다는 다른 정부기관 및 개인의 2차적 이용에 편의를 제공하기 위한 목적으로 이루어지는 정리, 기술, 출판에 관한 것이다. 이 목적과 특권은 아키비스트가 그의 직무를 효과적으로 수행하고자 할 때 필요하다.

공기록의 평가에 대한 아키비스트의 책임도 명확히 규정되어야 한다. 공기록의 파기를 위한 법적인 절차가 규정되어야 한다. 이러한 절차는 기록보존소 당국의 승인 없이 어떤 공무원에 의한 어떤 공기록의 파기도 금지해야 한다. 그 절차는 배타적이어야 한다. 파기되어야 할 공기록이 다른 방식으로 존재해서는 안되고, 그 절차와 갈등을 일으키는 다른 모든 법률은 폐지되어야 한다.

아키비스트가 그의 자료를 이용을 위해 접근하기 쉽도록 만드는 데 대한 책임도 가능한 한 정확하게 규정되어야 한다. 기록을 관리하는 동안, 아키비스트는 자연적으로 기록의 이용을 위해 접근하기 쉽도록 정리하고 기술하고 출판할 것이다. 그러나 법률은 그러한 기록이 이용을 위해 공개되어야 하는 조건, 즉, 이용에 관한 제한이 구체화되어야 하는 절차와 이용에 관한 제한의 일반적 특성 등을 규정해야 한다.

미국 아키비스트를 위한 법률의 초안이 1939년에 미국아키비스트협회의 한 위원회에서 입안되었고 『미국의 아키비스트』(*The American Archivist*)의 1940년 4월호에 출판되었다. 이 법률초안은 기록보존 입법을 초안할 때 고려되어야 할 모든 사안들을 자세히 언급하고 있다.

아카이브즈 관리조직의 성질

아키비스트는 직원을 신중하게 선발하고, 훈련하고, 그들의 작업을 계획하고, 직원이 준수해야 할 절차와 정책을 규정하고, 일반적으로 효율적인 조직을 개발해야 한다.

조직의 개발

기록보존기관은 기능에 의해서가 아니라 주로 주제사안에 기초하여 조직되어야 한다. 이것은 기록보존기관이 잘 조직되어 기록보존기관의 직원은 특화된 전문적인 성질에 기초하여서가 아니라, 주제영역이나 연구분야와의 관련에 기초하여 아카이브즈 관리업무를 배당받는 것이 되어야 한다는 것을 의미한다. 아카이브즈의 정리, 기술, 출판, 대출에 대한 원칙과 기술(technique)에 관한 지식이 개개의 아카이브즈의 조직에 대하여 개발되어야 한다. 실제로 이 지식이 아카이브즈 조직에 적용된다면 가장 효과적으로 발전 될 수 있다. 더욱이 이러한 방식으로 지식을 적용함으로써 아카이브즈의 내용, 정리, 연구의 용도에 대한 중요성 등에 대한 특수한 지식이 얻어진다. 주제사안에 관한 지식이라고 언급될 수 있는 이 특수한 지식은 아카이브즈의 원칙과 기술(techniques)에 관한 지식이 대단히 중요한 것과 마찬가지로, 아카이브즈 관리를 효율적으로 시행하기 위해서 대단히 중요하다. 그러므로 기록보존기관은 그 직원들이 주제사안에 관한 지식을 가장 효과적으로 적용할 방식으로 조직되어야 한다. 그리고 기록보존기관은 주제영역이나 연구분야와의 관련에 기초하여 아카이브즈에 대한 작업에 배당된 조직이다. 더욱이 그 조직은 직원이 아카이브즈의 정리와 기술에 관한 장기간의 계획에 적용될 수 있는 특화된 지식의 영역에 있어서의 주제사안에 관한 전문지식을 발전시킬 수 있도록 안정적인 것이어야 한다.

현대기록은 대단히 방대하기 때문에, 기록보존기관은 기록에 관해서 주제사안보다는 기능적인 기초에 의거해서 활동을 보다 효과적으로 수행할 수 있는 것으로 보일 수 있다. 분명히, 기록보존기관의 소장물이 양적으로 증가됨에 따라, 보다 물리적 성질을 띤 많은 작업이 수행되어야 한다. 대량의 기록이 제거되어야 하고, 포장되어야 하고, 선반에 놓여져야 하고 보수되어야 한다. 그러나 분석과 평가라는 기본적인 전문적 활동이 이 모든 물리적인 활동의 기반이 된다. 물리적인 작업들은 그 기본적인 전문작업이 행해지기 전에 수행될 수 없고, 전문적인 지시 없이 수행되어서는 안된다.

국립기록보존소는 초기에는 하나의 기능적 기초에 의거하여 조직되었다. 국립기록보존소는 그것의 관리를 받는 모든 아카이브즈에 관한 이관, 분류, 목록작성과 참고서비스를 담당하는 부서를 가지고 있었다. 이러한 조직의 형태는 비효과적임이 입증되었고, 직원들의 주제사안별 전문화의 개발을 용이하게 하는 조직으로 대체되었다. 현재의 조직에서는 국립기록보존소의 대부분의 본질적인 기능이 전쟁, 천연자원, 산업 등과 같은 광범위한 주제사안 분야에 관한 자료를 다루는 기록지국에 의해 수행된다. 몇몇 활동들은 아직도 기능적인 기초위에서 시행되는 특화된 조직단위에 배당된다.

도서관과 기록보존기관은, 기록보존기관은 주제사안 기초에 의거하고, 도서관은 보통 기능에 기초하여 조직된다는 점에서 서로 다르다. 이와 똑같은 차이점이 보통 기록보존기관과 기록센터 사이에도 존재한다. 기록센터에서 특정한 직원이 특정한 활동, 즉, 기록의 이관, 포장, 선반 배치, 또는 참고서비스와 같은 활동을 하도록 배당된다면 아카이브즈 관리는 종종 보다 효과적으로 수행될 수 있다.

작업계획(Planning work)

기록보존기관의 작업은 결코 끝나지 않는다. 이 작업은 후대를 위해 그리고 후대에 의해서 이루어진다는 두가지 의미에서 후대와 관련된 것이다. 아카이브즈를 분석하는데, 그리고 그것을 완벽하게 정리하고, 검색도구를 만드는데 쓰여질 시간의 양은 한계가 없다. 아키비스트가 다루어야 할 개별적인 단위기록의 수는 작은 기록보존기관에서 조차도 거의 무한하다. 아키비스트는 보통 평생 그의 작업에 종사하기 때문에 종종 어두침침한 서가에서 곰팡이 냄새 나는 문서에 파묻혀 빈둥거리는 턱수염이 더부룩하고 몸이 구부정한 노인으로 그려진다. 이러한 개념은 잘못된 것이다. 만약 현대 공기록을 취급하는 아키비스트가 그의 직무를 중간 정도라도 달성하려면 그의 직원들의 작업을 계획하고 지시할 수 있는 유능한 행정관이어야 한다. 기관이 클수록 신중한 계획의 필요성이 커진다.

작업계획을 공식화하기 위해서, 아키비스트는 먼저 어떤 작업이 행해져야 하는지를 확인해야 한다. 이 목적을 위해서 그는 자신의 소장물을 "아카이브즈군", "기록군"이나 "기록시리즈"라고 부를 수 있는 여러 부분들로 분류해야 한다. 각 부분의 특성과 크기는 아키비스트가 작업하고 있는 공기록의 성격과 전체 분량에 의존된다. 아키비스트는 불필요한 단위기록의 제거를 위해서 어떤 작업이 필요한가 확정하기 위해서, 그것들을 적절한 질서로 배치하고 기록을 이용이 가능하도록 만드는 필요한 세부사항을 기술하기 위해서, 각 부분을 분석해야 한다. 그는 기록의 각 부분에 대해 행해져야 하는 세세한 작업을 달성하기 위해 고안된 연간작업계획을 공식화해야 한다.

아키비스트는 그의 작업계획을 수행함에 있어서, 그의 모든 소장물에 대해 일관되게 추진해야 한다. 한 부분만 대단히 상세하게 기술하고 나머지는 모두 기술되지 않은 채로 남겨둔다거나, 한 부분만 완전한 순서로 배열하고 그 나머지는 뒤섞인 채로 남겨두어서는 안된다. 그는 그의 모든 활동을 일관되게 진행해야 한다. 예를 들면, 다른 활동을 진행하기 전에 그의 모든 정리 활동을 완료해서는 안되고, 그의 여러 가지 활동을 동시적으로 진행해야 한다. 아키비스트는 그의 계획을 수행함에 있어서 금전적, 인적 자원이 그에게 이용이 가능하도록 허용된 한도까지 그의 활동을 점진적으로, 그리고 단계적으로 추진해야 한다. 그는 자신의 계획에서 벗어나거나 일시적으로 그의 주의를 끄는 문제에 그의 힘을 허비하도록 해서는 안된다. 예를 들면, 그가 검색도구 계획을 수행할 예정이라면, 그는 특별한 관심에 그의 주의력을 분산시키는 것을 스스로 허락해서는 안된다. 그가 기록에 대한 일반적인 원칙을 규정할 때까지, 그는 어떤 특정한 역사적 논제, 사건이나 일화에 관하여 특정한 역사가를 위해서 기록의 상세한 분석을 전개하거나, 인명과 지명에 대한 색인을 계통학자와 골동품수집가에게 일차적으로 제공해서는 안된다.

정책과 절차의 공식화

기술적(technical)이고 전문적인 정책과 절차에 관해 정의하는 것은 아카이브즈 관리작업을 높은 수준에서 관리하기 위한 기초이다. 정책과 절차는 아키비스트 직업의 본질과 관계가 있다; 실제로 정책과 절차는 그의 직업이 진실로 전문적인 내용을 갖는지를 결정할 것이다. 그러므로 아키비스트는 작업의 여러 국면을 계획하고 수행함에 있어서 그의 직원이 수행해야 할 정책을 그가 할 수 있는 한 정확하게 윤곽을 제시해야 한다; 그리고 그는 여러 가지 전문적이고 기술적 활동이 어떻게 수행되어야 하는가를 대단히 정확하게 지시하는 절차를 개발해야 한다. 예를 들면, 국립기록보존소는 직원들에 대한 편람으로 국립기록보존소의 주요기능과 관련하여 조직된, 정책과 절차에 관한 기술이 포함된 『업무편람』(*Handbook of Procedures*)을 간행하였다. 이 『편람』은 목록의 입안, 상세 일람표(detaile list)의 입안, 또는 마이크로필름 촬영을 위한 기록의 입안과 같은 전문적인 활동에 관한 상세한 지침이 포함된 『직원정보지』(Staff Information Papers)에 의해 보완되었다.

모든 국가에서 모든 아키비스트들-주아키비스트이거나 연방아키비스트이거나 지방의 아키비스트이거나 간에 - 은 그들의 직업의 전문적인 강조점에 있어서 필수적인 차이점이 존재함에도 불구하고, 정책과 절차를 개발하는데 함께 작업해야 한다. 예를 들면, 평가기준을 개발하는데 있어서, 연방아키비스트는 아마도 주아키비스트가 택할 방식과는 다른 접근법을 채택할 것이다. 그러나 요점은, 가치가 판단되는 기준(criteria)은 주, 연방, 지방 수준으로 한정되어야 한다는 것이다. 검색도구에 관한 지침을 개발하는데 있어서, 양의 문제에 직면한 연방 아키비스트는, 기록에 관해 직접적이고 광범위한 규제를 하기 위해서, 그리고 그 이후에는 보다 자세하게 예비적인 규제를 하기 위해서 절차를 고안할 것이다; 충분히 자세한 규제는 수세대 동안 기다려야 할 수도 있을 것이다. 그는 처음에 기관이나 국(bureau)의 수준에서 만들어진 기록군을 확인하고 기술할 것이고, 다음으로 기록군 속에서 발견된 기록시리즈를 확인하는 것으로 진행할 것이다. 그는 우선, 주제사안의 관점에서가 아니라 조직적이고 기능적인 기원의 관점에서 그의 분석 업무에 접근할 것이다. 그는 개별적인 단위기록 - 문서나 더시어 - 을 어떤 다른 예비적인 단계를 수행한 이후에만 분석할 것이다. 다른 한편으로, 주로 개별적인 단위기록을 다루는 지방의 아키비스트는 단위기록의 내용을 식별하고 기술하기 위해 고안된 절차에 관심을 가질 것이다. 그는 색인, 리스트, 그리고 연차목록과 같은 연구를 위한 상세한 도구를 입안하는 데에서부터 시작할 것이다. 주의 아키비스트는 연방아키비스트의 방식과 지방아키비스트의 방식 사이의 매개적인 방식으로 검색도구를 생산하는 문제에 접근할 것이다. 그러나 모든 절차는, 동일한 목적 - 기록을 알도록 만들고 이용이 가능하도록 만드는 - 을 달성하기 위해 입안된다; 그리고 모든 아키비스트의 노력은, 그 최종적인 분석에 있어서 서로 보완해야 한다.

훈련

전문적으로 훈련된 직원은, 어떤 아카이브즈 관리계획의 성공을 위해서도 핵심적이다. 아키비스트는 첫째, 어떤 학문분야에 관해서는 광범위한 일반적인 훈련을 받아야 하고, 둘째, 아카이브즈의 원칙과 기술(technique)에 관해 전문적인 훈련을 받아야 한다.

유럽에 있어서, 광범위한 일반적인 교육은, 프랑스의 고문서학교(*École des chartes*)와 같이 고도로 전문화된 기록보존학교와, 독일에서의 기록학과 역사학훈련을 위한 선행연구소(Former Institute for Achival Science and Historical Training)의 입학허가를 받기 위한 전제조건이다. 1821년 2월 22일 칙령에 의해 설치된 고문서학교는 대학의 지위를 가지고 있다; 그 곳의 학생들은 경쟁시험에 의해서만 입학이 허가된다. 이 학교는 3년의 교육과정을 제공한다. 1년생에게는 고서체학, 로마철학, 서지학, 그리고 도서관 참고서비스를; 2년생에게는 고문서학, 프랑스기관의 역사, 프랑스 아카이브즈, 아카이브즈 참고서비스, 그리고 프랑스역사와 문학의 기본 배경을; 3년생에게는 전쟁과 교회법사, 중세 고고학과 프랑스 역사, 문학의 기본 배경을 가르친다. 1930년 베를린-다름(Berlin–Dahlem)에 있는 프러시아 왕실주기록보존소 내에 조직된 기록학과 역사학훈련을 위한 선행연구소는, 역사분야 박사학위 중에서 역사연구와 방법론, 고서체학, 역사지리학, 법률사, 그리고 게르만어 분야에 대한 학위를 가진 학생들에게만 입학을 허가하는 수준 높은 대학원이었다. 이 연구소에서 학생들은 현대적인 자료와 관련이 있는 아카이브즈 관리기술(techniques)뿐만 아니라 고서체학, 중세의 역사적 연구자료의 이용, 수고본에 대한 비평적 검토, 그리고 출판을 위한 수고본의 입안에 관해 집중적인 훈련을 받는다. 연구소의 작업은 현재는 마부르크와 뮌헨의 아카이브즈 관리학교(archival schools)에서 이루어진다.

미국의 기록보존기관에서는 학생들을 유능한 아키비스트로 만들 기본적인 훈련을 대학에 의존한다. 저명한 미국의 역사학자인 S. F. 베미스(Samuel Flagg Bemis)에 따르면, "미국의 역사에 대한 기존의 교육은, 박사학위에 이르기까지, 기록보존의 경력을 위해 바람직한 준비가 되는 근본적인 요소를 제공하지만, 전문적인 기록보존 업무를 지망하는 학생은 미국역사와 관련될 수 있는 고문서학과 고서체학의 문제에 관해 그에게 훈련을 제공하는 공식적인 아카이브즈보다는, 어떤 넓은 범위의 수고본 자료를 다루게 하는 학위논문으로 지도받아야 한다."[9]고 하였다.

---

9) S. F. 베미스, "미국에서의 아키비스트 훈련," 『미국의 아키비스트』, II권, 3호(Bemis, Samuel Flagg, "The Training of Archivists in the United States," *The American Archivist*, II, No. 3 July), 1939, p. 159.

나의 의견으로는 아키비스트가 받을 수 있는 최선의 예비적인 훈련은 역사에 관한 수준 높은 훈련이다. 이 훈련은 그에게 공기록에서 발견될 연구가치의 어떤 평가에 대해 기본이 되는 그의 국가와 그의 정부의 발전에 관한 지식을 제공한다. 이 훈련은 공기록을 합리적으로 다루고, 적절한 관계로 정리하고, 조직과 기능의 관점에서 기술하는 모든 작업에서 필요한 연구방법론에 관한 훈련을 제공한다. 아카이브즈의 출처에 관한 기본적인 원칙이 19세기 중반에 공식화된 이래, 모든 국가들의 모든 기록보존기관은 아키비스트에 대한 역사적 훈련의 중요성을 강조하여 왔다.

역사에 대한 수준 높은 훈련은 전문화된 아카이브즈 관리훈련에 의해 보완되어야 한다. 1953년 9월, 국립기록보존소는 하급전문직원을 위한 기초훈련과정을 발족하였다. 이 과정은 두가지의 주요 목적을 달성하기 위한 것이었다: (1) 모든 하급 전문직원에게 그들의 직업에 있어 체계적인 기초를 제공하기 위한 것 (2) 지속적인 전문적인 업무와 승진을 위해 그러한 직원들의 자격을 대단히 엄격한 시험이라는 수단으로 결정하기 위한 것이다. 과정 이수에 대한 유인으로서, 그리고 국립기록보존소의 직원채용 유형에 있어서의 몇 가지 단점을 시정하기 위한 수단으로서, 과정 수료후 시험에 합격하고 1년 동안 신입 아키비스트로 근무한 모든 사람들은 한 급수 더 높은 자리로 승진한다는 데에 동의가 이루어졌다. 이 과정은 그들 구성원들에게 그들의 개별적인 업무와 직접 관련된 개별적인 주제나 기록에 관한 상세한 지식을 제공하기 위한 것은 아니었다. 이러한 종류의 전문적인 훈련은 그 직업에 관해 공식적이거나 비공식적으로 전달받도록 예정된 지부와 국의 관리자의 지속적인 책임이다. 그 기초적인 훈련과정은 그 구성원들로 하여금 생소한 주제들과 기록이 포함된 배당업무를 지적으로 다룰 수 있게 할, 그들의 직업에서의 폭넓은 융통성을 더욱 개발하기 위해 고안되었다. 그 훈련은 그 구성원들에게 그들이 관계된 전반적인 조직과 기능에 대한 정확한 이해, 기본적인 아카이브즈의 원칙에 대한 완전한 지식과 필수적인 아카이브즈 관리기술, 그리고 국립기록보존소에서의 보다 중요한 모든 기록보유물과의 친밀감을 제공하고자 했다. 이 과정은 필요한 강독, 주별 강의, 토론, 개별적인 지도를 받는 실제적인 검색도구기획 (practice finding aids projects)과 몇차례의 시험으로 이루어졌다. 강의와 토론은 8개월 동안 계속되었다.

1955년 9월에 시작한 국립기록보존소 훈련과정은 워싱턴 D.C의 어메리칸 대학 (American University)의 훈련과정과 통합될 것이다. 국립기록보존소의 직원이외에게도 개방될 그 훈련과정은 아카이브즈의 역사와 행정에 관한 과정의 하나로서 아메리칸 대학의 인증을 받게 될 것이다. 훈련은 또한 매년 여름, 국립기록보존소, 의회도서관, 그리고 메릴랜드 기록청(Maryland Hall of Records)과의 협동으로 아메리칸 대학의 지휘하에 아카이브즈보존 및 관리연구소(Institutes in the Preservation and Administration of Archives)에서 개최되고 있다.

제12장
평가기준(appraisal standards)

공기록이란 무엇인가를 규정하는데 있어서, 그러한 기록은: 생산기관에 대한 1차적 가치와 기타 기관 및 개인 이용자를 위한 2차적 가치의 두가지 가치를 가진다고 지적하였다. 나아가 공기록관리에서의 기록보존의 중요성에 대해 논의하면서, 기관의 공무원이 기록의 1차적 가치의 평가에 대한 주된 책임을 갖는다고 지적하였다. 기록보존기관도 정부의 가치 있는 공기록을 관리하는 정부기관으로서 기록의 1차적 가치에 관심을 기울여야 한다고 할 수 있다. 명백한 것은 공기록이 기록보존기관으로 이관될 때, 정부 그 자체가 가장 주요하게, 그리고 가장 빈번하게 그것을 계속해서 이용한다는 것이다. 그러나 그러한 공기록은, 현용이 끝난 이후에도 오랫동안 지속될 가치를 가지고 있기 때문에, 그리고 그 가치가 현재의 이용자가 아닌 다른 사람들을 위한 것이 될 것이기 때문에 기록보존기관에 보존된다. 내가 여기서 고찰하려는 것은 이러한 지속적인, 2차적 가치이다.

여러 국가에서 아키비스트들은 기록의 가치를 판단하기 위한 기준을 공식화하고자 시도하여 왔다. 이들 기준은, 평가업무에서 신뢰할 수 없는 함정에 빠지는 부주의를 피하기 위한 지침으로 제공된다. 기준은 종종 기껏해야 일반적인 원칙들이다. 그것들은 항상 대단히 정확할 수는 없기 때문에, 결코 절대적이거나 최종적인 것으로 간주되어서는 안된다. 기준은 항상 판단력과 상식을 가지고 적용되어야 한다. 이 장에서 나는 프랑스, 독일, 영국, 그리고 미국에서 이러한 기준이 어떻게 발전했는가를 간략하게 검토할 것이다.

유럽의 평가기준

프랑스

1789년 프랑스에 최초의 국립기록보존소가 설립되었을 때, 그 직원들이 직면한 최대의 문제는 평가의 문제였다. 이 문제는 항상 여러 국가의 아키비스트가 다루어야 했던 가장 어려운 문제의 하나가 되어왔지만, 프랑스 혁명가들에게 그것은 특별히 어려운 문제의 하나였다. 평가되어야 할 혁명이전의 기록은, 정부의 재정적, 법률적, 민사상의, 그리고 다른 유사한 목적 때문에 그것들의 중요성을 상실하였다; 왜냐하면 그 기록과 관련된 기관, 권리, 특권이 일소되었기 때문이었다. 공기록의 보존에 대한 공적인 책임을 제정한 1794년 7월 25일의 법령에 의해, 혁명이전의 기록을 평가하는 과업은 한 특별위원회 – 작위증서 임시사무소(*Agence temporaire des titres*), 후에는 선별국(*Bureau de triage*) – 에 배정되었다. 기록을 평가하기 위해 4개의 기록 부문(classes)이 설정되었다: (1) 몰수재산에 대한 국가의 권리를 설정하기 위해 필요한 기본적 문서가 들어있는 유용한 서류(*Papiers utiles*), (2) 역사, 과학, 예술관련 고문서 및 기념물(*Chartes et Monument appartenant à l'histoire aux sciences et aux arts*), (3) 봉건적 권리와 특권에 관한 문서로 이루어진 봉건적 권리증서(*Titres féodaux*) (4) 이용가치가 없는 문서(*Papiers inutiles*)가 그 부문들이다. 끝의 두부문은 파기될 것이었다.

혁명이전의 기록을 평가하는데 있어서 프랑스 아키비스트가 채택한 접근방식은, 역사적 중요성을 가진 특정한 문서를 선별(selecting)하는 것이었다. 선별을 하는 데에 고려될 기준은 명확하지 않았다. 그러나 기록들은 혁명이전의 단체나 기관의 기능을 사실적으로 기록한 것으로서의 가치를 가진 것으로 간주되지 않았다. 기록들은 – 출처나 유기적 관계를 참조하지 않고, 주제와 관련하여 분류되는 – 그 이후의 방식으로, 그리고 아키비스트의 방식보다는 사서들의 방식으로 평가되었다.

국립기록보존소에서의 보존을 위해 공기록의 선별(*triage*)에 관여한 초기의 여러 위원회들의 잘못 고려된 행위들 때문에, 프랑스 정부는 공기록의 파기를 감시하는 엄격한 법률을 제정하게 되었다. 이것은 1921년 7월 1일의 정보장관의 포고에 의해 인가된 "부처 아카이브즈에 관한 일반규정"(*Règlement général des archives départementales*)에서 예시된다. 이 규정은 "공기록 파기에 관한 법률" title Ⅷ의 7개조항(제51∼57

호)을 포함한다. 이 규정은 그러한 기록의 파기에 수반되는 절차(즉, 파기하도록 제안된 기록목록표, 기록보존점검, 파기에 관한 인가와 파기방법에 대한 규정) 이외에도, 평가에서 채택될 접근법을 지시하였다. 지시된 접근법은 신중한 것이었다. 예를 들면, 제51호는 공기록의 대부분은 "무기한 보존"되어야 할 것을 언급하고, 제55호는 공기록의 제거는 "예외적으로 고려"되어야 할 것을 언급하였다. 제52호는 1830년 이전에 생산된 모든 자료, 행정기관, 단체, 개인에게 유리한 권리를 결정하는데 도움이 될 모든 자료, 역사적 중요성을 가지고 있거나 중요성을 획득할 수 있는 모든 자료를 무기한 보존할 것을 요청하였다. 제53호는, 인쇄된 형태로 요약된 정보를 포함한 자료와, 현용상 유용한 기간 동안에만 중요성을 갖는 자료는 파기될 수 있다고 규정하였다.

독일

독일에서는 등록소에서 발전된 기록보존기관이 평가의 문제에 최초로 관여하였다. 기록보존기관은 등록소의 집적물을 승계받았고, 처음에는 오래되고 아마 가장 가치가 있는 자료였을 기록이 공간에 붐비게 됨에 따라 폐기하는 정부기관의 일반적인 관행을 따랐다. 그러나 아카이브즈 관리의 현대적인 개념이 수용되면서 독일의 아키비스트는 공기록을 유기적인 성장과 유기적인 기능의 증거로서 간주하게 되었고, 따라서 기록보존기관에 도달한 여러 등록부를 그대로 보존하였다. 명백하게 가치가 없는 단위기록을 포함한 파일이 등록부에 들어 있었기 때문에, 아키비스트는 그러한 단위기록을 제거하기 위해 파일을 해체하는 것이 합당한지에 관해서 한동안 의구심을 가졌다. 현재 독일의 아키비스트들은 무용한 단위기록을 등록된 파일로부터 제거하는 것에 대해 일반적으로 찬성한다. 그들은 그러한 단위기록의 제거가 반드시 등록부의 생명을 파괴할 유기체의 해체로 진행되는 것이 아니라, 그 과정은 등록부의 본질적 특징 – 등록부의 정리와 내용 – 을 분명하게 하고, 등록부를 보다 쓸모있게 만듦으로써 등록부에 활력을 부여하는 과정이라고 주장한다. 사실상 선별과정은 이제 하나의 등록부가 하나의 "아카이브즈군"으로 변형되는 여러 단계 가운데 하나로 간주된다. 독일의 아키비스트는 또한 불필요한 단위기록의 분리는 되도록 현용을 위한 분류시에 미리 지정되어야 한다는 것과, 불필요한 단위기록이 등록부에서 발견될 경우 본질적인 부분으로 간주되어서는 안된다고 강조한다.

1901년에 프러시아 왕실주기록보존소(Prussian Privy State Archives)의 전임 소장인 O. H. 마이스너(O. H. Meissner)는 독일의 아키비스트의 사고에 깊은 영향을 끼쳐 온 많은 평가기준을 공식화하였다[1]. 그의 다섯가지 기준들은 일반적인 것이었고, 상세한 것이라기 보다는 격언의 성격을 가지고 있었다. 이 가운데 첫번째인, 기록에 있어서 "오래된 연대는 존중되어야 한다"는 것은 확실히 진실이다. 왜냐하면 과거의 기록은 그것이 희귀해짐에 따라 가치있는 것이 되기 때문이다. 그 다음의 두가지는, "매사에 중용을, 지나치면 안된다"라는 아리스토텔레스적인 교훈과 유사한 "극단은 피해야 한다"라는 것과 "너무 위대한 추상은 악이다"라는 것이다. 일반 격언 중 나머지 두가지는, 명백하게 일시적인 목적에 제공하기 위해 생산된 기록은, 그 최종 생산물은 보존될 수 있다 하더라도, 일반적으로 폐기해야 한다는 것; 정리의 기원과 영구적인 정리의 기원 및 발전에 관한 기록은 일반적으로 보존되어야 한다는 것이다.

마이스너의 평가기준의 다른 두가지는 정부조직이 취급하는 사안을 고려한다. 이들 기준 가운데 하나는, 부동산에 관한 파일은, 만약 그 파일이 그 부동산에 대한 국가의 권리를 설정하거나, 특별하거나 역사적으로 중요성이 있는 부동산의 관리에 관련이 있다면 보존되어야 한다는 것이다. 기준의 다른 하나는, 비정부적인 권리에 관한 파일은, 이 권리가 부동산, 저당, 임금이나 여러 가지 종류의 부동산 권리증서와 같은 본질적인 문제를 포함하는 경우에만; 이 권리가 막대한 상속에 관한 법률에 의해 영향을 받을 인물을 포함할 경우에만; 그리고 권리에 관한 파일이 전형적인 행정과정과 전형적인 권리를 나타내는데 제공되는 경우에만, 보존되어야 한다는 것이다.

다섯가지 기준들은 정부기관에서의 기록의 연원(source)과 관련된다. 그 첫번째는, 행정에 관한 파일은 각 행정적 단위를 위해 보존되어야 한다고 하는 것이다. 행정적 사안들 가운데 마이스너가 기록할 가치가 있다고 인정한 것은, 조직, 지시(direction), 부서관리(housing)와 사무분장(business arrangement), 그리고 단위의 인사(personnel)에 관한 것이었다. 두번째 기준은, "일반적인 파일(정책, 절차, 기타 일반

---

1) 독일의 평가기준에 대한 분석은 W. 리쉬(편), *ibid.*, pp. 38~43에 기반을 두었음.

적으로 응용가능성을 가진 기록으로 이루어진)은, 중앙의 행정적 단위 속에서, 그리고 기록이 단지 전달되거나 인수된 지점이 아니라, 기록이 기원한–즉, 기록이 행정적 단위의 기능으로부터 생겨난 지점에서 보존되어야 한다; 그리고 부속행정 단위에 있는 일반적인 파일의 가치는, 그러한 단위의 활동을 고려하여 결정되어야 한다"는 것이다. 세번째의 기준은 "매개적인 행정적 단위의 기록은 그것이 단지 상부로부터의 지시와 관련된 것이 아니라, 그러한 단위의 실제 행정과 관련된 경우에만 보존되어야 한다"고 하는 것이다. 네번째 기준은 "하위 또는 부속적인 행정적 단위의 파일은, 그것이 그 단위의 행정과 관련이 있을 경우에만 보존되어야 한다"고 하였다. 다섯번째 기준은 "법원의 파일은 그것이 그 법원의 본질적인 활동과 관련이 있을 경우에만, 또는 그것이 항구적인 권리와 제도의 발달, 중요한 역사적 일화, 정치적 과정이나 과거의 시대의 관습과 도덕을 반영하는 경우에만 보존되어야 한다"는 것이다.

제2차 세계대전 직전, 프러시아 왕실주기록보존소는 평가기준을 공식화하기 위해 한 특별위원회를 임명하였다. 비록 이 위원회는 그 작업을 완수하기 이전인 1940년에 해산되었지만, 그들의 활동은 두가지 결과물을 낳았다: 하나는 고타(Gotha)에서 개최된 아키비스트 회의에서의 마이스너의 보고이고, 다른 하나는 마이스너의 견해에 대한 H. 마이너트(H. Meinert)와의 논쟁이었다. 마이스너는 평가 업무에 있어서, 평가를 직관이나 손가락 끝의 느낌의 문제로 보는 낡은 개념은 전혀 믿을 수 없다고 주장하고, 정확한 아카이브즈 관리 접근법의 중요성을 강조하였다. 마이너트는 마이스너에 의해 공식화된 기준에 찬성하였으나, 기록을 출처의 관점에서 고려한 기준을 가장 중요한 것으로 간주하였다. 그가 생각하기에 평가는, 정부구조에서의 각 행정적 단위의 지위, 단위의 활동의 성질, 상급이나 부속 행정단위의 활동과의 관계를 고려함으로써 설정되어야 하는 출처의 중요성을 고려해야 한다는 것이었다. 그는 기록은 단일한 하나의 고립된 낱장으로서 따로 자세히 검토될 수 없고; 기록의 행정적 문맥 속에서 평가되어야 한다고 주장하였다.

영국

영국에서 평가에 관한 시각이 처음으로 충분히 표명된 것은 1943년 영국기록협회(British Records Association)가 전쟁시 종이회수의 필요성과 관련하여 간행한 비망록 가운데서이다. 후일 공기록관에 의해 간행된 소책자(pamphlet)에서, 이 비망록에 포함된 평가의 원칙이 문서에 적용되었다. "공공의 또는 사적인 기록보존소에 있는 일시적이거나 중요하지 않은 문서의 제거에 관한 원칙"(Principles governing the Elimination of Ephemeral or Unimportant Documents in Public or Private Archives)이라는 표제로 된 이 소책자는, 사무목적과 연구목적을 위한 아카이브즈 관리의 원칙을 논의하였다. 영국 아키비스트는 어떤 기록이 사무목적을 위해 보존되어야 하는가는 "한 사무의 수행(conduct)에 책임을 진 사람"이 결정해야 한다는 미국 아키비스트의 견해에 동의한다. 연구의 목적을 위해서, 영국인은 기록을 세가지의 "역사적 또는 일반적인 유용성"를 위해 보존하려고 하였다: (1) 관련된 조직의 역사를 보여주기 위해서 (2) 조직의 시행에 관한 기술적인(technical) 질문에 답하기 위해서, 그리고 (3) 부수적으로, 또는 우연히 그 기록 안에 포함된 정보에 대해 있을 수 있는 학술적인 필요성에 부응하기 위해서이다.

이 소책자는 이들 세가지의 유용성 중에서 첫번째, 즉, 관련된 조직의 역사를 보여주기 위해서, "기록이 제공된 사무는 어떤 것이었고 어떤 다른 형태의 조직의 활동에 제공되었는가 – 그것은 어떻게, 누구에 의해 수행되고, 그리고 어떤 결과를 가져왔는가"를 보여주는데 충분한 증거를 포함한 기록을 보존하는 것을 선호하였다. 소책자에 의하면 이 증거를 포함한 기록은 사무의 수행을 위해 필요한 기록과 유사하다고 지적하였다. 이 기록들은 "정책에 관한 결정이 이루어지는 의사록과 기타의 문서; 주요 회계부 시리즈; 중요한 활동을 가져오는 통신; 관련된 개인이나 단체에 의해 소유된 토지와 재산에 관한 권리증서; 그리고 정기적으로 보존된 등록부나 사건, 시험이나 시행, 취해진 조치나 성취된 시행; 만약 현재의 직원과 실무자가 사라진다 해도, 누군가가 그 사무나 작업을 계속 진행하거나 재개하도록 하는, 과거와 현재의 정책과 관행을 반영하는 모든 문서들이다. 그러나 연구목적을 위한 기록의 선별은 사무목적을 위한 것보다 약간은 더 엄격할 수 있다. 소책자에 의하면 "모든 요구는, 정기적으로 보존된 시리즈들로부터, 또는 일상적인 성격의 지속적인 반복문서의 大부문으로부터 소수의 핵심적인 문서와 대표적인 선별물을 보존함으로써 '대단히 자주' 제공된다. 표본들은, 우연한 관심 때문이라기 보다는 그 사무의 구조를 설명하는 대표적 성격 때문에 선별되어야 한다 . . . . "

두번째의 유용성, 즉, 조직의 시행에 관한 기술적인(technical) 질문에 답하기 위한 유용성에 있어서는, 소책자는 아래와 같은 조직에 관한 증거만을 보존할 것이라고 하였다. 즉, 이 조직이란 같은 부류에 속한 다른 기관이나 사업체와 비교해서 그 자체가 "현저한 중요성"이 있거나, "아카이브즈가 거의 보존되어 있지 않은 기관이나 사업체의 부류"에 속하거나, 또는 "그 일반적인 역사와 발전이 현저한 중요성을 가지고 있고 **집합적인 증거의 이용에 의해서만 추적될 수 있는** 사업체의 부류"에 속한 조직이다.

세번째의 유용성, 즉, 학술적인 필요에 부응하기 위한 유용성에 관해서 소책자는 기록을 어떻게 평가할 것인가에 관한 많은 실질적인 정보를 제공한다. 이것은: (1) **"전적으로 단명한"** 기록을 가능한 한 이른 순간에 정기적으로 제거한다; (2) 대부분의 현대부서에서 **"전적으로 일상적인 절차"**에서 생겨난 방대한 집적물을 그 전적으로 단명한 기록에 포함시킨다; (3) 인사를 포함하는 부서의 내부행정이나 일상업무에만 관련되는 문서를 제거한다. 그러나 그것을 제거하는데 있어서 부서의 성질을 고려한다. 주로 외부적인 사무를 행하기 위해 존재하는 조직(상사와 같은)과, 사무가 주로 내부적으로 이루어지는 조직(학교나 박물관 같은, 이 경우에는 내부적인 조직이 확실히 가장 중요하다)들을 구별한다; (4) 불확정적인 모든 종류의 관심사에 대해서 있을 수 있는 가치의 개략적인 기준의 하나로서, 문서의 적용범위(coverage)나 문서의 시리즈 - 그 문서의 적용범위나 문서의 시리즈가 **수많은 개인들과/또는/사물들, 또는 논제들**을 간섭함으로써 영향을 끼칠 것인지, 명명을 할 것인지, 또는 의미를 부여하게 될 것인지를 고려하면서 - 를 이용한다: (5) 문서에 내재된 정보의 대부분이 다른 곳에서도 이용이 가능한가를 확인한다; (6) 많은 복사본이 있다고 알려져 있다는 이유로 그것들을 반드시 가치가 없다고 간주하지 않고, 문서가 보존된 장소와 환경을 고려한다; (7) 색인이나 등록부는 그것과 관련이 있는 서류가 파기될 때조차도 보존한다.

미국의 평가기준

미국 국립기록보존소에서 개발된 평가기준을 논의하는 데 있어, 나는 두가지 사안을 언급할 것이다: (1) 공기록이 그것을 생산한 정부조직의 기능과 조직에 관해 가지고 있는 증거(evidence) (2) 정부기관이 취급한 개인, 법인체, 조건, 등에 관해 공기록이 가지고 있는 정보(information)이다. 따라서 공기록은 두종류의 가치를 가지고 있다: 증거적 가치(evidential value)와 정보적 가치(informational value)가 그것이다. "증거적", 그리고 "정보적"이란 말은 글자 그대로 받아들여지거나 설명이 보충되지 않는다면 무의미하다. 증거적 가치에 대해, 여기에서 나는 공기록이 가지고 있는 증거의 장점 때문에 공기록에 내재된 가치를 언급하지 않는다. 젠킨슨적인 의미에서, 나는 "손상되지 않은 보호"에서 연유하는 아카이브즈 내의 증거의 신성성을 언급하지 않는다. 그보다 나는 대단히 자의적으로, 증명된 사안들, 즉 기록을 생산한 기관의 조직과 기능의 중요성에 의해 좌우되는 가치를 언급한다.

두종류의 가치의 차이는 미국 연방정부의 기록처리법령(Records Disposal Act) 안에 있는 기록의 정의를 분석함으로써 명확해질 수 있다. 이 법령에서, "기록"이라는 단어는 첫째, "정부의 조직, 기능, 정책, 결정, 절차, 시행, 그리고 다른 활동들"에 관한 증거를 내포한 모든 자료를 포함하는 것으로 정의된다. 본질적으로, 기록은 그것을 만든 기관의 조직과 기능에 관한 증거를 포함하는 자료일 것이다. 기능이라는 용어는 여기에서 기관이 설치된 목적을 달성하기 위해 필요한 기관의 모든 활동을 포함하는 것으로 사용된다. 어떤 기관의 조직과 기능에 관한 증거를 포함하는 자료는, 행정관에게는 그가 속해 있는 기관의 현재 또는 미래의 기능을 위해 필요한 만큼의 가치를 가지고 있다; 그 자료는 아키비스트에게는 그가 그 기능을 이해하기 위해 필요한 만큼의 가치가 있다. "증거적" 가치를 포함한 어떤 기관의 기록은 즉, 그 기관의 조직과 기능에 대한 확실하고 충분한 증거를 제공하기 위해 필요하다.

나아가 "기록"이라는 단어는 기록처리법령에서의 "그 안에 내포된 자료의 정보적 가치 때문에" 보존되어야 하는 자료를 포함하는 것으로 정의된다. 이 "정보적" 가치는 보통, 그 속에 포함된 여러 종류의 연구에 유용할 정보 때문에 공기록에 내재하는 가치, 즉, 연구가치라고 불린다.

증거적 가치

아키비스트는 앞서 정의된 바와 같은 의미를 지닌 증거적 가치라는 용어를 증거적 가치의 평가에 왜 조심스럽고 신중하게 적용해야 하는지, 그리고 그러한 가치를 가진 기록은 그 기록의 직접적인 유용성, 또는 예견할 수 있는 특정한 유용성이 있거나 없거나 관계없이 왜 보존되어야 하는지에 대해서는 여러 가지 이유를 들 수 있다.

정부의 기관원으로서 아키비스트는 정부가 어떻게 조직되었고 어떻게 기능하였는가에 관한 증거의 보존에 우선적으로 관여해야 한다는 것은 자연스런 일이다. 모든 아키비스트가 가정하는 것은 보존되어야 할 최소한의 기록은 조직과 기능에 관한 기록이고, 이 최소한의 가치의 범위를 넘어서면 더 논쟁의 여지가 있다는 것이다. 여러 군과 시리즈에 대한 신중한 선별에 의해서, 아키비스트는 비교적 작은 기록조직 속에서, 그 기관의 창설목적, 발전방식, 조직방식, 수행기능, 활동결과 등과 같은 모든 중요한 사실을 포착할 수 있다.

조직, 기능, 활동과 진행의 방법에 관한 정보를 포함하는 기록은, 정부자체와 정부에 관해 연구하는 사람들에게 필수불가결하다. 정부에게 있어서 기록은 행정상의 지혜와 경험의 창고이다. 그것은 정부의 행위에 대해 일관성과 지속성을 부여하기 위해 필요하다. 그것은 정책, 절차 및 이러한 종류에 관한 선례를 포함하고, 행정관에는 과거에 처리된 다른 문제와 유사한 현재의 문제를 해결하는 지침으로서 사용될 수 있다. 그것은 각 기관에게 위임된 직무를 충실히 이행했는지 관한 증거, 그리고 모든 행정관이 봉사하는 시민들에게 제공할 의무가 있는 자세한 설명에 관한 증거를 포함한다. 기록은 조직상, 절차상, 그리고 정책상의 문제를 처리하는 기관의 경험을 분석하고자 하는 공공행정에 관한 연구자에게 유일하게 신뢰할만한 자료를 제공한다.

증거적 가치의 판단(test)은 실제적인(practical) 것이다. 거기에는 현대아키비스트가 특별히 훈련을 받는 객관적인 접근방법이 포함된다; 왜냐하면 역사학적 방법론에 관한 훈련과정은 아키비스트가 인간의 제도의 기원 및 발전과 작용을 고찰하게 하고, 그러한 목적을 위해 기록을 사용하도록 가르치기 때문이다. 그 판단은 쉽지 않지만 명확하다. 그 판단은 첫째, 어느 정도의 확신을 가지고 ─ 여기서 확신의 정도는 기록이 얼마큼 철저히 분석되었는지에 달려 있다 ─ 가치의 판단이 이루어질 수 있는 기록을 검토하도록 할 것이다. 그 판단은 모든 아키비스트에 의해서 적용될 수 있는데, 이는 어떤 아키비스트도 모든 기관의 조직과 기능에 관한 증거가 보존되어야 하는가에 하는 데에는 의문을 갖지 않을 것이기 때문이다. 판단의 차이는 그러한 증거가 보존되어야 하는 완벽성(completeness)에 대해서만 생겨

날 것이다. 반면에, 연구가치의 평가는 판단이 대단히 달라질 기록을 검토하도록
한다.

　증거적 가치의 판단을 적용함에 있어서 아키비스트에 의해 획득된 정보는 모든
다른 관점들부터 기록의 중요성을 이해하게 하는데 필요하다. 아키비스트는, 그가
어떤 목적을 위해서든 기록의 가치를 판단하고자 한다면, 기록이 어떻게 해서 생
겨났는가를 알아야 한다. 공기록이나 어떤 유기적 단체의 기록은 활동의 산물이
고, 기록의 중요성의 대부분은 그 활동과의 관련성에 의존한다. 만약 정부의 행정
단위에서나 어떤 특정한 활동에서 기록의 출처가 불분명하다면, 기록의 정체성과
중요성도 모호해질 것이다. 이러한 점에서 공기록은, 개인적인 수고본 – 앞서 기술
한 바와 같이 그 출처와의 관련없이 또는 콜렉션내에 있는 다른 수고본에 대한
참조 없이 종종 그것 자체의 의미를 갖는 – 과는 다르다.

　증거적 가치의 판단을 적용함에 있어서 아키비스트는, 행정관과 공공행정에 대
한 연구자만이 아니라 경제학자, 사회학자, 역사가, 학자 전반을 위해 여러 가지의
다른 가치를 가지고 있는 기록을 보존하려고 할 것이다.

　여러 국가에서 아키비스트는, 공공기관의 조직방식과 업무의 수행방식을 보여
주는 기록을 보존할 것을 요구하는 평가기준을 발전시켜 왔다. 특히 독일의 아키
비스트는 이 점에 관해서 대단히 정확하다. 동일한 사례에 있어서, 기준은 업무의
성질, 목적, 또는 수행된 업무의 문제점에 관해 자세히 언급한다; 다른 경우에 있
어서는, 업무가 수행된 기관내의 조직적인 수준이나 관련된 활동의 성질에 관해
자세히 언급한다.

　미국에서 증거적 가치에 관한 기준의 성격은, 대부분 기록을 생산한 기관에서
기록이 조직된 방식에 의존한다. 연방정부에서 조직과 기능은 종종 기록이 현용
을 위해 보존되는 방식에 반영된다. 많은 연방기구에서, 여러 행정적 수준에 있는
부서는, 적어도 부분적으로 보통 상급 및 하위기관의 파일과 관련이 있거나 종종
중복되는 그들 자체의 파일을 만든다. 그러한 기관들의 중앙조직에서, 부처의 기
록은 국(bureau)의 기록과, 국의 기록은 과(divisional)의 기록과, 과의 기록은 계
(sectional)의 기록과 관련이 있을 수 있다. 현장 조직에 있어서, 지방(regional)부서의
기록은 주(State)부서의 기록과, 주부서의 기록은 부속부서(subordinate offices)의 기
록과 관련이 있을 수 있다.

기록의 증거적 가치를 판정하기 위해서, 아키비스트는 다음에 관하여 알아야 한다. (1) 기관의 행정적 위계상에서의 각 부서의 지위(position) (2) 각 부서가 수행하는 기능들, 그리고 (3) 주어진 기능의 집행에 있어서 각 부서에 의해 수행되는 활동이다. 아키비스트는 그가 다루는 모든 기관의 조직, 기능, 정책, 절차, 그리고 활동에 관해서 알아야 한다. 그는 그것들이 관련된 광범위한 사회적, 경제적, 기타의 조건에 관해서도 알아야 한다. 아키비스트는 도큐멘테이션의 전체적인 체계에 대해서, 어떤 기관의 기록군의 상호관계 및 중요성을 결정하기 위해서, 한 기관의 기록전체를 조사해야 한다. 그는 어떤 단편적인 기초나 한 기관 내에서의 개별적인 조직을 기초로 평가를 해서는 안된다.

아키비스트가 가장 쉽게 결정할 수 있는 사실은, **기관의 행정적 위계상에서의 어떤 부서의 지위**이다. 기록의 가치는 대부분 그러한 지위에 의해 결정되기 때문에 부서의 지위는 기록평가에 있어 중요하다. 기관의 중앙과 현장조직의 지휘부와 계열부서는 쉽게 식별될 수 있다. 아키비스트에게 기본적으로 중요한 것은, 정책적, 절차적, 그리고 조직적인 결정이 이루어지고 거기에 대한 감독이 이루어지는 행정부서와 지휘부에서 생산된 기록이다. 여러 조직단위들이 그러한 부서에 부속하여 법적 활동, 예산활동, 절차상의 활동, 그리고 내부적인 행정활동에 종사하거나, 또는 정책이나 절차의 공식화에 부수하여 일어나는 연구나 조사에 종사한다. 중요성이 확실히 덜하면서 평가하기에 보다 어려운 것은 감독(supervisory)이나 관리기능(management functions)을 가진 부서의 기록이다. 행정적 규모의 최하위에 위치하여 주로 상세하고 일상적인 시행과 관련된 이 부서들은 지속적인 가치를 거의 갖지 않은 기록을 생산한다.

평가의 목적을 위해 중요한 두번째 사실은, **각 부서에서 이행되는 기능의 특성**이다. 지적한 바와 같이, 기능은 본질적인 것과 부수적인 것으로 분류될 수 있다. 본질적인 기능은 철저하게 도큐멘테이션할 가치가 있다. 부수적인 기능은, 효율적인 시행에는 중요한 것이 확실하지만, 기관의 실질적인 기능의 이행에 대해서는 단지 부수적으로 일어나는 것이다; 그리고 그 기능들이 그 성격상 특이하지 않은 한, 아키비스트는 그 기능에 대해 철저한 도큐멘테이션을 고려하지 않는다.

평가의 목적을 위해 중요한 세번째 사실은, **행정적 위계상 각 부서에 주어진 기능을 수행하는 활동의 특성**이다. 어떤 주어진 기능을 집행함에 있어, 활동은 보통, 몇몇 행정적 수준에 있는 부서에서 취해진다. 이 활동은, 업무가 일반적인 수준으로부터 특정한 수준으로, 그리고 변동되는 수준으로부터 일상적인 수준으로 변화하면서, 여러 수준을 통해서 밑으로 완료를 향해 흐르기 때문에, 통상적으로 기능적인 도큐멘테이션의 관점에서 점차 중요성이 줄어든다. 이 점은 몇 년전 미국 국가공무원임용위원회(United States Civil Service Commission)에 의해서 입안된, 연방정부의 기관들의 전형적인 인사배치를 보여주는 한 도표를 복사함으로써 예시될 수 있다.

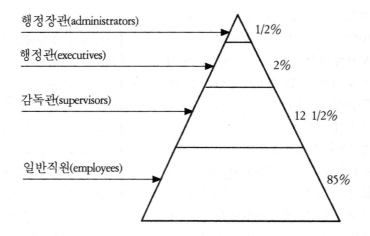

도표에서 보여지는 인사의 15%인 행정장관, 행정관, 감독관은 정책과 결정의 공식화에 관여하고, 그 기관의 설립목적을 달성하기 위해 고안된 절차와 조직의 발전에 관여한다. 나머지 85%는 상부로부터 공식화된 정책과 절차에 따라 계획을 수행하기 위해 필요한 상세한, 그리고 종종 일상적인 조치에 관여한다. 각 기능에 대해서 하나의 결과로서, 최종적 행위를 향한 예비적인 단계를 대변하는 각 각의 연결점인 일련의 연속적인 조치의 연쇄(chain)가 있다. 이 연쇄에서 어떤 특정한 기록 시리즈의 가치는, 대부분 다른 시리즈들과의 관계에 의해 결정된다. 이들의 관계가 분석된다면, 조직과 기능에 관한 증거를 제공하는 여러 시리즈의 상대적 가치를 결정하는 것이 가능하다. 필요한 모든 증거를 본질적으로 포함하는 시리즈가 무엇인지, 또는 보완적인 증거를 제공하는데 어떤 다른 시리즈가 필요한 수 있는지를 알 수 있을 것이다. 충분하다면, 이 증거는 어떤 기관의 전체 활동의 범위 – 적어도 사례적인 선별에 있어서 – 즉, 정점으로부터 저변까지, 중요한 것으로부터 일상적인 것까지를 포괄해야 하는 것일 수 있다.

이러한 방식으로 가치의 문제를 해결하고자 하는데 있어서, 어떤 기록을 보존할 것인지에 관한 결정은 많은 요소들에 달려 있고, 보다 중요한 요소들은 다음의 질문으로 나타난다:

1. 한 기관의 조직, 계획, 정책, 절차에 관한 결정을 행함에 있어, 한 기관의 중앙 부서의 어떤 행정적 단위가 일차적인 책임을 가지고 있는가? 어떤 행정적 단위가 그러한 결정을 행함에 있어 보조적인 활동을 수행하는가? 어떤 현장 관리가 그러한 결정에 있어 재량권을 갖는가? 어떤 기록 시리즈가 그러한 결정을 반영하기 위해 본질적인가?

2. 기관의 어떤 기능이 그 기록과 관련이 있는가? 그것들은 본질적인 기능인가? 각 행정적 수준 – 중앙과 현장 모두 – 에서 각각의 기능의 수행 방식을 나타내는데 어떤 기록시리즈가 본질적인가?

3. 주어진 기능을 관리함에 있어서 어떤 감독과 관리활동(management activities)들이 이행되는가? 그것을 집행함에 있어 어떤 연속적인 조치가 이행되는가? 그 기능의 집행과는 구별되는 것으로서, 어떤 기록이 행정(administration)에 관한 것인가? 그러한 기록은 여러 행정적 수준에서 어느 정도까지 물리적으로 중복되는가? 그 기능에 속하여 이행된 연속적인 조치를 어떤 기록이 요약하고 있는가? 어떤 기록이 하위의 행정적 수준에서의 작업과정을 보여주는 사례적인 형태로서 보존되어야 하는가?

어떤 기관의 조직적 구조와 기능에 관한 증거를 분석함에 있어, 기록의 주요 부류에 관한 기능적인 도큐멘테이션을 위한 가치도 또한 고려되어야 한다. 이러한 범주는 반드시 완벽하거나 상호 배타적인 것은 아니다.

(1) 정책에 관한 기록(Policy Records)

"정책"이라는 용어는 단순히 기관에 의해서 한번 이상 수행되도록 결정된 행위의 과정을 의미한다. 정책은 기관 전체의 조치나 기관의 한 부분만의 조치에 해당될 수 있다. 그것은 본질적 기능이나 부수적 기능에 적용될 수 있다. "정책"과 "행정" 사이는 엄밀하게 구분될 수 없다. 왜냐하면 감독이나 관리활동은 흔히 정책의 공식화를 가져오고, 계획은 종종 선언된 정책으로부터 상당수 연유되기 때문이다. 이 두 종류의 중요한 활동을 충실하게 증명하는 기록은 영구적 가치를 가질 수 있다. 철저한 도큐멘테이션을 할 가치가 있는 정책은, 본질적 기능 및 보다 중요한 관리나 그 기관의 부수적 활동에 관한 것이다. 정책의 적용성이 넓을수록 그 관련된 기록의 중요성은 한층 커진다. 일반적으로, 보존될 정책기록은 조직, 계획, 방법이나 기술, 그리고 그 기관이나 그 기관의 한 부분이 책임과 기능을 이행하기 위해 채택한 규칙과 절차에 관한 것들이다. 그러한 정책문서들 가운데 특별히 중요한 것은 다음과 같은 종류이다:

(a) **조직에 관한 문서**(Organizational documents). 이 종류의 문서에는 기관의 창설, 조직 및 재조직에 관한 초안과 보완적 자료 및 기관의 여러 조직단위의 기능의 중단과 통합에 관한 초안 및 보조적 자료 이외에도 법규와 대통령령이 포함될 수 있다; 조달물(requirements)의 사유와 견적서를 내포한 예산 및 예산안; 법률에 관한 해석, 의견과 비망록; 조직과 기능에 관한 도표; 지령집(directory); 권한과 책임을 위임하거나 규정한 통신과 비망록, 또는 다른 연방기관들, 주와 지방정부, 산업단체, 다른 민간단체와의 업무상의 관계를 보여주는 통신과 비망록; 조직적 문제에 관한 직원의 연구와 특별보고서 등이 포함된다.

(b) **절차에 관한 문서**(procedural documents). 이 종류의 문서에는 절차에 관한 편람, 지령, 법칙과 규정, 회람, 지침, 비망록, 또는 그 기관과 그 기관의 부분들에 대해 행위의 과정을 규정한 정기적인 반복 간행물이 포함된다. 간행물의 한 조(set)는 그것이 생산된 행정적 수준에서 획득되어야 한다. 간행물은 현재 효력이 있는 것뿐만 아니라 이전의 간행물도 포함해야 한다. 절차에 관한 문서는 방법, 기술(techniques) 그리고 시행등에 관한, 또는 업무량과 공적을 분석한 직원의 연구와 특별보고서도 포함해야 한다. 각 기관의 시행을 위해 개발된 서식의 원본 한 조도 포함되어야 한다.

(c) **추보문서**(Repertorial documents). 이 종류의 문서에는 연차보고서, 또는 설명적이거나 통계학적인 다른 정기적인 경과보고서; 업적에 관한 특별보고서; 청취의 필사본; 회의와 회합의 의사록 등이 포함된다.

(2) **시행문**(Operating documents)

대부분의 기관들의 기록은 대부분 그 일반적 관리, 정책의 결정이나 내부 행정기록한 것이라기 보다는, 그 실제적 시행을 구성하는 특정한 개별적인 조치를 기록한 것이다. 이들 기록은 양적으로 방대할뿐만 아니라; 평가에 있어서 가장 심각한 문제를 제기한다. 보통 한 기관의 시행에 관련된 대부분의 중요한 증거는 통계학적이거나 설명적인 보고서를 통해, 통신, 비망록 및 기타의 요약기록을 통해 상부에 전달된다. 그러므로 개별적인 조치는 정책, 조직, 기능과 절차의 증거로서 근본적으로 필수적인 것은 아닌 것처럼 보인다. 그러나 몇몇 기관에서는, 시행에 관한 기록은, 정책의 실천방식, 절차의 집행방식, 그리고 정책의 수준에서 항상 기록되지는 않는 직면한 문제의 종류를 보여주기 위해 적어도 하나의 사례적인 형태로서 필요하다. 따라서 시행기록의 선별은, 하위수준에서의 행정과정을 예시하거나 그러한 과정에서의 변화를 예시하기 위해 필요할 수 있다.

예를 들면, 조정기관 또는 준사법 기관에서의 정책은 특별한 사건에 대한 결정을 통해서 빈번하게 알려진다. 그러한 기관에서의 기록의 선별은, 법률의 보다 흥미로운 관점이나 여러 가지 종류의 제재 또는 조정수단의 적용을 예시하기 위해 계획된 몇 안되는 사건들에 의해 이루어질 수 있다. 이러한 종류의 새로운 기관, 새로운 계획의 경우에, 시행에 관한 완벽한 도큐멘테이션은 그 초기에 행해지는 것이 바람직할 수 있다. 광범위한 현장조직을 가진 기관에서는, 정책과 절차가 "민초"(grassroots)의 수준에서 어떻게 작용되었는가, 정부활동이 국민의 생활에 어떻게 반영되었는가를 나타내는 대표적인 부서의 기록을 선별하는 것이 바람직할 수 있다. 적절하게 선별된 시행기록의 사례를 보존하는 것은 대개 도큐멘테이션을 위한 목적에 충분히 제공된다.

(3) 부서관리 기록(Housekeeping records)

어떤 기관에 있어서도 그 기록의 본질적인 부분은 내부적인 시행이 이루어지는 매일매일의 인사, 재정, 조달, 재산관리 행위를 대변한다. 그러한 기록에 대한 평가는 재무성, 공무원임용위원회와 일반회계국에서 관련된 기록을 보유하는 것에 영향을 받는다. 지적한 바와 같이, 그러한 기록들은 보통 모든 기관에 공통되는 활동에 관한 것이고, 따라서 대체로, 어떤 특정한 기관의 기능을 이해하는 데 본질적인 증거를 거의 갖지 않는다. 그러나 그러한 그 가운데 선별된 기록군은, 한 기관의 주요한 부수적인 시행을 반영하고, 그리고 그것의 본질적인 기능을 대변하는 다른 기록에 대한 해석을 돕기 위해 보존할 필요가 있다. 사실을 기록한(documentary)

관점에서는 덜 중요하지만 법률적, 행정적인 면에서는 반드시 그렇지 않은 것이 기본적인 인사카드이다. 만약 어떤 기관이 특별하고, 통상적인 형태에서 벗어난, 또는 그 기관에 특정한 문제에 관한 내부적 관리활동을 수행한다면, 그러한 활동이나 문제에 관한 기록은 보존되어야 한다.

(4) 출판물과 공보기록(Publications and publicity records)

규정 및 기타 지령과 같은 행정적 출판물 이외에도, 분명히 가치가 있고, 대량 인쇄되고 가공된 자료인 업무편람 등은 대부분의 정부기관에서 생산된다. 도서들은 "아카이브즈"라는 용어의 정의 내에 들어오는 사실을 기록한 자료에 포함되기 때문에, 그러한 자료의 형태는 기록보존기관에서의 보존의 적절성을 판단하는데 결정적인 요인은 아니다.

대체로, 본질적 기능의 이행에서 생산된 출판물은, 하나의 아카이브즈 기록군의 부분으로서가 아니라 도서관에 보존되어야 한다. 이것은 공보, 소책자, 회람 및 과학적, 통계학적, 또는 연구활동에 종사하는 기관에 의해서 주로 생산되는 간행물에 관한 경우이다. 그러나 이러한 법칙에 대한 예외가 있다. 어떤 기관의 조직과 기능을 이해하는데 기본이 되는 그 기관에 의해서 만들어진 행정적 출판물과, 그 기관 자체의 정책의 공식화에 기본이 되는 그 기관에 의해 집적된 출판물은, 기록보존기관으로 이관할 자격이 있는 것으로 고려될 수 있다. 그 출판물의 발간에 관한 기록이 들어 있는 출판물은, 특히 만약 그 기록이 본질적인 변화를 그 내용에 반영하는 연속적인 초안을 포함하고 있다면 이관할 자격이 있는 것으로 고려될 수 있다. 만약 그 기록들 가운데 파일된 출판물이, 그 기관의 기능이나 조직과 직접적으로 관련이 없고, 중요한 상호관계를 상실하지 않고 쉽게 분리된다면, 그 출판물은 이동되어야 한다.

정보상의 그리고 장려적인 활동과 관련하여 생산된 공보자료는, 도서관에서보다는 기록보존소에 보존되어야 한다. 그것들은 어떤 기관이 대중에 대해 행한 행위를 설명하기 위해 수행해야 하는 계획에 대한 주요한 도큐멘테이션을 제공한다. 공보자료는 신문과 라디오에서 나온 발표, 공보, 소책자, 포스터 등과 같은 형태가 될 수 있다. 그것들은 대량으로 생산되지만, "기록"의 정의내에 들어오지 않는 것이라고 간주되기 때문에, 그것들은 항상 생산되는 것만큼이나 빠르게 사라진다. 그러한 자료들에 관한 문제는, 모든 복사본이 제거된 각 단위기록의 원본파일

(master files)을 획득하는 문제이다. 그 파일은 그것이 만들어진 행정적 수준에서 획득되어야 한다. 잡보란(press clippings)이 이관되어야 하는 경우는, 어떤 기관의 정보적, 본질적인 활동을 기록하는 데에 다른 사실을 기록한 자료가 적당하지 않기 때문에 잡보란이 필요한 경우나, 또는 잡보란이 접근하기 쉬운 방식으로 조직되는 경우이다. 잡보란의 출처도 고려되어야 한다. 전문화된 잡보란이나 작은 신문들의 잡보란, 잡지의 잡보란은 의회도서관(Library of Congress)에서 손쉽게 이용할 수 있는 대도시 신문에서 취해진 잡보란보다 우선시 되어야 한다.

정보적 가치

정보적 가치는, 용어 그 자체에서 명확히 드러나는 것처럼, 공공기관이 다루는 개인, 장소, 주제 등에 관한 정보로부터 유래하고; 공공기관 그 자체에 관한 정보로부터 유래하지 않는다.

공기록에 포함된 그러한 정보적 가치를 평가하는데 있어서, 우리는 생산 기관이나 그 기록의 생산을 초래한 활동 등의 기록의 출처에 관심을 갖지 않는다. 문제가 되는 단 한가지는, 기록에 포함된 정보이다. 따라서 기록은 한 기관에 의해 생산된 다른 기록과의 관계에 기초해서가 아니라, 기록의 내용에 기초하여서만 평가되기 때문에, 정보적 가치는 독자적으로 평가될 수 있다. 그러한 평가는, "증거적" 가치에 대한 평가를 위해 필요한 행정적 배경에 대한 전문적인 지식과는 다른, 연구자원, 연구의 필요성과 연구방법론의 전문적인 지식에 의해 결정된다.

정부기관의 관심사인 여러 현상에 관한 정보를 포함한 기록은, 그 형태가 출판물인가 미출판물인가와는 상관없이, 현상에 관한 다른 모든 도큐멘테이션과 관련하여 평가되어야 한다. 따라서 그러한 현상에 관한 전체적인 도큐멘테이션은 아키비스트에 의해 자세히 검토되어야 한다. 연방아키비스트의 경우는 담당 국가(nation) 내에서의 도큐멘테이션이고; 주(State)아키비스트의 경우는 담당 주(state) 내에서의 도큐멘테이션이다.

따라서 이러한 정보적 가치에 적용하는 기준들은 절대적인 것은 아니고, 시간 및 장소에 따른 상대적인 것이다. 과거세대에는 가치 있었던 것이 현재에는 가치 없는 것이 될 수 있기 때문에, 아키비스트는 다른 시대의 기록을 평가할 때에 다른 기준을 사용해야 한다. 미국의 역사학자인 J. H. 스미스(Justin H. Smith, 1857~

1930)는, "사람들은 대단히 많은 것을 '폐물'이라고 일컫지만, 어떤 연구자의 '폐물'은 다른 사람에게는 귀중한 것이 될 수 있고, 오늘날 가치 없는 것으로 보이는 것이 내일은 대단히 중요하게 인식될 수 있다"[2]고 진술하였다. 다른 기록보존기관에 속해 있는 아키비스트는 비슷한 형태의 기록을 평가하는데 있어서, 다른 기준을 또한 사용할 수 있다. 이는 한 기록보존기관에서는 가치 있는 것이 다른 기관에서는 가치가 없을 수 있기 때문이다. 정보적 가치를 평가하는데 완전한 일관성을 갖는다는 것은 달성하기 불가능할 뿐 아니라 바람직하지도 않다. 다양한 판단은, 일반적으로는 보존할 가치가 없는 특정한 현상에 관한 기록을 특정한 장소에 보존하게 할 수 있다. 다양한 판단은, 다른 기관에서는 폐기할 것을 어떤 기관에서는 보존함으로써, 한 국가의 여러 기록보존기관 사이에서 그 국가의 도큐멘테이션을 보존하는 부담을 분산시킬 것이다. 다양한 판단은, 한마디로, 보다 적절한 사회적 도큐멘테이션을 보다 더 확신할 수 있게 만든다.

기록의 정보적 가치를 평가함에 있어 연구의 여러 가지 유용성이 고려될 수 있다. 이러한 유용성은 역사학자, 경제학자, 사회학자, 지리학자, 순수하게 물리적 문제에만 관심을 가진 과학자, 그리고 순수히 인간에게 관심을 가진 계통학자와 같은 모든 종류의 학문의 분야의 학자들에 의해 이루어질 수 있다. 분명히 아키비스트가 모든 학술분야에서의 연구상의 필요성에 관해 알아야 한다는 것은 아니다. 그들은 자신이 훈련받지 않은 분야에 관한 기록의 평가시에, 필요하다면 그러한 분야의 전문가의 도움을 구해야 한다. 규모가 큰 기록보존기관에서는 직원 가운데 전문적인 현대 공기록군에 대한 평가를 할 수 있고, 많은 주제사안에 관한 전문적인 능력을 지닌 전문가가 있을 것이다. 소규모의 기록보존기관이라면, 주제사안 전문가의 수가 적을 것이기 때문에 외부의 도움을 받을 필요가 커질 것이다.

현대의 아키비스트는 일반적으로 역사학자로서 훈련을 받았기 때문에, 그들은 공기록의 역사적 가치를 확인하는 능력을 가지고 있다고 간주된다. 보통 아키비스트는 그가 어떤 훈련을 받았든간에, 기록들이 우선 역사적 가치나 중요성에 기초하여 평가할 것이다. 까뮈(Camus)와 다우나우(Daunou)도 이런 점을 기초로 프랑스 혁명이전의 기록을 평가했다. 많은 기록이 이러한 관점에서 쉽게 평가될 수

---

2) 미국역사학회, 『연차보고서』(American Historical Association, *Annual Report*), 1910, p. 312.

있다. 모든 기록들은 그것들이 어떤 연대에 이르렀을 때 어떤 역사적 가치를 획득하고, 이 사실은 마이스너로 하여금 기록에 있어서 "오래된 연대는 존중되어야 한다"는 그의 격언을 공식화하도록 하였다. 따라서 각 국의 아키비스트들은, 그 이전의 모든 기록이 보존되어야 한다고 제안할 수 있는 연대상의 날짜경계선을 설정하여 왔다. 독일에서는 1700년이 채택되었고, 영국에서는 1750년이, 프랑스에서는 1830년, 이탈리아에서는 1861년이 채택되었다. 이탈리아의 경계선은 역사적인 일치 때문에, 1861년에 시작된 남북전쟁 이전의 기록들의 거의 전부가 보존되어 있는 미국의 국립기록보존소가 채택한 경계선과 대단히 가깝다. 모든 기록은, 그것이 중요한 역사적 인물, 일화나 사건과 관련이 있을 때 가치를 갖는다. 그 이유 때문에, 미국의 어떤 아키비스트도 위스키 반란과 같은 일화, 루이지애나 구매와 같은 사건, 에이브러햄 링컨과 같은 인물에 관한 그 어떤 것도 고의적으로 파괴하지는 않을 것이다. 만약 어떤 아키비스트의 역사적 지식이 깊다면, 그는 사건의 과정에 끼친 영향이 심각하였던 덜 유명한 인물이나 일화와 관한 기록을 보존할 것이다.

역사적 중요성이라는 관점에 의한 아키비스트의 기록에 대한 평가는, 기록이 광범위한 역사상의 운동, 역사상의 인과관계 등등과 관련이 있을 때에는 어렵게 된다. 여기에서는 이용가능한 기록들 가운데에서 차별적인 선택이 이루어져야 할 것이다. 예를 들면, 미국의 서부 개척과 같은 운동은, 인디언사무국(Bureau of Indian Affairs)의 기록군, 종합토지국(General Land Office)의 기록군, 그리고 다른 여러 주정부의 국(bureaus)의 기록군이 포함된 국립기록보존소에 있는 많은 기록군 속에서 그 자취를 찾을 수 있다. 이러한 선택을 하는데 있어서, 아키비스트는 역사학적인 전문가의 도움을 받을 수 있다. 전문가 일단은, 행정부 기관의 재정업무를 감독하는 정부의 입법부의 한 기관인 일반회계국의 기록을 평가하는데 도움이 되곤 하였다. 이 일반회계국에 의해 국립기록보존소에 제공된 기록은, 1776년부터 1900년에 걸쳐 있고, 6만 5천 입방피트에 이른다. 그 기록은 조직과 기능에 대해 내포한 증거에 있어서는 분명히 거의 가치가 없다; 그러나 미국의 국가적인 역사 전체를 포괄하였기 때문에 중요한 역사적, 경제적, 또는 사회적 현상에 대한 부수적이거나 우연한 정보를 내포하였을 것이다. 이러한 현상에 관한 기록에 대한 평가는, 어떤 한 사람 – 연구자원과 연구의 필요성에 대한 그의 지식이 얼마나 광범위하든

간에 – 에 의해서는 그렇게 잘 달성될 수 없는 번거로운 작업의 하나였다. 그러므로 그 기록들은 국립기록보존소의 직원으로 있는 여러 주제사안 전문가에 의해 심의된 이후, 군대의 역사, 서구의 역사와 공공행정 분야의 전문가로부터 도움을 받았다.

기록이 최근의 사회적, 경제적, 정치적 현상에 관련이 있을 때, 그것에 대한 평가를 위해서는 보통 역사가들이 가지고 있는 것보다 더 높은 수준의 전문적인 지식이 요구된다. 여기에서, 경제학자, 사회학자, 정치학과 기타의 학문의 영역에 있어서 전문가의 지식이 역할을 담당하게 된다. 그러한 학자들에게 관심을 끄는 최근의 공기록은, 정부와 개인, 정부와 집단과의 광범위한 관계를 포괄하기 때문에, 보통 대단히 양이 많다. 그러한 기록은 주로 현대의 정부의 조정활동과 사회복지 활동에서 생겨난다. 공기록은 현대사회의 여러 국면에 관한 연구에 있어서 실제적인 중요성을 가질 수 있다. 공기록은, 예를 들면, 공공복지 활동의 결과들, 정부 조정 하에서 사적인 경제조직에서 일어난 사건, 한 국가에서 발전하고 있는 도시와 농촌의 유형, 사회적 경향, 기타의 연구에 사용될 수 있다.

광범위한 문제에 관한 연구에 유용한 기록은 주로 방대한 시리즈를 이루기 때문에 그 양으로 인해 보존하는데 비용이 많이 든다. 따라서 아키비스트는 그것들에 대한 학자집단의 관심사를 적극적으로 탐색해야 한다. 아키비스트는 그러한 기록의 운명에 관한 결정을 촉진하는 중재자로서 행동해야 한다. 평가는 공기록 내에 있는 이용가능한 정보의 형태, 정보가 이미 이용된 정도, 그리고 정보가 다른 곳에서 이용가능한 정도를 고려하여야 한다. 기록의 형태에 대해서, 국립기록보존소의 직원인 G. P. 바우어(G. Pilip Bauer) 박사는 "현용의, 그리고 최근의 기록에 대한 평가"에 관한 자각적인 논문에서 세가지의 주요한 요소가 고려되어야 한다고 진술하였다. 이것들은: "(1) 그 기록들 내에 포함된 정보의 양과 특성, (2) 그 기록들의 정리상의 편리성 (3) 그 문자상의 본질이 농축된 정도"가 그것이다[3]. 정보가 이미 이용된 정도에 관하여는, 아키비스트는 그 기록을 만들어 내거나 사용한 기관공무원에게 의견을 물어야 한다. 아키비스트는 그 정보가 통계학적인지, 아니면 설명적인 형태로 요약되어 있는지 확인해야 한다. 보통, 공무원들은 그들

---

3) G. P. 바우어, 『현용기록 및 최근기록의 평가』(국립기록보존소, 『직원정보회람』, 13호)(Bauer, G. Philip, *Current and Recent Records*)(*Staff Information Circular*, No. 13, June), 1946, p. 7.

에 의해 집적된 기록－이것들이 정부의 조정활동과 사회복지 활동에 관한 계획이나 정책들에 관해 참고가 될 것으로 보일 때마다－에 대해 연구를 수행한다. 정보가 다른 곳에서 사용될 수 있는 정도에 관해서는, 아키비스트는 그가 만약 자신의 지식이나 연구를 기초로 기록의 가치에 대한 신빙성 있는 판단을 내릴 수 없다면 그는 주제사안 전문가들에게 의견을 물어야 한다. 그러나 전문가의 도움을 받기 전에, 아키비스트는 그것들의 평가에 필요할 기록에 관한 정보를 집적해야 한다. 아키비스트는 자신이 자문을 구하는 학자들이, 어떤 특정한 시리즈나 기록군들이 여러 종류의 현상에 관한 연구를 위해 가치 있는 정보를 가지고 있는지, 그리고 이 정보를 어떤 시리즈나 기록군이 가장 이용가능하고 농축된 형태로 가지고 있는지를 결정할 수 있도록, 여러 시리즈들을 그것들의 형태와 수량, 그 시리즈들에서 이용가능한 정보의 종류, 유사한 정보를 가진 다른 기록군이나 시리즈들과의 관련, 출판된 자원들과의 관련 등을 표시하면서, 평가될 여러 시리즈들을 기술해야 한다.

나아가 아키비스트의 역할은 조정자의 역할이어야 한다. 현대의 기록을 취급하는 아키비스트는, 모든 기록이 보존될 수 없다는 것, 그것들 가운데 어떤 것들은 파기되어야 한다는 것, 그리고 실제로 그것들의 식별력 있는 파기량이 얼마되지 않을지라도 그것은 학문에 대한 봉사의 일환이라는 것을 인식한다. 따라서 그들은 기록에 있어서 "지나치게 위대한 추상은 악이다"라고 한 마이스너에 동의하는 경향이 있다. 왜냐하면, 약간의 지적인 재능을 가진 학자라면 이제까지 생산된 거의 모든 기록을 보존하기 위한 그럴듯한 정당화를 찾아낼 수 있다는 것을 아키비스트들은 인식하고 있기 때문이다. 영국 공기록관에서 간행된 소책자에 의하면, "역사적 관심사를 보존하자는 가장 확신에 찬 옹호자들조차, **현재의 시대를 다루게 될 미래의 역사가들이, 기록된 증거의 홍수에 빠질 수도 있다"**[4])는 것을 두려워하기 시작했다 라고 적었다. 따라서 사회적, 경제적 연구에 유용한 大기록시리즈를 평가함에 있어서, 아키비스트는 그것들의 보존방법상의 실질적인 어려움을 고려해야 하고, 아카이브즈 관리에 관심을 가진 학자들이 이 어려움에 주목하도

---

4) 영국, 공기록관, 『공・사의 아카이브즈에서 일시적이거나 중요하지 않은 기록의 감량에 관한 원칙들』(날짜 미상)(Public Record Office, *Principles governing the Elimination of ephemeral or Unimportant Documents in Public or Private Archives*: London), undated, p. 1.

록 해야 한다. 그가 만약 가치 있는 자료를 말 그대로 가라앉혀 버릴 무의미한 자료들로 그의 서가를 채우고자 하지 않는다면, 현대정부에 의해 생산된 도큐멘테이션에 대한 신중한 선별을 보여주어야 한다. 아키비스트는, 정부가 정부의 사실을 기록한 연구자료들의 보존을 위해 제한된 자금만을 가지고 있다는 사실과, 이러한 자금은 사실을 기록한 연구자료 중에서 가장 중요한 것을 보존하기 위해 신중하게 사용되어야 한다는 사실에 주목해야 한다. G. P. 바우어 박사에 의하면 "단순한 논리에 기초한(평가의) 기본적인 원칙 가운데 하나는, 증명의 책임은 긍정의 편에 근거를 두어야 한다는 것이다. 그것은 어떤 기록이 보존을 위해 공적인 자금이라는 비용을 필요로 한다는 것을 보증할 충분한 가치를 가지고 있다는 주장에 근거를 두어야 한다"는 것이다.

"정보적" 가치는 주로 개인, 법인과 장소와 관련이 있는 현대정부기록의 대시리즈에서 발견된다. 어떤 종류의 정보가 그 시리즈로 하여금 연구가치를 갖도록 하는지 살펴보자.

인물(person)에 관한 기록

인물에 관한 정보를 포함한 기록에 부착된 가치를 고찰함에 있어서 두가지 종류의 가치에 대한 구별이 있어야 한다: (1) 그 기록과 관련된 인물에 대한 가치 (2) 기타의 인물들, 특히 뛰어난 학자들과 계보학자들에 대한 가치이다.

직업표준(job standard)에 관여하는 국립기록보존소의 한 위원회에 의해 지적된 바와 같이, 공기록은 "시민들과 정부와의 관계로부터 연유하는 또는 그 관계와 관련된 모든 권리, 특권, 의무, 면제, 신분, 지위를 확립하기 위한" 증거의 궁극적인 근거이다. 이들 권리, 특권 등 몇몇은 뿌리깊은 것이고 오랜 지속성을 가지고 있다; 다른 것들은 일시적인 성질을 갖는다. 이러한 권리와 특권에 관한 보다 중요한 기록시리즈 몇 가지를 검토하여 보자.

인물에 관한 가장 중요한 기록 가운데 하나는 그의 생존, 신분증명과 혼인관계에 대한 사실을 확립해 주는 기록이다. 이러한 사실들은 재산에 관해, 시민의 특권에 관해, 그리고 다양한 종류의 사회적 이익을 받을 권리와 같은 부수적인 권리 전체를 확립하기 위해 필수적인 것이다. 따라서 모든 발전된 사회에 있어서는, 출생, 혼인과 사망에 관한 중요한 기록의 관리를 국가가 규정해 왔다. 기록에 대한 관리의 역사는 오래된 것이다. 영어권 국가들에 있어 출생, 혼인과 사망에 관한 정보의 형식적인 등록은, 헨리 8세가 영국의 전영토에 있는 교구교회의 성직자에게 명하여 그 교구에서 이행한 모든 세례, 결혼과 매장의 기록을 장부에 기입하게 한 1538년에 시작하였다. 이 관행은 다른 기독교 국가에 확산되었고 18세기까지는 신교와 가톨릭교회의 교역자에 의한 중요한 자료의 법적인 등록이 널리 행해졌다. 프랑스 혁명 기간동안인 1789년, 프랑스의 등록을 취급하는 책임은, 전국의 교회교역자의 손에서 읍사무소(town halls)로 이관되었다. 19세기에 이르러, 다른 유럽국가들은 그러한 등록사무를 교회의 책임으로 부과하지 않고 국가의 책임으로 하는 프랑스의 관행을 따랐다. 영국에서는, 1836년에 잉글랜드와 웨일즈의 전체에 대해 출생, 혼인과 사망에 관한 기록과 통계를 담당하는 중앙등록소를 창설한 등록법이 제정되었다. 1836년에 제정된 이 법률은, 호주의 영국식민지와, 특히 1842년 미국에서 최초의 등록법을 제정한 매서추세츠주와 같은 미국의 몇개의 주를 포함하는 영국의 식민지에서의 등록법의 원형이었다. 19세기 중엽, 미국의 많은 주가, 출생, 혼인과 사망 등의 공기록을 생산하고 그 사본을 주의 수도에 있는 중앙의 인구통계국에 보낼 것을 요구하는 법률을 통과시켰다. 뉴저지는 1848년에 이러한 관행을 시작했고 로드 아일랜드와 버지니아는 1853년에 시작하였다. 1872년에 창립된 미국공중위생협회(American Public Health Association)의 자극에 주로 영향받아, 많은 여러 주가 등록체계를 채용하였고, 1919년까지는 모든 주가 인구통계(vital statistics)의 중앙등록소를 설치하였다[5]. 출생, 혼인과 사망에 관한 중요 기록은 주에 의해서 영구적으로 관리되어야 했다. 그러한 기록은 기록에 관련된 인물에 대한 가치를 상실한 후—그것이 완전히 비현용이 되었을 때—, 이후의 보존장소의 문제가 생겨난다. 나의 의견으로는, 인구기록(vital records)은 그것을 생산한 기관에 의해 보존되어야 하고, 그리고 대부분의 미국의 주등록소의 인구기록의 경우와 같은 통계적 참조에 편리하도록 고안된 순서가 아니라, 인물의 참조에 편리할 순서로 보존되어야 한다. 요약하면, 주와 지방등록소는, 그러한 기록에 유일한 책임이 있는 보존소가 되어야 한다. 그 기록이 완전히 비현용이 된 이후 기록보존기관의 관리에로 넘겨져야 한다면 그 기관은 연방기관이 아니라 주기관이어야 한다.

---

5) "인구 통계체계의 역사와 조직," 『미국의 인구 통계』, I권("History and Organization of the Vital Statistics System," *In Vital Statistics in the United States,* I: Washington), 1950, pp. 2~19.

인물에 관한 기록 가운데 또 다른 중요한 부문은, 시민권(citizenship)에 관한 사실을 확립하는 기록이다; 이러한 사실들로부터, 여러 종류의 사회복지에 관한 권리, 보통선거권 등과 같은 많은 부수적인 권리가 유래된다. 이 사실들은 어떤 국가에서의 출생과 법적인 입국과 관련이 있다. 국립기록보존소에서, 입국과 출생에 관한 정보를 우연히 포함한 귀화기록, 여행자 목록(표), 인구조사일정, 자작농청원서, 인사기록과 그리고 다른 시리즈들은 시민권을 입증하기 위해 사용되곤 한다. 그러나 대부분의 이 시리즈들은, 이 입증을 위해 유용한 우연한 정보를 포함하고 있기 때문이라기 보다는 다른 이유로 보존된다.

인물에 관한 기록 가운데 또다른 중요한 부문은, 재산(property)에 관한 사실을 확립하는 것이다. 그러한 기록의 대부분은, 정부와의 계약, 융자협정, 기타에서 생겨나는 순수히 일시적 성질을 가진 재산권에 관련이 있다. 그러한 기록은 정부와 관련인물과의 사이의 공약이 지속되는 동안에만 가치를 갖는다. 그러나, 한동안 국가에 의해 소유된 토지재산 소유권과 같은 어떤 재산권은, 마이스너가 정확하게 지적한 바와 같이, 본질적인 사안과 관련이 있다. 국립기록보존소에서, 이러한 부문의 기록은, 공영지의 사적인 개인소유권으로의 이전과 관련이 있는 일반토지국의 기록에서 가장 잘 예시된다. 이 기록들도 또한 토지재산 소유권을 설정하거나 입증하는 용도가 아닌 다른 이유로 보존되었다.

인물에 관한 기록 가운데 또다른 중요한 부문은, 군인의 자격이든 민간의 자격이든 간에 정부에 대한 그들의 복무에 관한 사실을 확립하는 기록이다. 이 사실들은 연금, 노령수당, 퇴직수당과 같은 많은 부수적인 권리를 확립하는데 또한 본질적이다. 연방공무원에 관한 인사기록은, 최근 수년동안은 대단히 개략적으로 발견되어 왔다. 그것들은 퇴직에 대한 권리와 기타의 권리를 확립하기 위해 필요한 정보만을 포함한다; 그리고 그것들은 따라서 그러한 권리가 지속되는 기간동안에만 (미주리주의 세인트 루이스에 있는 연방기록센터(Federal Records Center)에) 보유된다. 그러나 연방정부 초기동안 인사기록은 개인적인 성질의 문서로 넘쳤다. 그래서 국립기록보존소는 그러한 폴더의 수량을 제한적으로 보유하기 위해 선별하고 있다. 이것들은 감독관, 집행관이나 행정관의 자격으로 정부에 복무한 핵심적인 피고용인들의 폴더들이다. 기록보존기관에 보존되어야 한다고 여겨지는 병역에 관한 기록은 소집명부, "색인기록카드"(index – record cards), 연금파일과 선발징

병법에 관한 예정사항기록부 및 분류일람표(classification lists)와 같은 여러 기록시리즈 안에서 발견된다.

인물의 "권리"(rights)를 뒷받침하는데 있어서 인물에 대한 중요한 기록의 부문들은 수없이 많다. 바우어 박사의 말을 인용하면, "그 일람표는 끝이 없다"라고 하였다. 그 부문들은 인물이 정부와 어떤 종류의 관계를 맺든지 항상 생겨난다. 정부가 그러한 기록을 보존해야 하는 정도와 지속기간 및 장소는 공공정책의 문제이다. 시민과 정부와의 순수히 일시적 관계에 관한 기록에 대해서는, 바우어 박사의 결론이 유효하다: 첫째, "물론, 어떤 사적인 이익을 보호하고 조정하기 위해 설치된 기관은, 기록을 남아 있게 함으로써 그 이익이 일차적으로 기록의 영향을 받는 동안 기록을 관리해야 한다. 그리고 둘째, "그러한 기록의 보유기간을 지정하기 위한 올바른 작업 원칙은, 기록의 부차적인 사용에 의해 방어될 수 있는 모든 무제한적인 권리와 이익과 관련하여서가 아니라, 기록을 생산하고 집적한 기관의 관할 내에 있는 이익과 관련하여서만 고려되어야 한다". 상당히 영구적인 관계를 확립하는 기록 – 출생, 사망과 혼인에 관한 기록, 시민권에 관한 기록; 한동안 정부에 의해 보유된 재산권에 관한 기록 – 에 대해서, 정부는 영구적인 보호를 제공해야 한다.

인물에 관한 기록에 내재하는 두번째 종류의 가치에 대해 아키비스트는 보다 특별한 관심을 갖는다. 이것들은 기록과 직접 관련된 인물 이외의 인물에 대한 가치이다. 그것들은 모든 종류의 연구를 추구하는 학자들을 위한 – 역사학적, 인구통계학적, 사회적, 경제적 본질에 관한 분석을 위한 가치이다. 인물에 관한 기록에 내재하는 가치는, 특정한 인물에 관해 내포한 정보 때문이 아니라, 주로 인물들의 집단에 관하여 내포한 정보 때문이다. 그러한 집단에 관한 정보는 개인적 성질만이 아니라; 경제적, 지리적, 또는 다른 현상과 관련이 있을 수 있다. 집단은, 직업과 관련하여, 종족 기원과 관련하여, 또는 거주하는 지역과 관련하여 설정된 개인들의 여러 부문로 이루어질 수 있다. 그러한 부문들은, 국립기록보존소에 있는 1930년대의 불황기에 농업조정국청(Agricultutal Adjustment Administration)과 농촌진흥청(Rural Rehabilitation Administration)의 계획에 참가한 농민에 관한 기록에서 예시된다; 각종의 노동협의회(labor boards)의 여러 노동규정과 결정에 영향을 끼친 노동자들에 관한 기록; 남부소작인에 관한 기록; 이민 노동자에 대한 기록; 인디언에 관한 기록; 국적군(nationality groups)에 대한 기록 등이 있다.

보유를 목적으로 그러한 기록을 선별하는 데 있어서, 두가지의 선택적인 과정이 가능하다: 바우어 박사와 같이, 문자로 된 내용이 집중된 즉, 많은 인물에 관한 정보가 하나의 문서로 제공된 형태의 기록을 선별하는 것; 또는 인물에 관한 정보를 포함하는 소수의 사건 폴더나 문서를 선별하는 것이다.

이들 선택적인 과정 가운데 전자에는, 영국의 아키비스트들이 제시한 바와 같이, "불확정적인 모든 종류의 관심사에 대해 있을 수 있는 가치의 개략적인 기준"이 준수되어야 한다. 그것은 "많은 개인들과 사실들 또는 논제들을 추론함으로써 영향을 끼치고, 명명하거나 또는 의미를 부여하는 기록"과 관계가 있다. 영국의 아키비스트는 그러한 기록이 만약 "인물과 사실을 모두 다량으로 포함한다면" 보존되어야 한다고 주장했다. 상무성의 인구조사국(Bureau of the Census of the Department of Commerce)에 의해 집적된 인구(조사)일정표(population schedules)는, 이 기준의 적용을 예시하는데 제공된다. 기본적으로 통계적 목적을 위해 고려되었다고 하더라도, 그 일정표는 인구통계학적인 연구들, 국적군과 인구의 이동에 대한 연구; 계보학적인 연구와; 그리고 역사학적이거나 전기적인 연구에 있어서 인물에 관한 기본적인 사실을 얻거나 증명하기 위해서 사용될 수 있다. 그러한 용도를 위해, 계보학적인 용도와 마찬가지로, 미국국립기록보존소는 1790년부터 1880년까지의 10년 단위의 인구조사로부터 나온 일정표를 관리한다. 1850년 이래의 일정표는 미국의 모든 자유거주민의 성명, 연령, 주, 지역이나 지방의 이름을 나타내기 때문에, 그것들은 그러한 기록을 사용할 수 없을 때, 보통 인구에 관한 기록으로부터 유래하는 개인에 관한 사실을 설정하는데 사용된다. 미국인구조사국(Census Bureau)은 1880년, 1900년, 1920년의 인구조사 일정표에서 그러한 인구관련 데이터를 제공하는 데에 독점적으로 관여하는 한 조직단위를 설치하였다. 그 업무는 인구관련 기록의 등록부에 의해 수행된 업무와 유사하다; 그것은 특성상 아카이브즈는 아니다.

두가지의 선택적인 방법 가운데 후자는, 즉, 보존을 위해서 인물에 관한 소수의 사안철을 선별하는 것이다. 두가지의 원칙은 다음과 같은 것이 될 수 있다: (1) 통계학적 표본화의 원칙과 (2) 특별 선별의 원칙이다.

통계학적 표본화의 원칙은, 미국에서는 최근의 불황에 대한 농업기관인 농촌부흥국의 부흥융자금에 관한 기록을 보존하는데 뒤따르는 절차에서 예시된다. 이 절차는 C. J. 컬스루드(Carl J. Kulsrud) 박사가 『미국의 아키비스트』의 1947년 10월호에 발표한 "농촌부흥기록의 표본화"(Sampling Rural Rehabilitation Records)라는 표제의 논문에 기술되어 있다. 구제희망자에게 부흥융자금을 승인함에 있어서, 그 기관은 그러한 구제희망자의 각 각에 관한 사안철 – 보고, 통신과 기타의 서류들을 포함한 – 을 전개하였다. 그 사안철은 부흥융자계획으로 유도한 사회적, 경제적인, 그리고 인적인 요소에 관한 풍부한 정보가 포함되어 있다. 그러므로 그것들은 그 계획에 수반된 절차와 이념과, 기술(techniques)에 관한 연구 및 평가뿐만 아니라, 사회연구와 불황기의 경제적 조건의 연구를 위해 유용하다. 그 파일은 대단히 방대하였기 때문에, 전체의 3퍼센트만 표본화가 이루어졌다. 그 표본은 농무성의 농업경제국(Bureau of Agricultural Economics)의 분류에 의해 분류된 것과 같이 134개의 특별 농업지대에 있는 전형적인 군(Counties)들에 관한 모든 사안철로 이루어졌다. 통계적 표본화의 원칙은, 주어진 기록형태의 한정된 수량이 그 전체의 양을 대표하는 정보를 제공할 수 있을 경우에만 적용될 수 있다. 그것은 개별적으로는 중요하지 않은 인물에 관한 기록이 경제적, 사회적, 지리적 요소와 같은 개인적 요소 이외의 여러 요소에 관하여 중요한 정보를 포함하는 경우이다. 표본의 크기와 성격은 그것의 유용성에 의해 결정된다; 일반적으로 유용한 통계적인 표본 같은 것은 없다. 이런 이유 때문에, 아키비스트는 그가 표본화의 공식을 확정할 것을 시도하기 이전에, 그가 의도하는 용도의 종류를 대단히 세밀하게 고려해야 한다.

특별 선별의 원칙은, 국립기록보존소에 있는 연방정부의 핵심 민간피고용인에 관한 인사폴더에서 예시될 수 있다. 여기에서는 인물이 개별적으로 중요하기 때문에, 선별은 표본으로 연구될 수 있는 추상적인 문제보다는 인물과 관련하여 이루어진다.

법인체에 관한 기록

현대의 정부의 기관, 특히 조정기관과 준사법 기관은, 법인체에 관해 많은 기록을 만들어낸다. 보통 사안철의 형태를 띤 그러한 기록은 조직에 관해 상세한 정보를 가지고 있기 때문에 연구적 중요성을 가질 수 있다. 만약 그 기관의 규정이나 법적인 규정조건, 사무와 노동, 재정이나 다른 시행에 관한 데이터의 의뢰를 필요로 한다면 특히 그러하다. 그 기록은 특정 법인체에 관한 사실들을 포함하기 때문에, 또는 기록은 그 집합 속에 경제적 또는 사회적 조건에 관한 사실들을 포함하기 때문에 가치를 가질 수 있다.

그러한 기록을 평가함에 있어, 아키비스트는 기록에 있는 정보에 관한 어떤 사실(facts)을 확립해야 한다. 첫째, 만약 기록이 존재하지 않는다면, 그 정보가 출판된 자료로부터 밝혀질 수 있는지의 여부; 둘째, 보다 유용하거나 보다 편리한 형태로 유사하거나 거의 유사한 정보를 담고 있는 다른 기록으로부터 밝혀질 수 있는 정보인지의 여부를 확인해야 한다. 만약 그 정보가 유일한 특성을 띤다고 결정한다면, 아키비스트는 모든 기록들이 연구에 유용한 정보를 제공하는데 필요한지 아닌지, 또는 기록의 선별이나 통계적 표본화가 충분한지 아닌지를 결정해야 한다.

법인체에 관한 사안철은 보통 개인에 관한 사안철만큼 많지 않기 때문에, 보통 그것들에 대해서 통계적인 표본화의 원리가 적용될 수 없다. 그러므로 그러한 파일은 파일과 관련된 법인체의 중요성 때문에, 또는 파일이 포함하고 있는 정보 — 단독으로나 집합적으로 — 의 중요성 때문에, 또는 그것이 반영하고 있는 행정적이거나 사법적인 행위의 중요성 때문에 보존을 위해 선별되어야 한다. 이러한 선별의 원칙은 국립기록보존소가 여러 종류의 사안철을 보존할 때 취하는 행위에 의해 예시된다. 보유목적을 위해 전국노동관계국(National labor Relation Board)의 파일을 선별함에 있어서, 개별적인 사건의 중요성은 다음의 기준과 관련하여 설정되었다: (1) 그 사건에 포함된 사안들 (2) 전국노동관계국의 관할권과 주와 주 사이의 상업의 한계에 대한 정의와 같은 문제에 대한 원칙 및 선례, 또는 판단의 기준의 발전에 끼친 사건의 영향; 부당노동관행의 의미, 선의의 교섭의 의미, 부당간섭과 결정, 제지나 강제를 선택한 결정; 집단적인 교섭의 목적에 적절한 단위; 외곽집단이나 감독직을 교섭단위에 포함하는 문제; (3) 방법과 절차의 발전에 대한 그 사건의 공헌; (4) 그 사건에 대한 공공의 관심의 강도; (5) 그 사건이 국가경제, 지방경제나 산업에 끼친 영향; (6) 그 사건에 수반된 파업, 공장폐쇄 등의 기준들이다. 제2차세계대전 기간중 가격관리국(Office of Price Administration)의 물가, 배급과 임대규정의 시행에 관한 적은 수량의 파일들이 보유를 위해 선별되었다. (1) 연방, 주와 지방 수준에서의 사법적이고 행정적인 여러 제재의 적용을 예시하기 위해; (2) 그러한 제재의 시행에서 법률의 보다 중요한 요점을 예시하기 위해; (3) 그 기관의 소송의 역사에서 두드러진 사건을 기록하기 위해서이다. 여러 가지 가격통제규정 하에서, 개별적인 회사에 대해 만들어진 가격통제규정에 관해서, 적은 수량의 파일들이 보유를 위해 선별되었다. 각 각의 가격규정하에서 그 파일들은 (1) 그 규정이 적용된 산업에 관한 경제적 데이터를 제공하기 위해 (2) 그 규정을 시행하는데 뒤따르는 방법과 절차를 예시하기 위한 것이었다.

장소(places)에 관한 기록

장소에 관한 기록은 그 장소가 순수히 지역적인 관심사이거나 고문서학적인 관심사이거나 일반적인 관심사이거나 간에 연방기록보존기관에 보존되어야 한다. 예를 들면, 장소는 특정한 지방들에 있어서의 사회적, 경제적 조건에 관한 정보 때문에 일반적인 중요성을 가질 수 있다. 몇몇 일반적 중요성을 지닌 소수의 지방에 관한 그러한 기록은 특별히 선별되어야 한다. 만약 장소에 관한 기록이 오직 한 지방의 중요성만을 갖는다면, 그러한 기록들로 연방기록보존소의 서가를 무겁게 할 수는 없기 때문에, 아마도 지방에서 보존되어야 할 것이다.

제13장
보존관행(preservation practices)

　　현대아카이브즈는 방대한만큼이나 거의 단명하다. 이 사실은 현대아카이브즈의 가치에 대해 회의적인 사람들에게 하나의 위안이 될 수 있다. 현대아카이브즈는 거의 그것들이 생산된만큼이나 빠르게 폐기될 것이기 때문에 현대공기록의 홍수속에 가라앉지 않을 것이다. 그러나 현대아키비스트에게는 그가 다루는 자료들의 소멸되는 특성은 진정으로 염려되는 문제의 하나이다.

　　현대아키비스트는 그의 보호하에 있는 자료들의 보존에 영향을 미치는 두가지 요소를 고려해야 한다. 표준국은 이것을 변질(deterioration, 악화, 열화)의 "외적인" 동인(動因, agents)들과 "내적인" 동인이라고 일컫는다. 외적인 동인은 보관과 사용상태에 의해 초래된 것이고; 내적인 동인은 자료 그 자체에 내재한 것이다. 아키비스트는 그가 취급하는 자료를 이 두가지 파괴적인 동인으로부터 보호하기 위해 노력해야 한다. 즉, 그는 외적인 동인의 해로운 영향을 제거하거나 감소시킬 보관시설(storage facilities)을 제공해야 하고; 본래 소멸되기 쉬운 자료를 원본이나 어떤 다른 형태로 보존할 방법을 채택해야 한다.

보관시설

　　1931년에 표준국은 주요도서관들의 보존조건이 그 곳에 보존된 자료들의 변질에 어느 정도 책임이 있는지를 측정하기 위해 주요도서관들에 대한 조사를 시작했다. 1937년에 간행된 이 조사의 개요보고서에 의하면 "광선, 부적절한 온도와 습기, 공기의 산성오염, 종이에 있는 불순물과 같은 것이 주요 변질의 요인"이라고 언급했다.[1] 표준국에 의하면 변질의 주요 외적인 동인은 대기 중에 있는 산성 기체들과 특히 이산화황이다. 현대산업화의 부산물인 이 기체는 다음의 표에서

명백한 바와 같이 많은 대도시에 존재하는 것으로 밝혀졌다.[2]

도시	연간 제곱 마일 당 아황산가스 배출량(단위 : 톤)
글래스고우	194.1
런던	180.2
솔트 레이크 시티	134.0
맨체스터, 영국	95.0
샌프란시스코	83.1
필라델피아	83.1
베를린	16.1

대기의 산성오염은 부적절한 온도 및 습기와 같은 다른 외적인 동인과 마찬가지로, 공기조절(air-conditioninig)의 현대적인 기술적 대책을 사용함으로써만 대처할 수 있다. 대기오염이 심각한 수준에 직면한 지역에서는 기록보존기관에 공기조절시스템이 설치되어야 한다. 국립표준국의 보고서는 보존에 있어서 변질의 동인의 작용을 정지시키기 위한 여러 가지 다른 대책들을 권고한다.

기록보존기관 건물에 바람직한 다른 특색(features)과 장비(equipment)는 국립기록보존소에서 1944년 6월에 간행된 『아카이브즈를 위한 건물과 장비』(*Building and Equipment for Archives*)라는 표제의 『회보』(Bulletin)에서 자세히 논의되었다. 이 회보에는 세편의 논문이 게재되었다. 첫번째는 당시 미국 재무성의 건축국장으로 국립기록보존소의 건물의 설계와 신축계획에 적극적으로 관여했던 L. A. 사이먼(Louis L. Simon)이 쓴 것이다. 사이먼은 "기록보존기관 건물의 설계에서 실수를 회피할 어떤 확실한 방법도 산업용 건물의 설계에 사용된 절차, 즉, 건물 내에서 진행되는 작업을 보여주는 도표를 만드는 것 이상은 없다"라고 지적하였다. "그러한

---

1) A. E. 킴벌리, B. W, 슈리브너, "기록의 보존에 관한 국립표준국의 요약보고서," 국립표준국, 『잡록의 출판』, 154호(Kimberly, A. E. and Scribner, B. W., Summary Report of National Bureau of Standard Research on Preservation of Records, *Miscellaneous Publication*, No. 154: Washington), 1937, p. 1.
2) A. E. 킴벌리, J. F. G. 힉스 2세, "기록의 보존에 관한 도서관의 보관 조건의 조사," 앞의 책, 128호 (Kimberly, A. E. and Hickw, Jr., J. F. G., *A Survey of Storage Condition in Libraries relative to the Preservation of Records*), *ibid.*, No. 128, p. 5.

도표는 기록이 출처를 떠나는 순간에서 시작하여, 기록이 서가의 영구보존 장소에 옮겨져서 아카이브즈의 일반적인 조직의 일부로서 그 이후의 생애에 도달하기까지 이어진다." 이러한 관찰은 분명히 기록보존의 목적으로 사용될 어떤 구조물에 관한 설계를 개발하는데 전문적 훈련을 받은 아키비스트가 관여해야 한다는 것을 의미한다. 이 점은 두편의 논문 중에서 V. G. 곤도스 2세(Victor Gondos Jr.)가 쓴 "기록보존 건물의 설계에 있어서의 아키비스트와 건축가 사이의 협력"(Collaboration Between Archivists and Architects in Planning Archives Building)이라는 표제의 논문에서 좀더 상세히 논의된다. 곤도스는 여기서 아키비스트는 자신이 다룰 기록자료들의 분량과 그 집적률을 알아야 한다고 제안한다. 아키비스트는 이러한 정보를 가지고 자신의 필요한 공간을 합리적으로 산출할 수 있고, 그 문제에 대해 건축가와 논의할 수 있다. 곤도스에 의하면 아키비스트는 "세가지의 원칙, 즉, 효율적인 공간 분배, 참고서비스시설과 파손방지"를 고려해야 한다고 지적한다. 이 때 아키비스트는 행정적 기능과 운용상의 기능에 필요한 공간을 고려해야 한다. 기록보존기관의 운용상의 기능을 위해서는 기록의 인수, 훈증소독, 세척, 보수, 제본, 복사를 위한 작업실과 보관실, 참고실, 그리고 가장 중요한 것으로 기록을 보존할 서가가 필요하다. 세번째 논문인 "전후의 기록보존기관 건축시 고려되어야 할 장비"(Equipment Needs to be Considered in Constructing Post-War Archival Depositories)를 쓴 W. J. 반 슈레벤(William J. Van Schreeven)은 기록보존기관에 핵심적으로 필요한 설비인 기록이 보존될 서가에 관한 정보를 제공한다. 반 슈레벤은 고려되어야 할 서가의 특색에 주목한다. 첫째, 표준적인 도서관용 서가와 같은 기록보존의 효용성과는 다른 효용성을 위해 설계된 장비는 사용되어서는 안된다; 둘째, 폭넓은 호환성과 탄력성이 있는 서가장비를 구입해야 한다; 셋째, 서가는 서가로부터 직접 제공될 수 있는 참고실에 근접해 있어야 한다; 넷째, 서가장비는 기록을 최대한 보호해야 한다. 반 슈레벤은 서가에서 표준 수직파일링장비를 사용하는 것에 반대하고, 수평파일링장비가 미제본 기록의 선반진열에 가장 만족할만한 해결을 제공하는 것으로 보인다고 결론지었다. 여러 종류의 용기(container)와 보관상자가 사용될 수 있다. 국립기록보존소에서는 처음에 문서를 수평으로 보존하기 위해 많은 비용을 들여 철제용기를 설치하였다. 그러나 이 장비는, 보다 더 경제적이고 관리하기 편리한, 문서가 수직으로 보존되는 카드보드 마분지상자─

『미국의 아키비스트』의 1954년 7월호에 기술된－로 대체되었다.

　공기록보존기관은 그것이 종사하는 정부기관으로부터 넘어 온 자료를 수용하기 위해 적절한 물리적 시설을 갖출 필요가 있다는 것은 당연하다. 그러한 시설은 새로운 아카이브즈 관리계획에서 특히 중요하다. 그러한 계획에서 기록의 정리, 기술과 참고서비스에 관한 활동은 기록의 보존이라는 중요한 문제에 대해 2차적이다. 그러한 계획의 첫단계에서 다른 모든 활동들은 가능한 모든 파기의 위험으로부터 기록을 보호하는 중요한 문제에 종속되어야 한다. 기록을 보존하기 위한 공간이 가장 본질적이다. 정부에 의해 생산된 기록의 양이 너무 방대하여 그것들을 보관하기 위해 보다 넓은 공간을 찾아야 할 때, 기록의 운명에 대해 중대한 결정이 이루어져야 한다. 아키비스트는 이 시점에 개입한다. 왜냐하면 부서들이 기록으로 차고 넘칠 때, 실제적인 행정관들은 수년간의 산적된 폐물과 함께 가치가 있는 공기록을 일소할 대청소를 하려는 경향이 있기 때문이다. 그러한 중대한 시기에 만약 아키비스트가 기록을 수용할 시설이 부족하다면 그는 기록이 마구잡이로 파기되는 일을 막기 어려울 것이다. 만약 중요한 의미가 나타나는 기록을 보존할 시설이 없다면 부서 대청소를 수행하기 위해 계획된 기록에 대한 조사는 시기상조이다. 만약 새로운 기록보존계획의 초기단계에 영구적인 구조물이 제공될 수 없다면－그리고 항상 그렇게 할 수는 없다－기록을 위한 임시시설을 찾아야 한다. 이러한 시설은 기록을 보존하기 위한 것으로서 먼지, 부적절한 온도와 습기, 일광과 같은 파괴적인 동인으로부터, 그리고 해충, 쥐, 도난, 훼손, 그리고 화재와 수해의 위험으로부터 기록을 보호할 그런 것이어야 한다.

보수시설(repair facilities)

　상기되는 바와 같이, 변질의 내적인 동인은 자료 그 자체 내에 있다. 내적인 동인은 기록을 이루는 재질과 기록하는데 사용된 기록매체에서 찾아진다. 재질과 기록매체는 모두 시간이 지나면서 보다 소멸되기 쉽게 된다. 고대와 중세의 문서는 강하고 내구성이 있는 점토, 파피루스지, 양피지와 송아지가죽으로 만들어졌다. 19세기 중반 무렵까지의 근대문서조차 또한 비교적 강하고도 내구성이 있는 목면, 아마와 대마와 같은 제지용 섬유(rag)에서 만들어진 종이로 만들어졌다. 19

세기 중반이전에는 필기용 잉크로, 소위 인디아 잉크라고 불리는 것, 오배자 (nutgall)잉크, 오징어 먹으로 만든 잉크의 세종류가 있었고, 모두 대단히 영구적이었다. 그러나 현대아카이브즈는 목재 펄프지에 석탄의 타르 염료에서 만들어진 잉크로 작성된다. 그것들은 그것 내부에 파괴적인 동인을 가지고 있다.

아마도 아카이브즈 보존을 확실히 하는 가장 좋은 방법은 아카이브즈를 영구적인 재료로 만드는 것이다. 이것은 기록이 처음 만들어지는 그 시점에서만 강구될 수 있는 방지수단이다. 그것은 영구적 가치가 있는 기록에 대해 영구적인 종이와 잉크를 사용하도록 요구하는 법이나 법을 이행하도록 공포된 규칙에 의해서 규정될 수 있는 방법이다. 『미국의 아키비스트』 1940년 4월호에 실린 법률 초안은 종이와 잉크에 관한 규정을 포함한다. 그러나 대부분의 공기록, 특히 거대한 정부조직의 기록은 비영구적인 종이에 비영구적인 잉크로 쓰여질 것이다; 그리고 이 중 많은 기록이 가치를 가지고 있다.

많은 문서들을 숙련된 최소한의 직원에 의해 신속히 보수하도록 하기 위해서 현대아키비스트는 새로운 보수방법에 의존해야 한다. 『기록의 보수와 보존』(*The Repair and Preservation of Records*)이라는 제목으로 1943년 9월에 간행된 국립기록보존소의 『회보』에는 새로운 것 뿐 아니라 오래된 여러 가지의 보수방법들이 상당히 자세히 기술되었다. 이 회보에서 적극적으로 옹호하는 새로운 문서 보수방법은 셀룰로즈 아세테이트(cellulose acetate)의 박막(thin sheets)사이에 문서를 래미네이팅 (laminating, 박막처리) 하는 방법이다. 이 래미네이팅 방법은 국립표준국의 권고에 의해 국립기록보존소에서 채택되었다. 1937년에 간행된 기록보존에 관한 표준국의 연구개요보고에 다음과 같이 언급되었다. "셀룰로즈 아세테이트는 열가소성이 크기 때문에(즉, 열과 압력의 영향하에서 흐르기 때문에), 한장의 신문인쇄용지를 두장의 약간 더 큰 셀룰로즈 아세테이트 박막 사이에 놓음으로써, 그리고 이 복합물을 열과 압력의 작용으로 하나의 동질적인 단위가 얻어지는 수압 압축기로 이동시킴으로써 손쉽게 얻어진다. 래미네이팅 과정은 변질에 대한 저항력 증가라는 관점에서 볼 때 (오래된 보수방법에 의해서 만들어진 것 보다) 무한히 더 만족스런 산물을 만들어낸다. 열과 압력의 방법에 의해 셀룰로즈 아세테이트 막(foil)으로 래미네이트된 문서들은 가속된 노후시험을 대단히 잘 견디고 해충과 곰팡이의 공격에 저항력이 대단히 크다. 그것들은 처리되지 않은 종이의 유연성을 보존하면서 쉽게 읽을 수 있다"3).

미국에서는 현재 셀룰로즈 아세테이트 박막을 적용하는 데 두가지 방법이 사용된다: 국립기록보존소에서 사용된 방법과, 버지니아 주립도서관의 W. J. 배로우(W. J. Barrow)에 의해 고안된 방법이다. 국립기록보존소에서는 한장의 플라스틱 박막을 철판 위에 놓는다. 보수할 문서를 그 위에 놓는다. 낱장의 종이 조각들은 아세톤이라고 불리는 무색의 용제(solvent)로 플라스틱 박막에 단단히 고정된다. 준비된 문서를 다른 플라스틱 박막과 다른 철판으로 덮는다. 플라스틱으로 덮힌 문서들과 함께 몇개의 철판들을 증기수압의 프레스의 평평한 판 위에 놓는다. 셀룰로즈 아세테이트는 열과 압력으로 종이의 섬유소속에서 강화된다. 대단히 부서지기 쉬운 상태에 있는 지도기록이나 다른 기록을 위해서는 일본산 강화직물이 첨가된다.

버지니아주립도서관과 의회도서관에서는 배로우식 방법에 따라 보수할 문서를 래미네이트 하기전에 산성중화시킨다. 1943년 7월호『미국의 아키비스트』에 실린 한 논문에서 배로우는 "문서들은 어떤 방법으로든 보수하기전에 먼저 산성에 대해 약품처리되어야 한다"고 주장하였다. 그의 사전 래미네이션 처치는 문서를 수산화칼슘의 용액에 담궈서 산성을 중화하고, 중탄산칼슘의 용액을 통과시켜 재산화를 방지하는 과정이다. 래미네이션 기계에 문서를 끼우기 전의 절차는 본질적으로 국립기록보존소에서 사용된 것과 유사하지만, 래미네이션에 일본산 직물이 항상 첨가된다. 배로우의 래미네이션 기계는 "교직기(布絞機, clothes – wringer) 원리로 작동하는 스프링 막대의 윤기 내는 압연압축기(spring bar calender rolls)로 되어 있다. 직물과 필름으로 덮은 문서는 전기로 가열되는 두개의 판 사이와 전동기로 회전되는 두개의 윤기 내는 압연기를 통과한다. 열과 압력 하에서 셀룰로즈 아세테이트와 직물은 보수중인 문서와 융합된다.

기록의 보수와 보존에 관한 국립기록보존소의 회보를 자세히 검토함에 있어서, 영국 공기록관의 현 기록보존차장인 D. L. 에번스(D. L. Evans)는 다음과 같은 의문을 제기하였다. "새로운 재료들이 질적으로 영구성이 있다고 어떤 보증을 할 수 있는가?: 즉, 시간의 경과와 함께 투명성이 변색되고 유연하던 것이 뻣뻣해지면서

---

3) A. E. 킴벌리, B. W. 슈리브너, *ibid.*, p. 24.

부서지기 쉬운 상태가 되지는 않을 것인가?"[4] 래미네이션 처리를 20년 경험한 이후 국립기록보존소는 이러한 회의가 적어도 부분적으로 정당한 것이었다는 것을 알게 되었다. 따라서 1954년 국립기록보존소는 국립표준국에 의한 래미네이션 처리에 대한 새로운 조사에 착수했다. 3년이상의 기간이 걸릴 이 조사는 국립기록보존소, 의회도서관, 육군지도(map)국과 버지니아 주립도서관의 공동후원을 받고 있다. 이 조사의 목적은 (1) 래미네이션에 대해 최대한의 안정성을 가질 상업적으로 실용적인 셀룰로즈 아세테이트를 위해 규격명세서를 만드는데 필요한 정보를 모으고 (2) (a) 종이, 잉크, 래미네이팅용 필름에 산이 미치는 영향과 (b) 문서에 대한 영향(특히 기록의 가독성에 대해) 등을 참작하면서, 래미네이션 이전에 알칼리성 매체에 의한 문서의 사전 처리가 필요한가, 또는 바람직한가의 여부를 결정하고 (3) 여러 종류와 중량을 가진 강화직물 사용으로 초래되는 찢어짐과 접혀짐에 대한 내구성과 가독성에 대한 강화직물의 영향을 결정하고 (4) 잉크와 종이에 대한 래미네이션의 영향을 결정하고 (5) 전형적인 평면 래미네이션 장비와 원통형 래미네이션 장비에 관한 비교데이터를 발전시키고 (6) 셀룰로즈 아세테이트 처치가 개발되었을 때는 상업적으로 사용할 수 없었던 새로운 플라스틱 필름이, 래미네이션 목적을 위해서는 수용될 가능성이 있는지를 결정하기 위한 예비적인 연구를 위해서이다.

보수를 위한 선택적인 대안

어떤 환경에서는 기록의 축소사진술에 의한 복제가 보수에 대한 선택적인 대안으로 고려될 수 있다. 마이크로필름이 영구적 매체는 아닐지라도 필름의 셀룰로즈 아세테이트와 그 위의 감광제는 모두 대단히 내구적이다. 더욱이 마이크로필름은 변질이 시작되기 전에 쉽게 복제될 수 있다. 축소사진술에 의한 복제가 적당한가를 결정하는데 있어서, 아키비스트는 다음의 질문에 대한 대답을 고려해야 한다.

기록의 물리적 형태, 상태와 정리가 축소사진술에 의해 복제되는데 적합한 것

---

4) 영국기록학회, 기술분과, 『회보』, 18호(British Records Association, Technical Section, *Bulletin*, No. 18: London), 1945, p. 12.

인가?

　계속적으로 필요한 공간에 대한 비용이 복제에 의해서 절약될 때, 복제하는데 예상되는 비용과 보수비용의 비교는 어떤가?

　기록이 원본으로 보존될만큼 충분한 본유적 가치(intrinsic values)를 가지고 있는가?

제14장
정리원칙(principles of arrangement)

　　앞의 어느 장에서 논의한 바 있는, 기록보존기관에서의 공기록의 정리에 적용되는 원칙은, 정부기관내에서 기록의 정리(arrangement, 배열)에 적용한 원칙과는 구분되어야 한다. 정부기관의 기록관은 보통 그의 기관에서 생산된 기록의 정리에만 관여한다는 것은 강조되어야 한다. 등록체계에서의 기록은, 호주 및 뉴질랜드에서와 같이 부처별(departmental) 기초에 의해 정리되거나, 또는 대부분의 유럽 국가들과 같이 부처내의 과(division)에 의해 정리될 수 있다. 또는 미국 파일링체계 하에서는 기록은 한 기관 전체, 기관내의 행정적인 하위과, 또는 하위과의 특정한 공무원들의 시행에 관한 군들로 정리될 수 있다. 정부기관 내에서의 기록의 정리는 현용이나 1차적 목적에 제공하기 위한 의도에서 이루어지며, 기록의 정리는 미리 규정된 분류틀 및 파일링체계에 따라 이루어진다.

　　기록보존기관에 적용할 수 있는 정리의 원칙은, 정부기관에 적용되는 것과는 여러 가지 방식에서 다르다. 아키비스트는 기록관과는 달리 특정한 기관의 기록의 정리에만 관여하지 않는다. 그는 많은 기관들, 기관의 많은 행정적인 하위과들과 많은 개별적인 공무원들로부터 연원된, 그의 보호하에 있는 모든 기록의 정리에 관여한다. 그는 그의 기록을 현용을 위해서가 아니라 비현용을 위해 정리하고; 그는 어떤 미리 정해진 분류틀이나 파일링체계에 의해서가 아니라 어떤 기본적인 아카이브즈의 원칙에 따라서 정리한다.

　　정리에 관한 아카이브즈의 원칙은, 첫째, 기록군 상호에 관한 기록군들의 질서(ordering)와 관련이 있고, 둘째, 기록군들 내의 개별적인 단위기록의 질서와 관련이 있다. 이 원칙들이 어떻게 발달되어 왔고, 그것들이 현대의 아카이브즈에 어떻게 적용되어야 하는가를 고찰하기로 하자.

유럽에서의 정리원칙의 발달

유럽에서 19세기이전에는 아카이브즈 정리에 관한 일반적인 원칙이 발전되지 않았다. 기록은 한 기록보존기관에 의해 인수되었기 때문에, 그것들은 보통 오늘날의 도서가 도서관에서 분류되는 것과 같이 주제사안에 의해서 미리 정해진 어떤 분류틀에 따라 기존의 수집물 속에 통합되었다.

프랑스

상기되는 바와 같이, 프랑스 혁명의 기간 중인, 1794년 6월 25일의 법령에 의해 전국적인 범위의 공공아카이브즈청(public archives administration)이 설립되었다. 후에 프랑스의 중앙기록보존기관이 된 국립기록보존소(Archives Nationales)의 초기의 소장은 A. G. 까뮈(A. G. Camus, 1740~1804)와 P. C. F. 다우나우(P. C. F. Daunau, 1761~1840)였다. 이들은 모두 숙달된 사서들이었기 때문에, 자신들이 관리하도록 위탁된 기록에 대해 분류틀에 의한 정리를 채택하였다. 까뮈는 중앙정부의 기록에 대해서 4개의 군(시리즈라고 부른)을 선정하였고, 그의 뒤를 이은 다우나우는 1804년에 여기에 20개의 군을 첨가하였다. 문자기호(letter symbols)가 배정된 이 군들은 다음과 같은 항목들(sections)로 조직화되었다: 기호 A – D로 된 의회항목. 국민회의의 의사록, 법률과 법령, 그리고 선거 및 투표의 기록부와 같은 혁명기의 기록군들로 구성; 기호 E – H로 된 행정항목. 여러 행정조직들의 기록군들로 구성; 기호 J – M로 된 역사항목. 역사적, 교회적, 그리고 잡록적인 연대기와 함께 『고문서의 보고』(Trésor des Chartes)를 포함; 기호 N으로 된 지리항목. 평면도와 지도로 구성; 기호 P – T로 된 재산항목. 영유지증서, 영주서류, 재산몰수에 관한 문서를 포함; 기호 U – Z로 된 사법항목. 혁명재판소, 형평법 재판소, 법원 등과 같은 여러 사법체의 기록군들로 구성되었다.

기록군내의 하위군들(하위 시리즈, sous –séries라고 부른)은 또한 합리적인 분류(rational grouping)를 대변하였다. 비록 많은 하위군들이 특정한 기관이나 기관의 종류인 기록의 기원(origins)에 기초하여 설정되었다고 할지라도, 출처(provenance)에 기초한 것은 아니었다.

따라서 프랑스 국립기록보존소에서 중앙정부의 기록은 처음에 도서관의 경험에서 유래된 임의적으로 고안된 "방법론적" 틀에 따라 정리되었다. 기록군과 하위 군은 그것들을 구성하는 기록의 변경에 발맞추어 계속해서 변화되었고, 그 수가 점차 증가되었다. 1867년까지, 『제1제정시대 기록보존소의 일반약식총목록』(*Inventaire général sommaire des Archives de l'Empire*, Paris, 1867)에 보이는 바와 같이, 35개의 기록 군이 설정되었다; 1891년까지 『국립기록보존소내 문서의 종별약식총목록』(*État sommaire par séries des documents conservés aux Archives Nationales*, Paris, Deagrave, 1891)에서 명백한 바와 같이, 그 수가 39개였고; 1937년까지는 『1937년 1월 1일자 국립·시립· 병원기록보존소의 총목록명부』(*États des inventaire des Archives Nationales, communales, et hospitalières aupremier janvier*, Paris, H. Didier, 1938)에 명백한 바와 같이 46개였다. 이들 가운데 가장 마지막에 출판된 출판물에 의거해서, 기록군은 3개 항목으로 재조직 되었다: 1789년이전의 아카이브즈에 대한 "고대항목", 1789년 이후의 아카이브즈 에 대한 "현대항목", 프랑스 국립기록보존소 자체에서 생산된 행정적인 성질을 띤 기록에 대한 "사무국항목"으로 조직되었다.

이미 규정된 틀에 따라 아카이브즈를 정리하는 낡은 방식으로부터 최초로 이루 어진 주요한 이론적 이탈은, 1832년부터 1839년까지 공교육장관이었고 1840년부 터 1848년까지 총리였던 F. 기조(F. Guizot, 1787~1874)가 1796년 10월 26일의 법률 로, 프랑스 국립기록보존소가 관할하던 각 **부처**기록의 정리에 관한 규정들을 반 포했을 때 생겨났다. 그의 규정 가운데 제1항은, 1839년 8월 8일에 반포되었고, 1842년 4월 24일 내무장관 C. 듀샤텔(C. Duchatel, 1803~1867)에 의한 회람에서 집 성되었다. "시·도 아카이브즈의 정리 및 분류를 위한 지침"(Instructions pour la mise en order et le classement des archives départmentales et communales)이라는 표제로 된 이 회람은, 각 부처기록의 분류에 대한 논리적 틀을 설정하였다. 이 체계는 그 후 두 차례의 보완에 의해 수정되었으나 지금까지 사용된다.

이 틀을 실행하기 위해 부과된 일반적인 원칙은 다음과 같다:

1. 기록은 폰드(fonds, 동출처 기록군)로 분류되어야 한다. 즉, 행정당국, 법인체 나 가족과 같이 어떤 특정한 기관에서 기원한 모든 기록은 함께 분류되어야 하고, 특정한 기관의 **폰드**로 간주되어야 한다.

2. **폰드**내의 기록은 주제사안 군으로 정리되어야 하고, 각 군은 다른 군에 관하 여 명확한 위치가 배정되어야 한다.

3. 주제사안 군내의 단위기록은 연대순으로나 지리별로나 알파벳순으로 조건을 명령할 수 있도록 정리되어야 한다.

이후에 보완되어 수정된 이 틀[1]은 **부처**의 기록군을 다음과 같은 **폰드**로 분류할 것을 규정한다:

I. 고대폰드(1790년 이전)
민간아카이브즈

A. 주권법과 공유지법
B. 법원과 사법권
C. 지방행정
D. 공교육, 과학과 예술
E. 봉건적인 사안들, 가족, 공증인, 시, 민사와 법인체
E. 보완 - 꼬뮌의 폰드
F. 민간 아카이브즈와 관련된 잡록적인 폰드

교회아카이브즈

G. 재속신부
H. 수사신부
H. 보완 - 여행자 숙박소의 폰드
J. 교회 아카이브즈와 관련된 잡록적인 폰드

II. 중간기(1790~1800)

L. 1789년부터 18세기까지의 행정
Q. 영지

III. 근대폰드(1800년 이후)

K. 법률, 포고, 법령
M. 인사와 일반행정
N. 부처행정과 회계
O. 시행정과 회계
P. 재정
R. 전쟁과 군사
S. 공공사업
T. 공교육, 과학과 예술

---

1) 이 틀은 『장서 및 고문서 연감』(*Annuaire des bilioth è ques et des archives*), 1927, p. 7에 기반을 둔다.

U. 사법

V. 종교

X. 복지시설

Y. 교도시설

Z. 잡록적인 사안들

　　1841년 4월 24일의 회람에서, "행정당국, 법인체나 가족"에서 기원하는 모든 기록은, 주제사안 및 주제사안하에 연대순으로나 지리별이거나 또는 알파벳순으로 정리되어야 할 하나의 폰드내에 함께 모여야 한다는 **"폰드존중"**(*respect des fonds*)의 기본원칙이 공식화된다. 한 폰드내의 주제사안 군의 상호관계는 그것들의 내용에 의해 결정되어야 한다. 중요군은 비중요군의 앞에 배치되어야 하고, 일반적인 것은 특수한 것에 선행되어야 한다. 예를 들면, 수도원의 목록이나 가장 중요한 문서의 등본이 포함된 수도원의 특허장 대장은, 그 속의 기록이 목록화되거나 등본되기 전에 서가에 배치되어야 한다. 한 주제사안군 내의 단위기록의 정리는 다음과 같은 실제적인 고려에 의해 결정되어야 한다: 정부기관이나 개별적인 조사자가 제기할 수 있는 어떤 질문에 대해, 아키비스트가 어떤 정리(법)에 의해서 가장 신속하고 가장 정확한 방식으로 답할 수 있는가를 고려해야 한다. 언급한 바에 의하면, "연구란 보통, 조사를 위한 하나의 출발점으로서, 연구의 성질에 좌우되는 날짜이거나 지명이거나 인명을 포함한다. 그러므로 정리는 연대순으로, 지리별로나 알파벳순의 관점에서 진행되어야 한다. 예를 들어, 만약 법령이나 법률, 사법적인 결정에 관한 수집물을 고려중이라면, 조사자는 보통 그 문서에 날짜를 부여하기 때문에, 그 단위기록들은 연대순으로 정리되어야 한다. 다른 한편으로 만약 도시에 관한 사안이 고려된다면, 조사자는 보통 도시명을 표시하기 때문에 지리별 정리를 선호할 것이다 . . . . 만약 사적인 개인에 관한 기록이 고려된다면, 개인명에 의한 알파벳순으로 배열하는 방법이 분명히 조사자에게 가장 편리하다"라고 하였다[2].

---

2) 프랑스의 관행에 대한 분석은 대부분 C. G. 바이불 (Weibull, Carl Gustaf)의 "Archivordnung - sprinzipien," in *Archivalische Zietschrift*, XLII - XLIII (1934), 52~72와; H. 카이저(Kaiser, Hans)의 "Das Provenienzprinzip im französischen Archivwesen," H. 베쇼르너(편) (Beschorner, Hans(ed.)의 *Archivstudien zum siebzigsten Geburtstage bon Woldemar Lippert*, Dresden(1931), 125~30와; W. 귀틀링

4월 24일의 회람의 기본적인 원칙에 대한 설명은, 내무성장관에 의해 창설된 아카이브즈위원회가 같은 해 6월 8일에 개최한 회합에서 보다 명확하게 제시되었다. 그 회합에서 저명한 고문서학자 N. 드 웨일리(N. de Wailly, 1805~1886)는 **폰드존중**의 원칙의 정당성의 근거를 다음과 같이 제시하였다:

> "폰드와 (폰드내의) 주제사안에 의한 기록의 일반적인 분류는, 규칙적이고 통일된 질서를 직접적으로 실현하는 것을 적절하게 보장하는 유일한 방법이다. 그러한 분류는 몇 가지의 이점을 제공한다: 첫째, 그것은 어떤 다른 체계보다도 보다 쉽게 실천으로 옮길 수 있다. 왜냐하면, 그것은 1차적으로 단위기록을 모으는 것만으로 이루어지기 때문이다. 다만 그것을 결정하는데 필요한 것은 출처이다. 많은 경우에, 이러한 분류는 쉽게 이루어지는데, 왜냐하면 그것은 단순히 이전에 관리자가 부여한 질서를 재생산하는 것만을 포함하기 때문이다: 기록을 그것의 원질서(original order)로 재정리하기 위해서 목록화된 문서를 조합하는 것으로 충분한 경우에, 이 질서는 기존의 목록에 의해 영향을 받을 것이다. 만약 이러한 방법을 따르는 대신에 사실 (things)의 성질에 기초를 둔 어떤 이론적인 질서가 제안된다면 이 모든 이점들은 상실된다"3).

4월 24일의 회람과 드 웨일리의 6월 8일의 성명에서 폰드존중의 기본적 원칙의 기원이 발견된다.

폰드존중의 원칙이 일찍이 1841년에 공식화되었고 그 후 프랑스에서 대아카이브군들에 관해 일반적으로 준수되었다고 하더라도, **폰드별 일반분류**(*classements general par fonds*)의 체계가 여러 작은 행정단위의 기록에 적용된 것은 결론적으로 잘못된 것이었다. 예를 들면, **부처**의 기록정리를 위해 상부에서 재연된 틀에 있어, **폰드존중**의 원칙은 세개의 주요군들에 대해 똑같이 엄격하게 적용되지 않았다. 이 틀로부터 1790년 이전의 기록은 그것이 기원하는 기관에 의한 **폰드**로 조직되었다는 것과, 각 기록에는 명확한 문자기호가 부여되었다는 것은 분명하다. 1790

(Güthling, Wilhelm)의 "Das Französische Archivwesen," in *Archivalische Zeitschrift*, XLII~XLIII (1934), 28~51의 논문에 기반을 둔다. 그것은 국립기록보존소, 『직원정보회람』, 5호에 있는 "기록의 정리에서의 유럽 기록보존관행"에 관한 나의 기술(National Archives European Archival Practice in Arranging Record, *Staff Information Circular*, No. 5: Washington, July, 1939)의 개정판이다.

3) H. 베쇼르너의 『아카이브즈 연구』(Beschorner, Hans, *Archivstudien*, p. 125)에서 H. 카이저(Kaiser, Hans)가 인용함.

년부터 1800년에 걸친 혁명시대의 기록은, 당시의 특수한 정치적이고 행정적인 발전에 의해서 정당화된 절차에 따라, 하나의 **폰드**로 간단히 함께 분류되었다. 또 1800년 이후의 기록은 그것들이 기원하는 기관별로 전혀 분류되지 않았으나, 기록이 현청(prefecture)에서 기원하였는지, 또는 **부처**내의 다른 행정조직에서 기원하였는지를 고려하지 않고, 재정기록, 사법기록과 공공사업 기록류와 같이 일반적인 주제부류들(categories)로 분류되었다. 도시의 기록에 대해서는 15개의 주제부류들이 다시 설정되었고, 기록은 그것들의 기원에 대한 가벼운 고려도 없이 주제부류들로 분류되었다. 따라서 부처기록의 일부분만이 기원하는 기관별로 분류되었고, 도시의 기록에는 폰드존중의 원칙이 완전히 무시되었다는 점은 주목할만 하다.

　폰드존중의 원칙이 1841년에 공식화된 이후, 프랑스에서는 일관성있게 준수되지 않았던 반면에, 그럼에도 불구하고 중요한 진전이 이루어졌다. 주제사안의 어떤 임의적인 틀에 의거하는 낡은 기록정리체계가 적어도 이론적으로는 포기되었고, 일반적으로 적용가능한 원칙에 기초한 체계에 의해서 분류되었다. 이 원칙은, 공기록을 집적한 공공기관의 성질에 따라 공기록이 분류되어야 한다는 것이다.

프러시아

　프랑스의 **폰드존중의 원칙**은 프러시아에서 확대되고 발전되었다. 프러시아에서는 첫째, 공기록은 (프랑스와 같이 그것을 만들어낸 기관의 성질에 따르기보다는) 그것을 만들어 낸 행정단위에 따라 분류되어야 한다는 것과, 둘째, 기록을 만든 기관 자체에 의해 공기록에 주어진 정리는 기록보존기관에서도 보존되어야 한다는 결론을 내렸다.

　공기록을 공공행정조직에서의 기록의 기원에 따라 분류하는 원칙은 **출처의 원칙**(*Provenienzprinzip*)이라고 불린다. 이 원칙은, 후에 1874년에 프러시아 국립기록보존소장이 된 저명한 역사학자 H. 폰 지벨(Heinrich von Sybel, 1817~1895)에 의해 처음 표명되었다. 1881년 7월 1일 발표한 그의 "국립기록보존소에서의 정리업무를 위한 규정"(Regulative für die Ordnungsarbeiten im Geheimen Staatsarchiv)[4] 가운데서, 그는

---

4) E. 포스너, "M. 레만과 출처의 원칙의 기원," 『인디언 아카이브즈』, IV권, 2호(Posner, Ernst, "Max Lehmann and the Genesis of the Principle of Provenance," *The Indian Archives*, IV, No. 2, July~ December), 1950, pp. 133~41.

프러시아 국립기록보존소에서의 기록의 조직을 위한 새로운 체계를 설정하였다. 아키비스트인 M. 레만(Max Lehman, 1845~1929)에 의해 작성된 이 규정은, 7월 1일 프러시아 국립기록보존소의 직원회의에서 논의되고 만장일치로 가결되었다. 이 규정의 제2절은 프랑스의 **폰드존중**의 원칙에 기초한 기본원칙, 즉, "국립비밀기록보존소의 기록의 정리는 기록의 구성 부분들의 출처에 따라 이루어져야 한다"고 언명하였다. 이 출처의 원칙은, 국립기록보존소 내의 주요 분류는, 정부의 여러 행정단위들에서 기원한 기록과 구분해서 이루어져야 한다는 것만을 규정하였다. 다른 기관들로부터 온 기록을 주제사안 부류로 재분류하는 것은, 특히 이관된 기록들의 양이 대단히 증가하기 때문에 비실제적인 절차라고 인식되었다. 이 규정의 제7절은, 추밀원의 기록속에 통합된 각료회의(cabinet council) 기록과 외무성 기록은 분리되어야 하고 분리된 수집물로 보존되어야 한다는 정도까지, 출처의 원칙을 소급 적용하도록 하였다. 이와 유사하게, 프러시아 국립기록보존소가 계승한 베스트팔렌 공국의 중앙정부의 기록은, 그 기록과 함께 통합되어 있는 기록으로부터, 일관성 있게 분리되어야 했다.

1881년 7월 1일의 규정의 제4절에서, **등록소원칙(Registraturprinzip)**이라고 불리는 새로운 원칙이 발전되었다. 그 원칙은, 모든 기관들의 기록은 기록보존기관에서 해당기관의 등록소에 의해 주어진 질서를 유지해야 하고, 주제사안군들에 의해 재조직되어서는 안된다고 규정하였다. 프러시아에서는 공식적인 기록은 국립기록보존소로 이관되기 앞서 등록부서에서 적절하게 정리되었다; 그리고 정리된 기록은 그 전체가 종종 등록부라고 언급된다. 그 규정의 제4절에서 밝힌 등록소의 원칙이라는 언명은 다음과 같다:

> "각 기관은 기록의 양도하기 시작하는 것과 동시에 그 기관의 기록만을 배타적으로 사용할 집적구역(Repositur)을 배당받아야 한다. 이 구역 내에서 공식적인 서류들은, 관련기관의 공식적인 활동의 과정에서 부여받았던 질서와 표기법(designations)을 유지해야 한다".

그 원칙은, 기록이 기록보존기관에 양도되기 이전에 기록을 만든 기관의 등록부서에서 적절하게 정리된다는 사실을 기초로 한다. 연구의 필요성에 부응하기 위해 기록이 폰드내에서 실질적으로 재조직되는 프랑스의 체계와는 대조적으로,

프러시아의 체계는 등록소에서의 관리가 정부기관의 행정적 기능과 일치할 것을 규정하였다. "어떤 질서에 의거하는" 특정기관의 폰드의 "정리"(arrangement, *disposer*)와, "기록의 내용에 의거하는" 기록의 "분류"를 언급한 프랑스의 1841년의 지침과는 대조적으로, 프러시아의 1881년의 지침에서는 "아카이브즈 조직"(archival bodies)이나 "아카이브즈 전체"(entities, *Archivkörpern*)는, 그것들이 만들어진 질서에 따라 보존해야 한다고 규정하였다.

1896년 10월 12일, 베를린에 있는 중앙기록보존소는 프러시아의 여러 지방기록 보존관들이 1881년에 제정된 규정을 채택할 것을 촉구하였다. 1907년 7월 6일, 이들 지방기록보존소에 있는 기록의 조직에 대한 명확한 지침이 제시되었다. 이 지침은 부분적으로는, 영토변경의 결과 영외가 된 지방의 기록보존소의 기록의 처리에 관한 것이었다. "브란덴부르크 - 프러시아 국가의 중앙정부기관의 등록소에서 나온 기록은 분리되어야 하고, 프러시아 국립기록보존소로 이관되어야 한다"는 것이었다.

네덜란드

프러시아에서 발전한 출처의 원칙은, 세명의 아키비스트에 의해 이론적인 정당화가 이루어진 네덜란드에 수용되었다[5]. 이 원칙은 1897년 7월 10일 내무성이 반포한 규정에서 네덜란드 정부의 공식적인 승인을 받았다. 1년 후 네덜란드의 아키비스트인 뮬러(Muller), 페이트(Feith)와 프루인(Fruin)은 현대아키비스트의 경전이된 - 1905년에 독일어로, 1908년에 이태리어로, 1910년에 프랑스어로, 1940년에 영어로 번역된 - 유명한 편람을 출판하였다. 그 편람은, 신중하게 전개된 정리와 기술의 원칙을 포함하고, *Nederlandsch Archievenblad*와 네덜란드 아키비스트협회의 많은 회의들에서 표명된 견해의 요점만을 다시 설명하였다.

프러시아와 같이, 네덜란드의 아키비스트는 등록체계에 따라 정리된 기록에 관여하였다. 따라서 그 모든 원칙을 등록부서 또는 등록소(*Archifs*)에서 조직된 기록에 적용하였다. 네덜란드 아키비스트가 "무엇보다 가장 중요하게" 고려한 근본적

---

5) 네덜란드 관행에 관한 분석은 위의 바이블에서 인용되었던, 그리고 레비트에 의해 번역된 뮬러와 페이트, 프루인의 "아카이브즈 문서의 정리"(The Arrangement of Archival Documents)에 관한 장에 기반을 둔다.

인 원칙은 다음과 같다: "정리의 체계는, 본질적으로 기록을 만든 행정단위의 조직을 반영하는 등록소의 원질서(original order)에 기초를 두어야 한다". 이 원칙을 밝히는 데 있어, 편람의 저자들은 두가지의 선택할 수 있는 체계의 상대적인 이점을 논의하였다: 하나는, 보통 도서관의 도서분류에서 발견되는 것과 같은, 여러가지 임의적인 주제표목하에 기록을 정리하는 것이었다; 다른 하나는 기록을 생산한 행정적인 조직과 일치되도록 정리하는 것이었다. 저자들이 지적한 바로는, 주제표목의 체계는 모든 것을 포괄할 수 없다. 주제표목은 콜렉션의 질서나 내용 없이 또는 질서나 내용에서 기원함이 없이 임의적으로 부여된다. 따라서 주제표목에 의한 정리는 어떤 아카이브즈군을 "낯선 주형(鑄形)"안에 넣어야 한다. 그것은 어떤 특정한 주제에 관한 특정한 표목에 대해 의견을 묻는 조사자를 도울 수 있는 반면, 그것은 그 조사자를 올바른 길로부터 방향을 바꾸도록 할 수 있다. 왜냐하면, 동일한 주제에 관한 기록이 다른 표목속에 들어 있을 수 있고, 진정으로, 하나의 문서가 여러 주제들의 근거(score)의 하나로 취급될 수 있기 때문이다. 하나의 문서나 낱권(volume)이 여러 종류의 표목들을 다루고 있을 수 있기 때문에, 기록은 사실상, 주제표목에 속해서 일관성있게 조직될 수 없다. 다른 한편, 저자들에 의하면, 등록소에서 조직에 따라 기록을 정리하는 체계는, 수많은 종류의 주제에 속한 조사를 수행하는데 만족할만한 기초를 제공하고, 일관성있게 적용될 수 있다고 주장하였다. 그러한 체계는 등록관의 책임 ─ 소관기록의 보존과 정리에 있어, 기록의 성격과 기록의 참고서비스에 관한 공식적인 요구에 기초를 둔 명확한 규칙을 의식적이거나 무의식적이거나 간에 준수하는 ─ 에 기초를 둔다. 따라서 등록소의 원질서를 파괴하는 것과, 보다 논리적인 체계로 보일 수 있는 주제표목에 기초한 다른 것으로 대체하는 것은 가능하지도 바람직하지도 않다.

이 원칙을 언급함에 있어, 네덜란드 아키비스트들은, 등록소의 "원질서"를 유지할 필요성을 강조하였다. 그들은, "등록소의 원질서는 임의적으로 만들어지지 않았다; 그것은 우연의 결과가 아니라, 등록이 하나의 생산물인 기능으로부터, 행정적 조직을 조직화한 논리적인 귀결이다"라고 설명하였다. 그들의 주장에 의하면 기록의 정리에 적용되어야 하는 것은 정부기관의 행정적인 구조를 반영하기 위해 아키비스트가 임의적으로 고안한 틀이 아니라, 등록부서에서 발전된 "원질서"이다. 그들의 주장에 의하면, 만약 "원질서"가 유지되지 않는다면, 아키비스트의 최우선의 목적은 원질서를 복구하는 것이다. 그리고 이어서 그들은 추론의 원칙을 공식화하였다. 추론의 원칙은 "등록소의 정리에 있어서 . . . 원질서는 첫째, 가능한 한 멀리서부터 복구되어야 한다. 그러한 이후에야만이 그것이 그 질서로부터 어느 정도 벗어났는지 아닌지, 그리고 어느 정도까지 벗어나는 것이 바람직한가를 판단할 수 있다"는 것이었다.

등록소에서의 "원질서"를 복구하기 위해, 네덜란드 아키비스트들은 명확한 규칙(rules)을 제시하였다. 기록은, 시간의 경과됨에 따라, 후임 아카이브즈 관리관들의 집단에 의해 보존되기 때문에, 그것들을 조직한 원계획(original plans)에서 변경될 수 있다. 만약 그러한 변경이 등록소를 만든 행정조직의 유기적 발전과 일치한다면, 그것들은 보존되어야 한다; 그러나 그 변경이 후임 아카이브즈 관리관들의 실수나 불찰의 결과라면, 기록은 "오래된 질서가 발전시켰던 관념들(ideas)을 전달하기 위해" 그것들의 원질서로 복구되어야 한다. 그 편람은 이러한 원칙을 다음과 같이 진술하였다: "등록소로부터 인수된 기록의 질서는, 등록소의 일반적인 계획으로부터의 이탈 - 그 이탈이 기록계의 실수에 의한 것이든, 아니면 등록체계에서의 일시적인 변경에 의한 것이든 간에 - 을 정정하기 위해서 수정될 수 있다". 그러나 "원질서"에서의 변경은, 아카이브즈 관리관들에 의한 불합리한 변칙 - 잘못된 삽입, 등록에 관한 일반적인 계획으로부터의 이탈, 자문을 쉽게 하기 위해 오래된 문서와 최근의 문서를 편철하는 것 등과 같은, 예외적인 경우에 대해서만 이루어져야 한다.

네덜란드 아키비스트들은 등록소의 "원질서"를 복구하는 작업을 유사이전의 동물의 뼈를 취급하는 고생물학자의 작업과 비교하였다. 고생물학자가 고대동물의 뼈를 조립하는 데 있어, 그것이 나머지로부터 분리될 수 있거나 일부가 결손되었다고 하더라도, 각 각의 뼈를 그것들의 적절한 위치에 조립하는 작업과 같다; 그래서 아키비스트는 등록소의 골격조직을 재건하는 것이다. 편람에서 언급된 원칙에 의하면, "등록소의 정리에 있어, 기록은 해당 행정조직의 의사록(proceedings)이나, 등록소의 골격을 형성하는, 공식적인 자격으로 행위하는 공무원들이 포함된 문서에 유의해야 한다". 따라서 등록소를 구성하는 부분들을 원질서로 복구하는 데 있어, 아키비스트는 행정체의 의사록을 포함하는 주요 시리즈에서 시작할 것이다.

네덜란드의 아키비스트들은 조직의 골격을 복구한 이후, 의사록에 관한 여러 원칙을 공식화하였다. 이러한 원칙은 A. 레비트(A. H. Leavitt)에 의해 영어로 번역되어 편리하게 사용된다. 프랑스인이 권고한 연대순, 지리별, 알파벳순의 자료정리와는 대조적으로, 네덜란드 아키비스트들은 기록의 주요 시리즈가 조직된 질서와 정확하게 일치하는 질서로 정리하는 것을 선호하였다. 만약 발전된 주요 시리즈가 등록부서에서 결정될 수 있다면, 어떤 임의적인 분류도 이루어질 수 없다. 개별적인 단위기록과 등록소의 유기적인 단위 사이에 명확하고 철저한 관계가 존재해야 한다. 명확하게 시리즈나 더시어의 부분을 형성하는 것으로 보이는 개별적인 단위기록들은, 가능하다면 시리즈나 더시어로 다시 조합되어야 한다. 만약 그러한 개별적인 단위기록들의 원질서를 결정하는 것이 가능하지 않다면, 그것들은 주제사안별 더시어 분류체계에 따르거나, 아니면 기록이 기원된 등록부서에서 취한 체계에 의존되는 유기적 단위에 의한 시리즈 분류체계에 따라 조직될 수 있다. 그 어떤 체계를 선호할 이유가 존재하지 않는다면, 더시어 분류체계의 적용이 권고할만한다.

영국

힐러리 젠킨슨 경은 그의 『아카이브즈 관리에 관한 편람』(초판1922년, 개정판 1937년)에서, 공기록 정리에 있어 영국의 기록보존관행에 관한 보다 완벽한 정보를 제공하였다. 영국 공기록관은, 프러시아 및 네덜란드의 기록보존기관과 같이, 등록부서의 생산물을 다루어야 한다; 그러나 이 생산물은, 우리가 어딘가에서 본 바와 같이, 유럽대륙에서와는 달랐다. 영국의 등록부는, 상기되는 바와 같이, 수신문서와 발신문서의 기입을 포함하는 기록부로 이루어졌다. 등록부는 기록부와의 관련성이 흔히 대단히 희박했던 많은 양의 보조적인 원본문서와 관련되었다. 따라서 문제는, 등록부서 내에서 보관하는 기록조직을 고스란히 보존하거나 그것들의 원질서를 보존하는 것이 아니었다. 문제는 기록을 생산한 행정조직을 식별하는 것이었고, 원본과 등록부를 관련짓는 것이었다. 젠킨슨에 따르면, 기록보존기관 내의 공기록을 조직하는 데 있어서, 명백한 목적은 "원래의 정리를 확립하거나 재확립하는 것"이다. 기록은 "아카이브군"(archive groups)으로 정리되어야 한다. 젠킨슨에 의하면 아카이브군이란, "어떤 부가된 권위나 외부적인 권위 없이, 정상적으로 생겨날 수 있는 어떤 사무의 모든 면을 독자적으로 다룰 수 있는, 그 자체가 유기적이고 전체이고 완전한 행정적 작업으로부터 결과한 집적물"이라고 규정한다. 이러한 "아카이브군"내의 기록은 그것들의 원질서로 정리되어야 한다. 젠킨슨은 네덜란드의 아키비스트에 의해 제시된 방법이 기록을 조직하는데 충분히 효과가 있는가를 질문하였다. 이 방법에 따르면, 기록은, 조직의 골격을 이루는, 그리고 개별적인 단위기록들이 부수적으로 만들어지는, 주요 시리즈별(main series)로 분류되어야 한다. 젠킨슨은, "주요 시리즈를 갖지 않은 무척추동물과 같은 '아카이브군'은 어떤가"라고 질문하였다. 그는 그러한 "아카이브군"을 생산한 행정적 기능을 결정하기 위한 분석을 제시한다. 이러한 기능은, 기록의 부문(classes)이 조직되는 일반표목(general headings)이 되어야 한다. 만약 개별적인 단위기록이 그러한 기능적인 부문으로 통합될 수 없다면, 개별적인 단위기록은 자료의 이관번호(accession number)가 보존된, 그리고 "고정되거나 제본된 어떤 원본파일도 파괴되지 않을 것"을 규정한, 어떤 체계(젠킨슨에 의하면, "알파벳순, 연대순, 형태별, 또는 그 어느 것도 아닌")하에 정리될 수 있다. 그의 견해에 의하면, 자료가 명확하게 정리되어 있는 상태로 발견된, 물리적인 정리상태로 남아 있는 서류에 한하여, 아키비스트가 확립된 원질서를 파괴하는 것이 정당화된다. 젠킨슨은, 원질서 보존에 대한 근본적인 원칙이 타협할 수 있을 특수한 상황이 있을 수 있다는 것을 인정하지만, 그는 그러한 재정리를 수행하는 아키비스트는 "대단히 중대한 책임을 진다"고 경고한다.

미국에서의 정리원칙의 발달

미국에서의 아카이브즈의 분류의 원칙은 1909년부터 1917년 사이에 미국역사학회의 아키비스트 연차회의에서 자주 논의되었다. 분류의 기본원칙에 관해 가장 일찍부터, 그리고 가장 오래동안 설득력이 있었던 언급 가운데 하나는 W. G. 를랜드(W. G. Leland) 박사가 1909년 회의에서 행한 것이었다. 를랜드 박사는, "미국의 아카이브즈 관리문제"(American Archival Problems)에 관한 논문에서, "일반적으로, 네덜란드인이 발달시키고 대부분의 유럽의 기록보존소에서 지켜지는 원칙, 즉, '폰드존중의 원칙'과 '원질서의 원칙'이 채택되어야 한다. 아카이브즈는 그것들의 기원에 따라 분류되어야 한다; 그것들은 그것들이 존재하게 된 과정을 반영해야 한다"고 주장하였다. 그의 이러한 언급은 수년후에 발표한 중요한 논문인 "국립기록보존소: 계획"(National Archives: A Programme)에 반영되어 있다. 이 논문은 1912년, 『미국역사학회지』(American Historical Review)에 발표되었고, 1915년에 상원문서(Senate Document)로서 재출간 되었다. 이 논문에서, 그는 다음과 같이 언급하였다. "어떤 숫자식 분류체계도, 어떤 정선된 도서관학적인 방법도, 어떤 순수한 연대순이거나 알파벳순의 정리방법도 아카이브즈의 분류에 성공적으로 적용될 수 없다. 논리적인 분류체계를 적용하고자 한 프랑스 국립기록보존소의 까뮈와 다우나우가 충분한 경고가 되어야 한다는 것은 안타까운 일이다. 행정적인 실체가 출발점과 단위가 되어야 하고, 분류자는 그가 정리하는 기록이 기원하는 부서의 역사 및 기능들에 대해 철저한 지식을 가져야 한다; 그는 그 부서가 다른 부서와 어떤 관련이 있는지, 각 각의 기능이 이 다른 기능과 어떤 관련이 있는지를 알아야 한다". 그러나 분류원칙에 관한 그의 가장 상세한 언급은 1913년, 일리노이주 교육건설위원회에 대해 행한 주아카이브즈관리에 관한 권고에서 발견된다. 이 보고에서 그는 다음과 같이 썼다: "가장 본질적인 것은, 각 부서에 대해 그것의 기원, 기능, 이 기능의 기원을 보여줄 공공기관과 그것들의 연혁에 관한 지침(guide)이다. 이 기원과 기능은, 다른 부서로부터 이양되었거나, 또는 새로운 법, 부서의 기능의 수정이나 종식, 변동이 수반된 부서의 조직화, 그리고 끝으로 기능이 그 이후 종식되었는지 아니면 다른 부서로 이양되었는지를 보여주는 부서의 폐지(만약 그 부서가 더 이상 존재하지 않는다면)에서 생겨난다 . . . . 각급 공공부서는 행정적 단위이고 그 기록들은 그것의 활동들을 반영하는 등질적인 군으로 이루어진다. 이 대기록군은 자연적으로 하위기록군들로 나뉘어지고, 하위기록군들은 부서의 조직과 기능에 따라 시리즈로 나뉘어진다. 따라서 항상 유의해야 하는 원칙은, 아카이브즈들은 분류되어야 하기 때문에 그것을 생산한 조직과 기능은 기록에 의해 명확히 반영될 것이라는 점이다. 이것이 그 유명한 **폰드존중의 원칙**"의 본질이다.

1914년, 미국아키비스트 회의에서 아이오와주의 역사부의 E. 버츄(E. B. Virtue)에 의해 "아카이브즈에 대한 분류의 원칙"(Principles of Classification for Archives)이라는 한편의 논문이 제출되었다. 이 논문은 1912년의 회의에서 기획된 아키비스트를 위한 입문서의 한 장이 되었고, 미국에서 아카이브즈들에 관한 분류의 기본적인 원칙으로서 **폰드존중**의 원칙을 따를 것을 수락하였으며, 이 원칙을 아이오와의 아카이브즈에 적용한 사례를 보여주었다.

1934년 미국의 국립기록보존소의 설립과 함께, 유럽의 관행에서 연유된 관점을 다분히 대변하였던, 를랜드와 다른 여러 사람들이 제기한 원칙은 처음으로 방대한 현대기록의 일단에 적용되었다.

연방정부의 아키비스트들이 관여한 첫번째 문제들 가운데 하나는, 기록보존기관에서 정리의 주요단위로 제공되는 기록단위 – "폰드", "아카이브군" 등으로 부를 – 를 정의하는 것이었다. 국립기록보존소의 관리하에 들어온 엄청난 양의 기록 – 10년간 거의 80만 피트에 달하는 – 을 정리, 기술, 참고서비스, 통계보고서 작성, 그리고 다른 행정적 목적을 위해 다룰 수 있는 많은 단위들로 분류해야 했다.

미국의 아키비스트들은 이러한 단위들을 명명하기 위해 "기록군(record group)"이라는 용어를 사용하였다. 기록보존기관이 기록관(record office)이라고 불리는 영국에서는 기록단위(record units)는 "아카이브군(archive group)"이라고 불러야 하는 반면, 미국에서 기록보존기관을 아카이브즈(Achives)라고 부르고, 기록단위는 "기록군"(record group)이라고 불러야 하는 것은 기이한 변이이다. 기록군이라는 용어는, 1941년 2월 국립기록보존소에서 처음으로 공식적으로 정의되었다. 그 정의는, "정리와 기술, 그리고 목록의 출판을 위해서, 출처의 원칙에 따라, 그리고 단위를 바람직하고 편리한 크기와 성질로 만들기 위해 다소 임의적으로 설정한 어떤 주요 아카이브즈 단위(archival unit)"라는 의미이다[6].

미국의 기록군은 유럽국가들의 기록군과 다르다. 그것은 "기록군"을 만든 정부의 행정적 단위의 차이점 때문에, 영국의 "아카이브군"과 대조적이다. 완결된 군(closed group)이라는 영국의 개념 – "어떤 부가적이거나 외부적인 권위 없이, 정상적으로 생겨날 수 있는 어떤 사무의 모든 측면을 가진, 독자적으로 다룰 수 있는, 그 자체가 유기적 전체이고 완전한, 행정적 작업에서 결과한" 집적물들 – 은 미국에서는 채택될 수 없었다. 이 개념은 죽은 기록 – 어떤 기록도 첨가될 수 없을, 또는 폐지된 기관의 기록과 같은 과거 집적물들 – 에만 적용할 수 있다. 연방정부의 행정사에는 기록군이 설정되어 온 폐지된 기관이 흩어져 있으나, 국립기록보존소

---

6) 미국, 국립기록보존소, 『아키비스트의 비망록』, A – 142호(*Archivist's Memorandum*, No. A – 142, February), 1941.

의 아키비스트는 현재 활동하는 기관을 일차적으로 다루어야 한다. 기록이 관련된 정부조직은, 고정된 수의 기록군의 설정을 허용하는 정태적인 것이 아니다; 그것은 계속해서 변화하는 조직적인 단위들과 계속해서 변화하는 기능을 가진 동태적인 것이다. 그러므로 국립기록보존소의 기록군은, 정부의 위계상 변화하는 지위와 권위를 가진 행정조직의 기록에 대해 설정된다. 기록군을 만들고 집적하거나 보존하는 행정적 단위는, 영국에서와 같이, 완전하거나 독립적인 행정적 단위일 필요가 없다. 물론 행정적 단위는 독립적인 기관일 수 있지만, 그것들은 또한 큰 정부기관의 일부일 수 있다.

기록군은 또한 프랑스의 "폰드"와도 대조적이다. "폰드"는 유사한 종류의 기관들로부터의 기록을 대표하는 개념이다. 소위 "집합적 기록군"(collective record group)만이 프랑스어의 "폰드"와 유사하다. 왜냐하면 "폰드"는 어떤 특징을 공통적으로 가진 많은 기관들(예를 들면 의회의 위원회와 같은)의 기록으로 이루어져 있기 때문이다.

기록군은 프러시아와 네덜란드의 등록부서에서 만들어진 것과는 물론 대단히 다르다. 국립기록보존소의 기록군은, 대체로, 정부의 국(bureau) 수준에 있는 행정단위에 의해 만들어진 도큐멘테이션으로 이루어진다. 이 도큐멘테이션은 파일된 또는 파일되지 않은 자료로 이루어질 수 있다. 파일된 자료는, 한 국이나 한 과별(divisional), 또는 한 부서의 수준에서 유지될 수 있다. 미국의 기록군을 구성하는 요소들은, 유럽의 등록소의 기록군보다 보다 훨씬 많고, 그것들의 형태와 성격에 있어서 훨씬 다양하다. 대부분의 기록군은, 보통 기록의 조직적이고 기능적인 기원에 기초하여 설정된 하위기록군(subgroups)을 가지고 있다. 하위기록군은 독특한 파일링체계에 따른 기록의 정리, 주제사안이나 기능적인 유사성, 또는 기록의 종류상의 물리적인 단일성에 기초하여 설정된 기록시리즈(records series)로 이루어져 있다. 그리고 시리즈는, 반대로, 파일단위(file units), 즉, 낱권(volumes), 폴더(folders), 더 시어, 개별적으로 파일된 문서나 개별적으로 파일된 서식으로 이루어진다. 이 요소들은, 단독으로, 그리고 집합적으로, 유럽국가들의 요소들 보다 훨씬 더 큰 수준으로 기록을 만든 행정단위의 조직과 기능을 반영한다.

연방정부의 아키비스트들에게 덜 어려운 문제는, 행정적인 목적을 위해서 국립기록보존소 내의 기록지국에게 할당된 기록을 다루어야 하는 원칙을 결정하는 것이었다. 채택된 원칙은, (국방, 산업이나 자연자원과 같은) 몇몇 광범위한 주제분야들(subject fields)과의 관련에 따른 기록군에 의해서, 문자로 된 기록을 할당하는 것이었다. 이 목적을 위해 고려된 주제사안은 주로 기록을 만든 기관의 일반적인 기능에 의해서 정의되었다. 이와 같이 하여, 농무성에 의해 만들어진 기록과, 농업 활동에 널리 관여한 독립기관에서 만들어진 기록은, 천연자원기록지국(Natural Resources Records Branch)과, 그 국내의 농업기록실(Agriculture Records Section)에 할당되었다. 지도와 사진 기록, 음향기록은, 행정적인 목적을 위해서 특별히 직원을 두고 그것을 다루는 장비를 둔 두개의 지국에 할당되었다.

연방기관의 아키비스트들이 관여한 세번째의 문제는, 기록군의 정리였다. 이 문제는 1951년 6월에 간행된 "정리의 원칙"(Principles of Arrangement)에 관한 『직원정보지』에서 처음 취급되었다. 국립기록보존소는 발족한 이래 시작한 수년간, 여러 요인들 때문에 기록군을 논리적인 유형으로 서가에 정리하는 것이 어려웠다. 이들 요인 가운데 가장 중요한 것은, 기록을 생산한 연방정부의 성격에 있다. 정부기관의 다양성과 그 조직의 복잡성, 유동성은 모든 기록군을 완전하게 논리적으로 정리를 하는 것을 어렵게 하였다. 또 하나의 중요한 요인은 기록이 인수되는 방식이었다. 초기에 국립기록보존소는, 연방정부의 수립이래 정부안에 집적된 방대한 양의 기록을 가능하면 빨리 기록보존소의 관리하에 들어오도록 하는데 주력하였다. 이러한 집적물은 기관들에 의해서 무수한 작은 낱장으로 양도되었다. 어떤 기록이 어떤 특정한 기록군에 속해야 할 것인가는, 기록의 기원이 분석되어서야 비로소 확인될 수 있었다; 그리고 그 기록군에 필요한 공간과 장비에 대해 예상되는 계산은 정확하게 이루어질 수 없었다. 그러나 몇년전, 기록지국들은 그것들의 현재의 소장물과, 그 새로이 인수된 기록을 정리하기 위한 이상적인 계획을 발전시켰다. 이러한 계획은 현재 실제로 이행되고 있다; 국립기록보존소의 건물에 있는 모든 기록은 1956년 회계연도가 끝나기까지 적절한 질서를 이루어야 한다.

그 계획의 기본적인 원칙의 하나는, 기록군을 다른 기록군과의 조직적이거나 기능적인 관계로 정리하는 것이다. 기록을 정리하는 조직적인 방식은 그것이 실제적일 때 선호된다. 이 정리계획은 보통, 기록군이 행정부와 같은 큰 정부기관을 구성하는 몇개의 국이나 부서를 위해 설정되었을 때 수행된다. 이러한 경우에, 기록군은 위계적 구조에 있어서 보다 큰 기관과 일치하여 정리된다. 조직적 관계에 의한 정리가 비실제적일 때, 또는 어떤 좋은 이유 때문에 덜 바람직할 때에는, 기능적 관계에 의한 정리가 사용된다. 이러한 정리에 속하는 기능에 의해 관련된 일련의 기관이나 부서에 대해 설정된 기록군은, 같은 기능을 수행하는 정부조직의 발전을 보여주도록 정리되었다. 접근성(accessibility)에 대한 고려도 서가 내의 기록군의 정리를 결정하는데 고려되어야 한다. 정리계획의 또 하나의 기본적 원칙은 기록군을 완전한 단위로서 관리하는 것이다. 기록군의 설정과 같은 논리로, 기록이 다른 군의 기록과 혼합됨이 없이 각 기록군 내에서 함께 보존되어야 하는 것이 필요하다. 한 기록군으로부터 기록을 분리시키는 것은, 그 군의 부분들이 특별한 장비를 필요로 하거나 기밀문서로 분류되어 그것들이 속한 기록군의 기록의 주요조직과 함께 보존될 수 없을 때에만 허용된다.

연방정부의 아키비스트들이 관여한 네번째의 문제는, 기록군 내에서 요소들에 대한 정리였다. 이 요소들은 하위군(subgroups), 시리즈와 개별적인 단위기록이다. 하위군은 보통, 그 기록군을 만들어 낸 행정단위에 속하는 하위부서의 기록이다. 흔히 기록단위가 설정된 기관은, 너무나 많은 조직적 변경을 거치기 때문에, 기록은 기록내에서 그들의 행정적인 정체성을 상실한, 소용이 없거나 폐지된 많은 단위로 집적된다. 기관의 기능은, 기능을 수행하는 단위가 변경되거나 폐지될 수 있다고 하더라도, 변경되지 않고 남을 수 있다; 그리고 기능에 관한 기록은, 어떤 명확한 중단없이, 연속적인 단위에 의해 생산된 기록과 구분하는데까지 확대할 수 있다. 그러한 경우에, 하위군은 기능과 관련하여 설정된다. 때때로, 하나의 기록군 내에서 기록의 자연적인 하위군은 조직적인 단위나 기능과 일치하지 않지만, 오히려 기능적이고 조직적인 계통을 모두 관통하는 기록의 종류와 일치한다. 그러한 경우, 기록의 물리적 특성은 그 하위군과 구별된다. "정리의 원칙"에 관한 『직원정보지』는 서로의 조직적인 관계나 기능적인 관계에 따라서, 또는 포함된 기록의 종류에 따라서, 하위군을 정리하기 위한 지침을 제공한다.

반대로, 하위군은 보통, 미국과 유럽에서 다르게 규정된 "시리즈"로 이루어진다. 이 정의의 차이는 명확하게 이해되어야 한다. 유럽에서는 아카이브즈 시리즈 (archival series)라는 용어는 보통, 특정한 종류의 문서를 포함한, 등록소에서의 파일단위에 적용된다. 이 파일단위는 독일어로 *Rechenakten*이라고 부르고, 프랑스에서는 *liasse*라고 부르고, 네덜란드에서는 *Bundel*이라고 부른다. 이러한 파일단위는,

특정한 주제에 관한 여러 종류의 문서를 포함하는 파일단위, 즉 독일에서는 *Sachakten*, 프랑스와 네덜란드에서는 *dossiers*라고 부르는 것과 구별되어야 한다. 미국에서 "시리즈"라는 용어는, 유럽에서와 같이 특정한 종류의 문서의 집합물에 적용할 수 있다. 그러나 그것은 또한 어떤 완전한 파일링체계 – 이 체계내에서 개별적인 파일단위가 특정한 종류인가 아닌가와는 관계없이 – 에 따라 조직화된 기록의 전체조직에 적용될 수도 있다. 시리즈의 의미는, 인식할 수 있는 질서 없이, 즉, 긴밀성의 결합만이 특정한 주제나 활동에 대한 그것들의 공통관계인, 함께 모인 기록들의 집합물을 포함하는 데까지 확대된다. 그 용어의 이러한 확대된 용법은 사전적인 정의: "지속적이거나 연속적인 질서, 그리고 유사한 관계에 의해 관련된 . . . . 많은 사물들"이라는 정의와 다르다.

미국 국립기록보존소에서는 하위군들 내에서 시리즈가 정리되었다. 하위군 내의 시리즈는 시리즈 상호관계를 반영하는, 그리고 조직, 기능, 연대순의 시대, 장소나 주제에 대한 시리즈의 관계에 적합한, 어떤 논리적 관계에 의해 정리된다. 시리즈를 정리하는데 고려되어야 하는 대상은, "정리에 관한 원칙"(Principles of Arrangement)에 관한 『직원정보지』에 개괄되어 있다.

기록을 정리하는데 있어서, 마지막의 가장 상세한 단계는 단일문서, 폴더, 더시어, 낱권이나 다른 파일단위와 관련된다. 파일단위는 보통, 같은 주제나 조치와 관련이 있기 때문에, 또는 같은 서식을 가지고 있기 때문에, 함께 보존된 기록으로 이루어진다. 크기와 성질에서 다양한 이러한 단위는 보통, 파일링체계의 채택에 의해 결정된 연속적인 질서로 배열된다. 하나의 주제사안 – 그것이 알파벳순이거나 주제 및 숫자식이거나, 분류식이거나 또는 다른 어떤 기초에 의해 정리되었든지 간에 – 에 있어서, 기록은 보통, 하나의 폴더나 몇개의 폴더를 포괄한, 반대로, 많은 개별적인 문서들을 포함한, 주제표목(captions)하에 질서있게 함께 파일될 것이다. 사안철체계(case – file system) – 그것이 숫자식으로 정리되든지, 또는 다른 형식으로 정리되든지 간에 – 에서 기록은 사안폴더(case folder)나 더시어로 집합될 것이다. 기록이 형태의 유사성 때문에 함께 보존되는 경우에, 형태의 단위는 종종, 파일단위로 고려될 것이다. 이것은 제본된 책에 관한 경우이다.

만약 시리즈의 단위가 완전한 파일링체계에 따라 조직된 사실에서 연원한다면, 그것은 알파벳순이건, 숫자식이건, 연대순이거나 간에, 기원하는 부서가 기록에 부여한 질서로 정확하게 보존될 것이다. 재정리의 문제가 야기되는 것은, 이 질서가 혼란되거나 상실되었을 때, 또는 예외적인 상황에서, 그 질서가 분명하지 않을 때이다. 그러한 경우에, 아키비스트는 현용에 있었던 기관에 의해 기록에 주어진 질서를 복구하려고 시도할 것이다. 어떤 주제체계에 있어서, 폴더나 더시어는 적절한 주제표목하에 모이고, 그 표목은 기관에서 채택한 파일링체계에 의해 규정된 질서로 배열될 것이다. 각 폴더안에 있는 개별적인 문서들은 적절한 연속으로 배열될 것이다. 현대의 파일폴더들에서는, 그러한 문서들을, 최근의 파일을 처음에 두는 역연대식으로 파일하는 것이 관례이다. 한편 많은 오래된 폴더는 반대의 순서로 파일된다. 생산한 기관에 의해 준수된 질서는 아키비스트에 의해 준수될 것이다. 파일의 정리를 복구할 때 참조는, 만약 존재한다면 파일링체계에서, 또는 색인, 주제표목, 폴더의 라벨, 파일에 대한 주의서 등에서 이루어진다.

만약 한 시리즈가 기록의 형태를 기초로 설정되었다면, 아키비스트의 문제는 대단히 쉽다. 예를 들면, 제본한 책은 보통, 간단한 연대순이나 숫자순으로 서가에 배열된다.

만약 기원한 부서에서 부여한 정리가 분명하지 않거나 참고서비스를 대단히 어렵게 만드는 것이라면, 아키비스트는 그 자신의 정리체계를 고안할 수 있다. 그러한 새로운 체계는 기록의 완전성을 보호해야 한다. 그러나 기록의 기능적이고 행정적인 기원을 반영함으로써 기록에 대해 예상될 수 있는 효용성에 편리하도록 고안되어야 한다.

만약 기록이 어떤 기관으로부터 인지할 수 있는 질서없이, 완전한 무질서 상태로 인수된다면, 아키비스트는 그 자신의 정리체계를 고안할 수 있다. 특히 잡건서류 시리즈는 어떤 질서이건 간에 그 성격과 중요성을 알도록 하는데 가장 적합한 질서로 정리될 것이다. 그러한 시리즈 내의 개별적인 단위기록들은, 기록의 성질에 의존하여, 주제, 활동, 종류, 장소나 시간에 의해 분류될 수 있다. 정리체계를 발전시키는데 있어서, "단순성은 접근성에 대한 지름길이다"라고 하는 격언이 준수된다.

결론

1. 대체로 현대공기록은 정부기관에서 그 기록의 기원과 일치되는, 개별적인 단위들로 보존되어야 한다. 이것은 출처의 원칙에 따른 것이다. 기록보존 업무에 있어서 출처의 원칙은 여러 가지 이유 때문에 승인을 얻게 되었다. (1) 이 원칙은 기록이 존재하게 된 기원과 과정이 그 정리에 반영되었다는 의미에서 기록의 완전성을 보호한다. 대부분의 정부기록은 공식적인 행위와 관련하여 집적된다; 그리고 정부의 행위는, 기능과 행정적 조직을 통해서 서로 관련이 되어 있기 때문에, 기록은 그것이 집적된, 그리고 기관이 기록에 부여한 일반적인 질서 속에 기록이 있는 그러한 기관이나 그 기관의 하위부서의 정체가 확인되는 하에서 함께 보존될 때, 가장 식별하기 쉽다. (2) 그 원칙은, 기록의 중요성을 드러내는데 도움이 된다; 개별적인 문서들의 주제사안은 관련된 문서와의 문맥에 의해서만이 충분히 이해될 수 있기 때문이다. 만약 기록이 그것들의 문맥에서 임의적으로 떨어져 나오거나, 주제사안 또는 다른 임의적인 체계에 따라 재결합된다면, 사실을 기록한 증거로서의 그것들의 진정한 의미는 모호해지거나 상실될 수 있다. (3) 그 원칙은 아키비스트가 그의 보호하에 있는 기록을 정리, 기술, 참고서비스를 행할 때 실행될 수 있고 경제적인 지침을 제공한다. 존재하는 자연적인 단위를 파괴하는 것과 임의적인 새로운 단위로 대체하는 것은, 어떤 좋은 목적도 없는 데에 아키비스트가 많은 시간을 허비하는 것이 될 것이며, 기록에 포함된 주제사안의 복잡성과 다양성 때문에 아키비스트가 수행을 완수하는 데 있어서 그 어떤 것도 불가능하게 만들 것이다.

2. 대체로 기록보존기관의 소장물은 행정적인 목적을 위해 여러개의 단위나 군으로 분리되어야 한다. 그러한 기록군을 설정하는 데 있어서 다양한 요인이 고려되어야 한다. 그 요인들 가운데 첫번째, 그리고 가장 중요한 것은 기록의 출처이다. 한마디로, 기록군의 한계나 경계는 어떤 공공 기관에 있어서의 그것들의 출처의 기초에 의해 규정되어야 한다. 공공기관의 종류는 프랑스와 같이 보다 막연하게 규정될 수 있다. 프랑스에서는 행정기관, 법인체나 가족과 같은 종류의 기관은 출처로서 또는 기록의 분류의 폰드로서 간주된다. 또는 공공기관은 프러시아, 네덜란드와 같이 정확하게 규정될 수 있다. 프러시아와 네덜란드에서는 등록소 내

에서 정리된 기록들은 기록보존소에서의 취급되는 단위로 간주된다. 또는 공공기관은 영국에서와 같이 거의 완전한 자주성을 가진 정부의 한 행정적 단위로 규정될 수 있다. 현대기록에 관해, 기록군의 설정에 있어서 출처 이외의 요인도 또한 고려될 수 있다. 기록군은 너무 적거나 너무 많아서도 안된다. 왜냐하면 지나치게 적거나 많은 수는 그것들의 관리를 복잡하게 할 것이기 때문이다. 한마디로, 기록군은 그 수와 규모를 고려하여 설정되어야 한다. 기록군을 만든 행정조직은 영국에서와 같이 그렇게 완전하거나 독립적일 필요는 없다; 그러나 기록군의 기록은 명확한 기능이나 명확한 주제분야에 대한 관계에 기초하여 다른 기록과 쉽게 구분될 수 있는 것이어야 한다.

3. 대체로, 기록이 조직과 기능에 관한 증거 때문에 보존된 현대기록은, 기록을 생산, 유지하거나 집적한 기관에 의해서 기록에 부여된 질서를 유지해야 한다. 이러한 정리는 학자들의 모든 연구요구에 부응할 주제별로 기록을 함께 모으지 않을 것이지만, 이 정리는 정부의 기능에 관한 본질적 가치를 보존할 질서로 기록을 배치하는 유일한 실질적인 방법이다. 이미 질서가 있거나 부분적으로 질서가 있는 기록을 어떤 임의적인 계획에 따라 재정리하는 것은, 시간의 낭비가 될 것이고, 전체적으로 정리되어 있지 않은 어떤 기록에 대해 그러한 임의적인 계획을 부과하는 것은, 인지할 수 있는 어떤 목적에도 제공되지 않을 것이다. 그러므로 아키비스트는, 그로 하여금 보편적인 주제분류의 어떤 추상적인 체계에 따라 기록을 정리하도록 권유하는 학자측의 어떤 노력도 거부해야 한다. 이것은 아키비스트가 기록보존기관에 고용되어 있건, 아니면 다른 정부기관에 고용되어 있건 간에 모두 해당되어야 한다.

등록소에서 부과된 원질서를 보존하는 원칙은, 스웨덴의 룬트(Lund)의 아키비스트인 C. G 바이불(C. G. Weibull)의 논문 – 원래 (*Scandia Tidschrift for historisk forskning*, 3: 52~77, 1930)에서 출판되었고, 독일에서 『기록잡지』(*Archivalish Zeitschrift*, 42~43; 52~72, 1934)에 재출판된 – 에서 비판적인 검토를 받아야 했다.

바이불은, 등록부서에 부과된 기록의 "원질서"는 어떤 기록보존기관에서도 기록이 정리되기 위한 하나의 규범으로 받아 들여져야 한다고 하는 네덜란드 아키비스트들의 명제의 타당성에 의문을 제기하였다. 그는 다음과 같이 썼다. "등록소의 원질서가 어느 정도까지는 기록의 정리를 결정한다는 것과 기록의 주요 윤곽을 지시한다는 것은 부정될 수 없다. 시리즈체계(series system)에 따라 정리된 등록부의 정리는 더시어체계에 따른 정리로는 거의 재조직될 수 없다 . . . . 그러나 이 위치는, 아카이브즈를 조직하는 활동의 성격이 첫째, 복구를 위한 것이어야 하고 둘째, 역사적인 연구의 관심을 고려해야 하는 그러한 위치로부터 멀리 벗어난 방식이다. 원질서가 공식적인 목적에 적절하게 제공되었고 이들 목적에 아직도 제공된다는 정당화는 거의 지지할 수 없다. 대부분의 경우에, 공무원들은 처음에는 문서를 잘 숙고된 체계에 따라 정리하지 않고, 가장 간단하게 보이는, 문서가 생겨난 연대순에 의한 방식이나, 문서들을 한개나 두개의 군으로 정리하는 것이 가능하게 보이는 방식 – 예를 들면, 각 각의 서신이나 여러 의정서들(protocols)에 관한 각 각의 서류들로 – 으로 문서를 집적하는 것을 허용하였다. 후임자들은, 결국에는 아마도 더 많은 여러 군들과 하위군들을 만들어내는 똑같은 방법을 채택했다".

바이불에 의하면, 아카이브즈를 조직하는 목적은, 기록을 그것 자체가 목적인 질서에로 복구하기 위한, 박물관의 전설에 고무된 고생물학자의 목적은 아니다. 그보다는, 바이불에 의하면, 그 목적은 공식적이고 비공식적인 조사자에 의해 제기된 의문에 가능한 한 신속하고 정확하게 답하도록 하는 것이다 – 이 목적은 일찍이 19세기 40년대에 프랑스인에 의해서 "폰드 존중"의 원칙이 공식화되었을 때 강조되었다. 바이불의 주장에 의하면, 이론적인 고려에 의해 모호해진 연구의 관점은, 그 조사가 행정적인 성질의 의문에 대한 대답을 수행할 책임이 있는지, 아니면 말 그대로의 의미로, 역사적인 연구를 수행할 책임이 있는지, 그 조사가 강조할 만한 것을 다시 받아들여야 한다는 것이었다. 만약 누군가가 기록을 조직하는데 이 관점의 타당성을 받아들인다면, 그는 기록을 폰드나 아카이브즈군 내에서 주제사안에 의해 논리적으로 분류 – 그러한 분류가 가능하고 실행될 수 있는 한에서 – 해야 한다. 바이불이 지적한 바에 의하면, 이렇게 하는 데 있어서, 아키비스트는 단지 복구적인 작업만이 아니라 그 성격에 있어서 실제로 창조적인 작업을 할 것이다.

네덜란드 국립기록보존소에서, 편람을 만든 네덜란드의 3인 가운데 유일한 생존자인 프루인은, 바이불의 입장에 대한 반대를 표명하였다. 프루인은, "아카이브즈는 처음 단계에서 정부기관의 행정활동을 명확하게 하기 위해 설계되었다"고 주장하고, 아키비스트가 학자의 연구의 필요를 예상할 수 없다는 것과, 어떤 유기적 단위의 기록에 대한 주제별 분류는 어떤 군의 조사에는 편리할 수 있으나 다른 군의 조사에는 불편할 수 있다고 지적하였다. 프러시아 주기록보존소장인 G. 빈터(Georg Winter)는 『독일 역사학회와 고대사학회의 서간지』(Korrespondenzblatt des gesamtvereins der deutschen Geschichts und Altertumsvereine, 138 - 147, 1930)에서 바이불의 혹평과 유사한 견해를 표명하였다. 그러나 그는 『마드리드시의 아윤따미엔토 문헌(출판목록), 기록보존소 및 박물관지』(Revista de la Biblioteca, Archivo y Museo del Ayuntamiento de Madrid, 10:187)에 발표된 "프러시아 국립기록보존소에 있어서 출처의 원칙"(The Principle of Provenance in the Prussian State Archives)에 관한 초기의 논문에서 기록보존기관으로의 양도에 앞서 등록부서에서의 기록의 조직화는 "폰드를 그것들의 유기적인 구조 속에 보존하기 위한 예비행위"였다는 것을 받아들였다. 그는 다음과 같이 쓰고 있다:

> "명백하게 - 그리고 이 승인과 함께 우리는 출처의 원칙으로부터의 이탈에 대해 약간의 근본적인 예외를 고려하고자 한다. - 등록소의 유용하고 합리적인 정리의 존재나, 그러한 정리의 재확립의 가능성은 폰드를 그것들의 유기적인 구조 속에 보존하기 위한 예비행위이다. 특히 이전 시대에는, 기록군의 분류와 관리가 체계 없이 어리석고 비실제적으로 이루어진 등록소가 존재하였다. 그러한 경우에, 아키비스트는 - 모두가 통찰을 가지고 승인하는 것처럼 - 글자 그대로 원칙을 종말로 몰고 가서는 안되고 그 대신 그는 완전히 새로운 정리를 시도해야 한다".

원질서로 기록을 보존하는 법칙에 대한 한 예외는, 현대기록에서 그것들이 1차적인 목적에 제공된 이후 정부기관 내에서 재정리될 때 이루어져야 한다. 원래의 정리는, 기록이 현용되고 있을 때, 그 기록이 만들어진 용도를 반영한다면 보존되어야 한다. 그러나 현용의 목적 이외에 제공하려는 의도에 의한 인위적인 재정리는, 그 정리가 기록보존의 필요성에 부응할 때에만 기록보존기관에서 보존되어야 한다. 그러한 인위적인 재정리의 많은 예가 인용될 수 있다.

1800년에서 1824년까지 기간에, 미국 육군성의 입수(incomming)통신은, 여러 장소에서 조사가 모색된 일반적인 잡건파일들과 마찬가지로 주제군으로 분리되었다. 국립기록보존소에서, 통신은, 통신과 관련하여 등록부에서 명백했던 원질서, 즉, 작성자 이름이 알파벳순으로 된 원질서로 복구되었다.

인디언사무국도 또한 초기의 미제본서류들을 재정리하였다. 인디언사무국이 하나의 분리된 국으로 설치된 1824년 이전의 서류들은 엄격한 연대순으로 하나의 파일에 수집되었다. 이 파일은 대체로 2개의 현지기록군(field records)(폐지된 인디언 무역청 하에 있었던 Creek 공장의 1794~1822년간의 기록과, Cherokee Agency의 1800년~1824년간의 기록)으로 이루어져 있었다; 그러나 그 파일에는 적어도 20개의 다른 정부기관에서 온 기록도 포함하였다. 이 파일의 증가에 따라 기록의 출처가 모호해졌을 뿐 아니라; 개봉된 서신들은 거의 항상 송신서신으로부터 분리되었다. 이 인위적으로 만들어진 연대순의 파일은 국립기록보존소에서 그것들의 원래의 구성요소로 이루어진 시리즈로 분류되었다.

인위적인 해군기록조직은 해군정보국(Office of Naval Intelligence)의 한 기관으로서 1882년에 조직된 해군기록 및 도서국(Office of Naval Records and Library)에 의해서 만들어졌다. 이 국의 중요한 의무 가운데 하나는 해군창설의 시행(opreration)기록을 수집, 보존하고 참고서비스하는 것이다. 제1차세계대전 이전, 그 국은 1800~85년간 동안의 해군성장관청의 초기 제본기록의 관리를 담당하였다. 이 기록군에 여러 부서들, 국들, 그리고 해군창설과 관련된 단편적인 활동에서 나온 다른 제본기록이 첨가되었다. 제1차세계대전 이후에 그 국은 해군시행에 관한 모든 이용가능한 기록의 수집에 특별히 주목하였다; 그리고 그 국은 혁명으로부터 제1차세계대전까지 확대하여, 공식적인 근원, 대중적인 근원, 사적인 근원으로부터의 다른 많은 문서들 – 원본과 필사본 모두 – 을 획득하였다. 이러한 기록의 수집물들은, 두개의 주요 군 – 분야파일(area file)과 주제파일(subject file) – 로 분류되었고, 이용가능한 모든 문서들은 설정된 분야나 주어진 주제하에 연대순으로 정리되었다. 결국 각 각의 "파일"은 두 부분, 즉 약 1775년부터 1910년까지 확대된 초기부분, 그리고 1910년부터 현재까지의 후기부분으로 두 부분으로 나뉘어졌다. 파일들 내의 공식적인 문서들은 각 각 다른 연원으로부터 나온 것들이었다. 어떤 경우에 헐겁게 제본된 책들은 각 부분으로 나뉘어졌고 개별적인 문서들은 같은 "분야"나 "주제"하에 배치되었다. 해군시행에 관한 문서들은 흔히 다른 기록의 조직으로부터 이동되어 이 시리즈에 배치되었다. 그것들의 대부분은 해군장관청(Office of Secretary of Navy), 특파부대(Office of Edtail), 항해국(Bureau of Navigation)의 파일들에서 나왔다. "분야"파일과 "주제"파일에서, 가치있는 기록수집은 해군운영을 추적하는데 유용하다고 증명되었다. 그러나 수집물의 정리는 아카이브즈 관리원칙을 채택하기 보다는 역사적 수고본에 대해 일반적으로 채택된 관행을 사례로 하였다. 국립기록보존소는 "분야"파일과 "주제"파일의 정리에 있어서 어떤 중요한 변화를 초래하지 않았으나, 콜렉션내의 제본된 책들은 연대순이 아니라 시리즈로 정리되었다.

제2차세계대전의 전시생산국(War Production Board)은 자체의 많은 기록에 대해 인위적인 정리를 부과하였다. 그것의 기록계획하에서, 듀이 십진분류에 속하여 조직된 "정책 도큐멘테이션 파일"이 만들어졌다. 기관의 조직과 기능의 모든 국면을 반영하고자 의도된 정책문서는 이 파일내에서 선별되고 파일에 통합되어야 했다. 정책문서들의 약 40%는 기관이 철폐되었을 때 선별되었다. 대규모이지만 미숙련된 직원들을 동원해서 조급하게 추진된 계획하에서 잔여물들이 선별되었다. 개별적인 정책문서의 선별과 조직계획은 지나치게 야심적이었을뿐 아니라; 그것은 채택된 모든 정리에 관한 아카이브즈 관리원칙에 반하였다. 왜냐하면, 광범위했던 선별의 기준은 모든 중요한 문서를 포착하기에 너무 광범위한 선별의 기준은 무의미했고, 그것들에 대한 해석은 대단히 주관적이었을 것이다. 그러므로 전시생산국은 문서의 선별기준을 전혀 규정하지 않는 것을 선택했다. 그리고 분류된 파일내의 문서들의 정리는 다른 기록들의 상호관련 때문에 기록에 부착해 있는 많은 의미를 파괴하였다.

일반적으로, 만약 개별적인 문서가 그것들의 문맥, 즉, 그것들을 만든 행정적 단위의 파일로부터 임의적으로 분리되어 다른 체계에 속하여 재정리된다면, 그것들은 조직과 기능에 관한 기록으로서의 완전성을 상실한다. 만약 기록이 조직과 기능의 증거로서 제공된다면, 그것을 만든 조직적인 단위에 의해 기록에 부여된 정리는 유지되어야 하고, 그것들은 한 주제나 다른 기초에 의해 재조직되어서는 안된다. 그것들을 재정리함으로써, 미국이나 외국 모두에서 발전된 모든 좋은 기록보존 관행의 모든 교훈은 방해받을 것이다.

기록을 그 원질서로 보존하는 법칙에 대한 하나의 예외는 원질서가 확인되지 않거나 확실히 좋지 않을 때 이루어져야 한다. 유럽 국가들에 의해 발전된 대부분의 기록은 그것들이 기록보존기관으로 양도되기 전에 등록부서에서 조직되었으나, 미국연방정부의 많은 기록은 조직되지 않은 상태로 남아 있다. 정부기관의 기록보존 절차에 있어 국가적인 수준에서의 통일성을 가져오고자 하는 몇 가지의 시도가 이루어져 왔으나, 유일한 결과는 어떤 특정한 기관의 기록의 조직을 단순화하기 보다, 복잡하게 하는 경향이 있는 체계를 채택한 것이었다. 현재까지, 어떤 기록도 그것이 결국은 기록보존기관으로 이관될 수 있다는 고려하에서 조직되지 않는다. 그리고 과거에, 그러한 기관이 존재하지 않았을 때, 기록은 단순히 집적되는 것이 허용되었고, 그것들이 현용의 목적에 제공된 이후에는 보관실 밖으로 추방되었다. 등록부서에서 설정된 원질서의 보존에 관한 독일과 네덜란드의 기록보존 원칙이 적용될 수 있는 그러한 조건이 일반적으로 부족하였다. 그러므로 원질서의 재구축은 종종 대단히 어렵고 때로는 바람직하지 않다. 원질서 — 프러시아 주기록보존소의 소장이 오래된 등록소를 기술하는 용어로 사용한 — 는 "체계가 없이는 어리석고 비실제적이다". 그러한 경우에, 기록에 부과될 정리는 아키비스트에 의해 결정되어야 한다.

4. 대체로, 정보적인 내용 — 조직과 기능의 증거로서의 기록의 가치를 참조하지 않고 — 때문에 보존된 현대기록은, 어떤 질서이든간에 학자와 정부공무원의 필요성에 가장 잘 제공될 질서를 유지해야 한다. 이미 지적한 바와 같이, 현대기록의 많은 비율은 단지 그것들이 개인이나 장소, 또는 사회학적, 경제적, 과학적 기타의 문제에 관해서 가지고 있는 정보 때문에 보존된다. 그러한 기록은 그것들이 기관에서 정리된 방법과는 상관없이 학자, 과학자, 그리고 기타의 사람들에 의한 이용을 편리하게 하기 위한 관점만으로 정리되어야 한다. 그러한 기록들의 한 예는 공중위생국(Surgeon General's Office), 스미소니안 기관(Smithonian Institution), 표식국(Signal Office), 그리고 기상국(Weather Bureau)으로부터 국립기록보존소에 인수된 풍토학적인 보고서들(climatological reports)이다. 이 보고서들의 원질서하에서, 어떤 풍토학적인 자료들이 주어진 장소에 존재하는가를 확인하는 것은 불가능하다. 그러므로 그것들은 재정리되었다. 각 기관에 의해 만들어진 시리즈는 본래대로 보존되었으나, 보고서를 포함하는 책들은 해체되고 책 내의 개별적인 보고서들은 장소(주와 지방)별로 정리되고 그 이하는 연대순의 연속으로 정리되었다.

제15장
기술관행(description practices)

앞서 "처리관행"에 관한 장에서, 나는 기록이 처리의 목적을 위해 그것의 본질 (substance)이나 구조와 관련하여 어떻게 기술될 수 있는가를 제시하였다. 나는 기록이 그것을 만든 행정조직과 기록의 생산의 근원이 된 기능이나 활동, 그리고 기능이나 활동과 관련이 있는 주제들에 관해 설명함으로써 본질적으로 기술된다고 지적하였다. 기록은 그것의 물리적 성질과 그것들이 파일된 체계나 분류된 체계에 관한 정보를 제공함으로써 구조적으로 기술된다.

이 장에서, 나는 기록보존기관에서 공기록이 기술되어야 할 방식(way)을 논의하고자 한다. 처리목적을 위한 기록의 기술에 있어 고려된 요소는 아키비스트에 의해 참고목적을 위한 기술에서도 고려되어야 한다. 그 요소는 넓은 의미에서, 도서를 저자와 표제에 의해 확인하고, 판(edition, 版), 간기(imprint, 刊記), 면수 (pagination, 面數)와 같은 여러 가지 물리적 특성에 관한 정보를 주는 도서관의 목록(catalog)과 비슷하다. 그러나 그 요소는 도서에서보다 기록에서 구분하기가 더 어렵다. 기록의 기술에 있어 첫번째 요소는 기록을 만든 정부기관 내의 행정적 단위의 명칭을 지정함으로써 표시된 기록의 출처(authorships, 저자)이다. 두번째 요소는 기록이 속한 물리적 종류－서신, 보고서, 지령, 일정표 등－이다. 세번째 요소는 기술되는 단위의 표제－보통 기능, 활동이나, 기능 및 활동과 관련이 있는 주제에 대한 간략한 식별－이다. 네번째 요소는 단위의 물리적 구조－분류된 기록군이나 제본된 낱권, 기록의 다발, 기록의 용기(carton, 상자)로 이루어진－이다. 아카이브즈는 일반적으로, 기술되는 단위의 대소와는 관계없이, 출처, 종류, 표제와 구조에 관해서 기술된다. 상세한 정도는 분명히 다양할 것이지만 그 모든 요소들은 아카이브즈의 기술에서 고려되어야 한다.

세계의 거의 모든 기록보존기관에서, 기록을 기술하는데 있어 동일한 4가지 요소가 나타난다. 등록체계를 사용하는 국가들과 미국식의 파일링체계를 사용하는 국가들 사이에서의 기술하는 기술상(technical)의 큰 차이는 물리적 종류 및 구조의 요소와 관련이 있다. 나는 프랑스, 독일, 영국으로 대표되는 유럽에서 만든 검색도구(finding aids)의 종류와, 미국의 국립기록보존소에서 만든 여러 종류의 검색도구를 간략하게 제시하는 것으로 이러한 차이에 관해 논의하고자 한다.

유럽의 검색도구

프랑스

앞 장에서 살펴 본 바와 같이, 프랑스의 국립기록보존소의 소장물은 많은 기록군(séries)로 분류된다. 이것은 까뮈에 의해 설정된 4가지의 기록군에서 출발하였고 현재 거의 50개의 기록군이 있기까지 그 수가 점차 증가되어 왔다. 그리고 기록군은 기록이 한 군에서 다른 군으로 이동함에 따라 그 성격이 때때로 변화되었다. 반대로, 기록군은 폰드, 특정한 출처나 여러 종류의 출처에서 기원하는 기록으로 이루어진 많은 하위군(sous−séries)으로 분류되었다. 아카이브즈 그 자체는 주로 등록부(registres), 파일단위(liasses)나 개별적인 피스(pieces, 낱장)의 형태를 띤 문서들로 구성되었다. 문서들은 보통 용기속에 배치되었다. 따라서 이것들이 기술되어야 하는 요소들이다.

프랑스인들은 기술과 정리를 위해 이러한 요소들을 표시하는 많은 기호를 사용한다. 기록군은 하나 또는 몇개의 대문자(A, AD, B, F, ZZ 등)로 표시된다. 하위군들은 여기에 추가하여 아라비아 숫자와 로마 숫자(F^7, AD^{XV} 등)로 표시된다. 용기나 책은 아라비아 숫자로 표시된다. "F^7, 2201"은 기록군F, 하위군7, 용기2201을 의미한다. 별표를 달거나 별(star, *)은 등록부나 제본된 낱권을 표시하는데 사용된다. 그래서 "F^7, *2200"은 기록군 F에 있는 제본된 한 권이나 등록부 하나를 의미한다. 개별적인 파일단위는, 그 파일단위를 이루는 개별적인 단위기록과 마찬가지로, 보통 번호를 붙이고, 다음과 같은 기록군에 있는 특정한 단위기록을 참조하는 것이 가능하다: "F^7, 2201, 제2파일(liasse 2), 제7피스(pièce 7)."이다. 국립기록보존소에서 만들어진 검색도구는 이 표기법 체계의 실마리가 된다.

국립기록보존소가 만든 검색도구의 종류중 가장 일반적인 것은 기록군의 전체나 대부분을 포괄하는 편람들이다. 이 편람의 최초의 것은 1818년에 다우나우에 의해 편집된 것으로 『제1제정시대 기록보존소에 관한 체계적 도표, 1811년 8월 15일』(Tableau systématique des Archives de l'Empire au 15 août 1811)라는 표제로 되어 있다. 그 다음의 것은 앞 장에서 언급한 일반 총목록(general inventory)이었다. 일반적인 총목록은 M. 드 라보르데(M. de Laborde)에 의해 시작되어 1867년에 『일반약식총목록』(Inventaire général sommaire)이라는 표제로 간행되었다. 그것은 각 기록군에서 발견되는 단위기록이나 목록의 일람표(enumeration) – 제본된 낱권, 파일단위, 그리고 플라스틱 용기 – 를 포함한다. 그 다음으로는 1871년의 『국립기록보존소내 폰드의 약식총목록 및 조직표』(Inventaire sommaire et tableau méthodique des fonds conservés aux Archives Nationales)로서, 그것은 혁명이전의 기록군의 출처와 주제사안에 관한 분석을 포함한다. 마지막의 일반 총목록은, 마지막 장에서도 언급되었는데, 1891년 간행된 『약식명부』(État sommaire)이다. 그 중에서 국립기록보존소의 소장물은 39개의 기록군으로 분류되었고, 각 군은 다음과 같이 하위군으로 하위분류되었다:

기 록 군   F. – 행정 – 프랑스 일반
  하위기록군 F^1. – 행정 – 일반
             F^2. – 행정 – 각 부처
             F^3. – 행정 – 공공단체
             F^4. – 회계 – 일반
             F^5. – 회계 – 각 부처
             F^6. – 회계 – 공공단체
             F^7. – 경찰 – 일반, 기타

각 각의 하위군에 속한 등록부, 용기나 파일단위는 다음과 같이 열거된다:

하위기록군 F^7. – 경찰 – 일반

  *1 – 2200.   – 일반등록부 및 추보(repertories)   1792 – 1837
  2201 – 2312   – 행정등록부, 체포에 관한 전사본, 서신복사
                  본, 보고서, 일람표, 인명관리 등록부, 기타   1792 – 1830
  4001 – 4215   – 경찰보고서 및 공시   연도 ix – 1859
  4825 – 6138   – 이민에 관한 서류

국립기록보존소에서 만든 두번째로 가장 상세한 검색도구는 총목록(inventory)이나 추보(追補)(repertory, 종합목록)이다. 2종류의 목록이 있다: (1) 숫자식 목록 또는 개요목록 (2) 분석적 목록이 그것이다. 국립기록보존소에서 입안한 목록 및 추보의 점검목록(checklist)는 1938년에 『1937년 1월 1일자 국립·시립·병원기록보존소의 총목록명부』(*États des inventaire des Archives Nationales, communales, et hospitalières aupremier janvier*)이라는 표제로 출판되었다. 이 점검목록은 아카이브즈 그 자체의 정리를 따른 것이기 때문에, 그것은 점검목록이 출판되던 시점에 존재하였던 기록군과 하위군에 대한 지침으로 제공된다. 국립기록보존소의 "현대항목"을 다룬 미출판목록의 마이크로필름 복사본은 의회도서관에서 이용할 수 있다; 그리고 그것들의 일람표는 1951년 미국역사학회의 연차보고서에 게재되었다.

숫자식 목록 또는 개요목록은 기록군 내의 단위기록들을 숫자로 나타낸 일람표 ─ 제본된 낱권, 용기나 파일단위 ─ 로 간단히 이루어진다. 그것들은 기록에 대한 분석의 1단계를 대변한다. 목록 내에 있는 용기와 파일의 내용이 일반적인 용어로 식별된다. 만약 용기나 파일단위 내의 개별적인 단위기록들이 비슷한 물리적 종류라면, 그것들은 물리적 종류에 의해서 간단히 식별되고, 그것들의 날짜들이 제시된다. 다른 한편으로 그러한 단위기록이 여러 가지 종류로 이루어져 있다면, 용기나 파일은 보통, 다른 단위기록들이 만들어진 것과 관련하여 특별히 중요한 단위기록에 의해서 식별된다. 그러한 목록은 집계되는 한편, 특히 중요한 문서, 연대상의 공백 등에 대한 기술작업에서 이후의 이용을 위해 주의를 요하는 파일단위에 대해서는 보통 주기사항(notes)이 겉표지에 기입된다. 알제이 항구의 아카이브즈 하위군 1A의 숫자식 목록은, 1921년 파리의 기록보존소 및 도서관국(*service des archives et bibliothèqnes*)에서 출판된 『해군구의 아카이브즈 등록 및 역사적 부속등록 조직에 관한 약술』(*Notice sur l'organization des dépôts d'archives des arrondissements maritimes et des sous −dépôts historiques*, pp. 21~26)에 재수록되었다. 이 목록은 "명령과 훈령", "통신", "성의 전보"와 같은 많은 항목들(sections)로 분류되었다; 그리고 용기와 등록부는 다음과 같은 항목으로 목록화되었다:

*442 ─ "직원등록부", 군직원의 이동을 지시하는 알제리아에 정박중인 해군, 이동함대, 해군의 명령에 관한 항목 ············ 1903~1906.

453 – 문서들, C. A., 알제리아의 해군사령관, 정부심의회의 구성원들에게 보낸
　　　항목 ······································· 1909~1913.
454 – 훈장과 재판출정 – 의식 – 방문 – 수상, C. A.의 명령에 의한 항목. 알제리아
　　　의 해군사령관 ······························ 1893~1916.
455 – 군사이동의 명령의 재조직, 알제리아 항구 ············· 1898~1908.

　숫자식 목록 또는 개요목록이 완성된 후에야 편찬되는 분석적 목록은, 기록군
에 있는 용기와 제본된 낱권의 내용에 관한 대단히 상세한 기술을 포함한다. 그것
은 각 용기에 있는 파일단위와 개별적인 단위기록의 수를 나타낸다. 만약 파일단
위가 다른 종류의 문서들로 이루어진다면, 단위기록별 분석은 분석적 목록으로
이루어지고, 보다 중요한 단위기록의 내용은, 개요가 흔히 원본의 대신으로 제공
될만큼 상세하게 요약된다. 다른 한편으로, 만약 파일단위들이 그 내용에 있어서
동질적이라면, 분석적 목록은 문서들이 이루고 있는 종류에 의해서 기술된다. 그
러나 총목록(inventory)은 보통 파일단위의 내용에 대한 상세한 단위기록별 기술을
제공하지는 않는다; 이것은 준비하기에 너무 많은 시간이 소모될 것이고 출판하기
에는 길이가 너무 길어질 것이다.
　어떤 분석적 목록은 기록을 용기(용기내에 있는 파일단위 대신에)로서 기술한
다. 그러한 예는 인용된『조직에 관한 약술』(Notice sur l'organisation)에 있는 해군중앙
아카이브즈, 하위군BB⁴에 관한 목록에서 발견된다:

1499년 "마다가스카르 더시어" – 11 더시어
　　　　··································1868년~1897년
　　b. 1885년 프랑코 – 말라가시의 조약의 협상, 서명, 발효 – 137항목 – 1883
　　　년~1886년 양자간 조정자 이탈리아 영사 Maigrot와의 통신; 마다가스
　　　카르 주재법황청지사 R. P. Cazet와의 통신. 제1수상 Rainilaiarivony와의
　　　통신; 말라가시 전권과의 통신(말라가시에 있는 항목); 서신 번역문; 예
　　　비적인 초안과 평화조약; 수상발신; 외무성 및 우편성 장관 서신 사본;
　　　잔지바르 주재 프랑스영사와 통신.
　　j. 마다가스카르군영지 최고사령관 Gallieni장군의 사령관 서신. – 53 항목
　　　　··································1896년~1897년
　　1–3. 통상사무(1896년 10월 25일~11월 17일).
　　4. 점령지의 조직, 평화지구의 확대(11월 28일). 5. Majunga와 Flotilla항의 함대

인사의 귀국에 관한 전신의 확인(12월 12일). 6. 마다가스카르 서해에서의 인도양 해군부의 행동(12월 27일). 7. 인사이동(12월 27일). 8. 등대건설계획(1897년 1월 5일).

독일

독일의 여러 기록보존기관의 소장물은 보통 정부기관이 생산한 기록군으로 이루어진다. 하나의 기록군은 보통, 미국연방정부의 한 행정부처와 등가물인 독일의 한 성의 기록으로 이루어진다. 기록군은 성 내의 여러 과별 등록소로부터 성으로 이관된 하위군들로 구성된다. 각 각의 하위군은 보통, 개별적인 단위기록이 집적된 순서로, 고정된 파일단위나 바인더(*Akten*)로 이루어진다. 분류틀에 따라 정리된 파일단위나 바인더는, 한 기관(*Behörde*)에서의 그것들의 출처나 등록소(*Registratur*), 그것들의 표제(*Rubrum*), 날짜, 그리고 그것들의 분류나 청구번호(call numbers)를 표시하는 기입에 의해서 겉표지에서 식별된다.

기록보존기관의 소장물은 보통, 특별히 중요한 아카이브즈를 위해, 또는 특수한 물리적 부문을 가진 아카이브즈를 위해 설정된 특별군(special groups)도 포함된다. 특수군이 설정된 중요한 아카이브즈 중에는, 조약 및 양피지(*Urkunden*) 문서가 있고, 그것들은 출처와 관계없이 함께 모인다. 특별군은 지도, 인장(印章), 그림, 그리고 다른 물리적 부문을 위해서도 설정된다. 기록보존기관내에서 아카이브즈는 그것이 낱장 문서이건 바인더이건 간에, 보통 수평으로 보관되거나, 딱딱한 판지로 고정되거나, 서가에 수직으로 보관되는 다발로 포장된다. 보통 4인치에서 8인치까지의 자료들이 각 구획에 놓여지고, 그 위에 있는 덮개나 겉표지에는 보통 그것들의 내용에 관한 청구기호(call marks)나 다른 표식(indications)이 기입된다.

독일에서 만든 검색도구나 편람의 일반적인 형태는 프랑스에서 만들어진 것과 비슷하다. 독일의 대부분의 기록보존기관에서 수고본 형태로만 발견되는 독일의 편람인 『현존기록의 개요』(*Übersichite der Bestände*)는, 관리하에 있는 여러 기록군을 식별하고 그것들의 출처, 총괄적인 날짜, 대략적인 부피, 그리고 종종 서가상의 위치도 표시한다. 몇몇 기록보존기관에서 작성해 온 인쇄된 편람의 예는, 1943년 『베를린-다렘의 기밀국가기록보존기관의 보존물에 관한 개요』(*Übersicht über die Bestände des geheimen Stattsarchivs zu Berlin-Dahlem*)라는 표제하에 간행된 프러시아 왕실주기록보존소의 편람이다. 그리고 1937년 쉬투트가르트에서 『뷔르템베르크 주기록보존소의 보존물에 대한 총개요』(*Gesamtübersicht über die Bestände der staatslichen Archive Württembergs*)이라는 표제로 간행된 뷔르템베르크 주기록보존소의 편람이다. 후자의 편람에는, 뷔르템베르크내의 여러 기록보존기관의 소장물이 기술을 위해 출처와 연대에 기초하여 정해진 10개의 주요표목하에 조직적으로 분류된다. 예를 들면, 표목들 중에는 "1803년부터 1817년까지의 과도기에 있어서의 행정기관"의 아카이브즈와, "1806년부터 1817년에 있었던 중앙 및 중간행정기관의 최근 파일"과 같은 표목이 있다. 대문자로 쓰여져 있는 이 주요표목은, 반대로, 아카이브즈의 출처에 기초하여 설정한 하위군, 즉, "재정상의 문제"나 "군사적인 문제"에 관한 아카이브즈와 같이 하위군으로 세분되었다.

각 각의 하위군들하에서 다발들의 내용이 기술되었고, 그것들의 관리위치가 표시되었고, 그것들에 관해서 만들어진 검색도구는 기호(symbols)로 표시되었다. 편람의 일부는 다음과 같다:

E 64　　　독일 연방(1819 – 1869)

연방결성에 관한 조약, 명령, 의회서류일반을 포함.

1825년 Pfaff에 의한 목록. Lotter와 다른사람들에 의한 추보

(repertory, 追補).

E 65 – 68　독일 연방

등록부와 함께 1권

제1부(분류틀에 의한: 프랑크프루트에 있어서 뷔르템부르크 대표의 각종 파일 및 외무성에 대한 보고서원본 (1815~1826)

제2부: 연방의회에 있어서 뷔르템부르크 군사전권 대사(plenipotentiary) 파일 (1818~1846)

제3부: 독일연방문제에 관한 뷔르템부르크 외무성 파일 (1816~1866) 및 연방군사위의 외무성 파일 (1851~1866)

제4부: 조약의 사본(1806 – 1861), 연방의회에 있어서 뷔르템르크 공사관 등록소

E 69　　　독일 제국 (1870~1871)

뷔르템부르크의 독일제국 가맹에 관한 조약

Pregizer에 의한 추보, 1876.

독일에서 만든 추보와 총목록은 프랑스에서 만든 것과 유사하다. 추보는 친필

이나 타자기로 쓰고 낱권들로 묶인 미출간의 일람표로 이루어진다. 그 일람표에 의해 기록군 내의 개별적인 바인더나 파일단위가 간단히 식별된다. 독일의 등록소에서 사용되는 분류체계는 신중하게 발달되어 그러한 바인더나 파일단위의 내용에 관한 정확한 정보를 제공하기 때문에, 독일의 아키비스트는 그들의 추보를 입안하는데 이 정보를 이용한다. 등록소에서 바인더에 주어진 표제나 주제표목은 종이쪽지(slips)나 카드에 기입된다. 그 다음, 이것들은 바인더가 추보에 기입된 순서로, 보통은 바인더가 서가에 배치된 순서로, 그러나 때로는 알파벳순이나 연대순으로 정리된다.

추보 이외에도 분석서(analysis, *Analyse*)라고 불리는 다른 형태의 미출간된 검색도구들이 만들어진다. 그 분석서나 특수 검색도구는 바인더나 파일단위에서 발견되지 않는 예외적인 중요성을 가진 문서만을 위해서 작성된다. 분석서나 특수 검색도구는, 등록소에서 그 문서에 제공한 정확한 정보에 의해서, 대부분의 문서에서는 지나치다고 간주될 정도로 그 문서를 상세하게 기술한다.

총목록(*Inventare*)은 추보가 출판된 형태의 것으로, 목록은 보통 아카이브즈의 중요성, 상호관련성에 대한 설명과, 추보에서는 발견되지 않는 관련문헌의 인용에 의해서 부피가 증가한다. 목록에는 몇 가지 종류가 있다. 기록군들 전체의 내용을 취급하는 포괄적인 총목록(comprehensive inventories); 하나 또는 둘 이상의 기록군으로 된 특별한 아카이브즈와 관련이 있는 특수총목록(special inventories); 양피지문헌이나 조약과 같은 역사적으로 중요한 문서들에 관한 철저한 정보를 내포한 분석총목록(analytical inventories)이 있다. 양피지문서나 조약, 수고본과 같은 여러 종류의 자료들이 어떻게 기술되거나 목록화되는가를 보여주는 예시는 1901년과 1911년 사이의 칼스루(Kalsruhe)에서 출판된 『바덴 대공국의 총지역기록보존소의 총목록』(*Inventare des Groszöglich Badischen General-Landesarchivs*)에서 발견될 수 있다. 공식적인 아카이브즈의 다발을 기술하는 방법은, 이 목록의 제3권에서 채택한 "이민"이라는 주제표목에 속하여 다음과 같은 기입으로 예시된다:

8. 1763~1766. 독일식민의 러시아의 이주와 거기에 대한 독일 여러 주들에 의한 각종의 대책에 관한 제국의회 보고서와 파일들. 1다발.

영국

영국 공기록관의 소장물에 관한 일반적 정보는 여러 판이 나온『기록의 개요』(*Summary of Records*)에서 얻을 수 있다. 1950년판에서 "아카이브군"은 그것들의 기술적인 표제의 알파벳순으로 목록화되고, 각 군에 속한 기술적인 표제와 날짜로 식별되는 부문은 숫자상의 순서로 목록화된다.『개요목록』에서 알 수 있는 어떤 아카이브군은 여러 과(divisions)로 분류된다. 예를 들면, 해군부 아카이브군(Admiralty archive group)은 다음과 같은 11개 과로 분류된다:

> 국무부(Secretary's Department)
> 회계일반부(Accountant General's Department)
> 영국해병대 군무국장(Adjutant General, Royal Marines)
> chatham 상자(Chatham Chest)
> 해군부의 함정본부장(Controller of Navy's Department)
> 그리니치 병원(Greenwich Hospital)
> 해상급여국(Marine Pay Office)
> 의무부(Medical Department)
> 해군평의회(Navy Board)
> 수송부(Transport Department)
> 식량공급부(Victualling Department)

위의 해군부 기록군의 경우와 같이, 부문은 기록의 종류에 기초하여 설정된다; 다른 군, 예를 들면, 식민성(Colonial Office)이나 외무부의 기록군의 경우에는 부문은 지리적이거나 정치적인 분야에 기초하여 설정된다. 다른 요인들도 부문을 설정할 때 고려된다.

공기록관의 소장물은 78개의 공기록군으로 분류되고 각 군은 짧은 표제와 문자기호로 표기된다. 예를 들면, 해군부(Adm.), 식민성(C.O.), 외무부(F.O.), 등으로 표기된다. 해군부 아카이브에 대해, 모두 116개의 부문 가운데 제1부문은 "입수 – 서신(In – letters)", "발송 – 서신(Out – letters)", "의사록"과 "해군부 특허"이다. 부문은 아라비아 숫자로 표기된다; 해군부의 제2부문은 "Adm.2."로 기술된다. 부문은 낱권, 사본, 다발 등의 "피스"로 이루어지고 그 수는(1949년 현재) 68만피스로 추정된다. 해군부 제2부문중 제1피스는 "Adm. 2/1,"로 기재되고, 그 피스내의 첫 문서는

"Adm. 2/1/1."로 기술되어야 한다.

공기록관의 소장물에 대한 몇몇 편람들은, 가장 나중의 것으로 M. S. 쥬제피(M. S. Giuseppi)에 의해 출판되었고, 그것은 현재 새로운 판으로 대체되고 있고 그것들이 완성되는대로 몇차례로 나누어서 나오게 될 것이다. 30년 전에 발행된 쥬제피의 『공기록관에 보존된 수고본에 대한 편람』(*Guide to Manuscripts preserved in Public Records Office*)는 공기록관의 소장물을 군과 부문으로 기술하고, 그것들의 주제 내용에 대한 색인을 제공하였다. 해군부 아카이브군 제2부문에 관한 쥬제피의 편람은 그것이 어떤 종류의 기술적인 정보를 제공하는지를 예시하기 위해 제공될 것이다.

해군부의 기록
　국무부
　　발송서신
　　　1656년~1859년. 1756권. 그것들은 약 30개의 표목하에 분류됨. 이하는
　　　그 중에서 중요한 것임. 각 권은 대부분 색인이 첨부되어 있으나 특수한
　　　항목들(sections)을 다룬 몇개의 색인들이 여기에 기술됨
　　　명령과 훈령, 1656년~1815년.
　　　요약, 1660~1790. 2권. MS.
　　　해군부최고위원의 서신, 1660년~1790년. 1695년 이래의 해군부최고위원
　　　　의 국무장관에 대한 서신은 별책에 기입됨.
　　　국무장관 서신, 1679년~1815년. 이것들은 다음과 같이 하위분류됨:
　　　　일반 서신, 1679년~1746년.
　　　　공공기관과 해군부장관에의 서신, 1746년~1815년.
　　　색인, 1802년~1807년. 색인중 Ec., Ser. Ⅲ. Nos. 29~34.
　　　　공통서신, 1746년~1808년.
　　　　지휘관과 부관서신, 1809년~1815년.
　　　해군부및 해군중장 법원 및 사무에 관한 서신, 1663년~1815년.

쥬제피는 그의 편람의 입안과 관련하여, 8권의 필사본 "목록"(Catalogue)에서 공기록관의 소장물과 관련이 있는 모든 검색도구를 목록화하였다. 이 검색도구 가운데에서 가장 일반적인 것은, 많은 수가 작성되고 어떤 것은 인쇄된 일람표이다. 아카이브가 군과 부문으로 분류되고, 부문 내의 "피스"에 번호가 부여된 다음에는, 개별적인 "피스"나 문서의 일람표가 편찬된다. 이 일람표는 번호나 날짜에 의해서는 거의 식별될 수 없는 피스나 문서를 열거한다. 1904년 런던에서 인쇄된

영국『해군부 기록의 일람표』(*List of Admiralty Records*)는 기입(entry)의 양식을 예시하기 위해 제공될 것이다. "발송서신"으로 이루어진 해군부 제2부문의 기록군에서 그 피스들은, 쥬제피의『편람』에 있는 기입과의 일치에 주목하게 될, "명령과 훈령", "해군부 최고위원서신", "국무장관서신"과 같은 많은 하위표목하에 기술되었다.『일람표』의 요약은 다음과 같다:

명령과 훈령

번호	날짜
1	1665년~1679년.
2	(분실)
3	1689년~1927년 7월.
4	같은 해 7월 29일~ 1917년 12월.
5	같은 해 12월 8일~1690년 5월 14일.
6	1690년 5월 14일~ 1925년 11월.
7	같은 해 11월 26일~1691년 5월 29일.
8	1691년 5월 30일~ 1692년 6월 22일.
9	1692년 6월 21일~1918년 8월.

식민성 아카이브군에 관한 일람표와 같은 일람표는, 보다 약간의 기술적인 정보를 포함한다. 이러한 종류의 기입을 예시하기 위해 일람표의 제5부문, "미국과 서인도제도"로부터의 요약을 제공한다:

참조 C.0.5	날짜	기술 국무장관 통신원본
3	1702~1710	전보와 잡건
4	1711~1732	위와 같음
5	1733~1748	위와 같음
6	1749~1754	위와 같음
7	1755~1779	위와 같음
8	1780~1783	위와 같음 (육군)
9	1710~1713	캐나다 원정
10	1710~1752	매서츄세츠; 뉴 햄프셔; 로드 아일랜드
11	1711~1713	운수장관, 내각, 재무장관

위의 낱장들 가운데 제9피스 "캐나다 원정"으로 식별되는 낱장에서 발견되는 정보의 종류는, C. M. 앤드류스(Charles M. Andrew)의 『대영제국 공기록관에 있는 1783년도의 미국사자료에 대한 편람』(Guide to the Materials for American History to 1783 in the Public Records Office of Great Britain, Washington D. C., 1912~14)의 제2권에 명백하게 나타난다. 이 항목이 기술하는 것은 다음과 같다:

> "총사령관 및 다른 부서장으로부터 국무장관에게 보낸 서신, 보고서, 서신의 사본, 일기, 청원서, 대변서, 전쟁위원회의결을 포함".
> "1912년도, 노스 캐롤라이너 여러 사건에 관한 많은 문서와 1685년과 1709년의 각 1개의 문서".
> "식민지 협력에 관한 식민지장관 및 다른 사람들에 의한 서신".
> "군사 이외의 서신 및 청원서".
> "식민지 기관원으로부터의 서신".
> "요새, 하천 등의 지도 등".

공기록관에서 작성된 다른 종류의 검색도구는, 그것들의 표제가 나타내는 것과 같이, 단순한 일람표에서 발견되는 기술적인 정보 이상을 제공하는 기술적 일람표(descriptive lists)이다; 총목록은 그것들을 구성하는 개별적인 피스나 문서를 구분하지 않고 각 부문의 기록의 성질, 내용, 크기, 완전성에 관한 정보를 제공한다; 색인은, 찾을 수 있는 문서에 관한 자세한 설명이 있는 인명과 주제의 알파벳순의 일람표이다; 연차목록(calendar, 연감)은 개별적 문서들의 기술(descriptions)과 개요를 포함한다; 필사본은 개별적인 문서의 정확한 복제물이다.

미국의 검색도구

국립기록보존소는 국립기록보존소에서 취급하는 기록의 성질을 반영한 하나의 검색도구를 발전시켰다. 연방정부의 기록은 유럽의 오래된 기록보존기관의 기록과는 다른 특징을 가지고 있다. 그 기록은 대부분 현대에 작성되었다; 19세기 이전에 생겨난 것은 거의 없기 때문이다. 그러므로 고대와 중세의 문서에서와 같은 식별의 문제가 생기지 않는다. 그것들의 근원과 내용을 기술하는데에 있어서 보조적인 역사학과 중세의 언어에 관한 지식이 필요하지 않다. 그 기록은 형태에 있어서 현대적이다. 그것들은 여러 가지 물리적인 종류로 이루어져 있다. 가장 일 반적인 것은 통신, 보고서, 비망록과 지령이다; 그러나 그것들은 또한 대규모의 현대적 정부의 일상적인 시행을 다루기 위해 만들어진 서식도 포함한다. 그 서식 에는 지원서, 인가서, 판정서, 입찰서, 증명서, 손해배상청구서, 계약서, 권리서, 화 물운송장, 고지서, 급여표, 청원서, 질문서, 영수증, 신고서, 예정표, 증표, 영장 등 이 있다. 그러한 기록은 현대적인 정리체계에 의해 정리된다. 그 정리체계는, 기술 한 바와 같이, 단순한 숫자식, 알파벳순, 주제분류체계로부터, 대단히 복잡한 주제 숫자식, 복합숫자식, 듀이 십진법식, 기타의 체계에 걸쳐 있다. 더욱이 이들 체계 는 기관과 기관, 또는 한 기관 내의 부서와 부서 사이에 통일적으로 적용되지 않는 다. 등록부서가 과(division)보다 낮은 수준에서는 결코 발견되지 않는 유럽에 비해 서, 그 기록은 집중적으로 보존되지 않는다; 그 대신에 기록은 극단적인 정도로 분산되어 있어서 정부기관의 거의 모든 직원들은 자신의 특정한 활동에 관한 파 일을 가지고 있다.

앞 장에서 지적한 바와 같이, 국립기록보존소의 소장물은 유럽의 기록보존기관 의 기록과 같이 행정상의 목적을 위해 많은 주요 군으로 분류된다. 약 300개가 있는 기록군은 흔히 단일기관(과 그것들의 전신들)의 기록으로 이루어진다. 단일 기관은 인디언사무국(Office of Indian Affaires), 해안경비대(Coast Guard), 기상국 (Weather Bureau)과 같은 국(bureau) 수준의 기관이다. 때로는 몇개의 기관들의 기록이 행정적인 기초에 의해, 또는 "집합적"(collective) 기록군을 구성하는 다른 관계에 의 거해서 함께 모이기도 한다. 그 기록군은 모든 정리, 분석과 기술활동을 위한 기 본적인 틀로서 제공된다.

국립기록보존소에서 한 기록군 내에 기술된 단위들은 그 성격과 형태에 있어 서, 프랑스, 독일, 영국에서 우리가 지적한 그것과는 대단히 다르다. 돌이켜 보면, 그 국가들에서 기술의 단위는 보통 낱권, 다발이나 용기였다. 미국에서는 기술의 단위는 보통, 앞 장에서 지적한 바와 같이, 국립기록보존소에서 부여한 특별한 그 리고 아마도 강요된 정의인, 시리즈이다. 여기에서 알 수 있는 바와 같이, 한 시리 즈는 보통 하나의 완전한 파일링체계로 정리된 모든 기록을 포함한다. 그러한 기 록은 그 분량이 수천 입방피트에 달하더라도 하나의 시리즈로 간주된다. 그러나 시리즈라는 용어는, 공통적인 물리적 형태를 띠고 있거나, 같은 활동과 주제에 관한 다른 기록의 집합물에도 적용된다. 물론 때로는 기록은 시리즈 보다 작은 단위, 즉, 낱권, 폴더, 문서와 같은 단위로 기술될 수 있다. 국립기록보존소의 현재 소장물은 수백개의 정부기관에 의해 작성된 수천의 시리즈와 수백만의 문서들로 이루어진다.

국립기록보존소는 그 기록을 기술하는 데 두가지 다른 방식을 채용하고 있다. 하나는, 기록은 그 조직적이고 기능적 기원(origin)과 관련하여 기술된다; 이것은 출처별 접근법이다. 다른 하나는, 기록은 그 주제사안과 관련하여 기술된다; 이것은 관련별 접근법이다.

출처에 의한 기술

출처의 관점에서 기록을 기술하는 데 있어 몇 단계가 구분될 수 있다. 첫째, 복잡한 정부 위계구조 내에서, 어떠한 특정의 행정적 단위가 고려의 대상이 되는 기록조직을 생산했는가를 찾아내는 것이다. 둘째, 기록을 생산하게 한 기능이나 활동의 성질에 관해 배워야 한다. 셋째, 그것들이 어떠한 물리적 종류 – 통신, 보고서, 명령서, 일정표 등 – 로 이루어졌던 간에 그 물리적 종류를 확인하는 것이다. 넷째, 그 기록의 정리법을 결정하는 것이다. 즉, 기록을 주어진 파일링체계로 정리하거나, 아니면 기록이 특정한 주제나 행동에 관련이 있기 때문이거나 기록이 특정한 형태를 가지고 있기 때문에 단순히 함께 보존할 것인가를 결정하는 것이다. 기록의 행정적이고 기능적인 기원, 그 종류, 정리에 관한 기초적인 데이터는 출처의 방법론을 채택한 국립기록보존소의 모든 검색도구를 입안하는 과정에서 개발되었다.

국립기록보존소는 국립기록보존소의 관리하에 있는 모든 기록군을 포괄하는 일반적인 검색도구를 만들었다. 이것들을 편람이라고 부르고 정부기관과 일반이 이용할 수 있도록 출판되었다. 1940년판 편람의 전면적인 개정판으로서 1948년에 출판된 『국립기록보존소의 기록에 관한 편람』(*Guide to Records in National Archives*)에서는 247군으로 분류정리된, 80만 평방피트에 달하는 인수기록을 다루었다. 이 새로운 『편람』은 각 기록군의 주제사안을 광범위하게 색인화하였다. 1946년에 이 국립보존소는 『국립기록보존소의 정부기록』(*Your Government's Records in National Archives*)이라는 표제로 축쇄판의 편람을 출판하였다. 그 일반적인 편람은 기록을 출처에 의해서 분석한다; 그것들은, 각 기록군을 위해 입안된 여러 검색도구로부터 발전된 정보를 통합한다.

1948년도판 편람에서, 제84 기록군, 즉, 국무성 외무직에 관한 기록의 기입은, 보고의 방법을 예시하기 위해 제공될 것이다. 편람의 서론적인 진술에서, 외무 및 영사업무의 역사와 그것들의 기록에 대한 기입은 관련 문헌에 대한 자세한 설명과 함께 한 페이지(45줄)로 이루어진다. 외무 및 영사직 기록을 일반적인 용어로 기술한 귀절은 다음에 있다. 영사직 기록은 다음과 같이 기술된다:

영사직의 기록들. 1790~1943년. 8,280 피트.

영사직은 보통 다음과 같은 단위기록으로 대표됨. 즉, 국무성으로부터의 훈령, 감독직으로부터의 훈령, 그들에 대한 전보 및 보고서의 사본; 일반통신문; 공증증서, 하역, 기타 잡무에 대하여 인수한 요금의 기록; 발행·조사증명한 여권의 기록; 미국시민의 출생, 결혼과 사망의 기록; 재산의 처분, 부동산의 설정에 관한 기록; 미국시민의 보호에 관한 기록; 영사의 관할지역에서 입수되거나 하역된 상품의 증명서; 사건의 일기와 비망록; 영사관의 재무기록과 재산목록 등. 덧붙여서 항구의 영사관으로부터 미국선박의 입항과 출범의 기록과 그 화물의 명세서; 미국선박과 선원에 부과된 업무의 기록; 출범, 해고, 사망한 사람의 일람표; 해사(海事)에 관한 항의의 기록; 다른 해사상의 문서들이 있음. 여러 가지 등록부와 색인도 현재 존재함. 약 690의 영사직의 기록이 국립기록보존소에 있음. 영사직이 유지되고 대표되는 거의 모든 국가들 – 예외적으로 노르웨이, 스웨덴, 덴마크, 네덜란드, 터어키로부터는 인수된 기록이 거의 없음 – 의 기록이 있음.

국립기록보존소는 각 기록군들에 대한 일련의 검색도구를 만들었다. 그러한 검색도구는 일반적인 것으로부터 특수한 것으로 나아가고, 기록이 보다 작은 단위에서 분석됨에 따라 점차 보다 상세한 것이 되었다. 이들 검색도구 가운데 가장 일반적인 것인 『기록군등록표』(record group registration statement)에서, 기록군은 그 자체가 참고단위이다. 등록표보다 덜 일반적인 것은 『예비적 총목록』(Preliminary inventory)이고 그것은 시리즈에 의한 기록을 기술한다. 기록기술은 『상세일람표 또는 특별일람표』(Detailed or special lists)에서 특수한 것이 된다. 이들 일람표들은 시리즈 수준 이하를 거쳐서 낱권, 폴더, 문서와 같은 개별적인 기록을 열거하고 기술한다.

『기록군등록표』는 기록군에 관한 최소한의 본질적인 정보를 제공하기 위해 고안된다. 그것은 기록군이 설정된 이후 속히 사용될 수 있도록, 그리고 추가기록들이 취득됨에 따라 개정됨으로써 손쉽게 현용이 되도록 고안된다. 기록에 대한 분석의 너무 초기 단계에서 더 큰 규제(control)를 설정하는 것은 비실제적이다. 기록군등록표는 국립기록보존소의 직원이 주로 작업도구(working tools)로 사용하고, 기록군등록표는 빈번하게 개정되기 때문에, 국립기록보존소의 관리하에 있는 모든 기록을 다루는 일반적인 편람을 보완하는 데 제공된다. 기록군등록표는 한 두쪽의 설명적이고 기술적인 문서로 되어 있다. 그것들은 각 기록군을 구성하는, 기록을 작성한 기관의 기원, 조직, 기능에 관한 주요 사실과, 아키비스트가 관리하는 기록군들에 속한 기록에 대한 간단한 기술, 기록을 입수하는 이관조치(accessioning transactions)에 관한 참조, 기록에 대한 직접적인 책임을 가진 국립기록보존소 내의 지국의 명칭, 그리고 기록군에 적절하게 속할, 아키비스트의 관리하에 있지 않은 다른 기록의 소재에 관한 간략한 기술록(brief ststements)등을 포함한다.

"제84번 기록군등록표"는 기록군등록표에서 제공되는 정보의 종류를 예시하기 위해 제공될 것이다. 가공처리된 형태의 이 등록표는 외무 및 영사업무의 역사와 그 기록에 관해 『편람』에 포함된 약 1/4의 분량에 대한 대단히 간략한 기술을 포함한다. 영사직의 기록은 다음과 같은 내용으로 구성되어 기술된다.

> . . . 국무부, 외무감독직, 다른 영사 시설들, 상사와 기타 조직들, 개인과의 통신문; 미국시민의 출생, 결혼과 사망의 기록; 재산의 처리, 부동산의 설정, 미국시민의 보호에 관한 문서들; 영사관할 지역에 있어서의 선적, 인수된 상품의 증명서들; 영사직의 재무기록과 재산목록들; (항만영사에 관한) 미국선적과 선원에 관계있는 각종 해사문서들.

『예비적 총목록』(*Preliminary Inventory*)은 출처에 의한 기록의 기술의 두번째 단계를 대표한다. 그것의 작성에 관한 지침은 국립기록보존소의 『직원정보지』제14호에서 발견된다. 보통 예비적 총목록은 한 기록군 전부를 다루려고 한다. 한 기록군이 대단히 복잡한 행정적 기원을 가지고 있고, 확실하게 분명한 부분들로 편리하게 분류될 수 있을 때, 이 부분들은 별도의 예비적 총목록에 의해 다루어질 수 있다. 예비적 총목록은 그 성격상 잠정적이고, 기록이 이관된 이후에 가능한 한 신속히 입안된다. 그것은 일차적으로 내부적인 용도로 입안되고, 검색도구로서만이 아니라 국립기록보존소 내의 기록에 대해 여러 행정적 목적을 위한 총목록규제(inventory control)를 설정하는 수단으로 사용된다. 예비적 목록은 기록의 행정적이고 기능적 기원에 관한 기록의 성격; 기록의 종류; 기록의 연대순, 지리적, 주제 사안의 범위(coverage); 다른 기록과의 관계; 기록의 정리에 관한 정보를 제공한다. 이 정보는 기록군이 전체적으로 기술되고 식별되는 서론에서; 행정적, 기능적, 또는 기타의 표목들에 속하여 분류된 분석적인 시리즈 기입에서; 그리고 보통 특정한 시리즈의 내용과 정리에 관한 추가적인 정보를 제공하는 추록(追錄, appendixes)에서 제공된다. 국립기록보존소에서 만든 총목록은 유럽의 대부분의 기록보존기관이 만든 목록과는 그것들이 채택한 기술의 단위가 다르다. 그 단위는 시리즈이다. 목록에 있어서, 시리즈에는 표제가 붙고 그 표제는 표제에 포함된 기록의 종류를 구분하고, 속성(attributes), 총괄적인 날짜와 수량을 식별할 수 있게 한다. 각 시리즈의 표제에 속한, 시리즈에 포함된 기록의 종류, 그 형식, 행정적이고 기능적인 기원, 어떤 다른 관련된 특징에 관한 추가적 정보들이 간단하게 귀절로 기입된다. 추록은 보통 파일링체계의 표목으로부터, 폴더 표목으로부터, 특정한 시리즈의 내용에 관한 분석으로부터 연유하는 주제기입(subject entries)의 일람표로 이루어진다.

기입의 형식을 예시하기 위해 제공되곤 할 제84기록군의 예비적 총목록은 대표적인 외무 및 영사직의 기록만을 다룬다. 그 서론 부분은, 외무 및 영사직의 업무의 역사와 그것들의 기록에 관하여『편람』이나『등록표』에서 발견된 것 보다 더 완전한 정보를 포함한다. 이 정보는 목록에서 다루는 지위들(posts) 중에 외무 및 영사직의 대표자의 직위(ranking)에 대한 일람표, 지위기록의 유지에 관한 규정의 사본, 지위기록을 위해 사용되는 식별체계의 사본, 관련된 국무성 전보의 일람표, 그리고 국무장관의 일람표 등으로 이루어지는 추록으로 보완된다. 각 기록시리즈의 기입형식은 다음과 같이 예시된다:

국무성으로의 전보. 1883년 12월 31일 - 1912년 6월 19일, 17권, 3피트,   61

영사관에서 국무성으로의 통신문의 사본, 보고서, 특별훈령에 대한 청구서, 인수한 훈령의 증명서와 수행의 설명서를 포함. 1900년대의 초기까지에 영사관에 의해 제출된 보고서의 대부분은 광범위하고 상세함. 그리고 암스테르담의 영사관할지역 내의 활동의 모든 방면이 취급됨. 빈번하게 논의된 문제는 네덜란드의 수출입, 제조업, 농업, 해운업과 다이아몬드시장임. 현대의 회사, 경제, 정치정세에 관한 몇몇 보고서도 포함. 연대순으로 정리. 각 각의 낱권은 1906년 11월 6일에 시작한 주제별 색인을 포함. 1866년 10월 26일 이후의 전보는 기입 제74에 기술된 등록표에서 목록화되고 요약됨. 1912년 8월에 시작된 유사한 전보들은 기입 제76의 일반통신문에 포함됨.

국무성으로의 연차보고서와 기타의 보고서. 1881년 10월 – 1907년 4월, 5권, 8인치　72

국무성에 제출된 상업, 연차 보고서, 기타의 특별보고서의 사본. 네덜란드에 있어서 노동조건, 구두와 피혁공업, 네덜란드의 총선거, 다이아몬드시장, 커피, 제당과 동물성 마아가린의 무역에 관한 보고가 전형적인 것임. 각 낱권은 주제별의 색인을 포함. 연대순으로 정리. 위의 보고는 기입 제74에 기술한 등록표에서 목록화됨. 1881년 10월 이전 및 1907년부터 1912년 동안의 이와 유사한 보고서는 기입 제61에 기술된 전보에 포함됨. 1912년 8월에 시작된 보고서들은 기입 제76에 기술된 일반통신문에 있음.

발신서신의 등록표. 1866년 10월 29일 – 1911년 3월 31일, 5권, 4인치　74

이 등록표는 서신의 일부와 번호, 발신인과 발신지, 주제나 내용, 동봉물의 수와 우송료의 가격을 나타냄. 그것은 기입 제61, 63, 65~68, 70과 72에 기술된 서신과 관련됨. 1911년 이후 이 등록표는 기입 제78에 기술된 것으로 재배치됨. 연대순으로 정리.

국립기록보존소의 초기에 실험적인 기초로 작성된 카드목록(card catalogs)은 단지, 예비적 총목록에 포함되어 있는 정보와 비슷한 정보를 이용가능하게 하는 또 다른 형태를 대표한다. 기록보존소의 목록작성(cataloging) 실험은 전직 목록부 부장이었던 J. R. 러셀(John.R. Russell)이 『미국의 아키비스트』 1939년 7월호에 기고한 "국립기록보존소의 목록작성법"(Cataloguing at the National Archives)이라는 제목의 논문에서 기술된다. 이 실험에서 알파벳순으로 정리된 주요기입 카드는 아카이브즈가 연원된 정부기관의 명칭별로 만들어졌다. 각 정부기관에 대해서, 예비적 총목록의 서론 부분에서 현재는 발견되지 않는 본질적으로 동일한 정보를 포함한 경력카드(history cards)가 만들어졌다. 각 정부기관의 기록은 목록작성을 목적으로, 예비적 총목록에서 이루어진 분류와 일치하는, 시리즈군과 시리즈로 분류된다. 이 관단위에 관한 카드도 입안되었다. 목록작성의 실험은, 카드의 형식으로 된 아카이브즈에 관한 기술적인 정보를 나타내는 것이 가능하다는 것을 보여주었으나, 예비적 총목록을 작성하는 현재의 계획이 시작되었을 때에 이 실험은 포기되었다.

기록의 『상세일람표 또는 특수일람표』는 때로는 국립기록보존소에서 입안되었으나, 그 입안은 검색도구 입안계획의 일상적인 단계로서 규정되지 않았다. 이들 일람표들은 보통 주제와 관련하여 입안되기 때문에, 나는 주제사안 검색도구들에 전념한 다음의 몇귀절에서 그것을 논의할 것이다.

주제(pertinence, 관련성)에 의한 기술

기록을 분석하는 데 있어서 채택될 수 있는, 앞서 기술한 두가지 접근법 중에서 두번째, 즉, 주제관련성을 분석하는 접근법은, 국립기록보존소에는 제한된 정도로만 사용된다. 주제접근법은 어려운 것이고, 아키비스트가 정보를 가장 편리한 형태로 많은 이용자층이 사용하게 하는데 제공할 때에만 채택하는 것이 정당화된다. 대체로 대중은 정부의 위계적 구조에 친숙하지 않고, 주제를 다루는 정부기관과 상관없이 그 주제들을 고려한다. 따라서 그 소장물을 충분히 이용하도록 촉진하기 위해서, 기록보존기관은 기록을 분석하는 계획을 발전시키는 데에 있어 기록을 출처별보다는 주제사안과 관련하여 분석하는 계획을 정당화해야 한다.

국립기록보존소의 소장물은 일반적인 편람속에서 주제에 의해서 확실하게 기술될 수 있었다. 기록군은 행정적인 목적을 위해서 전쟁, 천연자원, 공업경제학과 같은 일반적 문제에 관한 광범위한 부문들 속에 이미 모아져 있다. 이 부문들은 너무나 광범위해서 주제편람의 편찬을 위한 기초가 될 수 없으나, 그것들은 제한된 수의 소주제 부문로 분류될 수 있었다. 특정한 주제에 관한 아카이브즈에 대한 일련의 편람을 만들고자 고안된 계획을 위해서, 중요성의 관점에서 합리적으로 협동적이며 상호 공평하게 배타적인 주제가 선별될 수 있었고, 국립기록보존소의 모든 기록군을 포함할 많은 주제들이 선택될 수 있다. 그러한 주제별 일람표가 발전된다면, 그 후에, 모든 기록시리즈는 기록이 들어있던 기록군과 관련하여서가 아니라, 선별된 주제와의 관련성에 의한 질서로 기술될 수 있었다.

소장물에 대한 주제접근법은 또한 카드목록(card catalogs)에 의해서도 제공될 수 있었다. 그러한 목록(catalogs)을 편찬하는 데 있어, 다음이 필요했다. (1) 기술된 각 아카이브즈 단위의 주요주제를 확인하는 것 (2) 기록의 연원, 즉, 기록을 만든 정부에서의 특정한 행정조직을 식별하는 것 (3) 주제를 대표하는 각 아카이브즈 단위에 대해서, 선별된 주제표목 하에, 추가된 기입카드를 입안하는 것이다. 국립기록보존소는 소장물의 그러한 카드목록을 입안하는 것이 실행가능하다고 생각하지 않았다. 주제들의 범위는 거의 무한정했다. 기존의 지침하에서, 시리즈의 주제내용을 결정하는 것은 총목록절차(inventory procedure)의 정규적인 한 부분일지라도, 시리즈에 의해 다루어지는 주제는 가장 일반적인 의미 이상으로는 거의 식별되지 않았다. 이것은 분류틀에 속하여 정리된 모든 기록을 포함하는 방대한 시리즈의 경우에 특히 들어맞는 사실이다. 주제목록을 작성하는데 있어서, 대부분의 시리즈에 대한 분석은 그 시리즈가 관련된 주제를 식별하기 위해 필요했다. 기술된 개별적인 아카이브즈 단위에 필요할 주제 기입카드의 수는 대단히 많았다. 개별적인 주제별기입 카드에는 기록시리즈(또는 아마도 개별적인 단위기록), 하위군과 기록군이 식별되어야 했다; 그리고 만약 기호가 사용되지 않는다면, 그 식별은 대단히 골치아픈 것이었다.

국립기록보존소는 카드목록을 실행가능하다고 생각하지 않았으나, 특정한 주제에 관한 기록을 기술하는 두가지 종류의 특수한 검색도구를 만들었다.

이것들 가운데 하나는 『참고정보지』(Reference Information Paper)이다. 제2차세계대전기간 중에 그리고 그 후에 많은 참고정보지가 출판되었다. 기록이 다른 많은 기록군에서 발견되는 각 각의 정보지들은 어떤 특수한 주제를 취급한다. 그 주제들 가운데 몇몇은, 지리적 영역, 상품(고무나 목재제품과 같은) 및 군부에서 특별한 관심이 있었던 다른 주제와 관련이 있다. 현재까지 약 40편의 정보지가 간행되었다; 그리고 정보지가 다루는 주제에 대해, 그 정보지는 조사자로 하여금 다른 수많은 정부기관의 기록시리즈의 복잡성을 통과하는 길을 찾을 수 있게 하였다. 가장 좋은 최근의 사례는, "제2차세계대전 중의 민간정부기관의 역사적 계획에 관한 국립기록보존소의 자료들"(Materials in the National Archives relating to Historical Programs of Civilian Government Agencies During World War Ⅱ)이라는 제목으로 된 정보지이다. 그 정보지에는 전쟁동안 역사연구기관에 의해 만들어지거나 수집된 관련기록시리즈와, 저술사의 과정에서 집적된 초고의 집합이나 다른 중요한 자료들이 기술된다. 추록에는 역사적 계획, 수고본사, 그리고 역사적 연구, 보고서 및 초안과 관련된 중요한 개별적인 문서들이 목록화된다.

특수한 검색도구의 두번째의 것은 『상세일람표 또는 특수일람표』(detailed or special lists)이다. 그것들의 입안에 관한 지침은 국립기록보존소의 『직원종보지』 제17호에 나와 있다. 이 두 종류의 광범위한 일람표는 구분될 수 있다: 하나는 특정의 주제에 관해 어떤 기록이 이용가능한가를 표시하는 일람표이고, 다른 하나는 특정한 기록에 의해 어떤 주제가 다루어지는가를 표시하는 일람표이다. 상세일람표에서 기록은 주제와 관련하여 목록화되고, 특수일람표에서 주제는 기록과 관련하여 목록화된다.

상세일람표는, 주어진 주제에 관한 특정한 단위기록만이 포함될 수 있거나 또는 모든 단위기록들이 포함될 수 있다는 의미에서, 선별적(selective)이거나 포괄적(comprehensive)일 수 있다. 포괄적인 일람표(comprehensive list)의 사례는 1789년부터 1906년까지의 국무성의 특수기관원(요원)에 관한 문서에 대해 입안된 것이다. N. 섬머스(Natalia Summers)에 의해 작성된 이 일람표는, 자신들의 지위와 관련이 없는 의무를 수행하도록 지시를 받은 공사와 영사의 특수임무에 관한 문서를 다룬다. 이 일람표는 단위기록의 상대적인 중요성과는 관련없이, 특정한 주제에 관한 모든 단위기록에 관한 정보를 수집한다. 그 문서들은 국무성의 많은 기록시리즈에 분산되고 그 기관원의 명칭하에서 다음과 같이 목록화된다:

Ringgold, Cadwarader   1853년

조약을 체결하는 일이 미국에 보다 유리할 인도양과 태평양의 제도의 통치자와 우호통상조약을 협상하고 체결하는 것.

특수임무:

제 3권. Ringgold에게 조약협상과 체결에 대한 훈령, 3월 2일, 25항 (1853년).

잡건서신 :

Ringgold에게 외교적 권한을 주는 것을 제안한 해군장관으로부터의 서신, 3월 1일 (1853년).

중국으로부터의 전보 :

제 9권. 홍콩주재 미국공사 맥레인으로부터 3월 20일부; 제1호 서신. Ringgold의 통신문을 동봉한 마카오 발; 4월 8일부 제2호 서신. 광동주재 P. 파커 발의 Ringgold에의 7월 4일 서신; Ringgold와의 통신문을 동봉한 상해발의 11월 18일 서신(1854년).

선별적 일람표(selective list)의 사례로는 국가부흥청(National Recovery Administration)의 기록을 위해 입안된 것이다. 선별적 일람표는 사용자로 하여금 특정한 주제와 관련하여 중요성이 특별히 언급된 단위기록을 찾아내게 하고, 그리하여 이용자가 관

심을 가진 주제에 관한 정보의 가장 좋은 근원에 주목하게 함으로써 양의 문제를 해결하는데 도움을 준다. 이것은 선별된 개별적인 문서를 충분히 식별하고, 그 시리즈의 위치를 보여주기 위해 기호를 사용한 국가부흥청의 일람표에서 다음과 같이 예시된다:

산업규제

여러 외국에 있어서 산업규제와 부흥정책의 간략한 예비조사: 호주에 대한 지원. 저자명 없음. 1935년 3월. 본문 21항과 추록. SR & P.

대영제국, 독일, 이탈리아, 프랑스에서의 산업규제와 부흥정책의 간략한 예비조사: 저자명 없음. 1935년 3월. 본문 42항과 추록. SR & P.

부흥법에 속한 산업규제과에 대한 합리화 계획. 찰스 R. 코스비 저. 1933년 9월 18일. 연속번호없음. MR & D.

호주에서의 산업관계의 규정. 캐롤 B. 스펜더 저. 1936년 3월. 23항 WM 60.

상세일람표 또는 특수일람표의 두번째 종류는, 주어진 시리즈나 관련된 기록군에 대한, 주제의 열거만으로 이루어진다. 그 좋은 예는 제84기록군, 즉, 외무·영사사무소의 기록 가운데에서 다시 보여질 수 있다. "국립기록보존소의 외무직 일람표"(List of Foreign Service Post Services)라는 제목의 제9호 특수일람표는 외무와 영사직을 다음과 같이 열거한다:

아비시니아, 이디오피아를 보시오.

아알바니아, 1922년~1939년. 45 입방피트.

아르헨티나, 1820년~1932년. 72 입방피트.

오스트리아, 1873년~1935년 168입방피트.

오스트리아－헝가리, 오스트리아를 보시오.

벨지움, 1932년~1935년. 101 입방피트.

에스토니아, 1930년~1937년. 5 입방피트.

이디오피아, 1908년~1936년. 아디스아바바의 영사기록과 함께 있음.

핀랜드, 1920년~1938년. 17 입방피트.

프랑스, 1789년~1935년. 410 입방피트.

독일, 1835년~1913년. 89 입방피트.

제16장
출판계획(publication programs)

제1장에서 프랑스, 영국과 미국에서의 기록보존기관의 발달을 논의하면서, 나는 특히 역사학자들이 그 기관들의 설립을 촉진하는데 영향을 끼쳤다고 지적하였다. 역사가는 사실을 기록한 연구자료(documentary source material)의 가치를 알기 때문에, 그들은 정부에 대해 그러한 자료들, 즉, 공기록을 보호하고 그것들의 중요한 부문들 가운데 하나를 이용할 수 있도록 할 것을 촉구했다. 그러므로 아키비스트는 역사가들에게 큰 빚을 졌다. 아키비스트는 첫째, 역사가로 하여금 검색도구에 의해서 방대한 기초자료를 통과하도록 안내함으로써, 그리고 둘째, 가장 중요한 기록은 사실을 기록한 연구자료의 출판에 의해 역사가가 이용할 수 있도록 함으로써, 그들이 졌던 빚을 갚고 있다.

사실을 기록한 연구자료의 출판에서, 아키비스트와 역사가는 서로에게 도움을 주어왔다. 아키비스트에 의한 문서의 출판은 역사에 관한 학술활동을 자극했다. 역사가는 과학적인 정확도와 함께 사실을 기록한 연구자료가 손쉽게 이용가능하게 되었을 때, 처음으로 역사를 비판적으로 쓰기 시작했다. 이것은 중세의 연구자료들의 대집성(great collections)이 출판된 이후에 특별히 두드러졌다.

이탈리아에서의 비판적인 역사저술은 L. A. 무라토리(Ludovico Antonio Muratory, 1672~17500)가 『이탈리아 정세에 관한 저자』(Rerum Italicarum scriptores, Writers on Italian Affairs, 28권 1723~38)을 출판한 이후에 시작되었다. 사실을 기록한 연구자료에 관한 무라토리의 작품은 전체 사료편찬(histography)의 역사에 있어서 아마 다른 어떤 사람보다 더 위대할 것이다. 이태리 역사학의 아버지로 알려진 이 사람이 직업상 아키비스트였다는 것은 아마 의미심장할 것이다. 그는 모데나(Modena)의 기록보존소의 보존가였다.

중세의 사실을 기록한 연구자료의 독일 대집성인 『독일역사의 유적』(Monumenta Germania historica, Monuments of German History, 115권, 1826~현재까지)은 부분적으로는 아키비스트들의 작업이었고 또한 중세사에 대한 비판적인 연구를 자극하였다. 『유적』에서 발견되는 문서들은 그것이 출판된 이래, 사료편찬과 부수적인 역사학에 대해 학생들을 훈련하기 위한 기록보존 세미나에서 사용되어 왔다. 그 원본의 출판은 주로 나폴레옹 시대의 유명한 정치가 B. 폰 쉬타인(Baron von Stein, 1757~1831)이 노력한 덕분이다. 그는 역사연구와 출판에 관심이 있었고 독일역사학회를 창립하였으며 그 학회후원으로 대집성의 출판사업이 시작되었다. 그 사업은 현재 비인, 베를린과 뮌헨에 있는 과학아카데미의 멤버들로 이루어진 위원회로부터 중점적으로 지도를 받는다. 그것이 출판된 최초의 50년 동안 정신적 지도자는 G. H. 페르츠(Georg Heinrich Pertz, 1795~1876)였다. 페르츠가 1823년 『유적』에 관한 작업을 시작했을 때, 그는 하노버의 기록보존기관의 서기관이었다. 그 후 그는 하노버와 베를린에서 사서가 되었다.

영국에서는 『중세에 있어서 대영제국과 아일랜드의 연대기와 연표』(Chronicles and Memorials of Great Britain and Ireland during the Middle Ages, 251권 1859~1911)라고 하는 대집성이 기록보관관(Master of the Rolls, 현재 공소원 판사)의 지시하에서 출판되었고, 이후로 그 대집성은 기록부 시리즈(Rolls Series)라고 일컬어진다. 그 대집성에 있는 자료들은 공기록관의 공기록보존차장과 함께 작업한 권위있는 역사가들에 의해 편집되었다. 기록부 시리즈는 중세시대의 연대기와 회상록 이외에, 많은 국가지(國家誌, state papers) 연차목록과 근대기에 관한 다른 공기록의 일람표 및 색인(indexes)을 포함한다. 기록부 시리즈의 출판은 영국의 역사적 자료의 풍부성을 보여주었고, 유사한 출판물들이 대륙에 있어서 그러했던 것처럼 비판적인 근대역사학파의 발달을 촉진하였다.

아키비스트는 사실을 기록한 연구자료를 출판하는데 있어 역사가로부터 많은 도움을 받아왔다. 내가 앞에서 기술한 중세자료 대집성을 편찬하고 편집하는데 있어서, 그들은 역사가로부터 받은 훈련을 발휘하였다. 그들의 산물은 역사에 관한 학술연구의 유적이었다. 그러나 역사에 관한 지식 이외에, 그들은 부수적인 역사학, 예를 들면, 고문서학, 고서체학과 인장학을 사용해야 했다. 이 점에서, 그들의 작업은 분명히 현대기록을 다루는 아키비스트의 작업과 가장 명확하게 구분되어야 한다.

출판에 대한 책임

정부는 사실을 기록한 연구자료의 출판에 대하여 재정적인 책임을 지고 있다. 중세사 대집성의 출판은 현재 공적인 자금으로 지원되고 있다. 원래 개인적인 사업에서 기원된 무라토리의 『이탈리아 정세에 관한 저자』의 신판과, 『독일역사의 유적』에 대한 증보판의 출판이 그 경우이다.

미국에서는 사실을 기록한 연구자료의 출판에 연방정부가 재정적으로 대단히 풍부한 지원을 하여 왔다. 저명한 미국의 역사가 C. 카터(Clarence Carter) 박사는 공적인 재원으로 생산된 출판물을 재검토한 이후, 1938년 6월호 『미시시피 유역 역사학보』(Mississippi Valley Historical Review)에서 다음과 같이 기술하였다. "미국 의회는 자국의 본질적인 기록들을 출판하는 일반적 원칙에 비우호적은 아니라는 것과, 관심있는 사람들로부터 확실하고 진정한 지원을 제공할 충분한 증거가 있는 곳에 그 몫을 제공할 준비가 되어 있다는 것은 확실하다". 국가형성 기간동안, 혁명(독립전쟁)기간의 한 가운데에서 조차도, 대륙의회(Continental Congress)는 E. H. 플랜 (Ebenezer Hazard Plan)으로 하여금 중요한 국가지의 수집물을 편집하고 출판하도록 지원을 제공하였다. 연방정부의 성립이래, 연방정부는 많은 주요한 역사적 문서의 집성을 출판하거나 출판할 보조금을 주었다. 그 가운데에는 P. 포스(P. Force)의 『미국의 아카이브즈』(American Archives), 『미국지』(美國誌, The American State Papers), 『반란전쟁』(War of the Rebellion), 국무성의 『외교관계』(Foreign Relations)연차목록과 카터 박사에 의해 편집된 『준주지』(準州誌, Territorials Papers)가 있다.

연방정부에 의한 사실을 기록한 연구자료의 출판계획은 종종 미국역사가의 주목을 받아왔다. 그들의 요청에 의해 디오도어 루스벨트(Theore Roosebelt) 대통령은, 약 40년전 출판된 미국역사에 관한 사실을 기록한 연구자료를 조사하기 위해서, 그리고 증보판이 필요한지를 결정하기 위해서 9인의 저명한 역사가로 이루어진 위원회를 임명하였다. 위원회는 유럽정부가 사실을 기록한 연구자료를 출판하기 위해 채택한 조치를 검토한 이후, 연방의회가 영구적인 역사적 출판물위원회를 만들 것과, 사실을 기록한 연구자료를 증보 출판을 위한 자금을 제공할 것을 권고하였다. 25년 후, 국립기록보존소를 창설한 법령 중에, 그러한 위원회의 설립에 관한 규정이 마련되었다. 그러나 이 위원회는 아무것도 달성하지 못했고, 1950년

9월의 새로운 위원회로 대체되었다. 이 새로운 위원회의 기능은 두가지이다: (1) "공적인 비용으로 인쇄하거나 다른 방법으로 기록하는 것이 적당하다고 생각되는 그러한 역사에 관한 작업과 자료들의 집성에 대해 계획을 세우고 평가하고 권고"하는 것, 그리고 (2) "미국의 역사를 이해하기 위해 중요한" 문서들을 수집하고 제공하고 출판하는 데 있어서 "연방, 주, 지방기관과 비정부적 기구(민간기구) 및 개인과 협력"[1]하는 것이다. 이 위원회는 국립기록청의 구성단위 가운데 하나이다.

따라서 미국은 다른 여러 국가들과 마찬가지로, 연방정부가 사실을 기록한 연구자료를 출판하는 책임을 인식한다. 연방정부는 그러한 자료의 출판을 계획하는 데에 광범위하게 관여하는 특별위원회를 설치하였다. 이 위원회는 그 집행위원장 P. M. 해머(Philip M. Hamer) 박사의 지도하에서 일반적으로 사적인 자료의 출판에는 사적인 자금을 사용하고 공적인 자료의 출판은 공적인 자금을 사용하는 계통에 따라 출판기획을 촉진하고자 하고 있고 대단히 성공적이다.

40년전 루스벨트 대통령에 의해 임명되었던 역사가위원회는 정부의 사실을 기록한 연구자료의 출판물이 역사적 조직에 의해서 생산되어야 하는지, 아니면 아카이브즈 관리조직에 의해 생산되어야 하는지에 대한 의문을 제기하였다. 책임의 문제는, 시간의 경과와 함께 대체로 해결되어 온 문제이다. 민간출판자는 분명히 그들이 원하는 사람 - 아키비스트이건 역사가이건 간에 - 을 편집자로 선택한다. 그리고 역사학 전문가는 분명히, 그들이 국가사간행물위원회(National Historical Publications Commission)를 통해 행하는 것과 같이, 사실을 기록한 연구자료의 출판물의 필요성을 알도록 하는 기회를 가져야 한다; 그러나 그러한 필요성을 표현한다면, 역사학 전문가는 그가 책임을 맡은 어떤 출판물에 대한 편집감독을 수행하는데 있어서, 그가 할 수 있는 최상의 정리물을 만들기 위해서는 아마도 관리기관에 의존해야 할 것이다.

국립기록보존소에서 사실을 기록한 연구자료의 출판물에 대한 편집작업은 역사가와 아키비스트에 의해 이루어진다. 전자는 외관상 보통의 인쇄물 형식으로 된 중요 출판물을, 후자는 외관상 마이크로필름으로 된 출판물에 관한 작업을 한다. 인쇄를 위한 자료의 준비에 대한 지침은 카터 박사의 『연혁집』(*Historical Editing*)

---

1) "1950년 연방기록법령," XLIV, 『미국법전』("Federal Records Act of 1950," XLIV, United Stated Code), 392~401, 503 (d).

에 관한 회보 제7호에 게재되었다. 마이크로필름을 위한 편집자료에 관한 지침은 "마이크로필름 출판을 위한 기록의 준비"에 관해 『직원정보지』 제19호에 게재되었다.

국립기록보존소에서 현재 인쇄물로 만들어지고 있는 사실을 기록한 유일한 출판물은 『미국의 준주지』(*Territorial Papers of the United States*)이다. 이 준주의 통치에 관한 서류들을 편찬, 주석, 출판하는 일은 국립기록보존소 설립 이전에 시작하였다. 출판은 처음에는 1925년 3월 3일의 법령에 의해 인가되었고, 역사전문가들, 특히 미국역사학회, 미시시피유역 역사학회와 각 주와 지방역사학회의 긴급한 열망에 호응하여 그 후의 법령에 의해 규정되었다. 이 기획에 관한 작업은 1931년 국무성에서 시작되었으나, 1950년에 국립기록보존소로 이관되었다. 이 기획의 편집감독인 카터 박사는 역사가이자 그 분야의 전문가이다.

마이크로필름으로 만드는 사실을 기록한 연구자료의 출판계획은 1940년 S. J. 버크(Solon J. Buck) 박사의 지도하에 국립기록보존소에서 시작되었다. 처음에는 파일 축소복제계획으로, 후에는 마이크로필름 출판계획으로 불리어진 이 계획은 연구가치가 대단히 높은 선별된 기록의 마이크로필름의 실물복사본으로 만드는 것으로 이루어진다. 1953년 국립기록보존소에 의해 발행된 『국립기록보존소 마이크로필름 출판물 일람표』(*List of National Archives Microfilm Publications*)는 기록 3백만면 이상의 복제를 포함한 원판음화 마이크로필름(master negative microfilm) 4,666롤을 기술한다. 그 면수는 현재 400백만면 이상으로 증가하였다. 마이크로필름 재생산을 위해 기록을 준비하는 편집작업은, 많은 수가 역사가로서의 훈련도 받고 있는 전문적으로 훈련된 아키비스트에 의해 이루어진다.

기록보존기관에서의 출판과 검색도구에 관한 계획은 밀접하게 관련된다. 보통, 기록은 그것이 출판되기 전에 검색도구속에서 기술되어야 한다. 검색도구는 선별과 편집의 작업을 편리하게 한다. 각 단위기록들이 기술된 검색도구를 준비하는 데 있어서, 일람표에서 주의를 기울여야 하는 것처럼, 편집자가 그 단위기록들을 출판할 때와 마찬가지로 상세함에 대해서 똑같이 세밀한 주의를 기울여야 한다. 한마디로 똑같은 기술이 이 두가지 종류의 작업에 필요하다.

출판의 형태

카터 박사에 의하면, "이제까지 기획된 연방아카이브즈의 포괄적인 출판의 이상에 가장 가까운 것"[2]은 게일즈(Gales)와 시튼(Seaton)에 의해 1831년과 1861년 사이에 출판된 『미국지』이다. 38권으로 된 이 시리즈는 1789년~1832년에 걸친 기간 동안 연방정부활동의 모든 국면에 관한 정보를 포함한다. 그 가운데 6권은 외교에, 7권은 군사에, 4권은 해군에, 2권은 인디언에, 1권은 우편에, 2권은 통상과 항해에, 1권은 청구권에, 2권은 잡건으로 충당되었다. 연방활동의 어떤 측면도 이러한 책들이 기울이는 주목을 벗어나지 못한다.

최근의 공기록출판에 있어서 이러한 이상을 아카이브즈에 적용하려고 시도를 할 때, 아키비스트는 몇 가지 결정을 해야 한다. (1) 그는 출판에 적합한 기록을 선별해야 한다. (2) 그는 기록이 출판될 형태를 결정해야 한다. (3) 그는 각 문서가 전문으로 아니면 요약된 형태로 출판될 것인가를 결정해야 한다. 출판에서 고려될 할 두가지의 주요 선택적인 형태가 있다. 인쇄된 형태와 마이크로필름 형태이다.

1세기 이전의 연방활동에 관해 『미국지』가 제공했던 것과 같은 포괄적인 범위를 제공할 최근의 문서류 한 조(set)를 인쇄된 형태로 출판하는 것은 분명히 비실제적이다. 최근의 공기록은 너무나 방대해서 인쇄된 형태로 포괄적으로 출판되는 것이 허용되지 않는다. 최근 50년간에 정부의 활동의 거대한 팽창과 함께, 이러한 방식으로 출판된 중요문서들의 방대한 연간 집적물을 간략하게 설명하는 전망조차 희망을 잃게 되었다. 인쇄자구(letterpress)를 사용한 출판방법은 비용이 비싼 형태이고 거의 사치스런 형태이다. 그것에 의한 산출물은, 그것의 면들이 쉽게 읽혀지고(투광기의 사용없이), 서로 쉽게 비교되고, 그리고 쉽게 인용되기 때문에, 확실히 가장 편리하다.

그러므로 인쇄된 형태는 가장 많은, 그리고 가장 일반적인 연구관심을 가진 사실을 기록한 연구자료에 대해 취해져야 한다. 그것은 대단히 선별적인 출판의 형태이어야 한다. 인쇄된 형태가 될 현대공기록의 선별의 기준은, 현재 행해지고 있거나 또는 현재 기획된 어떤 출판기획에 관해 언급됨으로써 아마도 가장 잘 지적

---

2) C. E. 카터, "미국의 준주지," 『미국의 아키비스트』, VIII권, 2호(Carter, Clarence E., "The Territorial Papers of the United States," *The American Archivist*, VIII, No. 2, April), 1945, p. 123.

될 것이다.

공기록은 만약 그것이 사물의 초기와 관련된다면 인쇄된 형태로 출판하는 것이 아마 가장 적절할 것이다.『미국의 준주지』는 이러한 기준의 적용을 예시한다.『미국의 준주지』는 미국의 주연합으로 허가받기 이전의 미국의 28개의 준주에 관한 공식적인 서류로 이루어진다. 그 출판물에 포함시키기 위해 문서를 선별한 주요기초는, 준주의 행정에 관한 문서의 관련성이다. 이와 같이 문서들은 미국준주의 발전과 준주 내에서의 준주행정의 발전을 보여준다. 초기에 관한 기준은 제1회 연방의회의 포괄적인 사실을 기록한 연구자료의 역사를 출판하기 위한 국가사간행물위원회의 계획에 의해서도 예시된다. 제1회 연방의회의 작업은 연방정부의 원칙, 운영방법과 조직을 확립하는데 가장 중요한 것이었다.

공기록은, 만약 그것이 유명한 역사적 사건이나 일화와 관련이 있다면, 인쇄된 형태로 출판하는 것이 적절할 수 있다. 이 기준의 적용은『반란전쟁: 연합군과 연방군의 공식적 기록에 관한 편찬』(War of the Rebellion: a Compilation of the Official Records of the Union and Confederate Armies)이라는 표제가 붙은 거대한 129권에 의해 예시된다. 여기서는 사건의 중요성이 출판의 중요한 근거가 되었다.

인쇄된 출판의 형태는, 많은 시리즈 가운데 분산된 공기록이나 특정한 주제와 관련하여 다른 질서로 함께 모여있는 공기록에 대해서 특별히 적합하다. 이것은 다시『미국의 준주지』에 대한 경우이다.『미국의 준주지』는 국립기록보존소에 있는 많은 기록군에서 선별되었고, 파일들의 질서와는 상관없이 준주에서의 미국정부활동의 모든 측면에 대한 통찰을 제공하기 위해서 집합되었다. 그것은 또한 제1회 연방의회의 사실을 기록한 연구자료의 역사에 대한 기획된 출판의 경우이기도 하다. 이 출판에서, 자료들은 당대에 출판된 자료로부터 온 것과 마찬가지로, 공식적이고 사적인 출처로부터 모이게 될 것이다.

더욱이 인쇄된 출판의 방법은 개별적인 단위기록들에 대한 편집상의 주의가 필요할 때 적합하다. 그러한 주의를 요하는 것은 단위기록의 중요성, 그것들의 출처의 다양성, 그것들이 당대와 다른 출판물에 인용된 사실 때문에 바람직할 수 있다. 그러한 경우에, 개별적 단위기록의 중요성이나, 다른 단위기록과의 관계를 설명하기 위해서, 또는 관계 있는 문헌을 언급하기 위해서 주석이 필요할 수 있다.

축소사진술에 의한 복제는 비용 때문에 편리한 방법으로 복제할 수 없는 많은 현대의 공기록 시리즈에 적합한 기술이다. 그것은 유일한 복사본이나 대단히 제한된 편집물을 단위비용당 다른 복제기술에서 가능한 것 보다 훨씬 저렴하게 복제할 수 있게 하는 기술이다. 축소사진술에 의한 복제에서 최소단위비용은 대단히 적은 편집물에서 달성될 수 있다. 왜냐하면, 필름의 여분의 복사본을 생산하는 추가비용은 원판음화 복사본이 만들어진 이후에는 상대적으로 저렴하기 때문이다. 다른 한편, 인쇄대용(near-print)과정에서, 적어도 100부를 만들 필요가 있고, 인쇄과정에서 최소단위비용이 달성되기 전에 적어도 1000부를 만들 필요가 있다.

축소사진술에 의한 복제는 인쇄된 형태보다 덜 선별적인 출판의 형태이다. 그러므로 그것은 『미국의 준주지』에서 초기 연방정부에 대해서 이용이 가능하게 했던 포괄적인 방식으로 최근의 현대기록을 이용가능하게 하는데 채택될 수 있다. 그것은 종종 자료의 부족으로 진보에 방해를 받는 새로운 학문분야를 위해 기초적인 자원을 공급하기 위해 채택될 수 있다. 그것은 학자에게 고도로 전문화된 자료의 사본을 제공함으로써, 그들로 하여금 현대사회의 복잡성을 분석하는 문제에 대처하게 한다. 한마디로, 그것은 현대사회의 학문적인 종합에 기여할 수 있는 현대적 기술의 하나이다.

더욱이 축소사진술에 의한 복제는 원기록의 정확한 실물복사(facsimile)를 제공한다. 그 기술은 인쇄보다도 값싼 과정이기 때문에, 많은 문서들은 보통, 비용이 보다 많이 드는 인쇄된 형태로는 출판이 거부될 마이크로필름 출판에 포함될 것이다. 마이크로필름을 위하여 문서들을 준비하는데 있어서 편집작업이 줄어들고, 편집논평은 일반적으로 개별적 문서보다는 전체 시리즈에 한정된다; 그리고 주관성의 요소는, 편집자보다는 사용자가 복제된 문서의 중요성을 결정할 책임이 있기 때문에, 편집과정에서 줄어든다.

마이크로필름 출판은 인쇄된 출판물의 보완으로서 제작될 수 있다. 이 절차의 몇 가지의 예가 인용될 수 있다. 대륙회의의 기록의 경우, 의회도서관은 1774년~1789년 동안의 『의회일지』(Journals, 34권, 1904~37)를 출판하였다. 1952년에 그 기록들을 인수한 국립기록보존소는 현재, 일지에 대한 보완기록의 마이크로필름 출판을 준비하고 있다. 국립기록보존소는 앞으로 인쇄된 『미국의 준주지』가 다룬 준주에 관한 미인쇄된 문서들의 마이크로필름 복사본으로 인쇄된 책들로 『미국의 준주지』를 보완하려는 계획도 하고 있다.

문서들은 연차목록(calendars) 속에서 요약 형태로 복제될 수 있다. 연차목록작성의 유형은, 아마도 영국의 『국가지 연차목록』(*Calendar of State Paper*)에서 시작되었을 것이다. 영국인은 19세기 초에 공기록의 연차목록을 편찬하기 시작하였다. 공기록관이 1838년에 설립되었을 때, 공기록관의 부국장이었던 F. 팔그라프(Francis Palgrave, 1788~1861)경은 그의 직원이 식별하고, 정리하고, 분류하고 목록화한 기록들로 연차목록을 체계적으로 입안할 책임을 맡았다. 1841년부터 그의 부서에서 제작된 연차목록은 그의 보고서의 부록으로 인쇄되었고, 1855년 이후에는 별책(seperate series)으로 인쇄되었다. 연차목록에 관한 작업이 추진됨에 따라, 연차목록은 결국 원본에 대한 자세한 설명이 불필요한 특정한 문서에 관해 많은 정보를 제공하면서 더욱 완벽해지게 되었다. 연차목록이 그 속에 게재된 정보의 풍부함 때문에 원본에 대한 대체물로서 제공될 때, 연차목록은 사실을 기록한 연구자료의 출판의 한 형태로 고려될 수 있었다; 보통 그것들은 검색도구의 한 형태로 간주된다.

영국식의 연차목록을 만드는 절차는 19세기 말경에 미국의 많은 아키비스트와 역사가에 의해 채용되었다. 예를 들면, 1893년과 1903년 사이에 국무성의 기록 및 도서국(Bureau of Rolls and Library of Department of State)에 의해 하나의 완전한 연차목록시리즈가 생산되었다. 그 가운데 가장 주목할 만한 것은 약 50년 전에 연방정부에 의해 구매되었던 제퍼슨, 매디슨(Madison)과 먼로(Monroe) 대통령의 서류들을 다룬 것이다. 영국식의 연차목록을 만드는 절차는 몇몇의 주기록보존기관에서도 준수되고 있다. 그 절차에 관한 탁월한 기술은 M. L. 래도프(Morris L. Radoff) 박사의 『미국의 아키비스트』 1948년 4월호와 7월호에 출판된 "연차목록작성에 대한 실제적인 편람"(A Practical Guide to Calendaring)이라는 표제의 논문에 들어 있다.

제17장
참고서비스(reference service)

아카이브즈 관리를 위한 모든 노력의 목적은 가치있는 기록을 보존하고 그것을 이용할 수 있게 만드는 것이다. 아키비스트가 행하는 모든 것은 이 두가지의 목적에 집중된다. 그는 공기록이 보존되어야 할지 아니면 파기되어야 할지를 결정하기 위해 그것을 검토하고 평가하며, 이것을 행함에 있어 그는 기록에 대해 이루어질 수 있는 미래의 이용을 염두에 둔다. 그는 그러한 이용을 위해 기록을 그의 건물로 가지고 온다. 그는 기록을 간수하고 보수하며, 그래서 그것들은 보존될 것이고 이용될 것이다. 그는 공식적인 필요에 제공된 정리의 방식이 학술적인 필요에도 제공될 그러한 방식으로 기록을 관리한다. 그는 검색도구에서 기록을 기술하고, 그래서 기록의 내용과 특성이 알려지도록 만들 것이다. 그는 규제를 해제하기 위해서 정부의 공무원들과 협의하고, 그래서 기록은 이용을 위해 공개될 것이다. 그는 정부의 공무원들 및 일반적인 대중 모두를 만족시킬 조건하에서 기록에 대한 접근(access, 열람)을 제공하고, 기록을 이들 모두가 똑같이 이용할 수 있게 만든다.

아키비스트의 활동은 미국연방정부의 공기록에 관한 국립기록보존소의 작업에 의해 잘 예시된다. 국립기록보존소의 설립 이전에, 기록은 150년간 여러 공공건물과 사적인 건물에 집적되었다. 이 기간 동안, 기록은 보통, 그것들이 더 이상 이용되지 않게 됨에 따라, 그것들의 존재가 곧 잊혀지는 지하실과 옥상에 접근할 수 없도록 방치되어 왔다. 따라서 국립기록보존소가 제일 먼저 취한 행동은, 기록의 소재, 낱권수와 특성에 관한 정보를 수집하기 위한 조사였다; 그리고 이 정보에 기초하여 가치있는 기록을 회수하였다. 그 후로부터 국립기록보존소는 기록들의 보존에 영향을 주는 모든 조건이 통제된 서가에 가치있는 기록을 체계적으로 소독하고 세척하고 보존하였다. 다음으로 국립기록보존소는 기록의 특성과 중요성을 결정하기 위하여 기록을 분석하고, 정부와 일반인에게 어떤 기록이 존재하고 어떤 정보가 거기에서 발견될 수 있는가를 알게 해주는 검색도구를 입안하였다. 이 장에서 나는 기록을 이용할 수 있게 하는 문제의 두가지 측면을 논의할 것이다: 즉, 기록에 대한 열람에 관한 방침과, 기록의 이용에 관한 방침이다.

접근(열람)에 관한 방침

정부의 공무원들과 일반인 모두가 합리적이라고 할 공기록 접근규정에 관한 방침을 제정하는데 있어서, 기록이용에 관한 제한(restriction)을 명확히 하고 강화하기 위한 절차가 강구될 필요가 있다. 미국의 국립기록보존소에서 그러한 제한을 명확하게 하는 첫단계는 정부기관이 기록을 이관하기 위해 제공할 때 생긴다. 그 때 국립기록보존소와 해당기관 모두에게 수락된, 제한에 관한 진술이 이루어진다. 만약 기관이 불합리한 제한을 주장한다면, 국립기록보존소는 국립기록보존소에 부과된 기록을 취득하지 않을 것이다. 제한에 관한 진술은, 기관에서 국립기록보존소에로 기록의 법적인 보호가 이관된 것을 공식화한 "이관기록 총목록"(Accession Inventory)이라고 불리는 문서로 구체화된다. 제한을 명확하게 하는 두번째 단계는 기록이 국립기록보존소의 건물로 이관된 이후에 생긴다. 기록은 그것들에 관해 진전된 작업을 하기 위한 목적으로 하나의 "기록군"으로 할당된다. 이 기록군은 우리가 살펴 본 바와 같이, 보통 국(bureau)과 같은 하나의 주요 정부기관의 기록으로 이루어진다. 그 다음으로, 각 기록군에 대해서, 모든 제한들 - 특정한 기록군에 관한 여러 가지의 취득총목록에 동의한 - 을 구체화한 "제한진술서" (Restriction Statement)를 포함하는 많은 규제문서가 입안된다. 제한진술은, 그것이 몇 페이지가 될 수도 있으나 보통 한 페이지 문서이다. 진술은 눈에 띄는 색지로 간행되어 직원들로 하여금 자신이 다루고 있는 기록에 적용할 수 있는 이용에 관한 어떤 금지에 대해서도 경계하도록 한다. 진술은 또한 국립기록보존소의 검색도구에도 출판된다. 이 절차는 접근방침을 확정하기 위해 제공된다.

모든 제한은 당시의 얼마간의 기한에 따라야 하고, 따라서 보존된 모든 기록은 결국은 대중적인 이용에 개방될 것이다. 국립기록보존소는 아키비스트가 제한이 연장되어야 한다고 특별히 결정하지 않는 한, 50년이 되는 기록의 이용에 관한 모든 제한을 제거하는 입법을 획득할 수 있었다. 그러한 일반적인 입법은 오래된 기록의 이용에 관한 불합리한 제한을 제거하기 위해서만 제공된다. 시한은 모든 정부기록에 비차별적으로 또는 통일적으로 적용될 수 없다. W. G. 를랜드 박사에 의하면, 연도의 최종기한은 "확실히 행정적 관점에서 편리한 것이지만 그것은 인위적이고 불필요한 방해이거나 많은 조사의 계통을 대단히 불가능하게 한다. 보다 만족할 만한 절차는, 어떤 조사(어떤 자세히 열거된 경우들은 가능한 한 제외하고)도 특별한 동의를 얻지 않고 이루어질 수 있는 연도의 상한선을 설정하는 것이고, 각 사건의 시비곡직이 다루어져야 하는 연도의 하한선을 설정하는 것이다 . . . ."[1] 기록이 학자들의 비판적인 조사를 받지 않고 보류되는 기한이 단축되는 것은, 생산된 공기록의 질(quality)에 불리한 영향을 끼칠 수 있다. 만약 정부공무원들이 자신들이 기록한 것이 단기간, 아마도 그의 생존기간내에 역사적인 목적을 위해 사용될 것이라는 것을 안다면, 그들은 기록을 역사에 대한 안목을 가지고 작성할 것이다. 그들은 그들이 믿는 것, 또는 그들이 관련된 행정을 잘 반영할 문서들을 끼워넣을 수 있다. 특히 군인과 외교관은 그러한 상황하에서 후세를 위해 기록하는 경향이 있다. 일반의 이용을 위해 기록을 개방하는데 너무 조급해 함으로써 아키비스트와 더불어 역사가는 객관적인 연구를 촉진하는 그들의 목적이 좌절될 수 있다.

　기록은 공익과 양립하는 최대한도까지 이용을 위해 개방되어야 한다. 기록보존기관의 목적은, 우리가 살펴본 바와 같이, 기록을 이용할 수 있게 만드는 것이기 때문에, 아키비스트는 보통 자유열람(free access)의 방침을 선호한다. 그는 기록을 다루는 사람들 가운데 일종의 중농주의자이고, 이용의 문제에서는 방임주의(laissez - faire)의 옹호자이다. 그의 희망은 자유로운 탐구를 충분한 정도로 촉진하는 것이다. 진리에 관한 탐구에 대한 그의 기여는, 그의 소유로 있는 증거를 이용할 수 있도록 만드는 데에 있다. 그는, 대부분의 상황에서, 공공의 이익은 문제들 - 공적인 생활에서 불쾌한 문제조차도 - 에 관한 진실을 알게 함으로써 가장 잘 제공된

---

1) W. G. 를랜드, "국립기록보존소: 계획," 『미국역사학보』, XVIII권(Leland, Waldo G., "National Archives: A Programm," *American Historical Review*, XVIII, October), 1912, p. 27;『상원문서』, 717호 (*Senate Document*, No. 717, 63d Cong., 3d sess.)에 재인쇄.

다고 믿는다. 왜냐하면 진실은 흔히 언급되듯이 우리를 자유롭게 하기 때문이다. 그 자신은 추문폭로자(미국식의 표현을 사용하면)는 아니다; 그는 부패한 자의 뼈를 파내서 그것을 대중의 면전에 보이는 묘굴인이 아니다. 그는 책임있는 관리로서 공익을 수호하는 자신의 의무를 의식한다. 그러나 그는 검열자는 아니다. 무엇이 이용가능하게 되어야 하는가, 그리고 무엇이 대중적인 이용에 보류되어야 하는가에 관한 그의 판단은, 따라서 갈등적인 고려에 입각한다. 왜냐하면, 자유로운 연구를 조장하려는 그의 희망은 공익의 요구와 갈등을 일으킬 수 있기 때문이다. 공익은 어떤 시대에는 어떤 것이 될 수 있고 다른 시대에는 다른 것이 될 수 있는 헤아릴 수 없는 것이다. 그러므로 아키비스트는, 열람에 관한 그의 판단에 도달하는 데 있어서 그 문제에 영향을 주는 모든 요인들을 고려하면서 중립적인 코스를 따르도록 좋은 충고를 받는다.

기록에 관한 접근이 어떤 이유 때문에 공익으로 인정되어서는 안되는지를 살펴보자. 그리고 이 문제를 고려하면서 어떤 상황하에서 자유열람에 대한 장애물이 제거될 수 있는지 또는 없는지를 살펴보자.

첫째, 공익은 현재와 미래의 국가의 안전에 영향을 주는 군사정보를 포함하는 기록에 대한 접근을 금지함으로써 가장 확실하게 제공된다. 그러한 기록은 훼손되지 않게 보존되어야 한다. 어느 누구도 이러한 관점에 이의를 제기하지 않을 것이라고 확신한다. 정부는 보통, 이러한 부문의 기록에 대한 접근을 통제하는 특별규정을 반포한다. 미국에서 그러한 기록은, 국립기록보존소의 직원을 위한 『업무편람』에서 설명된 보안규정(security regulations)하에서 관리된다. 국가의 안전에 직접 영향이 있는 군사기록이 대중적인 이용에 개방되어서는 안된다고 할지라도, 이것은 모든 군사기록들이 그 이용에 무한정하게 보류되어야 한다는 것을 의미하지 않는다. 군사전략과 전술은 모든 방위기관에서의 지속적인 연구의 주제이고, 그것은 민주주의에 있어서 정치지도자와 대중에 대한 연구 및 비평을 위해 적절한 주제이다. 만약 정부가 방위의 분야에서의 그 수행에 관해서 국민에 대한 책임이 있다면, 그 방위활동의 기록은 방위의 필요성이 허락할 만큼의 조사에 자유롭게 공개될 필요가 있다. 군사의 역사에 관한 – 과거의 군사정복에 관한 – 기록은 적어도 그 공개가 안보의 이익과 갈등을 일으키지 않게 됨과 동시에 대중에게 공개되어야 한다. 이것은, 그 안에 포함된 정보가 군의 사기, 선전의 전략, 또는 전장에서의 전술에 불리한 영향을 줄 수 있을 경우에 조차도 진실이다.

둘째, 공익은 바로 현재 이루어지는 외교업무의 수행에 관한 기록에 대한 접근을 금지함으로써 확실하게 제공된다. 외교적인 협상에서의 비밀주의(secrecy)는 다른 어떤 사회에서와 마찬가지로 민주주의 사회에서 대단히 중요한 것이다. 민주주의에서의 대중이 외교를 수행하는 정부의 주요목적을 알 권리를 가지고 있을지라도, 공익은 외교에서의 모든 세세한 움직임을 대중의 논쟁으로 옮겨 가게 함으로써는 결코 지켜지지 않는다. 한 정부와 다른 정부와의 관계를 결정하는 정책은 서서히 전개되는 것이고 오랜 기간에 걸쳐 기록에 반영된다. 그러므로 그러한 기록은 당분간 비밀(secret)로 보존되어야 한다. 외교관계에 관한 한, 기록이 일반적으로 개방되기 전에, 어떤 사람에게, 어떤 목적으로 이용할 수 있게 되어야 하는가에 관해서는 견해의 차이가 존재할지라도, 외교기록이 세밀한 조사로부터 당분간 보류되어야 한다는 관점에 대해서는 아마도 어느 누구도 이의를 제기하지 않을 것이다. 미국에서 C. E. 휴즈(Charles Evans Hughes)는 국무장관으로서 1921년에 국무성의 기록에 대한 "연구와 조사"에 관한 규칙을 제정하였다. 그 규칙은 "기록열람 신청자는 국무성에 알려진 책임있는 출처에 의해서, 또는 그 자신이 국무성에 알려진 책임있는 출처에 의해 정식으로 인가되어야 한다. 연구의 특권은 국무성이 신청자의 책임을 확신하고 계획된 연구의 목적이 정당하고 유용한 것이 아니라면 허가되지 않는다"[2]라고 규정하였다. 제2차 세계대전 이후, 결국 25년이 경과한 이후의 국무성의 모든 기록은 공개한다는 표준규칙이 제정되었다. 보다 최근의 기록에 대해 국무성은 1953년 1월에 일반적인 방침에 관해서 다음과 같이 진술한 규정을 반포하였다. "국무성은 그 기록을 미국정부의 공무원이 아닌 사람들이 이용할 수 있도록 할 것이다. 그리고 관리들에게는 그가 가능한 한 자유롭게, 국가의 안보와 공익의 보호, 국무성의 효율적인 업무와 조화를 이루는 방침과 절차를 위반함이 없이, 사적인 연구에 종사할 때 이용할 수 있도록 할 것이다"[3]. "제한된 열람"의 방침은 공평하게 관리되기에 어려움이 있고 그 장점이 의심스럽다. 왜냐

---

2) 미국, 국무성, "명령," 210호(Order, No. 210, May 28), 1921; G. B. 노블의 논문인 "미국무성과 학자," 『군무』, XV권, 1호(Noble, G. Bernard, "The Department of State and the Scholar", *Military Affairs*, XV, No. 1, Spring), 1951, pp. 1~5도 보시오.

3) 미국, 국무성, "국무성의 미출판 기록에 대한 비공식적 조사에 관한 규정"("Regulation concerning nonofficial research in the unpublished records of the Department of State," January), 1953.

하면, 공기록에 대한 접근은 개인이나 목적에 관계없이 허가되어야 하기 때문이다. 아키비스트가 기록에 대한 접근을 규제하는 한, 그들은 모든 합법적인 조사자들에게 공평한 접근의 원칙을 적용해야 한다. 즉, 그들은 과거의 외교정책의 행정에 관해 비판적인 역사가에게, 그 수행을 칭찬하는 사람에게와 마찬가지로 접근을 허락해야 한다. 만약 이렇게 되지 않는다면, 만약 기록이 소위 "어용역사가"에게만 공개된다면, 자유로운 연구를 촉진하는 목적은 좌절된다. 이것과 관련하여, 나는 외교에 관한 기록을 공개하는데 있어서 공익으로 간주되어야 하는 것은 상황에 따라 대단히 달라질 수 있다는 것을 지적하고자 한다. 제1차세계대전 후, 유럽의 대법원은 그 외교문서의 대부분을, 때로는 전쟁이전의 외교의 정당화를 위해, 때로는 러시아와 독일의 경우와 같이 전전의 정부를 비하하기 위해 차례로 공개하였다. 보통 이들 비밀기록은 몇세대 동안 대중적인 조사로부터 보류되어 왔다; 실제로 어떤 것들은 아직도 보류되고 있다. 오늘날 미국에서 어떤 학자들은 최근의 외교적 사건에 관한 많은 도큐멘테이션에 대한 접근을 요구한다; 그리고 정치적 고려에 의해서 그러한 기록에 대한 접근이 허가되는 시기가 앞당겨질 수 있다.

셋째, 공익은 비밀의(confidential) 업무와 금융정보를 포함하는 기록에 대한 접근을 금지함으로써 확실하게 제공된다. 그러한 정보의 누설은 두가지의 불리한 영향을 준다: 첫째, 그것은 그러한 정보가 누설된 민간조직, 개인과 정부와의 관계에 불리하게 영향을 끼칠 수 있다; 둘째, 그것은 민간조직 및 개인 상호간의 관계에 불리하게 영향을 끼칠 수 있다. 첫번째에 관해 약간 설명하기로 하자. 첫번째 점에 있어서 만약 비밀로 제공된 정보에 대해 자유로운 접근이 허용된다면, 정부는 많은 사실수집과 조정 활동의 수행을 심각하게 방해받을 수 있다. 그러한 정보는 그 비밀성이 유지되지 않는다면 미래에 달성될 수 없을 것이다. 정부는 그 비밀을 유지하기 위한 명예로운 영역이다. 두번째 점에 대해서는, 업계나 금융계는 그들이 생산경비, 이윤, 매매절차 등에 대하여 정부에 제공한 비밀정보가 경쟁자에게 사용되었을 때 심각하게 방해를 입을 것이다. 그러한 정보의 누설은 어떤 회사로 하여금 생명이 끝나게 하는 것이 될 수 있다. 그것은 한 국가의 군사비밀을 다른 국가에게 누설하는 것과 유사하다. 미국경제체계의 본질인 자유경쟁은 대단히 방해를 받을 것이다.

미국에 있어서 연방의회는 많은 입법조치에 의해 여러 종류의 업무 및 금융자료의 비밀을 지켜왔다. 이 조치는 대부분 비밀로(in confidence) 정부에 제공되고 있는 특정한 종류의 정보의 이용과 관련이 있다. 일반법의 하나인 1842년의 연방보고서법령(Federal Reports Act of 1942)은 연방기관의 모든 사실수집활동을 규정한다. 비밀정보(confidential information)는 자발적으로 제공되거나 정부기관에 소환권한을 준 법률의 규정하에서 입수된다. 정보를 얻기 위한 소환권한을 부여받은 기관은 거의 없고, 연방보고서법의 하에서 그렇게 얻은 정보는 동일한 권한을 가진 기관에게만 공표될 수 있다.

업계로부터 얻은 비밀정보를 내포한 기록의 사례는 (1) 광업회사에 의해 광산국(Bureau of Mine)에 제출된 판매, 생산, 고용, 기타에 관한 통계기록 (2) 제2차 세계대전중 물가통제와 물가통제를 설정하기 위한 기초로서 물가행정청에 의해 획득된 비용과 이윤정보 (3) 미국관세위원회(United States Tariff Commission)에 의해 획득된 무역상의 비밀 및 과정에 관한 기록이 있다. 금융계로부터 얻은 비밀정보를 내포한 기록의 사례는 (1) 연방예금보험조합(Federal Deposit Insurance Corporation)에 의한 은행조사 보고서와 (2) 상품교환국(Commodity Exchange Administration)에서 얻은 시카고무역회의소(Chicago Board of Trade)에서의 무역의 기록이 있다. 또 개인으로부터 얻은 기록으로 비밀업무와 금융정보를 포함하는 기록의 사례는 (1) 세무국(Bureau of Internal Revenue)에서 입수한 소득세신고서와 (2) 농업경제국(Bureau of Agricultural Economics)에서 입수한 면적과 수확에 관한 농장신고서가 있다.

그러나 군사와 외교기록이 그러한 것과 같이, 비밀사무와 금융기록에 대한 접근이 공익으로 허용되는 조건이 있다. 다른 모든 종류의 비밀기록과 같이, 그러한 기록은 햇수와 함께 비밀성이 상실되고, 보통 그렇듯이, 일정한 시간이 경과한 이후에는 학자들의 탐구을 위해 공개되어야 한다. 기록의 이용이 보류된 기간은, 대체로, 군사와 외교기록의 경우보다 짧아야 한다. 그리고 특정한 회사나 개인에 관한 데이터보다는 일반적인 경제적, 금융상의 데이터에만 관심이 있는 연구자에 의한 기록의 현재의 탐구를 위해, 규정은 가능하다면 언제든지 만들어져야 한다. 일반적으로 말하면, 아키비스트의 목적은 개인의 이익을 보호하면서 학술적 연구가 가능할 그러한 방법으로 접근의 조건을 규정해야 한다.

넷째, 공익은 개인에 관한 어떤 종류의 정보를 포함하는 기록에 대한 접근을 방지함으로써 확실하게 제공된다. 시민의 사생활에 개입하는 정도가 증가하고 있는 현대정부에서, 많은 정보가 사적인 성질을 가지고 기록된다. 우리는 그러한 정보를 포함한 어떤 종류의 기록에 대해 모두 친숙하다. 그 일반적인 종류 가운데에는 인구조사일정표, 병역기록, 정부사무기록과 의료기록이 있다. 특수한 종류 가운데에는 범죄와 위험인물의 활동에 관한 조사보고서가 있다. 대체로 관련된 개인이나 그의 직계가족에게 이롭지 못한 그러한 기록에서 온 정보는 어떠한 누설도 이루어져서는 안된다. 공익은 분명히 시민 개개인의 비밀을 보호함으로써 제공된다. 그러나 그러한 규칙에 대한 예외가 있다. 즉, 범죄행동의 사건과 같이 개인의 행동이 국가의 안녕을 심각하게 위태롭게 할 때이다. 그 규칙은 어떤 경우에도 인사나 의료업무의 행정에 관한 기록에 대해 접근하는 것이 금지되어서는 안된다; 인구조사 일정표에 포함된 것과 같은 개인적인 자료의 이용은, 만약 그러한 자료가 개인적인 기초에서가 아니라 집합적으로 이용된다면 방해되어서는 안된다; 그 법칙은 불명확한 기간동안 적용되어서는 안된다. 아마도 나는, 공무원들의 개인적인 생활을 다룬 기록과는 다른, 공적인 활동에 관한 기록은 그 기록에 대한 열람이 그들의 명예를 훼손할 수 있는 근거라고 하여 보류되어서는 안된다고 첨언할 것이다; 왜냐하면 공무원은 군인이건 외교관이건 문관이건 간에 특권층이 아니고 그들이 복무하는 인민들에게 사실을 설명할 의무가 있다.

이용에 관한 방침

공기록은 국가의 재산이기 때문에, 국가를 집단적으로 구성하는 시민은 그 기록의 이용에 대한 권리를 가지고 있다. 그러나 공동 소유자로서의 시민의 권리는, 그들이 기록에 해를 끼치는 방식으로 기록을 사용하는 것을 허락하는 정도까지는 확대되지 않는다. 인민의 재산은 공적인 관리인에 의해 충실하게 보존되어야 하고, 그래서 현재의 세대와 마찬가지로 미래의 세대에 의해 이용되어야 한다. 그러므로 아키비스트는 모두에게 이익이 되는 기록의 이용을 위한 규칙과 절차를 강구해야 한다. 그는, 현재의 이용에 관한 요구자의 필요에 대해 그것들의 보존에 관한 후세의 요구를 고려하면서, 그의 자료들이 기록의 보존에 관한 합리적인 관심과 양립하는 충분한 정도까지 이용할 수 있도록 시도해야 한다.

그의 자료들을 이용할 수 있게 하는데 있어 아키비스트는 공무원들과 사적인 개인 사이에 구별을 두어서는 안된다. 이들은 모두 똑같이 잘 제공받아야 한다. 많은 아키비스트, 특히 유럽에서는, 기록보존기관이 정부의 한 부서로서, 대중보다는 정부에 우선권을 주어야 한다는 견해를 가지고 있다. 물론 정부는 현재의 업무－기록이 만들어진 1차적 목적－를 위해 필요한 기록을 제공받아야 한다. 그러나 기록보존기관은 기록의 연구용도－2차적 목적－에 똑같이 관여한다; 왜냐하면 그 기관은 첫째로 그러한 이용을 위해 기록을 보존하고 이용가능하게 하기 위해 설치되었기 때문이다. 이것은 공공아카이브즈에 관한 나의 정의에서, 공기록이란 공기록이 만들어진 목적 이외의 목적, 즉, 제2차적 목적을 위한 가치를 가지고 있다는 의미이다.

만약 기록을 제공하는데 있어 우선 순위가 설정된다면, 그것은 출처에 의해서가 아니라 제공요청의 성격에 의거하여 설정되어야 한다. 그러한 우선 순위에 의해 설정된 부류들내에서, 제공을 위한 요청은, 그것들의 접수순으로 다루어져야 한다. 물론, 기록보존기관에 자금을 제공하는 정부로부터 오는 요구에 최우선권을 주는 것은 편의적일 수 있다. 그러나 이상적으로는 제공요구는 그 중요성을 기준으로 취급되어야 한다. 모든 요구는 친절하고 신중하게 취급되어야 하지만, 법적이거나 시민권을 확립하는데 필요한 정보를 찾는 조사자들이나, 또는 지식의 증가나 전파에 중요하게 공헌할 작업에 종사하는 조사자로부터의 요구에 그러한 특별한 신중함이 제공되어야 한다.

아카이브즈는 여러 가지 방식으로 이용할 수 있다. 그것들은 기록보존기관의 참고실에서 사용자의 앞에 놓여질 수 있고, 대출될 수 있고, 복사본이 제공되거나 그것들로부터/에 관한/정보가 제공될 수 있다.

참고실에서의 이용

아카이브즈는 자유롭게 사용되어야 하는 반면에, 아카이브즈가 사용되는 동안 그것들을 보호하기 위한 주의가 필요하다. 아키비스트는 조사자를 다루는 데 있어서 어떤 절차를 준수해야 한다. 아키비스트는 조사자에게 (1) 그들의 신분을 밝히는 것 (2) 아카이브즈에 대한 책임을 확인하기 위해 그들에게 제공된 아카이브즈의 접수를 기록으로 확인하는 것 (3) 그들에게 아카이브즈의 사용에 관한 규칙을 익힐 것을 요구해야 한다.

아키비스트는 그의 직업의 성질상 조사자를 지원하기를 열망한다. 조사자의 계획, 조사자가 관심을 가진 주제, 조사자가 주제에 대해 전념할 시간의 길이 등에 관한 아키비스트의 사려깊은 조사는, 어리석은 호기심에서 나오는 것이 아니다; 아키비스트는 단지 그가 관리하는 아카이브즈의 사용에 대한 유용한 안내를 조사자에게 제공할 수 있는 정보를 얻고자 할 뿐이다. 어떤 조사자에게 자신에 관해 신분을 밝히는 정보를 제공할 것을 요구하는 것은 정부의 불필요한 관료적 형식주의(red-tape)는 조금도 아니다. 아키비스트는 사용자의 자격보다는 그의 신뢰성에 더 관심이 있다. 그가 요청한 신분확인에 관한 정보는 아카이브즈 자원을 보호하기 위해 필요하다. 아키비스트는 조사자에게 그들이 인수한 문서에 대해 서명하도록 요구할 충분한 권리가 있다. 왜냐하면, 아키비스트는 보존에 책임이 있고 어떤 기록은 큰 금전적 가치를 가지고 있기 때문이다. 아키비스트는 모든 조사자들에게, 그가 얼마나 중요하든 또는 자신을 얼마나 중요하게 생각하든 상관없이, 아카이브즈의 사용에 관한 규칙에 익숙하게 되도록 요구해야 한다. 진실로 신중한 조사자들은 그가 사용하는 문화적 자원을 보존하기 위해 고안된 약간의 상식적인 규칙의 준수를 반대하지 않을 것이다.

미국의 연방아카이브즈의 사용에 관한 규칙은 『연방등록부』(*Federal Register*)로 출판되었고 법적인 효력을 가지고 있다. 이 규칙은 일반적으로 대부분의 다른 기록보존기관에서 반포된 규칙과 비슷하다. 그것은 (1) 기록을 고정시키는 여러 가지 종류들을 사용하거나, 폴더로 만들거나 잘못 다루거나, 사용 중에 흡연을 하거나 음식을 먹거나, 기록 가까이에서 사진약품을 사용하는 것과 같은 물리적 위해로부터 기록을 보호하기 위해 (2) 기록의 재정리, 교체나 기술과 같은 그것들의 통합성을 손상시킬 수 있는 모든 행위로부터 기록을 보호하기 위해서 고안된 것이다. 만약 이 제한적인 규칙이 번거롭게 보인다면, 현대의 기록보존기관은 아카이브즈의 이용을 위해 조사자들이 이용하도록 만든 많은 편의가 거부당하는 부담을 져야 한다.

대출

아카이브즈는 개인이 아니라 기관적인 기초에 의거하여 대출되어야 한다. 아카이브즈는 사적인 개인이 아니라, 그것들을 작성한 정부기관, 책임있는 민간 연구자에게 ─그들이 정부 내에 있거나 정부 외부에 있거나 간에─ 대출될 수 있다. 그것들은 정부기관에 공적인 목적을 위해서만 대출되어야 한다. 왜냐하면, 그러한 기관은 기록보존기관이 기타의 목적을 위해 아카이브즈를 사용할 수 있게 하는 역할을 인식해야 하고, 기타의 목적은 기록보존기관에 의해서 직접 다루어지도록 해야 하기 때문이다. 다른 정부기관들은 아카이브즈 자료나 그것들에 관한 정보를 사용할 수 있게 하는 데 있어서 사적인 개인과 기록보존기관 사이의 매개체가 되어서는 안된다.

아카이브즈는 그 기록의 성격을 보존하고 그것들을 물리적으로 보존할 조건하에서만 대출되어야 한다. 대출하는 사람의 필요성보다는 기록보존건물 이외의 다른 곳에서의 사용에 의한 아카이브즈의 손상이나 파기에 더 비중이 두어져야 한다. 취약한 물리적인 조건으로 된 아카이브즈는 그것들이 보수되기 전에는 대출되어서는 안된다. 대출중에 아카이브즈의 어떠한 훼손, 변경, 무질서도 용납되어서는 안된다.

아카이브즈는 때에 따라서 다른 정부기관이나 기록보존기관에게 전시를 목적으로 대출될 수 있다. 그러한 경우에 기록은 물리적으로 양호한 상태와 보존을 위한 필요조건이 적절하게 보증되어야 하고, 모든 비용(전시중인 자료들을 이동하고 경비하는 기록보존자를 위한 여행 경비 및 기타의 비용을 포함하여)은 대출한 정부기관이나 기록보존기관에 의해 지불되어야 한다.

국립기록보존소에서 기록이 이용에 제공될 수 있게 하는 절차는, 정부에 의한 이용과 대중에 의한 이용 사이에 구별을 설정한다. 가장 중요한 구별은, 정부기관들은 국립기록보존소 건물 이외에서의 이용을 위해 기록을 대출할 수 있지만 민간조직, 개인은 그렇게 할 수 없다. 정부기관이 필요로 하는 기록은 보통 국립기록보존소로부터 기록에 대해 특별히 책임이 있다고 생각되는 공무원에게 보내진다. 정부의 연방아카이브즈의 이용을 규제하는 규정은 일반업무청 규정 제3조, 『연방기록』(*Federal Records*)이라는 제목으로 출판되었다. 그 규정은 법적인 효력을 가지고, 기록의 대출을 다음과 같은 조건으로 허가한다.

(1) 예외적인 본유적 가치를 가진 문서는, 문서에 대한 아키비스트의 허가가 있는 경우를 제외하고는 국립기록보존소로부터 이동되지 않도록 하시오.

(2) 파손되기 쉬운 상태나, 더 많은 이용이 기록을 위태롭게 하는 정도까지 변질된 기록은 대출되지 않도록 하시오.

(3) 기록을 대출받은 개별적인 공무원은 그것을 넘겨받을 때 인수에 서명해야 하고, 대출된 기한이 도래함과 동시에 즉시 반환할 책임을 가지시오.

복제서비스

흔히 기록이용을 원하는 사람에게 원본을 이용하게 하는 것보다 기록의 복제물을 제공하는 것이 권고할 만한 상황이 있다. 보통 국립기록보존소는 현재의 공식적인 업무에 필요할 때마다 그러한 복제물을 다른 정부기관에 무료로 공급한다. 정부공무원들에게는 원본이 대단히 가치가 있거나 보수의 상태가 좋지 않은 기록이거나 간에, 원본의 대출 대신에 복제물을 받아들이도록 권장해야 한다. 그러나 복제를 위한 준비작업이 과다하게 요구되는 그러한 불합리한 요구는 거절되어야 한다.

기록의 복제은 또한 원본의 대출 대신에 다른 기록보존기관에 유상으로 공급되어야 한다. 만약 기록이 큰 시리즈 복제물이라면, 복제물은 보통 마이크로필름 복사본의 형태가 되어야 한다. 국립기록보존소는 이 마이크로필름 출판계획을 통해 많은 연구자료들의 중요한 부분을 필름형태로 사용할 수 있게 만들었다. 현재 400만 이상의 문서를 포함한 마이크로필름 출판은 다른 기록보존기관에로 문서를 대출할 필요성을 감소시킨다.

기록의 복제물은 사적인 조사자를 위해서는 그 요구가 합리적이라면 비용이 들더라도 그 요구에 기초하여 이루어져야 한다. 그러한 복제물을 제공함에 의해, 기록보존기관은 기록의 이용을 원하는 사람이 기록을 손으로 복사하는 노력과 종종 손으로 기록을 필기하는 수고를 경감할 수 있다.

정보서비스

이러한 종류의 참고서비스는, 기록 그 자체를 만들거나, 이용할 수 있도록 복사본을 만드는 것과는 구별되는, 기록으로부터의 또는 기록에 관한 정보를 제공하는 것이다. 정보는 전화, 서신, 서면에 의한 보고나 개인적 회담에 제공될 수 있다. 정보에 관한 어떤 요구는 적당히 거절될 수 있다. 이것들 가운데에는 적절한 도서관이 있는 지방에서 출판된 자료를 이용함으로써 적절하게 제공될 수 있는 정보를 구하는 사람으로부터의 요구가 있다. 기록보존기관은 대체로 중요한 연구기획에 관한 작업중에 있는 사람에게까지 도서관 자료로부터 정보를 제공해서는 안된다; 특별한 연구의 필요성이 없이, 이것이 이루어질 수 있을 때 조사자는 일반적인 서지학적인 제안을 받을 수 있다.

기록에 관한 정보가 어느 정도 제공되어야 하는가는 요구의 성격에 달려 있다. 만약 요구가 일반적인 관심사가 되는 기록에 관한 것이라면, 그리고 이러한 이유 때문에 반복이 될 것 같다면, 기록의 본질적인 기술을 준비하는 데 상당한 시간이 소모될 수 있다. 또는 만약 그 요구가 – 이행되었을 때 – 어떤 기록이 일반적으로 사용가능하게 되어야 할 것인가에 관한 정보를 가져올 것이라면, 그 다음에 다시금 그 정보를 제공하는데 상당한 시간이 소모되어야 한다. 한 개인의 취미의 추구에만 공헌하는 정보를 위한 요구에 시간을 허비해서는 안된다.

일반적으로 아키비스트는 가능한 모든 방법으로 조사자에게 협조해야 한다. 그는 조사자로 하여금 자신과 관련된 기록으로 향하게 해야 한다. 조사자의 연구를 지도한다고 가정하지는 않아야 하더라도, 새로운 조사 분야의 공개를 시사하는 실험을 하는 것과 같이, 그들에게 기록과 그 가치에 대한 정보를 제공해야 한다. 그러나 그는 어떤 주제에 관한 기록의 의미를 알도록 한다는 의미에서가 아니라, 기록을 식별하고 기술한다는 의미에서만 해석해야 한다. 그는 기록이 이것 또는 저것을 나타낸다거나 기록이 다른 해석에는 반대하면서 한 가지 해석을 지지한다고 말해서는 안된다. 그의 해석은 기록의 성격과 문헌적인 내용을 알도록 하기 위해서만 강구되어야 한다. 모든 조사자들과 그의 관계는 전문적인 것이다. 그는 진행중인 것을 알고 있는 작업을 무의식적으로 논의해서는 안된다. 그러나 만약 이미 어떤 조사자에 의해 채택된 연구의 지식이 다른 사람에게 도움이 될 것이라면, 그는 그러한 연구가 진행되는 다른 사람에게 알려주도록 허락을 요청할 수 있다. 끝으로, 만약 그가 그 자신의 연구를 수행한다면, 그는 이것을 비공식적인 자격으로 행해야 한다; 왜냐하면, 그는 본래 연구자가 아니라 아키비스트이기 때문이다. 그는 그의 직업적인 의무를 그 자신의 연구적인 관심에 종속시켜서는 안된다. 한마디로 그는 그 자신의 연구적인 관심을 희생해서라도 기록에 관한 그의 지식을 아낌없이 제공해야 한다.

아키비스트는 학자를 위해 목재를 자르는 사람, 물을 끌어들이는 사람으로 간주될 수 있다. 그는 자신이 자른 목재가 많은 "현명한 목재"로 전환되고 있거나, 목재가 편견으로 잘려지고 있는가를 감시할 수 있다; 그리고 만약 그가 사용하는 자료들의 학문적인 용도가 무익하다면, 그것을 위한 그의 작업은 더욱 무익하다. 그러나 이러한 견해는 그의 작업을 진정한 조망속에 위치지우지 않는다. 역사가들은 그들이 혼란기에 종종 그러하듯이, 그들의 균형, 객관성, 심사숙고한 판단의 태도를 잃을 수 있다. 그들은 이념적인 편견의 "폭풍에 의해 운반되는 구름"이 될 수 있다. 어떤 시대에도 아키비스트의 직업은 증거를 불공평하지 않게, 정치적이거나 이념적인 편견에 오염됨이 없이 보존하는 것이고, 그래서 이러한 증거에 기초를 둔 그의 판단은, 후세의 사람들 - 인간적인 결함 때문에 순간적으로 판단을 내릴 수 없는 역사가인 - 과 사건들에 의해서 판정이 내려질 수 있다. 그러한 아키비스트는 진실의 수호자, 또는 적어도 진실이 확립될 수 있는 기초에 입각한 증거의 수호자이다.

Theodore R. 쉘렌버그와 『현대기록학개론』

이 책은 Theodore R. Schellenberg의 *Modern Archives : Principles and Techniques*, SAA, 1998를 옮긴 것으로 1956년에 첫 출간 된 이후 40여년간 steady seller의 지위를 지켜 온 Archival Science의 고전이다. 이 책의 특징은 유럽국가의 고문서관리 전통과는 본질적으로 그 성격을 달리하는 현대기록 및 현대아카이브즈 관리에 관한 연구라 는 점이다. 즉, 현대국가에서 방대한 양으로 생산되는 기록 및 아카이브즈의 생산 으로부터 관리 및 보존에 이르기까지 그 기본적인 원리와 기술에 대한 개척자적 인 탐색이 이루어진 현대기록학의 입문서이자 기본서이다.

이 책의 이러한 성격을 염두해 두면서, 저자의 본래의 저술의도를 훼손하지 않 고 독자들이 현대기록학의 외피와 내연을 이해하는데 도움이 되리라는 생각에서 이 책의 한국어판 표제를 『현대기록학개론』이라고 붙였다.

그러면 이 책이 여전히 초판본 그대로 재인쇄되어 출간되고 있는 까닭과 비결 은 무엇일까. 우리는 이 책의 저술배경과 목적, 주요내용과 그것이 함축한 이론적, 실제적 의의를 검토함으로써 그 해답에 접근해 볼 수 있다.

I. 저술의 배경과 목적

여기에 관해서는 미국 국립기록청(National Archives and Records Administration, NARA)의 민간아카이브즈 국장이었던 제인 F. 스미스의 에세이 "Theodore R. Schellenberg: Americanizer and Popularizer"(*The American Archivist*, 44, no. 4, 1981, pp. 313~326; T. R. Schellenberg, *Management of Modern Archives*, SAA: Chicago, 1975의 서문에 게재)를 참고할 수 있다. 이 글에 의하면 쉘렌버그는 독일계 미국인으로서 캔서스 대학에

서 학사(1928년)와 석사과정을 이수(1930년)하고 펜실베이니아대학에서 박사학위 (1934년)를 받았으며, 1935년부터 국립기록보존소의 직원으로 근무하였다. 특히 1938년의 농림성아카이브즈 실장, 1945년부터 3년간 가격청 기록관을 역임하는 동안 그의 평생동안 관심의 대상이 된 "현대기록관리에 있어서의 원칙과 기술의 발전, 체계화, 그리고 표준화"에 대한 문제의식이 고양되었고 그 문제에 대한 직접적인 공헌을 시작하였다. 쉘렌버그는 현대기록관리의 본질적인 문제는 정부에서 생산되는 방대한 양의 기록에 대한 관리 및 처리에 있다는 것과, 미국의 현대기록에 적용할 수 있는 원칙과 기술의 발전, 즉, 기록관리의 "미국화"(Americanize) 필요성을 절감하였다. 쉘렌버그는 기록의 효율적인 처리를 위한 절차를 발전시키는데 주도적인 역할을 했고 그 결과 최초의 "기록처리일정표"(records schedule)는 국립기록보존소의 그의 부서에서 발원할 수 있었다. 쉘렌버그의 첫번째 주요전문출판물이 "연방기록의 처리"(Disposition of Federal Records)라는 제목으로 붙여진 것도 우연이 아니었다. 1950년부터 1961년까지 쉘렌버그는 기록관리부 국장으로서 무수한 문제들, 특히 공간, 전문적인 표준, 전문요원에 관한 문제들에 직면하였다. 행정가로서 그가 직면했던 심각한 문제들은 아카이브즈 관리상의 방법과 기술의 진보에 관해, 특히 평가와 정리, 그리고 기술의 영역에서 기본적인 기능의 수행을 위한 표준의 설정, 기록의 평가와 분석, 그리고 지금 생산되는 기록을 이용할 수 있도록 하는 검색도구와 같은 것이었다. 그리고 전문요원의 효율성과 경쟁성을 제고하기 위한 노력으로 쉘렌버그는 1953년부터 집중적인 참고서비스 훈련과 진급 프로그램을 실시하였다. 그는 이러한 경험을 통해 미국아키비스트 훈련을 받은 사람들이 "국립기록보존소에서 가장 흔히 생겨나는 문제들을 다룬 좋은 저술의 결핍"으로 어려움을 겪는다는 것, 그리고 영국과 네덜란드의 『편람』들은 미국의 실정에는 대체적으로 부적합하고 부적절하다는 그의 오래된 신념이 확신을 얻게 되었다. 이 문제를 해결할 기회는 그가 기록관리 사절로서 호주를 방문하는 기간동안 발아하였다.

쉘렌버그는 1954년 호주인들의 요청으로 풀브라이트 재단의 지원을 받아 아카이브즈 관리에 관한 강연을 위해 반년간 호주를 방문하는데 선발되었다. 그의 방문은 대단한 환영을 받았고, 캔버라, 멜버른, 시드니에서 개최된 세미나에서 이루어진 토론의 주요내용들은 아카이브즈에 관한 저술의 구상을 확정하는 계기가 되었다. 1954년 후반에 워싱턴으로 돌아온 그는 1955년 그의 저술을 완료하고 1956년에 미국과 호주에서 *Modern Archives: Principles and Techniques*라는 제목으로 출간하였다. E. 포스너와 왈도 G. 를랜드와 같은 인물들에 의해 즉각 호평을 받은 이 책은 스페인어, 히브류어, 독일어 등으로 번역되었다.

이 책은, 주로 고문서의 관리와 보존에 초점을 두었던 유럽이나 힐러리 젠킨슨의 『아카이브 관리에 관한 편람』으로 대표되는 영국적인 아카이브즈 관리의 전통에 대한 미국적인 의문 내지는 아카이브즈 관리의 "미국화"라는 도전적인 구상에서 출발한 것이었다. 미국의 기록관리상의 주요문제는 방대한 양으로 생산되는 현대기록이라는 점에서 책의 제목에서부터 "현대"(modern)라는 용어를 전면에 제시하고 있다는 것과, 이 책이 국립기록청으로부터 "특히 미국아키비스트의 필요성에 적합한 기록관리의 방법과 기술을 발전시키고, 그것을 포괄적인 교재 속에서 구체화한" 공적으로 수상을 하였다는 것이 그것을 단적으로 뒷받침하고 있다. 그러나 이 책의 저술의 목적은 필자 자신이 밝히고 있는 바와 같이 "기록관리기관에서 현용을 위한 기록관리상의 관행을 이해하는데 도움이 되는 원칙과 목적의 본질적인 성질을 명확히 하는 것이다. 나는 현대공공기록 관리의 미국적인 방법들이 다른 나라의 그것들 보다 반드시 더 좋은 것이라고 믿지 않는다; 그 방법들이 다를 뿐이다. 방법의 차이는 기록관리의 원칙과 기술에 관한 일반적인 이해를 촉진한다는 순수히 전문적인 이유 때문에 이해되어야 한다"고 밝히고 있다. 즉, 아카이브즈 관리의 "미국화"에 대한 탐구에서 출발하여, 현대국가에 전반적으로 적용되는 기록관리상의 기본적이고 일반적인 문제점에 대한 분석과 해결에 도달하고자 하였다는 것이다. 아카이브즈 관리를 "대중화한 인물"(Popularizer)로서의 쉘렌버그에 대해서 이 책의 머리말을 쓴 H. L. White는 "기록관리에 관한 전통적인 관점을 게을리 하지 않으면서 아키비스트들이 어디에서고 직면하는 새로운 문제들에 대해 특별한 관심을 기울이고 있다"고 평가하였다.

그 이후 쉘렌버그는 기록관리를 "대중화한 인물"로서 아카이브즈 관리 교육프로그램에 정열적으로 매진하고, 많은 저술을 통해서, 특히 해외에서 이루어진 교육활동을 통해서 그는 기록학계의 지도자로서 명성을 떨쳤다. 그는 국립기록보존소의 Assistant Archivist로서 1963년 은퇴하기까지 많은 대학에서 아카이브즈 관리과정을 지도하였고, 28편의 논문을 발표하였으며 두번째의 완성된 교본으로 『아카이브즈의 관리』(*The Management of Archives*, 칼럼비아 대학출판부, 1965)를 출판하였다.

쉘렌버그의 경력과 업적에 관해서는 별다른 이의가 제기되지 않는다. 그는 이론가로서, 저술가로서, 교사로서, 연사로서, 그리고 기록관리 사절로서 기록관리의 많은 영역에서 기록관리 분야의 발전과 성숙에 중요하고 지속적인 공헌을 한 인물로서 진정한 "개척자"였다고 한 E. 포스너의 평가가 그 전형을 이룬다고 할 것이다.

II. 주요내용

쉘렌버그는 이 책의 서문에서 자신의 관점들이 힐러리 젠킨슨과 호주 아키비스트들에게서 발전되었다는 것과, 기록관리기관의 발달 및 원칙의 발달에 관한 기본적인 정보들은 『기록학』(*Archivkunde*, Leibzig, 1953)이라는 제목하에 볼프강 리쉬가 수집하고 편집한 아돌프 브레네케의 강의 및 논문에서 얻었다고 밝히고 있다. 특히 그가 저자서문에서 밝히고 있는 바와 같이 이 책의 주요부분은 호주의 세미나에서 이루어진 주제들, 즉 1. 아카이브즈와 다른 형태의 사실을 기록한 자료들과의 관계 2. 기록관리 관행과 등록소의 발달 3. 현대 등록소와 현용기록관리 4. 아카이브즈의 선별과 잠재적 연구용도의 기준 5. 처리기술 6. 정리의 원칙 및 기술의 발달과 적용 7. 기술적인 검색도구와 다른 검색도구 8. 참고서비스와 공공관계에 대한 고찰로부터 연유한 것이며 이것들은 이 책에서 3부로 나뉘어 구성되었다.

이 책의 주요내용을 정리하면 우선 제I부 서론은 길지 않은 분량이지만 이 책에서 논의하고자 하는 주제와 주요 개념, 기록관리와 기록관리기관의 기원 및 기본적인 성격에 대한 쉘렌버그의 관점이 제시되어 있는 중요한 부분이다. 1장은 유럽(프랑스, 영국)과 미국에 있어서 국립기록보존소의 설립의 기원 및 설립이유가 국가적인 차원에서 기록자원의 보존이 중요했기 때문이었다는 관점에서 기록관리기관의 중요성을 제시한다. 특히 정부의 능률의 개선, 문화적인 자원의 관리 및 보존, 개인적인 이해관계, 업무상의 공적인 필요성이라는 네가지 이유를 지적하고 이러한 관점에서 현대적 기록보존기관의 등장은 프랑스혁명기의 국립기록보존소의 설립을 계기로 한다고 지적한다. 2장에서는 이 책의 논의의 핵심이 되는 개념인 "아카이브즈"의 성질에 관해서 어원적인 기원과 그 정의를 중심으로 기술한다. 쉘렌버그에 의하면 그리스어에 기원을 두는 "아카이브즈"라는 용어는 기관(장소)의 의미와 그것이 취급하는 자료라는 두가지 의미를 갖고 있으나, 자신은 "아카이브즈"를 기록보존기관과 관련이 있는 자료를 의미하는 용어로, 기관을 명명하는 용어와 구별하여 사용한다고 밝히고 있다. "기록"(records)과 "현대아카이브즈"(modern archives)를 구분하고 여기에 대한 재정의를 통해서 현대아키비스트들의 필요성에 부합되는 개념설정을 시도하였다. 즉, "records"란, "물리적 형태·특성과 상관없이(매체의 성격과 상관없이) 법적인 의무에 따라 그 본래의 업무의 조치와 연관하여 작성 또는 수취되고, 기능·정책·결정·절차·시행 또는 다른 활동들의 증거로서, 또는 그 안에 포함된 자료의 정보적 가치 때문에, 그 기관이나 그 기관의 합법적인 계승자에 의해 보존되거나 보존의 목적으로 돌려진 모든 서적들, 서류(paper), 지도, 사진 또는 기타 형태의 사실을 기록한 자료들(documentary materials)"이다. "아카이브즈"는 "참고 및 연구목적으로 영구보존의 가치가 있다고 판단되고, 기록보존기관에 위탁되거나 위탁을 위해 선별된 모든 공적인 또는 사적인 기록"이다. 공공아카이브즈는 그것을 생산한 기관에 대해 갖는 1차적 가치와, 다른 기관 또는 정부기관 이외(비정부적)의 사용자들에 대한 2차적 가치를 갖는다고 하였다. 여기에 대해서는 12장의 기록의 평가기준에서 자세히 언급된다. 3장은 기술한 아카이브즈의 특징에 비추어 도서관과 기록관리기관에서의 취급하는 자료의 차이와 그것을 관리하는 방법상의 차이점을 지적함으로서 두 전문직에서 직무상 구분되어야 하는 영역과 협동적으로 발전해야 할 영역을 제시한다. 4장에서는 현용기록관리와 아카이브즈 관리가 어떤 연관성이 있는가에 관해서, 관리관행상의 관련성으로서 정부공무원의 직접적인 필요성과 시민들의 궁극적인 필요성이라는 두가지 점을, 그리고 처리관행상의 관련성으로서 기록의 파기에 대한 아키비스트의 재조사의 권한, 2차적 가치의 평가에 대한 책임, 기록처리계획에의 참여와 추진이라는 점을 지적한다.

제II부 현용기록관리(record management)는 I부에서의 기본적인 논의를 기초로 하여, 기록관리부서 또는 기록센터에서 이루어지는 현용기록관리의 원칙 및 관행과 관련이 있는 구체적인 사항을 논의한다. I부의 4장에 이어 5장의 현용기록관리의 본질적 요소에서는 기록관리의 성공조건이 되는 3대 요인 – 현대기록의 특성, 기록관리 업무에 포함된 활동, 이 작업을 수행하는 조직의 성질 – 을 개괄적으로 논의한다. 현대행정업무의 증폭과 복잡화에 따라 현대기록 역시 양적인 확대와 복잡성을 띠게 되었다는 점, 이에 따라 기록관리 역시 전문화된 능력과 경험을 필요로 하는 고도의 전문적인 업무가 되었다는 점을 제시한다. 이에 대한 대응책의 하나로 복잡한 정부의 기록문제를 취급하는데 모든 행정기관에 대해 주도적인 지위를 가지고 그 업무를 담당하는 전문적인 요원이 배치되어야 한다는 것을 강조한다. 6장의 공기록 생산의 규제에서는 기록의 생산의 증가에 대한 대응으로서 무엇보다도 기록의 생산이 불필요하게 증가하는 원인을 근원적으로 해결하는 것이 선결조건임을 지적한다. 기록의 생산량을 감소시키기 위해서는 정부기관의 기능의 간소화, 업무과정의 간소화, 그리고 기록의 표준화 프로그램을 통한 서식의 규제, 문서의 이동과 배포에 있어서 복사본의 규제에 의해서 달성할 수 있으나, 기록관리문제의 근본적인 치료법은 업무과정과 정부의 조직 및 기능의 개선에 있다고 지적한다. 7장은 분류의 원칙에 대한 논의로서 현용을 위한 기록관리에 있어서 근본적인 문제는 기록을 질서있게, 찾기 쉬운 방식으로 보존하는 것이며 이것을 위한 요점으로 기록을 적절하게 분류하고 적절하게 파일하는 것이라고 하였다. 그러므로 분류는 현용기록의 효율적인 관리의 기반이 된다. 분류에 있어서의 고려해야 할 중심요소는 기록과 관련이 있는 활동, 기록을 생산하는 조직의 구조, 그리고 기록의 주제사안이다. 대부분의 기록은 활동의 부산물이고 활동과 관련이 있는 서류군에 포함되며, 생산한 기관의 조직적인 구성과 주제를 반영하여 분류된다. 이에 따라 분류방법은 기능적 분류, 조직(적) 분류, 주제분류로 나눌 수 있다. 기능적 분류는 기관의 주요기능에 기초하여 설정된 가장 크고 기본적인 분류부문이다. 조직(적) 분류는 기관의 주요 조직적 요소에 기초한 분류부문이다. 주제분류는 명확한 정부활동에서 생겨나지 않았거나 명확한 정부활동을 수반하지 않는 참고(자료) 및 정보파일과 같은 예외적인 기록에 적용된다. 여기에서 도출되는 분류의 원칙은 (1) 분류는 귀납법에 기초하여 설정되어야 한다. (2) 분류체계에서 하위분류의 연속적인 수준이 일관적이어야 한다. 예를 들면 최초의 분류가 기능에 의한 것이었다면 모든 표목들은 그 수준에 있어서 기능별이어야 한다. (3) 부수적인 활동에 대한 표목은 본질적 활동과 구별하여 표목을 설정해야 한다. (4) 정책, 절차, 일정 등에 관련된 중요 기록은 별도의 표목을 설정하는 것이 바람직하다. (5)

표목은 기관의 현재의 기능을 반영한다는 의미에서 분류체계를 보존하는 것이 바람직하며 분류체계는 현재의 요구에 의해 정기적으로 조정되어야 한다는 것이다. 8장은 유럽(독일과 영국)과 호주의 등록체계의 기원과 특징에 관해서 상술하고 9장은 미국의 파일링체계가 유럽의 등록체계로부터 발전된 과정과, 현대적인 파일링체계의 진화, 복제와 파일링 장비, 보급의 발달등 파일링체계의 진화에 핵심적인 선행요건들, 다양한 종류의 현대적인 파일링체계의 특징을 논의한다. 10장은 기록의 처리관행에 있어서 (1) 처리를 결정하는데 필요한 정보의 종류 (2) 처리를 목적으로 기록을 기술하기 위해 작성되어야 하는 문서 (3) 처리에 영향을 주는 행위에 관해 논의한다. 특히 처리계획서에는 문서의 평가를 위해 그 기관에서 생산된 문서의 전반이 제공되어야 하고 기관의 기원, 발달, 조직, 기능, 계획에 관한 정보가 포함되어야 한다. 여기에는 처리목록, 처리일정표에 포함되지 않는 가치있는 기록이 기술되어야 한다는 것을 강조하였다. 처리행위에는 직접적인 파기와 대안적인 처리행위로서 마이크로필름 촬영, 기록센터로의 이관, 기록보존기관에로의 이관이 있다. 기록의 이관여부를 결정하는데 고려되는 요소는 (1) 기록의 2차적인 가치 (2) 기록의 빈번하지 않은 통용 (3) 기록의 물리적 상태 (4) 기록의 열람조건이다.

제III부는 아카이브즈 관리(archival management)로서 여기에서 언급되는 원칙과 기술은 현용의 기록이 아닌 연구적인 용도를 위한 기록의 정리 및 기술과 관련된 것이다. 즉, 아카이브즈 관리의 원칙과 기술로서 연구자료를 관리하는 아키비스트에게 지침이 되는 부분이다. 제II부의 10장에 이어 11장의 아카이브즈 관리의 필수조건에 관해서 아카이브즈의 성질과 아카이브즈 관리활동의 성격, 아키비스트의 권한, 아카이브즈 관리기관의 성격을 중심으로 논의한다. 먼저 아카이브즈의 성질에 관해서는 그 내용의 불명확성, 정리방식의 다양성, 유일성, 선별성, 참고와 연구의 목적으로 보존할 만한 가치를 제시하였다. 아카이브즈 관리활동은 그것을 보존하는 것과 이용할 수 있게 한다는 두가지의 목적으로 설명하였다. 여기에는 처리활동, 보존정리활동, 기술(description), 출판활동, 참고서비스활동이 있으며 그 모든 활동의 근본을 이루는 것은 기록에 대한 철처한 분석이라고 하였다. 아키비스트의 권한은 그에게 배정된 지위와 책임에서 유래하는 것으로 아키비스트는 정부의 기관을 효과적으로 다룰 수 있는 행정적인 지위를 부여받아야 하고 아카비스트의 책임은 법률로 규정되어야 한다고 지적하였다. 그리고 아키비스트는 직원을 신중하게 선발하고 훈련하며 직원의 업무를 계획하고 직원이 이행할 절차와 정책을 규정하고 효율적인 기관을 조직해야 한다고 하였다. 12장은 영구적인 2차적 가치를 평가하는 기준에 관한 논의이다. 기록의 평가를 위한 기준을 공식화하려는 시도는 평가작업의 위험성을 회피하기 위한 지침이 되지만 그 기준들은 일반적인 원칙 이상이 아니라는 것과, 그것들은 결코 정확할 수 없고 결코 절대적이거나 최종적인 것으로 간주되어서도 안된다는 것, 그것들은 판단력과 상식을 가지고 적용되어야 한다는 것을 강조하였다. 그리고 이어서 프랑스, 독일, 영국, 그리고 미국에서의 발전을 간략하게 검토한다. 그 중에서 미국의 국립기록보존소에서 개발된 평가기준으로 (1) 기록을 생산한 정부기구의 기능과 조직에 관해서 기록이 가지고 있는 증거적 가치 (2) 정부기관이 취급한 개인, 법인체, 조건 등에 관해 기록이 가지고 있는 정보적 가치를 언급하고 있다. 이것은 기록이란 "그 안에 포함된 자료의 증거적인 가치와 정보적인 가치에 의해서" 평가되어야 한다는 쉘렌버그의 이른바 가치론적인 평가선별론의 근간이다. 먼저 증거적 가치에 관해서 보면 아키비스트는 증거적 가치를 판단하기 위해서 (1) 기관의 행정적 위계질서에서의 각 부서의 지위 (2) 각 부서가 수행하는 기능 (3) 주어진 기능이 집행되는 가운데 각 부서에서 이루어지는 활동에 대해 개괄적으로 알아야 한다. 조직과 기능에 대한 증거를 분석하는데 적용되는 기준으로는 (1) 정책에 관한 기록으로 여기에는 조직에 관한 문서, 절차에 관한 문서, 사실을 기록한 성격의 문서가 포함된다. (2) 실제적인 업무를 이루는 특정한 개별적인 조치에 관한 기록 (3) 내부관리에 관한 기록 (4) 출판물과 공보기록이 포함된다. 정보적 가치는 기관이 취급한 개인, 장소, 목적, 그리고 이것들과 관련이 있는 기록에 포함된 정보에서 유래하는 것이다. 여기에 적용하는 기준은 절대적인 것이 아니고 시간과 장소에 따른 상대적인 것이다. 다른 시대의 기록을 평가할 때에는 다른 기준이 적용되어야 한다. 정보적 가치를 평가하는 기준에는 (1) 개인에 관한 기록 (2) 법인체에 관한 기록 (3) 장소에 관한 기록이 포함된다. 13장의 보존관행에서는 자료의 보존에 영향을 미치는 요인으로서 보관과 이용의 조건에 의해 초래되는 외부적인 동인과 자료 그 자체의 내부적인 동인에 대한 지적에서 출발한다. 외부적인 동인에 대해서는 악영향을 제거하거나 감소시킬 보존설비의 제공이라는 차원에서, 그리고 자료 자체의 손상을 예방 또는 보수하거나 다른 형태로 보존할 대안을 중심으로 상술하였다. 14장의 정리의 원칙에서는 우선 기록보존기관에서 기록의 정리에 적용되는 원칙은 정부기관의 정리와 다르다는 점을 지적하고 있다. 즉, 정부내의 기록의 정리는 현용, 또는 1차적 목적에 제공하기 위한 목적으로 분류와 파일링에 관한 미리 규정된 분류체계에 따라 이루어진다. 반면에 기록보존기관의 정리의 원리는 수많은 기관들에서, 그리고 개별적인 공무원들에 의해서 생겨난 기록의 정리와 관련되기 때문에 다른 방식으로 정리되어야 한다. 파일은 비현용의 관점에서 정리되고 미리 결정된 분류체계나 파일링체계에 따른 것이 아니라 기본적인 아카이브즈 원칙에 따라 정리된다. 기록군은 그 기록군과 관계가 있는 기록군의 질서와 관련하여 정리하고 기록군 내의 개별적인 단위기록의 질서와 관련하여 정리한다는 것이다. 이어서 프랑스, 프러시아, 네덜란드, 영국에서의 원칙의 발달 및 미국에서의 정리의 원칙의 발달에 관해서 상술한다. 정리의 원칙에 관한 결론으로서 (1) 현대공기록은 정부기관에 있어서 그 기록의 출처에 해당하는 독자적인 단위로 보존되어야 한다 (2) 한 기록보존기관의 보존물은 행정적인 목적을 위해 여러 개의 단위나 군으로 분리되어야 한다. (3) 기록의 조직과 기능을 포함하는 증거가 보존된 기록은, 기록을 만들고 보존하거나 집적한 기관에 의해서 기록에 부여된 질서대로 보존되어야 한다. (4) 정보적 가치 때문에 보존된 기록은 학자와 정부공무원의 필요에 가장 잘 제공되는 어떤 질서로 관리되어야 한다고 하였다. 이를 요약하면 출처의 원칙과 원질서의 원칙이라고 할 수 있다. 15장은 기술(description)관행에서는 기록보존기관에서 기록이 기술되는 방식에 관해서 논하고 있다. 기술은 기록의 물리적 특성(출처, 표제, 판 및 간기, 페이지수 등)에 관한 정보를 제공하는 도서관의 기술적인 도서목록과 비슷하다. 그러나 기록을 기술하는 요소에는 (1) 출처는 기록을 만든 정부기관의 행정단위의 명칭으로 표기된다. (2) 기록의 물리적 형태(서신, 보고서, 지령, 일정) 등을 기술한다. (3) 기술되는 단위의 표제(title), 즉, 기능이나 활동, 기록의 주제등이 기술된다. (4) 단위의 물리적 구조(기록군, 제본된 권수, 다발, 기록의 용기 등)등이 고려되어야 한다. 유럽과 미국의 기술상의 가장 현저한 차이점은 기록의 물리적 형태 및 기록의 구조와 관련이 있는 것으로서 프랑스, 독일, 영국에서의 검색도구와 미국의 국립기록보존소의 검색도구를 간략하게 제시함으로써 그러한 차이를 논의하고 있다. 16장의 출판계획에서는 정부의 사실을 기록한 연구자료의 출판에 대한 재정적인 책임과 출판의 형식(인쇄와 마이크로필름)의 장단점에 관해서 언급한다. 17장에서는 기록보존을 위한 모든 노력의 목적은 가치있는 기록을 보존하고 그것을 이용할 수 있게 하는 참고서비스업무라고 전제하고 접근(열람)과 이용에 있어서 고려되어야 할 요소를 제시하고 있다. 먼저 접근(열람)에서는 기록의 사용에 관한 제한을 명확히 하고 강화하는 절차가 강구될 필요성이 있다고 강조하고 "공익"의 관점에서 자유열람에 대한 제한을 인정한다. "공익"을 위해서 열람이 금지되어야 하는 기록은 원칙적으로 (1) 현재와 미래에 국가의 안전에 영향을 주는 군사정보를 포함하는 기록 (2) 현재의 외교업무의 수행에 관한 기록 (3) 비밀업무 및 재정적인 정보를 포함하는 기록 (4) 개인에 관한 정보를 포함한 기록이라고 하였다. 다음으로 기록의 이용에 있어서 대출은 (1) 개인이 아니라 기관의 공적인 목적을 위해서만 이루어져야 하며 (2) 기록의 성질을 보존하고 물리적으로 보존할 조건하에서만 대출되어야 하고 (3) 전시를 목적으로 대출될 경우에는 적절한 보험에 가입해야 하고 기록의 물리적인 보존을 위한 장비와 보호장치가 구비되어야 하며 모든 비용은 기록을 대출한 기관이 지불해야 한다. 복제업무는 원본보다 복제물을 제공하는 것이 바람직할 경우에 이용되며, 복제물의 이용을 권장해야 한다. 보통 국립기록보존소는 현용에 필요한 복제물을 정부기관에 무료로 공급한다. 기록이 만약 방대한 계열의 복제물이라면 보통 마이크로필름 복사본의 형태로 연구자들이 사용할 수 있게 해야 한다. 정보서비스업무는 기록 그 자체를 만들거나 사용하기에 편리하게 복사하는 것과 구별되는, 기록으로부터 또는 기록에 관한 정보를 제공하는 업무이다. 아키비스트는 정보의 제공을 위해서 모든 방법으로 조사자에게 협조해야 하며 관심을 가진 기록으로 인도해야 하며 기록에 관한 자신의 지식을 아낌없이 제공해야 한다는 것과, 아키비스트는 증거를 불공평하지 않게 정치적이거나 이념적인 편견의 오염없이 보존하는 진리의 수호자, 적어도 진리가 확립될 수 있는 기초위에 선 증거의 수호자가 될 것을 촉구하는 것으로 끝을 맺고 있다. 이 부분 이외에도 아키비스트의 전문성과 판단력, 책임감과 윤리의식이야말로 현장학문으로서의 기록관리학, 현대 아카이브즈를 관리하는데 필수적인 전문가적인 자질임이 누누히 강조되고 있다.

끝으로 이 책의 이러한 내용들과 연관하여 그 구성과 논지전개상의 특징을 언급하지 않을 수 없다. 어떤 분야를 막론하고 대체적으로 이론서, 전문서적은 그 성격상 건조하고 지루할 소지가 다분하다. 그러나 이 책은 현대기록 및 아카이브즈에 관한 전문서적임에도 불구하고 그러한 함정을 비껴나 있다. 즉, 기록관리 및 기록보존기관의 역사와 현실, 유럽과 미국의 대조적인 발전상, 도서관과의 차이점과 공통점, 원리와 기술의 특수성과 보편성, 이론과 현장에서의 지식, 정부기관과 기록보존기관간의 대립적 관점과 공조의 필요성, 기록관과 아키비스트의 전문적 능력과 책임감, 숙련 및 경험과 창의성이라는 다양한 국면들을 어느 하나도 소홀히 취급하지 않고 씨줄과 날줄로 정교하게 엮고 있는 것이다. 현장경험과 학문적인 성찰에 의해 균형 잡힌 시각과 치밀한 구성은, "독일적인 내구력과 연구되지 않은 어떤 근원도 남기지 않은 철저함을 겸비한 비범한 노력가"로서, "명료한 표현의 재능"을 가진 예리한 지성의 아키비스트로서, "기록관리업무에 존엄성"을 부여하고 기록보존소업무에 "새로운 영역을 개척"한 "기록관리계의 지도자"라는 명성과 함께, 미국적인 특수성에 빠지지 않고 보편적인 원칙과 표준, 체계를 추구한 이 책을 현대기록학의 고전의 반열에 올려놓은 중요한 원천이라고 할 수 있다.

III. 이론적, 현실적 의의

끝으로 이 책이 현대기록관리의 이론과 실제에 기여한 측면에 관해서 정리하여 보자.

먼저 이론적, 학문적인 의의를 살펴보면, "현대기록"과 "현대아카이브즈"에 대한 개념적 정의를 선명히 제시하고 각 각의 성질을 비교 설명함으로써 현대기록관리 및 관리기관의 목적, 기본적인 체계, 구조, 원칙과 기술에 관한 이론적인 기반을 제공하고 있다는 점이다. 즉, 현대기록과 그 관리의 문제에 직면한 모든 국가에 일반적으로 적용될 수 있는 개념, 이론적 틀의 구축이라는 의의를 갖는다. 그 중에서도 평가이론의 개발은 현대기록관리이론의 발전에 토대가 되었다. 그의 평가이론에 의하면, 기록의 평가는 기록의 가치를 기준으로 이루어져야 하는 것으로, 기록의 가치를 1차적 가치와 2차적 가치로 나누어 이를 기록관리의 각 단계에서 평가함으로써 기록관리를 효율적으로 할 수 있다는 것이다. 이것은 현대기록관리의 과정과 절차, 아키비스트가 실제 업무에서 가치를 판단할 수 있는 방법과 기준의 객관화, 표준화에 대한 탐구의 결과였다.

다음으로 현대기록관리기관 및 기록관리체계에 끼친 의의를 살펴보면, 생산기관 - 중간보존기관 - 최종보존기관이라는 기록관리기관의 성격구분과, 생산단계 및 준현용단계에서의 1차적 가치평가, 준현용단계 및 비현용단계에서의 2차적 가치평가가 이루어지는 3단계의 기록관리체계의 확립을 가져왔다는 것이다. 중간보존기관의 단계를 설정한 것은 적절한 기록평가시기에 적절한 기관에서, 적절한 인력에 의해서 수행하도록 함과 동시에, 부분적으로 남아 있는 업무가치를 생산기관에 실현시켜주는 서비스기관으로서의 역할을 하도록 하기 위한 것이었다. 이러한 발상은 미국의 기록관리방안에 응용되어 연방기록센터의 설립, 기록센터에서의 행정활용, 2차적 가치의 평가에 의한 기록의 폐기 및 이관이 이루어지게 되었다. 그리고 이러한 시스템은 각 국의 기록관리체계의 일반적인 모델로 널리 채택되었다. 쉘렌버그의 이론에 대한 논쟁점의 핵심이 되어 온 가치평가상의 주관성의 문제는 이후 붐스의 도큐멘테이션(Documentation)이론에 의한 거시적 평가론 및 기록처리일정표에 의한 표준화 작업에 의해 보완되면서 오늘에 이르고 있다.

한편 쉘렌버그의 현대기록관리에 관한 이론 및 평가이론의 기본 골격은 한국의 "공공기관의기록물관리에관한법률"의 "기록물분류기준표"의 제정과 "자료관설치"의 취지에 반영되었다. 이로써 기록생산 당시에 기록의 가치에 대한 1차적인 평가로 가치있는 기록의 멸실의 방지와, 중간보존기관에 의한 기록관리의 효율성의 제고에 응용되고 있다. 그리고 향후 최종보존기관에서의 아카이브즈 관리의 원칙과 기술을 정립하는 데 지침이 되어 줄 것이다.

1999년 12월 "공공기관의기록물관리에관한법률"의 제정과 2000년 1월 1일 동 법률의 시행은 한국에서의 현대적 기록관리의 법적, 제도적인 기틀이자 출발점이 라는 역사적 의의가 있습니다. 그런데 기록관리가 그 기본에 충실한 형태로 정착 되고 발전하기 위해서는, 이러한 법적 조치 이외에도 기록관리에 관한 전통적, 문 화적인 유산과의 접맥, 기록관리 기술의 발전, 그리고 기록관리에 관한 이론적, 학문적인 뒷받침이 없어서는 안될 것입니다.

〈책의 내용〉에서 살펴 본 바와 같이 이 책의 생명력은 아키비스트들이 언제 어디에서든지 직면하는 현대공기록관리의 발전, 체계화, 표준화의 문제를 분석하 고 해결을 추구한 필자의 문제의식 그 자체에서 연원하고 있습니다. 한국에서 미 개척지와 다름없는 기록관리 전반에 걸쳐, 특히 기록관리의 이론적, 학문적인 기 반을 구축하는데 길잡이로서의 역할을 기대할 수 있는 책입니다. "기록학"(Archival Science) 내지는 이 책의 제목에 들어 있는 "아카이브즈"(archives)라는 용어자체부터 아직 학계의 논의와 합의를 거치지 않은 임의적이고 잠정적인 용어이고, 기타의 전문용어와 개념조차 정리되거나 정착되지 않은 실정임을 감안한다면, 우선 논의 의 출발점으로 삼을 수 있을 것입니다. 나아가 현실에서의 기록관리를 보다 효율 적이고 체계적이며 정밀하게 실행하기 위한 원칙과 기술을 모색하였던 그의 새로 운 접근과 비판적 성찰로부터 기록관리의 "Koreanize"라는 우리의 학문적 지향점 을 정립할 수 있을 것입니다.

이러한 의미에서 이 책의 번역의 필요성과 시급성을 변명삼아 감히 졸역을 내 놓게 되었습니다. 아무쪼록 "반역"과 오류에 대한 매서운 지적을 기다립니다.

이 책은 한국국가기록연구원의 번역지원 사업의 일환으로 출판되었습니다. 아 직도 손 안에서 잠자고 있을 원고가 빛을 보게 된 것은 동연구원과 가까이에서 멀리서 이 길을 함께 가고 있는 선학, 동학 여러분의 격려와 독려 덕분입니다. 이 길을 가도록 기회를 열어 주시고 번역문을 감수해 주셨으며, 한국어판 서문을 기꺼이 써 주신 김기석 교수님의 학은은 제게 큰 행운이었습니다. 아울러 국회기록의 가치와 입법부 아키비스트로서의 책임을 일깨워 주신 정호영 국회운영위원회 수석전문위원님, 거친 원고를 함께 읽어 주신 조경구 선생님, 기록관리 현장에서 여러가지 난관들을 함께 헤쳐가고 있는 국회기록보존소 소장님과 직원 여러분께 지면을 빌어 감사의 말씀 올립니다. 해를 넘긴 출판작업에도 불구하고 재촉하지 않으시고 정성껏 책을 만들어 주신 도서출판 진리탐구 조현수 사장님과 편집부 여러분께 감사의 마음을 전합니다. 끝으로 이 책을 번역한 보람이 있다면, 이제까지 책상머리에 앉을 수 있게 뒷바라지 해 주신 어머님, 그리고 인생의 고비 앞에서는 더욱 더 힘이 되어 준 三權氏(훈, 기윤, 순우)의 몫일 것입니다.

2002년 4월, 너섬에서
이 원 영

색인

index

뉴질랜드 공무위원회(New Zealand Public Service Commission), 48, 101

ㅂ

ㅎ

[지은이 약력]

　　Theodore R. Schellenberg(1903~1970)
　　미국 Kansas생
　　Kansas State University 졸업
　　University of Pennsylvania 대학원 졸업(1930)
　　동 대학원 박사학위 받음(1934)
　　National Archives 입사(1935)
　　Deputy Examiner of Agricultural Department Archives,
　　Chief of Agricultural Department Archives 역임(1938)
　　Office of Price Administration의 Records Officer(1945~1948)
　　NARA 설립 이후 Director of Archival Management(1950~1961)
　　Assistant Archivist for National Archives 역임(1961~1963)
〈저서〉
　Modern Archives: Principles and Techniques(Chicago: University of Chicago Press, 1956). 248 p.
　The Management of Archives(N.Y: Columbia University Press, 1965). 383 p.
〈논문〉
　Disposition of Federal Records: How To Develop an Effective Program for the Preservation and Disposal of Federal Records(Washington, D.C., 1949) 외 28편

　※기타 자세한 약력은 T. R. Schellenberg를 추모하면서 그의 약력과 저술을 소개한 글모음인 In Memoriam, *The American Archivist*, 33(1970)에 있습니다.

[옮긴이 약력]

　　이원영(李元榮)
　　1958년 서울생
　　이화여자대학교, 동 대학원 졸업(정치학박사)
　　한국기록관리학교육원 졸업
　　이화여자대학교, 인천대학교, 성균관대학교 강사역임
　　한국정신문화연구원 현대사연구소 전문연구원
　　한국기록관리학교육원 연구원
　　서울대학교 대학기록관리실 평가위원
　　서울대학교대학원 기록관리학협동과정 강사
　　현재 국회기록보존소 재직
〈논문〉
　"현대기록관리학의 고전 T. R. 쉘렌버그의 『모던 아카이브즈』, "한국국가기록연구원,
　『기록학연구』 창간호(2000년 4월)
　"기록물분류의 원리 : 문헌자료와의 비교", 한국국가기록연구원,
　『기록학연구』 2호(2000년 10월)

Theodore R. Schellenberg
Modern Archives : Principles and Techniques

현대기록학개론

옮긴이   이원영
펴낸이   조현수
펴낸곳   도서출판 진리탐구

주소   서울특별시 마포구 용강동 494-53 | 121-876
전화번호   02)703-6943
전송번호   02)701-9352

초판 1쇄 인쇄   2002년 5월 01일
초판 1쇄 발행   2002년 5월 10일

출판등록일 1993 11월 17일
출판등록번호 제 10-898호

ISBN   89-8485-036-5